计算机应用案例教程系列

Project 2021 项目管理案例教程

白祎花 编著◎

清华大学出版社
北京

内 容 简 介

本书以通俗易懂的语言、翔实生动的案例全面介绍使用 Project 2021 进行项目管理的操作方法和技巧。本书共分 12 章，内容涵盖项目管理与 Project，创建与管理项目，管理项目任务，管理项目资源，管理项目成本，管理项目进度，美化项目文档，分析财务进度，管理多重项目，管理项目报表，商业营销项目管理，工程建筑项目管理等。

与本书同步的案例操作教学视频可供随时扫码学习。本书还提供与内容相关的扩展教学视频和云视频教学平台等资源的 PC 端下载地址，方便读者扩展学习。本书具有很强的实用性和可操作性，是一本适合高等院校及各类培训机构的优秀教材，也是广大初、中级电脑用户的首选参考书。

本书对应的电子课件、实例源文件和配套资源可以到 http://www.tupwk.com.cn/teaching 网站下载，也可以扫描前言中的二维码推送配套资源到邮箱。扫描前言中的视频二维码可以直接观看教学视频。

本书封面贴有清华大学出版社防伪标签，无标签者不得销售。
版权所有，侵权必究。举报：010-62782989，beiqinquan@tup.tsinghua.edu.cn。

图书在版编目(CIP)数据

Project 2021 项目管理案例教程 / 白祎花编著.
北京：清华大学出版社，2025.2. -- (计算机应用案例教程系列). -- ISBN 978-7-302-67926-4
Ⅰ. F272.7-39
中国国家版本馆 CIP 数据核字第 2025ZW4195 号

责任编辑：胡辰浩
封面设计：高娟妮
版式设计：妙思品位
责任校对：孔祥亮
责任印制：丛怀宇

出版发行：清华大学出版社
　　　　　网　　址：https://www.tup.com.cn，https://www.wqxuetang.com
　　　　　地　　址：北京清华大学学研大厦 A 座　　邮　　编：100084
　　　　　社 总 机：010-83470000　　　　　　　　　邮　　购：010-62786544
　　　　　投稿与读者服务：010-62776969，c-service@tup.tsinghua.edu.cn
　　　　　质 量 反 馈：010-62772015，zhiliang@tup.tsinghua.edu.cn
印 装 者：三河市人民印务有限公司
经　　销：全国新华书店
开　　本：185mm×260mm　　印　张：18.75　　插　页：2　　字　数：480 千字
版　　次：2025 年 3 月第 1 版　　　　　　　　　　印　次：2025 年 3 月第 1 次印刷
定　　价：69.00 元

产品编号：093090-01

熟练使用计算机已经成为当今社会不同年龄层次的人群必须掌握的一门技能。为了使读者在短时间内轻松掌握计算机各方面应用的基本知识，并快速解决生活和工作中遇到的各种问题，我们组织了一批教学精英和业内专家特别为计算机学习用户量身定制了这套"计算机应用案例教程系列"丛书。

丛书、二维码教学视频和配套资源

▷ **选题新颖，结构合理，内容精练实用，为计算机教学量身打造**

本套丛书注重理论知识与实践操作的紧密结合，同时贯彻"理论+实例+实战"3 阶段教学模式，在内容选择、结构安排上更加符合读者的认知规律，从而达到老师易教、学生易学的目的。丛书采用双栏紧排的格式，合理安排图与文字的占用空间，在有限的篇幅内为读者提供更多的计算机知识和实战案例。丛书以高等院校及各类培训学校的教学需要为出发点，紧密结合学科的教学特点，由浅入深地安排章节内容，循序渐进地完成各种复杂知识的讲解，使学生能够一学就会、即学即用。

▷ **教学视频，扫码即看，配套资源丰富，全方位扩展知识能力**

本套丛书提供书中案例操作的二维码教学视频，读者使用手机扫描下方的二维码，即可观看本书对应的同步教学视频。此外，本书配套的素材文件、与本书内容相关的扩展教学视频及云视频教学平台等资源，可通过在 PC 端的浏览器中下载后使用。用户也可以扫描下方的二维码推送配套资源到邮箱。

(1) 本书配套资源和扩展教学视频文件的下载地址如下。

http://www.tupwk.com.cn/teaching

(2) 本书同步教学视频和配套资源的二维码如下。

扫一扫，看视频

扫码推送配套资源到邮箱

▷ **在线服务，疑难解答，贴心周到，方便老师定制教学课件**

便捷的教材专用通道(QQ：22800898)为老师量身定制实用的教学课件。老师也可以登录本丛书的信息支持网站(http://www.tupwk.com.cn/teaching)下载图书对应的电子课件。

本书内容介绍

《Project 2021 项目管理案例教程》是"计算机应用案例教程系列"丛书中的一种,本书从读者的学习兴趣和实际需求出发,合理安排知识结构,由浅入深、循序渐进,通过图文并茂的方式讲解使用 Project 2021 进行项目管理的知识和操作方法。全书共分 12 章,主要内容如下。

第 1 章介绍项目管理的基本概念和 Project 2021 的基本操作等内容。

第 2~6 章介绍项目、项目任务、项目资源、项目成本、项目进度等内容。

第 7 章介绍美化项目文档的方法,包括设置项目组件格式和整体格式等的操作方法。

第 8 章介绍分析财务进度的操作方法和技巧。

第 9 章介绍管理多重项目的操作方法和技巧。

第 10 章介绍项目报表的管理方法。

第 11 章介绍使用 Project 管理商业营销项目的方法,包括创建项目、分配工作、跟踪项目和打印项目等操作流程。

第 12 章介绍使用 Project 管理工程建筑项目的相关知识,包括工程项目概述、工程项目的过程管理、工程项目的范围管理、工程项目进度计划、工程项目资源计划、工程项目成本计划、工程项目进度计划的跟踪控制、工程项目成本计划的跟踪控制等。

读者定位和售后服务

"计算机应用案例教程系列"丛书为所有从事计算机教学的老师和自学人员而编写,是一套适合高等院校及各类培训机构使用的优秀教材,也可作为初、中级计算机用户的首选参考书。

如果您在阅读图书或使用电脑的过程中有疑惑或需要帮助,可以登录本丛书的信息支持网站(http://www.tupwk.com.cn/teaching)联系我们,本丛书的作者或技术人员会提供相应的技术支持。

由于作者水平所限,本书难免有不足之处,欢迎广大读者批评指正。我们的邮箱是992116@qq.com,电话是010-62796045。

"计算机应用案例教程系列"丛书编委会

2024 年 8 月

目录

第1章 项目管理与Project

1.1 项目管理概述 ·············· 2
   1.1.1 认识项目管理 ·············· 2
   1.1.2 项目管理中的概念与原理 ······ 7
1.2 Project界面介绍 ·············· 9
   1.2.1 工作界面 ·············· 10
   1.2.2 视图类型 ·············· 12
   1.2.3 常用表 ·············· 15
1.3 Project核心功能 ·············· 16
   1.3.1 工作分解结构(WBS) ·············· 16
   1.3.2 甘特图 ·············· 16
   1.3.3 日历 ·············· 17
   1.3.4 任务之间的依赖 ·············· 17
   1.3.5 资源管理 ·············· 18
   1.3.6 成本管理 ·············· 18
   1.3.7 关键路径 ·············· 18
   1.3.8 设置基准计划 ·············· 19
   1.3.9 跟踪计划 ·············· 19
1.4 Project基本设置 ·············· 19
   1.4.1 将任务模式设置为自动计划 ······ 20
   1.4.2 将任务类型设置为固定工期 ······ 20
1.5 Project项目启动 ·············· 22
   1.5.1 认识项目概况 ·············· 22
   1.5.2 制订项目计划 ·············· 23
1.6 案例演练 ·············· 49

第2章 创建与管理项目

2.1 创建项目文档 ·············· 54
   2.1.1 收集数据 ·············· 54
   2.1.2 创建空白项目文档 ·············· 54
   2.1.3 创建项目模板文档 ·············· 55
   2.1.4 根据现有内容创建项目文档 ······ 55
2.2 设置项目计划 ·············· 56
   2.2.1 输入项目信息 ·············· 57
   2.2.2 设置项目信息 ·············· 57
   2.2.3 设置日历选项 ·············· 58
   2.2.4 设置项目日历 ·············· 59
2.3 管理项目文档 ·············· 62
   2.3.1 保存项目文档 ·············· 62
   2.3.2 自动保存项目文档 ·············· 63
   2.3.3 保护项目文档 ·············· 63
   2.3.4 打开项目文档 ·············· 64
   2.3.5 关闭项目文档 ·············· 64
2.4 案例演练 ·············· 65

第3章 管理项目任务

3.1 创建任务 ·············· 68
   3.1.1 输入任务 ·············· 68
   3.1.2 从其他软件获取任务 ·············· 69
3.2 编辑任务 ·············· 70
   3.2.1 复制任务 ·············· 70
   3.2.2 插入任务 ·············· 70
   3.2.3 移动任务 ·············· 71
   3.2.4 删除任务 ·············· 71
3.3 组织任务 ·············· 72
   3.3.1 建立大纲结构 ·············· 72
   3.3.2 建立工作分解结构 ·············· 73

3.4 设置任务工期 ···74
　3.4.1 建立里程碑 ···74
　3.4.2 输入任务工期 ·······································75
　3.4.3 插入周期性任务 ···································76
3.5 设置任务链接和任务信息 ·····················77
　3.5.1 建立任务链接 ·······································77
　3.5.2 延迟与重叠任务链接 ·························79
　3.5.3 设置任务类型 ·······································80
　3.5.4 添加任务的其他信息 ·························80
　3.5.5 查看任务状态 ·······································83
3.6 案例演练 ···85

第4章　管理项目资源

4.1 项目资源简介 ···88
　4.1.1 资源的工作方式 ···································88
　4.1.2 资源与日程安排 ···································88
　4.1.3 资源规划 ···88
　4.1.4 资源分配的步骤和意义 ·····················89
　4.1.5 资源种类 ···89
4.2 创建项目资源 ···89
　4.2.1 输入资源 ···90
　4.2.2 从外部程序导入资源 ·························91
4.3 设置资源信息 ···93
　4.3.1 设置资源的可用性 ·····························93
　4.3.2 设置资源的预订类型 ·························94
　4.3.3 设置资源日历 ·······································94
　4.3.4 添加超链接 ···96
　4.3.5 添加备注信息 ·······································96
4.4 设置资源费率 ···97
　4.4.1 设置单个资源费率 ·····························97
　4.4.2 设置不同时间的资源费率 ···············97

4.4.3 设置多个资源费率 ·····························98
4.5 分配与调整资源 ···98
　4.5.1 使用【甘特图】视图分配
　　　　资源 ···98
　4.5.2 使用【任务信息】对话框分配
　　　　资源 ···99
　4.5.3 使用【分配资源】对话框分配
　　　　资源 ···99
　4.5.4 调整资源 ···100
4.6 管理资源 ···103
　4.6.1 对资源进行排序 ·································103
　4.6.2 对资源进行筛选 ·································104
4.7 资源过度分配 ···105
　4.7.1 什么是资源过度分配 ·························105
　4.7.2 解决资源过度分配 ·····························105
4.8 案例演练 ···108

第5章　管理项目成本

5.1 项目成本管理概述 ···································112
　5.1.1 项目成本的构成 ·································112
　5.1.2 成本管理技术 ·······································112
　5.1.3 成本管理过程 ·······································113
5.2 设置项目成本 ···113
　5.2.1 设置资源费率 ·······································113
　5.2.2 设置固定成本 ·······································115
　5.2.3 设置实际成本 ·······································116
　5.2.4 设置预算成本 ·······································116
5.3 查看项目成本 ···117
　5.3.1 查看任务成本信息 ·····························117
　5.3.2 查看资源成本信息 ·····························118
　5.3.3 查看项目成本信息 ·····························120

5.4 分析与调整项目成本 ········· 122
5.4.1 查找超出预算的成本 ······· 122
5.4.2 调整工时资源的工时 ······· 122
5.4.3 调整材料资源的成本 ······· 123
5.5 查看分析表 ················ 124
5.6 案例演练 ················· 126

第6章 管理项目进度

6.1 项目进度管理概述 ··········· 130
6.1.1 项目进度管理 ··········· 130
6.1.2 项目进度计划 ··········· 130
6.1.3 比较基线和中期计划 ······· 131
6.2 设置跟踪方式 ·············· 131
6.2.1 设置基线 ··············· 131
6.2.2 设置中期计划 ··········· 133
6.2.3 清除基线或中期计划 ······· 134
6.3 更新项目 ················· 135
6.3.1 更新整个项目 ··········· 135
6.3.2 更新任务 ··············· 136
6.3.3 更新资源信息 ··········· 137
6.3.4 使用项目进度线 ········· 138
6.4 跟踪项目 ················· 140
6.4.1 跟踪日程 ··············· 141
6.4.2 跟踪项目成本 ··········· 142
6.4.3 跟踪工时 ··············· 143
6.4.4 移动项目 ··············· 144
6.5 查看项目进度 ·············· 145
6.5.1 查看单位信息 ··········· 145
6.5.2 查看允许时差 ··········· 145
6.5.3 查看进度与日程差异 ······· 146

6.6 监视项目进度 ·············· 147
6.6.1 使用分组 ··············· 147
6.6.2 使用筛选器 ············· 148
6.6.3 使用排序 ··············· 149
6.7 优化日程 ················· 150
6.7.1 使用投入比导向安排日程 ··· 150
6.7.2 缩短工期 ··············· 151
6.7.3 缩短项目日程 ··········· 154
6.8 案例演练 ················· 154

第7章 美化项目文档

7.1 设置组件格式 ·············· 158
7.1.1 设置字体格式 ··········· 158
7.1.2 设置背景格式 ··········· 160
7.1.3 设置条形图格式 ········· 161
7.1.4 设置视图格式 ··········· 163
7.2 插入图形与组件 ············ 168
7.2.1 插入绘图 ··············· 168
7.2.2 插入对象 ··············· 170
7.3 格式化视图 ················ 172
7.3.1 格式化【网络图】视图 ···· 173
7.3.2 格式化【日历】视图 ······ 175
7.4 打印视图 ················· 176
7.4.1 设置打印范围 ··········· 176
7.4.2 设置打印页面 ··········· 176
7.4.3 设置打印属性 ··········· 179
7.5 案例演练 ················· 180

第8章 分析财务进度

8.1 认识挣值 ················· 184

8.2 使用分析表 ································ 184
 8.2.1 设置挣值的计算方法 ········ 184
 8.2.2 使用【挣值】表 ················ 185
8.3 衡量绩效 ···································· 186
 8.3.1 查看进度指数 ···················· 186
 8.3.2 查看成本指数 ···················· 187
 8.3.3 使用盈余分析可视报表 ···· 187
8.4 记录项目的成本信息 ················ 188
 8.4.1 记录任务成本表 ················ 188
 8.4.2 记录资源成本表 ················ 189
 8.4.3 重新设置资源成本 ············ 189
8.5 分析项目信息 ···························· 189
 8.5.1 图表分析 ···························· 189
 8.5.2 数据透视表分析 ················ 192
8.6 案例演练 ···································· 194

第9章 管理多重项目

9.1 合并项目文档 ···························· 198
 9.1.1 主/子项目与合并项目 ······ 198
 9.1.2 插入项目文档 ···················· 198
 9.1.3 查看子项目信息 ················ 199
 9.1.4 编辑项目文档 ···················· 199
9.2 建立项目间的相关性 ················ 201
 9.2.1 创建合并项目中任务的
   相关性 ································ 201
 9.2.2 创建不同项目中任务的
   相关性 ································ 201
9.3 在项目间共享资源 ···················· 202
 9.3.1 资源池简介 ························ 203
 9.3.2 建立共享资源池 ················ 203
 9.3.3 打开共享资源池 ················ 205

 9.3.4 查看共享资源池 ················ 206
 9.3.5 中断资源共享 ···················· 207
9.4 更新资源池 ································ 207
 9.4.1 更新资源信息 ···················· 208
 9.4.2 更新工作分配 ···················· 208
 9.4.3 更新所有计划的工作时间 ··· 209
 9.4.4 更新资源池 ························ 209
9.5 管理多项目 ································ 210
 9.5.1 汇总多项目信息 ················ 210
 9.5.2 创建多项目信息同步 ········ 210
9.6 案例演练 ···································· 211

第10章 管理项目报表

10.1 报表概述 ·································· 214
 10.1.1 认识预定义报表 ············ 214
 10.1.2 可视报表概述 ················ 215
10.2 创建项目报表 ·························· 216
 10.2.1 创建预定义报表 ············ 216
 10.2.2 创建可视报表 ················ 217
 10.2.3 自定义可视报表 ············ 218
10.3 自定义预定义报表 ·················· 221
 10.3.1 自定义空白报表 ············ 221
 10.3.2 自定义表格报表 ············ 222
 10.3.3 自定义图表报表 ············ 222
 10.3.4 自定义比较报表 ············ 223
10.4 美化预定义报表 ······················ 223
 10.4.1 美化图表 ························ 223
 10.4.2 美化表格 ························ 225
 10.4.3 美化文本框 ···················· 226
10.5 案例演练 ·································· 227

第 11 章　商业营销项目管理

- 11.1　营销项目概况 ·············· 230
- 11.2　制订项目计划 ·············· 230
- 11.3　任务管理 ···················· 231
- 11.4　资源管理 ···················· 232
- 11.5　成本管理 ···················· 233
- 11.6　跟踪项目进度 ·············· 234
- 11.7　调整项目 ···················· 237

第 12 章　工程建筑项目管理

- 12.1　工程项目概述 ·············· 242
  - 12.1.1　工程项目的特征 ········ 242
  - 12.1.2　工程项目的分类 ········ 242
  - 12.1.3　工程项目三要素 ········ 242
  - 12.1.4　工程项目成功的因素 ···· 243
  - 12.1.5　工程项目管理的要素 ···· 243
  - 12.1.6　工程项目管理的特点 ···· 244
  - 12.1.7　工程项目管理的精髓 ···· 245
- 12.2　工程项目的过程管理 ······ 246
  - 12.2.1　项目生命期及其 4 个阶段 ···· 246
  - 12.2.2　项目管理的 5 个过程 ···· 246
  - 12.2.3　工程管理项目计划 ······ 247
  - 12.2.4　工程管理项目计划和控制 ···· 248
- 12.3　工程项目的范围管理 ······ 249
  - 12.3.1　工程项目范围管理概述 ··· 249
  - 12.3.2　项目启动 ················ 250
  - 12.3.3　项目范围计划 ············ 251
  - 12.3.4　项目范围定义 ············ 252
  - 12.3.5　项目范围确认 ············ 253
  - 12.3.6　项目范围变更控制 ······ 254
  - 12.3.7　使用 Project 管理项目范围 ···· 256
- 12.4　工程项目进度计划 ········ 258
  - 12.4.1　编制工程项目工作分解结构 ···· 258
  - 12.4.2　使用甘特图 ·············· 258
  - 12.4.3　CPM/PERT ············· 258
  - 12.4.4　编制无资源约束进度计划 ···· 260
  - 12.4.5　解决施工组织中的问题 ··· 261
- 12.5　工程项目资源计划 ········ 264
  - 12.5.1　编制项目资源计划 ······ 264
  - 12.5.2　项目资源计划方法 ······ 267
  - 12.5.3　使用 Project 平衡资源 ···· 271
  - 12.5.4　资源约束下进度计划优化 ···· 272
- 12.6　工程项目成本计划 ········ 272
  - 12.6.1　工程项目成本管理概述 ··· 273
  - 12.6.2　工程项目成本估算 ······ 273
  - 12.6.3　工程项目成本预算 ······ 277
  - 12.6.4　工程项目人工费成本计划 ···· 278
  - 12.6.5　工程项目各类资源成本确定 ···· 279
  - 12.6.6　总成本的确定与预算审批 ···· 280
- 12.7　工程项目进度计划的跟踪控制 ···· 283
  - 12.7.1　实际进度与进度计划的对比 ···· 283
  - 12.7.2　中间计划的修改和优化 ··· 285
  - 12.7.3　工程项目进度延误解决措施 ···· 285
  - 12.7.4　工期索赔 ················ 286
- 12.8　工程项目成本计划的跟踪控制 ···· 288
  - 12.8.1　项目成本控制概述 ······ 288
  - 12.8.2　实际成本与预算的对比 ··· 289

第 1 章

项目管理与 Project

　　一个项目能否成功，取决于对时间、成本、质量与范围的控制程度。如果用户单纯地通过手工计算项目数据，既烦琐又不准确。此时，用户可借助微软公司推出的 Project 项目管理软件，顺利地完成项目的管理工作。

　　Project 是微软公司研发的集实用性、功能性与灵活性于一体的项目管理软件，在项目管理领域中占据重要地位，它不仅提供了强大的报表功能和灵活的管理工具，而且提供了团队协同作业功能。

本章对应视频

例 1-1 选取工作表区域中的单元格　　例 1-3 选取并设置甘特图中的数据
例 1-2 选取整行、整列和全部单元格　　例 1-4 在甘特图视图中操作任务

1.1 项目管理概述

在了解 Project 之前，用户需要先掌握项目管理(Project Management)的基础知识。例如，了解什么是项目和项目管理、项目管理的发展简介、项目管理的要素与特征、项目周期和项目管理的知识领域等内容。

1.1.1 认识项目管理

近年来，项目管理的思想得到了空前的广泛应用，项目管理已成为全球管理的新热点。越来越多的企业引入了项目管理，一些跨国企业也把项目管理作为自己主要的运作模式和提高企业运作效率的解决方案。由此可见，项目管理在当今经济社会中起着重要作用。

1. 项目和项目管理

项目是指具有明确定义的一系列事件，这些事件从开始到结束具有相同的目标。项目管理是指一系列的管理活动，这些活动的最终结果是项目的最后成功。

项目管理是第二次世界大战后期发展起来的技术。其最早起源于美国，于 20 世纪 50 年代由华罗庚教授引进中国，即中国早期的统筹法与优选法。它是"管理科学与工程"学科的分支，是基于管理原则的一套计算方法，主要用于计划、评估、控制工作活动，保证按时、按预算、依据规范达到理想的最终效果。

任何项目在管理的过程中都会受到时间要素、成本要素及范围要素三大要素的限制。其中，时间要素表示完成项目所需用的时间；成本要素表示完成的项目所需要的人员、设备及材料的费用；范围要素表示项目的目标与任务。

2. 项目管理的发展简介

项目管理是基于管理原则的一套计算方法，主要用于计划、评估、控制工作活动，保证按时、按预算、依据规范达到理想的最终效果。简言之，项目管理就是应用管理知识与技能，完成项目的目标与需求。

项目管理作为一门新兴学科，得到了迅猛的发展和不断的完善。下面我们将详细介绍项目管理的发展过程、发展趋势及相关软件。

(1) 项目管理的发展过程。

项目管理是两千多年前发展起来的管理技术，主要经历了萌芽、形成、传播和发展这四个阶段。

▶ **萌芽阶段**：20 世纪 30 年代之前为项目管理的萌芽阶段，在此阶段人们凭借经验与直觉，按照项目的形式进行运作，如中国的长城、古罗马的尼姆水稻、埃及的金字塔等。

▶ **形成阶段**：20 世纪 30 年代至 50 年代为项目管理的形成阶段，在此阶段传统的项目及项目管理的概念主要起源于建筑行业，人们开始使用"甘特图"进行项目的规划与控制，如图 1-1 所示。

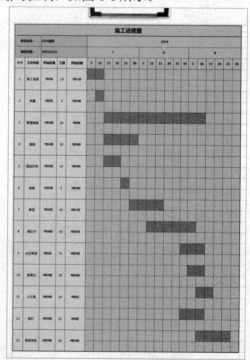

图 1-1

▶ 传播阶段：20 世纪 50 年代至 70 年代末为项目管理传播阶段，在此阶段开始开发和推广网络计划技术。此技术克服了"甘特图"的缺陷，可反映项目进程中各项工作之间的逻辑关系，并且可以进行科学安排。

▶ 发展阶段：20 世纪 70 年代末至今为项目管理的发展阶段，其主要特点是项目管理范围的扩大。

(2) 项目管理的发展趋势。

随着经济全球化，区域一体化的发展，项目管理已成为经济发展的重要构成因素。它对项目的发展与成功起到至关重要的作用，它的灵活性也适应了企业产品多变的要求。因此，深入而广泛地开展项目管理实践活动，提高项目管理水平，既是时代发展的需要，也是经济发展的客观要求。从总体上看，当代项目管理的发展呈现出以下趋势。

▶ 项目管理的应用范围扩大：20 世纪 90 年代以来，项目管理的应用迅速扩展到所有的工业领域(行业)，如通信、交通、能源、环保、航空航天、国防、建筑、制造、金融投资、医学和行政管理等行业，应用范围从单一项目环境扩展到整个组织环境，有些项目管理从单一的项目管理转变为多个项目管理。

▶ 从偏重技术管理到注重人的管理：项目管理重点开始转移，从偏重技术管理转移到注重人的管理，从简单的考虑工期和成本控制到全面综合的管理控制，包括项目质量、项目范围、风险、团队建设等各方面的综合管理。过去，项目管理片面强调技术，例如，在建筑业，过去有技术方面的经验就可以胜任项目经理的工作，现在要求项目管理者和项目成员不仅是项目的执行者，还要能胜任更为广泛的工作，要求他们掌握更加广泛的专业技术、经营管理知识和技能。

▶ 信息技术平台为项目管理解决更复杂的现实问题提供了可能：目前，越来越多的项目管理人员使用现代化的通信技术，对项目全过程中产生的信息进行收集、存储、检索、分析和分发，以改善项目生命周期内的决策和信息沟通。各种类型的项目管理软件功能也在不断地改善和加强。

(3) 项目管理软件概述。

随着项目管理的普及，市场上的项目管理软件也越来越多。项目管理软件从应用对象方面大致可以分为工程类和非工程类项目管理软件，其中工程类项目管理软件通常具有材料管理的功能。

工程类的项目管理软件从研发地区可以分为国外和国内项目管理软件。其中，国外的项目管理软件通常包括 P3、Open WorkBench、OpenPlan、Suretrak、Project 等，而国内的项目管理软件包括邦永科技 pm2、易建工程项目管理软件等。

工程类项目管理软件的具体情况如下。

▶ P3：该软件是企业级管理软件，应用于高端的项目管理，并侧重于多个事件的业务串联管理。

▶ Open WorkBench：该软件是基于 Windows 的桌面应用软件，具有强大的项目计划安排和项目管理能力。

▶ OpenPlan：它是企业级的管理软件，提供标准的 WBS、RBS 和 OBS 模板。

▶ SureTrak：该软件适用于中小企业，是简化的 P3，采用了国际标准的项目管理工具，可以组织丰富的视图与报表，可快速进行进度计算。

▶ Project：该软件为微软推出的全球比较知名的项目管理软件。

▶ 邦永科技 pm2：该软件是以集团多项目管理为依托的多行业、多版本的集团化项目管理软件，具有实用性、可靠性、安全性和易用性等特点。

▶ 易建工程项目管理软件：该软件以成本管理为核心、以进度计划为主线、以合同管理为载体，是一款适用于建筑领域的综合型项目管理软件。

3. 项目管理的要素与特征

随着项目管理的广泛应用，各种不同的产品应用于不同的项目。所有的项目具有三大要素及六大特征。

(1) 项目管理的要素。

项目管理的要素是指影响项目成败或发展方向的根本原因或条件。影响项目管理的要素比较多，其中时间、范围和费用是项目管理的三要素(有时也称项目三角形)，是必不可少的条件，并且其中任何一个要素发生变化都会影响其他两个要素，如图1-2所示。

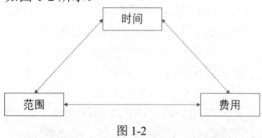

图 1-2

> **知识点滴**
>
> 项目的三要素是相互影响的，在项目开始时需要明确项目范围，防止不确定性造成费用或时间的增加。同时当项目发生变化时，需要根据实际情况平衡三者之间的关系。

虽然这3个要素都很重要，但通常有一个要素会对项目起决定性的影响。这3个要素之间的关系根据每个项目而异，它们决定了用户会遇到的问题种类，以及可以实现的解决方案。了解项目中的限制及可灵活掌握的部分，将有助于计划和管理项目。

例如，建造一幢房子，范围就是按要求交付房子，若需要交付的内容增加，则有如下两种情况：第一种，交付时间变长，这样务必产生资源等成本的开支；第二种，增加资源的投入，这样同样增加了成本的开支。

(2) 项目管理的特征。

项目是指在一定约束条件下(主要是限定资金、时间等)，为完成某一独特的产品或服务而具有特定目标的一次性任务。例如，三峡工程、北京申办2008年奥运会、建造一座大水坝、研制一种新药等都是项目。各种不同的项目，其内容是千差万别的，但它们都具有相似的特性。

▶ 目标确定性：任何项目都必须具有特定明确的目标，这是项目的一个重要特征。项目目标往往取决于项目法人所要达到的最终目的。例如，工业建设项目的最终目标是要增加或提供一定的生产能力，形成具有一定使用价值的固定资产；而科学研究项目则以突破原有理论、取得研究成果为其特定目标。每个项目所追求的目标必须服从总体运作体系的要求，项目完成的结果应该是可以依据目标说明书进行判断的，实现了项目的目标，也就意味着项目的结束。

▶ 独特性：每个项目都是唯一的。不同项目所涉及的人员、资源、地点、时间等均不可能完全相同，项目的执行过程也是独一无二的。

▶ 约束性：项目会受到时间、资源及成本的限制。一个项目的开始时间与完成时间，必须符合项目的规划时间。同时为了保证项目的顺利完成，还必须符合资源及成本规划或基准的约束。

▶ 一次性：这是项目与其他重复性运行或操作工作最大的区别。项目有明确的起点和终点，不能完全照搬，也不会完全相同，它不能重复。每个项目都有确定的开始和结束，当项目的目标已经实现，或已清楚地预测到项目的目标无法实现时则放弃，或项目的必要性不存在并已终止时，该项目就到达了它的终点。

▶ 不确定性：在项目的实施过程中，外部和内部因素总是会发生一些变化，因此项目也会出现不确定性。项目持续的时间短则几天或几小时，长则可达十几年。项目所处的环境总是不断变化的，因此，项目管理人员应该及时做出反应，根据变化对项目做出调整，否则将不能实现预期的目标。

▶ 不可挽回性：项目活动过程的一次性和活动成果的单件性，决定了项目实施的风险性和项目管理的特殊性,一旦失败就失去了重新实施原项目的机会。为了降低项目实施的风险,尽可能地实现项目目标,就要求项目成员去研究和掌握项目的实质和规律性,用科学的管理方法保证项目的一次成功。

4. 项目周期

除了项目的三要素,项目周期(也称项目生命周期)也是项目的重要过程。项目周期是指从定义项目目标、制订项目计划直到最终完成整个项目的过程,如图1-3所示。

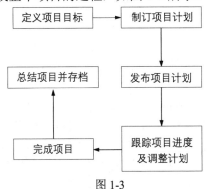

图 1-3

(1) 定义项目目标。

在制订项目计划前,用户必须明确该项目要完成什么或提交什么,不但要对完成的工作了如指掌,还要明确能够使项目委托人满意的质量标准。

此外,用户还必须清楚该项目是否有最后完成期限,工作应在什么时候开始,什么时候结束,以及明确是否需要考虑项目的成本要求等。

因此,定义项目目标是关键一环,要防止目标的不确定。

(2) 制订项目计划。

制订项目计划,就是为了完成目标,展开一系列活动计划。明确项目目标之后,就可以着手制订项目计划了。在制订计划之前,首先要与小组成员进行讨论,明确工作的主要阶段和每个主要阶段的具体任务,然后估计出每项任务的大致完成时间。其次,为了使任务按一定的先后顺序进行,还需要对任务进行链接。此外,还需要为任务分配资源和工时,输入资源的标准费率和加班费率,以及输入固定的任务成本等。

制订好项目计划后,需要对所做的计划进行检查,对项目执行过程中可能出现的问题给予解决。

(3) 发布项目计划。

项目计划完成后,如果需要使计划得到上级的批准,或者将任务分配给下属,或者需要与他人(比如项目风险承担者)交流项目信息,就需要发布项目计划。用户可以通过多种方式来发布项目计划。例如,把项目计划打印出来、通过E-mail发布项目计划或者利用Web页面发布项目计划等。

(4) 跟踪项目进度及调整计划。

项目开始实施后,用户需要不停地记录各项任务开始和完成的实际时间,即对项目计划的实施进行跟踪。由于用户需要知道项目的实施过程与所创建的计划之间的出入,因此需要创建一个基准,便于与实际情况进行比较。在某一任务的实际完成日期与原始计划有偏差时,应重新确定下一个任务的开始日期和完成日期。如果在预定的期限内有完不成计划的可能,则需要提前在日程中对资源进行必要的调整,尽可能地使项目保持在日程内并且不超出预算,以保证任务顺利实施,防止任务出现问题而影响整体项目。

(5) 完成项目。

完成项目目标,是展开活动的最终目标,任何项目都不可能无限期延续。

(6) 总结项目并存档。

完成项目后,需要提交一份总结报告来描述项目的完成情况或其存在的错误之处,并对该项目进行详尽的描述与分析,以便将来为其他项目计划提供有价值的参考信息、经验或教训。

5. 项目管理的知识领域

项目管理是项目管理者在有限的资源约束下,运用系统的观点、方法和理论,对项目涉及的全部工作进行有效的管理,即对项目的投资决策开始到项目结束的全过程进行计划、组织、指挥、协调、控制和评价，以达到项目的目标。项目管理所涉及的领域主要包括以下九大领域。

(1) 项目范围管理。

项目范围管理是为了实现项目的目标，对项目的工作内容进行控制的管理过程。这个过程用于确保项目组和项目成员对作为项目结果的项目产品及其生产过程有一个共同的理解。它包括确定项目的需求、定义规划项目的范围、范围管理的实施、范围的变更控制管理及范围核实等。

(2) 项目时间管理。

项目时间管理是为了确保项目最终按时完成所实施的一系列管理过程。它包括具体活动界定、活动排序、时间估计、进度安排及时间控制等工作。

"按时、保质地完成项目"是每一位项目经理最希望做到的。但工期拖延的情况却时常发生。因而合理地安排项目时间是项目管理中的一项关键内容，它的目的是保证按时完成项目、合理分配资源、发挥最佳工作效率。

(3) 项目成本管理。

项目成本管理是为了保证完成项目的实际成本不超过预算成本所实施的管理过程。它包括资源的配置，成本、费用的预算和费用的控制等工作。项目成本管理是在整个项目的实施过程中，为确保项目在已批准的成本预算内尽可能好地完成而对所需的各个过程进行管理。

(4) 项目质量管理。

项目质量管理是为了确保项目达到客户所规定的质量要求所实施的一系列管理过程。它包括质量规划、控制和保证等工作。

(5) 项目人力资源管理。

项目人力资源管理是为了保证所有项目干系人的能力和积极性都得到最有效的发挥和利用所实施的一系列管理措施。它包括组织的规划、团队的建设、人员的选聘和项目的班子建设等工作。项目人力资源管理包括项目团队组建和管理的各个过程。项目团队包括为完成项目而分派有角色和职责的人员。项目管理团队是项目团队的子集，负责项目管理活动。

(6) 项目沟通管理。

在项目管理中，专门将沟通管理作为一个独立的知识领域。PMBOK(项目管理知识体系)中也建议项目经理要花75%以上时间在沟通上，可见沟通在项目中的重要性。多数人理解的沟通，就是善于表达，能说、会说，但项目管理中的沟通，并不等同于人际交往的沟通技巧，更多是对沟通的管理。

项目沟通管理是为了确保项目信息的合理收集和传输所实施的一系列措施，它包括沟通规划、信息传输和进度报告等工作。

(7) 项目风险管理。

项目风险管理是指对项目风险从识别到分析乃至采取应对措施等的一系列过程。这个过程包括将积极因素所产生的影响最大化和使消极因素产生的影响最小化两方面内容。

项目风险管理涉及项目可能遇到的各种不确定因素。它包括风险的识别、量化、控制和制定对策等工作。

(8) 项目采购管理。

项目采购管理是为了从项目实施组织之外获得所需资源或服务所采取的一系列管理措施。它包括采购计划、采购与征购、资源的选择和合同的管理等工作。

(9) 项目综合管理。

项目综合管理是指为确保项目的各项工作能够有机地协调和配合所展开的综合性和全局性的项目管理工作和过程。它包括项目集成计划的制订，项目集成计划的实施和项目变动的总体控制等工作。

在项目管理过程中，首先要严格控制项目的进度，保证项目在规定的时间内完成；其次要合理利用资源，并将项目的费用尽量控制在计划的预算之内；最后，要跟踪项目执行的情况，保证项目按照规定的质量标准执行。

知识点滴

在项目管理的九大知识领域中,核心领域是项目范围管理、项目时间管理、项目成本管理与项目质量管理。

1.1.2 项目管理中的概念与原理

项目管理是一门学科,不仅可以监督项目,而且可以提供控制项目的管理方法。通过项目管理,不仅可以组织项目中的任务,而且可以对项目进行系统化管理。下面介绍一些在项目管理中使用的概念,以及项目管理的基础原理。

1. 项目管理中的概念

项目管理需要经历日程安排、预算、资源管理、进度跟踪与报告等过程,一般情况下包括关键路径、可宽延时间、工期和里程碑等概念。

(1) 关键路径。

关键路径可以标记项目中的相关联的任务,是影响计算项目完成日期的一系列任务。由于关键路径为最小任务计算工期,定义最早、最晚开始与结束日期,因此关键路径直接决定了项目的大小,有助于确保项目的按时完成。

一般情况下,可通过下列方法来组成关键路径。

▶ 需要将项目中的各项任务视为具有时间属性的节点,从项目的起点到终点进行有序排列。

▶ 使用具有方向性的线段标出各节点的关系,使之成为一个有方向的网格图。

▶ 需要用正、逆推算法计算任务的最早与最晚开始时间,以及最早与最晚结束时间,并计算各个活动的时间差。

▶ 找出时间差为零的路线,即表示时间差为零的路线为关键路径。

其中关键路径具有以下特点。

▶ 决定项目的工期:关键路径中的活动持续时间直接决定了项目的工期,而所有活动的持续时间的总和即为项目的工期。

▶ 决定工时的延迟:关键路径中任何一个任务都为关键任务,其中任意一个任务的延迟都直接决定整个项目的工时延迟。

▶ 影响项目的完成时间:关键路径中的耗时决定项目的完成时间。若缩短关键路径的总耗时,则会缩短总工期,反之则延长总工期。

关键路径既具有相对性,也具有可变性。在一定情况下,关键路径可变为非关键路径,而非关键路径也可以变为关键路径。

(2) 可宽延时间。

"可宽延时间"表示在不影响其他任务或项目完成日期的前提下,任务可延迟的时间。当用户清楚项目排列中的可宽延时间时,可在无时间差的阶段,移动其他过多时间差阶段中的任务。

"可用可宽延时间"表示在不延迟后续任务的情况下,可以延迟的时间。使用"可用时差域"可以决定任务是否具有可延迟的时间。

"可宽延的总时间"表示在不延迟项目完成的情况下,任务可延迟的时间。其中"总时差"可以为正数,也可以为负数,为正数时表示任务可宽延,为负数时表示未为任务排定足够的时间。

(3) 工期和里程碑。

在项目管理中,大多数任务需要在特定的时间段内完成,而完成任务所需要的时间被称为工期。为准确跟踪每个任务进度,也为了能按时完成整个工程,用户可不断地尝试将项目中工期比较长的任务分解为多个较短工期的任务。

在项目中,还有部分任务不需要在特定的时间段内完成,也就是该部分任务的工期为零,只表示时间中的一个点,该任务被称为里程碑。里程碑只用于标记项目中的关键时刻。

2. 项目管理中的原理

在实际项目运作过程中,由于缺乏正确

的管理方法，往往会遇到进展拖延、费用超支等问题。在深入学习项目管理方法之前，用户还需要先了解一下项目管理的工作内容、三坐标管理，以及项目管理的组织和领导的基础知识。

(1) 项目管理的工作内容。

一般情况下，项目管理可以分为C、D、E、F四个阶段。其中，各阶段的具体内容如下所述。

▶ C：概念阶段，包括调查研究、收集数据、确定目标、资源预算、确定风险等级等内容。

▶ D：发展阶段，包括确定成员、界定范围、制订计划、工作结构分解等内容。

▶ E：实施阶段，包括建立项目组织、执行WBS工作、监督项目、控制项目等内容。

▶ F：结束阶段，包括评估与验收、文档总结、清理资源、解散项目组等内容。

通过对项目管理工作内容的归纳，可将项目管理的工作内容分为可行性研究、工作结构分解、三坐标管理与项目评估四方面的工作。

(2) 三坐标管理。

由于项目实施过程中的进度、费用与质量之间存在相互协调、相互制约和相互适应的关系，因此项目的进度管理、费用管理与质量管理被称为三坐标管理。

其中，项目的进度管理是项目按期完工的保证，主要分为编制进度计划和控制计划两部分，具体内容如表1-1所示。

表1-1

部 分	内 容
编制进度计划	包括项目分解、工作序列、评估工作时间、安排进度等内容
控制计划	包括作业控制、控制项目总进度、控制项目主进度、控制项目详细进度等内容

项目的费用管理包括资源计划、费用估计、费用预算、费用控制等内容，是项目按照预算计划完成的保证。其具体内容如表1-2所示。

表1-2

含 义	内 容	方 法	结 果
资源计划	工作分解结构、项目进度计划、历史信息等内容	数学模拟法、头脑风暴法等	资源的需求计划、资源的相关描述等
费用估计	资源需求计划、资源单位价格、费用表格等	类比分析法、参数模拟法、估计法等	项目总资源费用与明细
费用预算	工作分解结构、费用评估值、项目进度计划表等	类比分析法、参数模拟法、估计法等	获得费用基线等
费用控制	费用预算值、实施执行报告、增减预算的请求等	费用控制系统、附加计划等	修订费用估计、更新费用预算、估计项目总费用等

项目的质量管理包括质量计划、质量保证、质量控制等内容，是项目按照计划完成的保证。其具体内容如表1-3所示。

表1-3

含 义	内 容	方 法	结 果
质量计划	质量方针、产品与范围陈述、规则标准等	利益与成本分析、制作实施标准等	质量管理计划、操作说明等
质量保证	质量管理计划、操作说明等	质量审核与质量计划所采用的方法	保证质量、质量改进等

(续表)

含义	内容	方法	结果
质量控制	质量管理计划、操作描述、具体工作结果等	统计样本、控制图表、趋势分析等	质量改进措施、完成检查表、过程微调等

(3) 项目管理的组织设计原则。

项目管理的组织设计主要包括以下原则。

▶ 目标一致：需要建立保证与协调的目标体系。

▶ 有效的管理幅度与层次：管理幅度与管理层次呈反比效果，为避免管理信息的迟滞，还需要扩大管理幅度，减少管理层次。

▶ 责权对等：在项目管理的实施过程中，需要将责任与权力进行对等分配，确保管理人员工作的积极性。

▶ 集分权相结合：根据项目的具体情况，需要确保集权与分权的合理分配。

(4) 组织结构形式。

项目的组织结构形式主要包括传统式和矩阵组织式这两种结构形式。其中，传统式的组织结构形式又包括直线式、职能式和直线职能式 3 种形式。直线式是按级别直接领导的结构样式，如厂长直接领导主任，而主任则直接领导组长。职能式是多头领导的结构样式，直线职能式是直接领导与职能领导相结合的结构样式。

矩阵组织式是指运用多个部门人员，同时进行多个项目的一种结构方式。在该结构方式中，同一个人员可以参与多个项目。新成立的项目组是一个临时组织，既不属于行政组织，也不与行政组织并列。

(5) 项目管理的领导。

在项目管理中，领导类人员需要发挥项目决策、指挥、协调、刺激等方面的作用。其中，领导权力的类型主要包括强制权、奖励权、法定权、专长权与影响权 5 种权力类型。

另外，根据领导控制与影响程度，可将领导方式划分为集权型、民主型与放任型 3 种类型。

1.2 Project 界面介绍

Project 是一款国际上享有盛誉的通用的项目管理软件。启动最新版 Project 2021 后，系统将默认打开图 1-4 所示的【开始】界面。

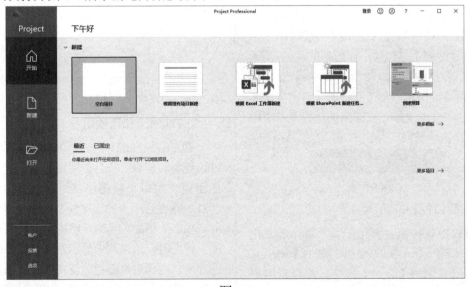

图 1-4

项目管理人员、业务管理人员和计划人员在充分掌握 Project 2021 的工作界面、常用视图和选择数据域等基本知识后，可以使用它独立地管理和规划项目。

图 1-5

1.2.1 工作界面

在 Project 2021【开始】界面中单击【空白项目】图标，将打开图 1-5 所示的 Project 2021 工作界面，其包括标题栏、快速访问工具栏、选项卡、选项组及状态栏等。

1. 标题栏和快速访问工具栏

标题栏位于窗口的最上方，用于显示程序名与当前运行的文件名。标题栏左侧为快速访问工具栏，右侧为窗口控制按钮。

快速访问工具栏位于标题栏的左侧，用于存放一些常用命令，如保存■、撤销■、恢复■等，如图 1-6 所示。单击右边的【自定义快速访问工具栏】按钮■，在弹出的快捷菜单中可以选择在快速访问工具栏中显示的工具按钮。

图 1-6

2. 窗口控制按钮

窗口控制按钮主要用于缩小■、最大化■和关闭■Project 2021 窗口。单击【缩小窗口】按钮左侧的【登录】按钮，将显示用户登录界面，如图 1-7 所示。

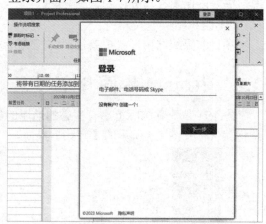

图 1-7

3. 选项卡和选项组

在 Project 2021 中，选项卡栏主要包括文件、任务、资源、项目、视图等选项卡。为了便于用户对每个视图格式进行设置，Project 2021 特意在选项卡的末尾处添加了视图设置工具选项卡。例如，当用户将视图切换到【甘特图】视图时，该选项卡显示为【甘特图格式】选项卡，而当用户将视图切换到【资源表】视图时，该选项卡则显示为【资源表格式】选项

第1章　项目管理与Project

卡,如图1-8所示。

图1-8

选项组也称为组,用户直接单击选项组中的命令按钮,可快速实现对 Project 2021 的各种操作。

4. 工作表视图区

工作表视图区主要用于显示项目管理中有关任务的各项信息,包括任务名称、开始时间、完成时间和工期等信息,如图1-9所示。

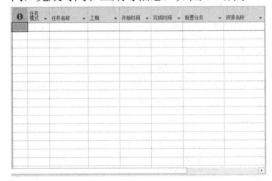

图1-9

5. 日程表

Project 2021 在视图中自动显示日程表,用户可以通过增加任务到日程表的方法,以图表的形式显示任务的时间段,如图1-10所示。用户可通过禁用【视图】选项卡【拆分视图】选项组中【日程表】复选框的方法,来隐藏视图中的日程表功能。

图1-10

6. 图表视图区

图表视图区主要用于显示甘特图、资源图表、资源使用状况、任务分配状况视图中的以图形显示的任务或资源信息(如图1-11所示),其主要内容如下。

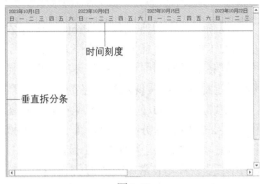

图1-11

➤ 时间刻度:在【甘特图】【资源图表】【资源使用状况】【任务分配状况】视图顶部包含时间刻度的灰色分隔宽线,时间刻度下方的区域显示了以图表方式表示的任务或资源信息。

➤ 垂直拆分条:用于分隔【甘特图】【资源图表】【资源使用状况】【任务分配状况】视图中的表与图表部分,或图例与图表部分。

➤ 滚动条:分为垂直滚动条、图表视图区水平滚动条和数据视图区水平滚动条,主要用来调节视图区域及整个文档的显示内容。

7. 状态栏

状态栏位于界面的底部,主要显示当前的操作或模式的状态。状态栏提供了当前编辑状态与新任务的当前模式、视图方式和缩放滑块等辅助功能。

➤ 任务模式:主要用来设置新任务的工作模式,包括手动计划和自动计划两种模式,如图1-12所示。

图1-12

➤ 缩放滑块:位于状态栏的最右侧,可快速缩放视图的时间分段部分,可用于甘特图、网络图、日历视图及所有的图形视图。

➤ 视图方式:用来切换工作表的视图模式,包括甘特图▦、任务分配状况▦、工作

组规划器 与资源工作表 4 种模式。

1.2.2 视图类型

视图以特定的格式显示 Project 中输入信息的子集,该信息子集存储在 Project 中,并且能够在任何调用该信息子集的视图中显示,通过视图可以展现项目信息的各个维度。

视图主要分为任务类视图和资源类视图两大类。常用的任务类视图有【甘特图】视图、【任务分配状况】视图、【日历】视图、【网络图】视图等;常用的资源类视图有【资源工作表】视图、【资源使用状况】视图、【资源图表】视图等。

1. 【甘特图】视图

【甘特图】视图是 Project 的默认视图,用于显示项目的信息。【甘特图】视图的左侧用工作表显示任务的详细数据,例如,任务的工期、任务的开始时间和结束时间,以及分配任务的资源等。【甘特图】视图的右侧用条形图显示任务的信息,每一个条形图代表一项任务,通过条形图可以清楚地表示出任务的开始和结束时间,各条形图之间的位置则表明任务是一个接一个进行的,还是相互重叠的。图 1-13 所示为典型的【甘特图】视图。

图 1-13

使用【甘特图】视图可以完成以下工作。

▶ 通过输入任务和完成每项任务所用的时间来创建一个项目。

▶ 通过链接任务,在任务之间建立顺序的相关性。在链接任务时,可以看到任务工期的更改是如何影响其他任务的开始日期、完成日期,以及整个项目的完成周期的。

▶ 将人员和其他资源分配给任务。

▶ 查看任务的进度。可以对计划的和实际的开始日期、完成日期进行比较,以及检查每项任务完成的百分比,从而跟踪任务的进度。

▶ 在图形化任务的同时仍然可以访问任务的详细信息。

▶ 拆分任务以中断任务,以后再恢复该拆分任务。

2. 【跟踪甘特图】视图

对于每项任务,【跟踪甘特图】视图显示两个任务条形图,一个任务条形图在另一个任务条形图的上方。下方的任务条形图显示任务的比较基准,上方的任务条形图显示任务的当前计划。当计划发生变化时,就可以通过比较基准任务与实际任务来分析项目偏移原始估计的程度。图 1-14 所示为典型的【跟踪甘特图】视图。

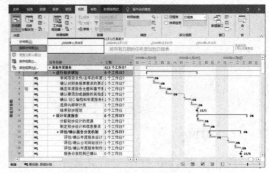

图 1-14

3. 【任务分配状况】视图

【任务分配状况】视图给出了每项任务所分配的资源,以及每项资源在各个时间段内(每天、每周、每月或其他时间间隔)所需要的工时、成本等信息,从而可以更合理地调整资源在任务上的分配。图 1-15 所示为【任务分配状况】视图。

使用【任务分配状况】视图可完成以下工作。

▶ 根据任务组织资源。

▶ 估算每项任务的工作量。

▶ 估算每项任务的成本。

- 对计划的时间和实际的工时进行比较。
- 对计划的成本和实际的成本进行比较。

图 1-15

4.【日历】视图

【日历】视图是以月为时间刻度单位，并按日历格式显示项目信息的。任务条形图将跨越任务日程排定天或星期。其中，单个任务以细长蓝色轮廓的条形显示，里程碑任务以灰色条形显示。使用这种视图格式，可以快速地查看项目的日程安排。图 1-16 所示为【日历】视图。

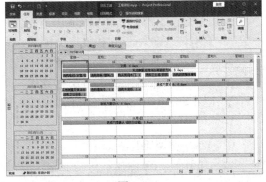

图 1-16

使用【日历】视图可以完成以下工作。
- 显示其日程排定在某个或某几个星期中的任务。
- 检查其日程排定在特定的某天、某星期或某月的任务。
- 通过输入任务和完成每项任务所用的时间来创建一个项目。

- 通过链接任务，在任务之间建立顺序的相关性。
- 将人员和其他资源分配给任务。

5.【网络图】视图

【网络图】视图以流程图的方式来显示任务及其相关性。一个框代表一个任务，框与框之间的连线代表任务间的相关性。默认情况下，进行中的任务显示为一条斜线，已完成的任务框中显示为两条交叉斜线。图 1-17 所示为一个典型的【网络图】视图。

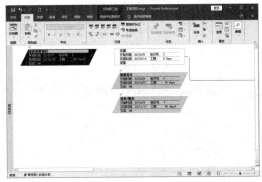

图 1-17

使用【网络图】视图可完成以下工作。
- 创建及调整日程。
- 链接任务以指定任务的执行顺序，并确定任务的开始日期和完成日期。
- 以图形化的方式显示已完成任务、进行中的任务及未开始的任务。
- 给指定任务分配人员或其他资源。

6.【资源工作表】视图

【资源工作表】视图以电子表格的形式显示每种资源的相关信息，如任务资源名称、资源成本、加班费率与最大单位等。图 1-18 所示为一个典型的【资源工作表】视图。

使用【资源工作表】视图可完成以下工作。
- 输入和编辑资源信息。
- 审查每种资源的分配工作小时数。
- 审查资源成本。

图 1-18

7.【资源使用状况】视图

【资源使用状况】视图用于显示项目资源的使用状况，分配给这些资源的任务组合在资源的下方，如图 1-19 所示。

图 1-19

使用【资源使用状况】视图可完成以下工作。

- ▶ 输入和编辑资源的任务分配，如成本、工时分配和工时可用性。
- ▶ 查看过度分配资源及过度分配量。
- ▶ 在资源之间更均衡地进行工作分配。
- ▶ 计算出每种资源的预算工作小时数。
- ▶ 查看每种资源的预算工时容量百分比。
- ▶ 确定每种资源可用于附加工作分配的时间。
- ▶ 计算出每种资源在特定任务上的预算工作小时数。
- ▶ 审查特定任务的资源成本。
- ▶ 通过设置工作分布，改变资源投入某项任务上的工时量。

8.【资源图表】视图

【资源图表】视图以图表方式按时间显示分配工时或资源成本的有关信息，其中，蓝色条形图代表分配，红色条形图代表过度分配。每次可以审阅一个资源的相关信息，或选定资源的相关信息，也可以同时审阅单个资源和选定资源的相关信息。如果同时显示会出现两幅图表：一幅显示单个资源，一幅显示选定资源，以便对二者进行比较，如图 1-20 所示。

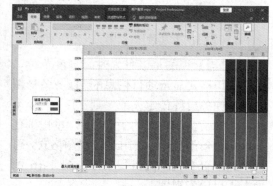

图 1-20

使用【资源图表】视图可完成以下工作。

- ▶ 查看过度分配资源和过度分配量。
- ▶ 计算出每种资源的预算工作小时数。
- ▶ 查看每种资源预算工时量百分比。
- ▶ 确定每种资源可用于附加工作的时间。
- ▶ 审阅资源成本。

9.【其他】视图

用户可以单击【视图】选项卡【资源视图】选项组中的【其他视图】下拉按钮，如图 1-21 所示。

图 1-21

在弹出的下拉列表中选择【其他视图】选项，在打开的【其他视图】对话框中选择所需要的视图，如图 1-22 所示。

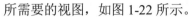

图 1-22

1.2.3 常用表

Project 为用户提供了若干表，用户可以通过表查看、比较及分析项目信息。表也分为任务和资源两大类。显示表的方法很简单，右击工作区左上角的【全选】按钮，从打开的快捷菜单中选择对应的表类型命令即可，如图 1-23 所示。

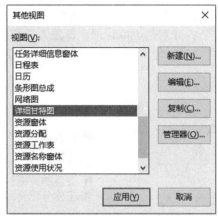

图 1-23

下面将介绍常用的几种表。

▶【差异】表：【差异】表是用于查看任务的开始、完成时间的差异情况的一种表格，属于任务类表格，主要显示任务的开始时间、完成时间、比较基准开始时间、比较基准完成时间、开始时间差异及完成时间差异数据。

▶【成本】表：【成本】表是用于查看任务的具体成本及成本差异情况的一种表格，属于任务类表格，主要显示任务的固定成本、固定成本累算、总成本、基线、差异、实际与剩余数据。

▶【跟踪】表：【跟踪】表是项目管理中用于记录和监控项目进度的工具，主要显示任务的实际开始时间、实际完成时间、完成百分比、时间完成百分比、实际工期、剩余工期、实际成本及实际工时数据。

▶【工时】表：【工时】表是用来查看任务的计划工时与实际工时之间差异情况的表格，属于资源类表格，主要显示任务的工时、比较基准、差异、实际、剩余及工时完成百分比数据。

▶【日程】表是用来查看任务的最晚开始时间、最晚完成时间及任务的可拖延情况的一种表格，属于任务类表格，主要显示任务的开始时间、完成时间、最晚开始时间、最晚完成时间、可用可宽延时间及可宽延的总时间。【日程】表只有在任务类视图中才可以显示。

▶【挣值】表是用来显示资源信息分析情况的表格，属于资源类表格，主要显示资源信息的计划工时的预算成本、已完成工时的预算成本、已完成工时的实际成本等资源成本、日程、成本差异等数据。

▶【摘要】表是用来显示任务的成本、工时、工期、完成时间、完成百分比等任务信息的一种表格，属于任务类表格。通过该表格，可以快速查看各项任务的完成情况。

▶【延迟】表是用来显示资源调配延迟情况的一种表格，属于任务类表格，主要显示任务名称、资源调配延迟、工期、开始时间、完成时间、后续任务、资源名称等项目信息。

1.3 Project 核心功能

Project 软件的功能很多，但其核心功能主要有 3 个，分别是进度管理、资源管理和成本管理，如图 1-24 所示。

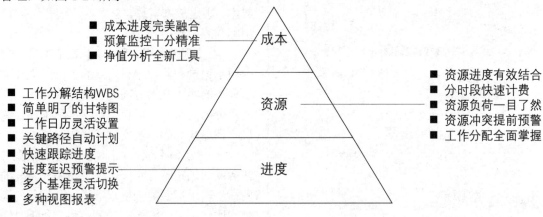

图 1-24

1.3.1 工作分解结构(WBS)

工作分解结构(Work Breakdown Structure，WBS)是将项目可交付成果和项目工作分解成较小的，更易于管理的组成部分(层级关系)的过程。在 Project 中设置任务之间的层级关系非常简单，通过简单的升级和降级操作就可以实现。同时，用户可以选中多个任务再批量设置任务之间的层级关系，一旦设置完成，即可通过选中【显示/隐藏】选项组中的【大纲数字】复选框，自动在任务名称前加上任务对应的大纲数字。设置好任务的层级关系后，母任务(Project 中称为“摘要任务”)的开始时间、完成时间、工期、成本等就可以根据子任务的信息自动计算或汇总了，如图 1-25 所示。

	任务模式	任务名称	工期	成本	开始时间	完成时间
1		新房装修项目	50 days?	¥293,950.00	10月9日星期一	12月15日星期五
2		交房	5 days	¥50,000.00	10月9日星期一	10月13日星期五
3		装修设计	15 days	¥88,300.00	10月9日星期一	10月27日星期五
4		实地测量及现场协商装修方案	5 days	¥1,500.00	10月9日星期一	10月16日星期一
5		装修方案设计	6 days	¥5,800.00	10月17日星期二	10月26日星期四
6		装修方案确认/修改及定稿	5 days	¥13,000.00	10月30日星期一	11月3日星期五
7		选材/购买	30 days?	¥143,650.00	10月9日星期一	11月17日星期五
8		选购电线/水管/插座等	1 day	¥3,500.00	10月9日星期一	10月9日星期一
9		选购地砖/墙砖/过门石等	1 day	¥45,000.00	10月10日星期二	10月10日星期二
10		购买房间木门	1 day	¥5,000.00	10月11日星期三	10月11日星期三
11		选购卫生间/厨房吊顶	1 day	¥12,900.00	10月12日星期四	10月12日星期四
12		选购厨房整体橱柜	1 day	¥8,750.00	10月13日星期五	10月13日星期五
13		选购卫浴设备	1 day	¥15,000.00	10月16日星期一	10月16日星期一

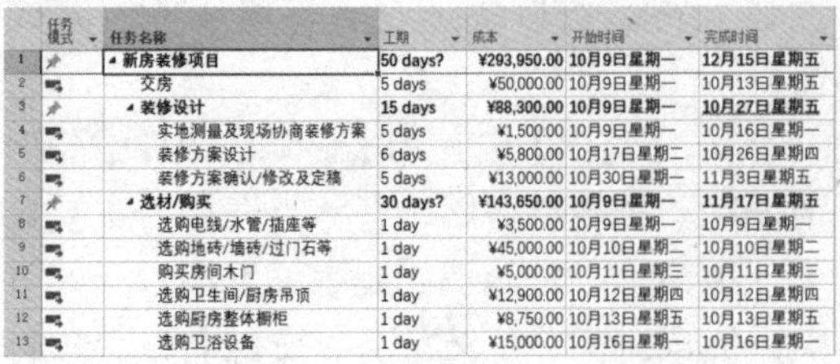

图 1-25

1.3.2 甘特图

许多用户使用 Project 的初衷是使用它的甘特图功能。甘特图是一种项目管理工具，用于展示项目的进度安排和任务分配。它以图形化的方式显示项目的时间轴和关键任务，帮助团队成员了解项目进展和时间安排。甘特图通常由一个水平条形图组成，每个条形代表一个任务或活动，条形的长度表示任务的持续时间，条形的位置表示任务的开始和结束时间。通过查看甘特图，项目团队能够清楚地了解项目中每个任务的起止时间、任务的前后关系及整个项目的进度情况，从而更好地进行项目计划和管理，如图 1-26 所示。

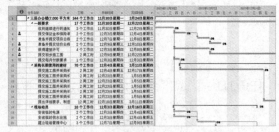

图 1-26

在 Project 中，甘特图不需要"画"，它能根据任务的信息自动生成。用户可以对甘特图进行设置使其更加美观。对于 Project 中不同类型的任务，其甘特图是不同的，用户可以根据这些不同的类型批量设置任务的甘特图样式。例如，可以设置甘特图显示的形状、颜色，或者在甘特图的上、下、左、右、内部共 5 个位置显示不同的任务信息。

在设置好基准计划后，在【跟踪甘特图】视图中，每个任务对应两个条形图。上面的蓝色或红色色条代表当前计划和当前状态，当前计划是动态的，下方的灰黑色条形图代表基准计划，基准计划是静止的。通过对比甘特图可以一眼看出当前计划相对于基准计划或者目标计划是提前还是滞后。

1.3.3 日历

在排定进度计划时，一个令人头疼的问题就是要考虑各种假期、调休、不同的作息时间等。一个大型的计划可能牵扯到不同的事业部且作息时间也不同，某些团队成员甚至还有休假或者出国计划，这些都可能会影响项目进度计划的排定，使其变得更加复杂。如果不借助工具(如 Project)将会非常难以处理。图 1-27 所示为在 Project 中为资源(人员)设置工作时间。

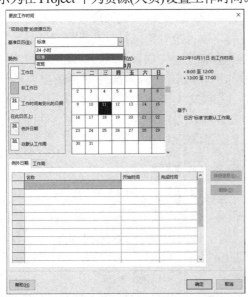

图 1-27

Project 非常完美地解决了这个问题，其"日历"功能非常强大，用户使用 Project 无须手动计算安排计划，软件在排计划时会自动计算(自定义)日历中的工作时间，也会自动避开(自定义)日历中的非工作时间。以下是三种典型的日历形式。

▶ 在标准日历的基础上添加假期及调休。所谓"标准"日历就是 Project 默认的日历，每周工作 5 天，每天工作 8 小时，但是现实中还要考虑法定假期或者公司特殊假期的影响，如国庆节放假 7 天，但同时需要调休。

▶ 六天工作制、七天工作制、全年无休日历。这三种日历的设置方法相同，在一般情况下将其归结为一类。在此类日历中，可能星期六、星期天都需要上班，甚至在全年无休日历下，在国家法定假日都要工作。

▶ 大小周交替日历。一周单休一周双休(有一些单位采用这种工作制度)。

在实际情况下，对于以上日历形式，设置的方法可能不止一种。如果用户掌握了以上三种日历的设置，就可以举一反三地处理日常工作中遇到的所有复杂日历。在 Project 中，日历一旦被设置好，用户可以将其保存到"管理器"模板中，如此便可以在工作中为所有的项目调用这些日历。

此外，在 Project 中除了可以为整个项目设置一个通用的日历，还可以为每个任务设置日历，这样做可以解决不同任务由不同部门执行，但不同部门日历不一样的问题。

1.3.4 任务之间的依赖

项目的各个任务之间往往存在很多实际的逻辑关系，这些关系会影响进度计划的排定。在 Project 中，用户可以轻松设置任务之间的关联关系，主要体现在【前置任务】和【后续任务】列中。

设置任务之间的关联关系的目的是使任务变成一个整体的计划，如果某个任务出现变化或者延迟，用户就能够看到它对其他任务和整个项目的影响(牵一发而动全身)。反之，如果用户不设置任务之间的关联关系，就很容易在项目中忽略某个关系而使指定的计划不合理甚至无法执行。

在Project中设置任务之间的关联关系后，不仅在【前置任务】和【后续任务】列中能够看到，还可以在甘特图中看到，软件会以箭线的形式在甘特图中体现任务之间的关联关系，非常直观，如图1-28所示。

图1-28

> **知识点滴**
>
> 理论上任务之间的关联关系有4种：完成开始(FS)、开始开始(SS)、完成完成(FF)、开始完成(SF)。但由于每种关系还存在提前量和滞后量，故又会衍生出更多的形式。

1.3.5 资源管理

在Project中，用户既可以利用资源管理功能实现对团队成员工作量负荷的管理，还可以结合进度和资源实现对项目成本的管控。图1-18显示了Project【资源工作表】视图中创建的资源。图1-20显示了给任务分配资源后在【资源图表】视图中自动生成的资源直方图。此外，Project中还有其他可以展示资源工作量负荷情况的视图。

在实际情况中，某个团队成员可能在一个矩阵式的组织环境中，也可能同时服务于多个项目，其投入某个项目的工作时间不一定是恒定的，有可能这个月可以投入100%的时间，下个月就只能投入60%的时间。针对这种情况，用户可以在Project中进行设置，一旦设置了资源在不同时段的可用性，图1-20所示视图中生成的直方图将发生变化(变为阶梯状)。

此外，在实际工作中某个部门的人力资源费率也可能会发生变化，例如，工程师在本财年的工时费率是100元/工时，到下一个财年可能会调整为150元/工时，这种分时段费率在Project中是可以设置的。设置完成后，即便是跨年度的同一个任务(如开始时间为2023年10月9日，完成时间是2024年3月18日)也会根据分时段费率计算任务的成本。

1.3.6 成本管理

在实际项目管理中，许多人常常会苦于没有合适的工具来辅助进行成本管控，Project就是一个很好的解决方案，并且该方案可以将进度、资源和成本同时涵盖，用户不用再为成本管理使用其他工具。

用户不仅可以使用Project规划项目的成本，还可以更新成本的进展，并随时查看成本偏差，实现预警。此外，用户使用Project的成本功能时，可能需要向领导汇报，此时用户只需要使用软件的报表功能生成各种自己需要的报表，然后呈送给管理层即可。

在实际工作中，很多项目管理者对成本管控还缺少必要的知识和经验，有可能大部分的时间都花在项目进度、质量等其他方面，成本管控可能还没有成为项目管理的重点。然后，项目按时交付只是项目管理的基本目标，能够控制住项目预算、实现项目预期的毛利率才应该是绝大部分项目最重要的目标。通过对本书后面章节的学习，用户可以对工作中项目成本管控有一个更直观、更深刻的认识和理解。

1.3.7 关键路径

进度管理中需要用到的工具、方法与技术有很多，但最重要的莫过于关键路径。在实际工作中，做一个计划很容易，如何按照项目的目标去优化计划则要求项目管理者掌握更多的知识、经验和技能。例如，在实际工作中经常会遇到需要压缩项目工期的情况，压缩工期的方法可以有很多种，如加班、增加资源、快速跟进、更改任务日历和资源日历等，但最重要的前提是，首先找到关键路径。

那么如何在项目中找出关键路径呢？如果用户使用 Excel 软件制作项目计划，用户要寻找项目关键路径只能凭经验，当任务的数量比较多时，仅凭借经验无法找出关键路径，尤其是当关键路径可能有多条或者交叉时。如果用户使用 Project 制作项目计划，在掌握了 Project 关键路径的计算原理后，无论项目有多复杂，用户都可以轻松在软件中找出关键路径，并且可以分析出关键路径形成的原因。在 Project 中显示关键路径的方法也有很多种，图 1-29 所示为在 Project 甘特图中显示关键路径。

图 1-29

1.3.8 设置基准计划

为了使项目能够按照预期的时间和成本来完成，通常需要设定一个目标计划或者基准计划，将其作为整个项目在执行过程中的控制依据，这在 Project 中称为基准计划。基准计划是测量进度绩效和成本绩效的依据，通过比对当前计划与基准计划之间的差异，用户可以随时发现进度偏差和成本偏差，从而及时进行干预、控制和改善。

如果用户使用 Excel 软件为项目做进度计划，设置基准计划及跟踪计划将非常困难，不便于随时监控进度和成本的偏差。但在 Project 中，用户却可以一键设置基准计划，并且将进度和成本一起设置，不需要分别设置。当有了基准计划后，就可以随时监控项目是否按照目标在推进。

1.3.9 跟踪计划

在 Project 中还可以设置警示灯，便于用户更快地识别项目的状态，例如，延迟 5 天以上的用红灯来表示，按时或提前完成的用绿灯来显示，延迟 5 天以内的任务用黄灯来显示，这样跟踪计划就更加直观、高效。

1.4 Project 基本设置

在 Project 的工作界面中选择【文件】|【选项】选项，将打开图 1-30 所示的【Project 选项】对话框。在该对话框中，用户可以对 Project 的任务模式和任务类型进行设置。

图 1-30

1.4.1 将任务模式设置为自动计划

在图 1-30 所示的【Project 选项】对话框中选择【日程】选项卡，将【该项目的日程选项】设置为【所有新项目】，然后将【新任务创建于】从【手动计划】修改为【自动计划】，将【默认任务类型】从【固定单位】改为【固定工期】，如图 1-31 所示。通过这样的设置后，关闭项目文件再打开新的文件时，任务模式则默认为自动计划，任务类型则默认为固定工期了(注意，一定要再打开新项目文件才有效)。

图 1-31

为什么要把项目的任务模式改为自动计划而不使用默认的手动计划呢？"手动计划"到底有什么作用呢？

手动计划的本意是，我们开始做计划时可能对有些任务的了解还不够多，如工期、时间等都无法确定，但是又想体现在计划中，等任务明确了以后再更新这个任务。"手动计划"就是给那些任务信息暂时还不充分的任务做个标记，可以通过筛选"手动任务"把这些任务都找出来，以便后期进行补充和更新。等任务信息明确了以后，还是需要把这些任务再改成"自动计划"模式。所以，这个操作的本意其实并不是让用户使用"手动计划"，而是可以选择使用"手动计划"为一些暂时不明确的任务做标记，这体现了项目"渐进明细"的特点。

但是，使用"手动计划"会有一些弊端。例如，可能会造成任务的时间和子任务不匹配而不易令人察觉，甚至在使用手动计划时，一些不当的设置会对关键路径的计划造成干扰从而使用户造成错误的结论。

1.4.2 将任务类型设置为固定工期

Project 中有三种任务类型，分别是固定单位、固定工时、固定工期。任务类型的本意是为了体现任务的工期与投入的(工时类)资源数量之间的关系。

Project 中的"任务类型"功能的作用是约束(工时类)资源的数量与任务工期之间的关系，其包含的固定单位、固定工时、固定工期 3 种任务类型的区别如表 1-4 所示。

表 1-4

任务类型	将资源单位改为原来的 2 倍	将任务工期修改为原来的 2 倍
固定单位	任务工期变为原来的 1/2	(原工期时间段内)资源单位不变
固定工时	任务工期变为原来的 1/2	资源单位变为原来的 1/2
固定工期	任务工期不变	(原工期时间段内)的资源单位不变

1. 三种任务类型的作用

在【固定单位】任务类型下，如果将任务 A 所分配的工时类资源由原来的 1 个人变为 2 个人，那么它的工期就会变为原来的一半(如由 10 天变为 5 天)。也就是说，当工时类资源的数量发生变化时，任务的工期将以严格的反比例关系进行变化。在 Project 中，资源的"单位"其实是资源数量的意思。当任务的工期发生变化时，如果任务类型是固定单位，那么任务在原工期时间段内调用的资源的数量不会随着工期的变化而变化，因为它是固定的。

在【固定工时】任务类型下，如果给任务 A 分配了 1 个人的资源后，假如再将它的资源数量从 1 个人变为 2 个人，那么任务 A 的工期也会变为原先的一半(如从 10 天变为 5 天)。也就是说，当工时类资源的数量发生变化时，任务的工期将以严格的反比例关系进行变化。当任务的工期发生变化时，由于完成任务需要的总工时是固定的，工期比原先延长了，那么该任务所调用资源的数量将按照比例进行相应的减少。

在【固定工期】任务类型下，如果开始时为任务 A 分配了工时类资源，然后将它的资源数量从 1 个人变为 2 个人，那么任务 A 的工期依然不变。实际上在【固定工期】任务类型下，无论怎样修改工时类资源的数量，其工期也不会发生变化。反过来，在修改任务工期时，任务在原工期时间段内所调用的资源数量也不会因此发生变化。

以上三种类型都各有自己的假设和应用场景，然而 Project 软件默认的任务类型固定单位，这就造成了一种现象，一旦修改了任务所分配的工时类资源的数量，它的工期将以严格的反比例关系发生变化。而这种情况在实际的项目管理和工作安排中几乎是不存在的，人多了以后工期有可能会缩短，但是很难严格按照反比例关系缩短。这就给我们带来了一个启示，即 Project 默认的任务类型应设置为"固定工期"，以避免在实际使用时造成不必要的麻烦。

2. 统一更改任务类型的方法

建议用户在使用 Project 时在图 1-31 所示的【Project 选项】对话框的【日程】选项中将默认的任务类型从固定单位改为固定工期。然而，有些用户将当前项目的任务类型修改为"固定工期"后，却发现工期仍然自动变化，并且可能出现小数，这是什么原因呢？

这是因为，如果已经在 Project 中创建了多个任务，在图 1-31 所示的【Project 选项】对话框中设置默认任务类型后，只会对新创建的任务有效，对之前已经创建的任务无效。因此，用户最好在刚启动 Project 软件时就在【Project 选项】对话框中修改默认的任务类型。当在工作表区域插入【类型】列后(如图 1-32 所示)，会发现之前创建的任务的类型将仍然是【固定单位】(摘要任务永远是固定工期)，这是因为这里在创建了任务后才在【Project 选项】对话框中修改了任务类型。

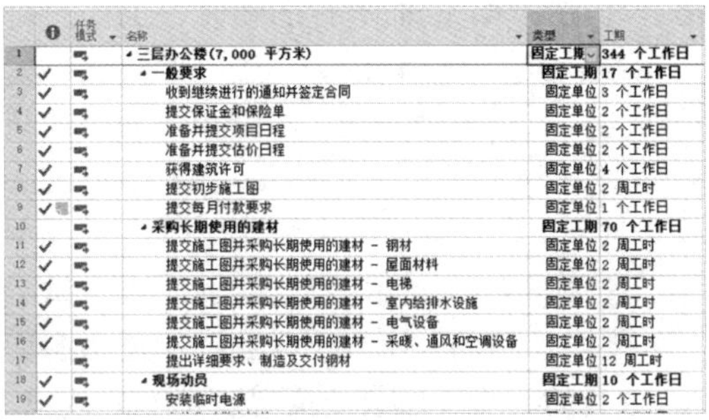

图 1-32

那么要如何批量修改当前计划中的任务类型呢？用户可以参考以下两种方法操作。

▶ 方法 1：在工作表视图区域中插入【类型】列后，在该列中手动将任务类型修改为"固定工期"。

▶ 方法 2：选中并右击多个任务后，在弹出的菜单中选择【信息】命令，打开【多任务信息】对话框将任务类型统一从固定单位修改为固定工期，如图 1-33 所示。

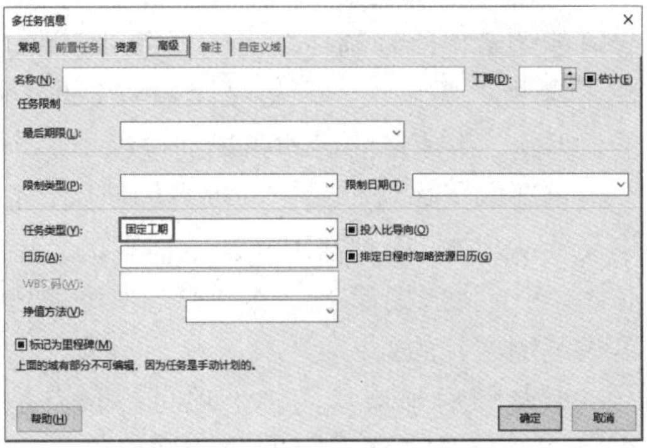

图 1-33

1.5 Project 项目启动

项目启动是项目管理中非常重要的一个阶段，它标志着项目正式开始。

1.5.1 认识项目概况

工作中、生活中的很多事情都是项目，如为领导写一份报告、为公司组织一次聚会活动、为客户交付一个具体的合同等，这些都是项目。可以说，我们处在各种项目组合环境中。项目是为创造一个独特的产品、服务或者输出(结果)而进行的临时性工作。这是一个全世界所公认的关于项目的定义。由此可见，项目无处不在，小到用户为自己装修的房屋，大到国家工程(如三峡大坝)，都算是项目。

在使用 Project 启动一个项目之前，用户首先要对项目的范围，项目的资源及资源费率、项目的假设与成果要素等有基本的认识。

1. 项目的范围

通俗地将，对于一个项目而言，该做什么，不该做什么，就是项目的范围。什么决定了项目的范围呢？答案是需求。需求是项目产生的根本原因，项目的需求范围实际上决定了项目的范围，包括可交付成果的范围、产品的范围和工作的范围等。

例如，对于一个新项目来说，项目的需求可能是为客户装修好房子并使其满意，当然可能还有其他干系人的需求，如公司的领导可能还希望能控制住项目的预算，如果实现了这些主要需求，项目基本就算是成功的。因此，在项目的启动和规划过程中，一个很重要的工作就是确定好项目的范围，而这又要从启发、识别需求并确定需求的范围开始。可交付成果和工作范围都是围绕项目需求范围展开的。

以装修房子项目为例，项目的起点是交房，然后是装修方案的设计及确定、包含轻工辅料在内的施工，以及客户特定需求——装修气体检测，这些都在用户的项目范围中，其中一些主要装修材料的采购也在项目范围内，客户则只负责家具、家电的选购。图1-34所示大致展示和划定了项目的范围和边界。

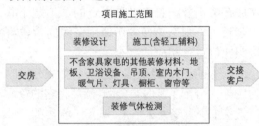

图 1-34

> **知识点滴**
> 项目的启动和规划过程是非常重要的，项目管理的一个重要理念是规划比执行(埋头苦干)更重要。

2. 项目的资源及资源费率

要完成项目，除了要调用公司内部各部门的资源，还需要大量的外部资源。例如，需要从建材市场采购辅料、建材，从人才市场雇佣具有各种技能的装修工人等。如果实施项目的公司实行较为正规的成本管控，只要调用公司内部的资源，就要将相应费用计提在该项目的成本中。

表 1-5 所示为某项目所用项目资源的一部分。除此之外，还可能有一些其他费用，如打车费用等一次性项目支出。

表 1-5

资源种类	资源名称	备注
内部资源	项目经理	2023年标准费率100元/工时
		2024年标准费率110元/工时
	设计师	2023年标准费率90元/工时
		2024年标准费率120元/工时
	采购员	2023年标准费率60元/工时
		2024年标准费率80元/工时

(续表)

资源种类	资源名称	备注
外部资源	厨房吊顶	建材市场预估价格 2 000 元
	卫浴设备	建材市场预估价格 5 000 元
	室内木门	建材市场预估价格 400 元
	木地板	建材市场预估价格 11 000 元
	窗帘	建材市场预估价格 800 元
	墙面漆	建材市场预估价格 1 500 元
	铺地板工时	从外部雇佣工人，按面积预估价格 80 元/平方米
	油漆工时	从外部雇佣工人，按面积预估价格 50 元/平方米
	家政服务费	从外部雇佣家政服务人员
	气体检测费	从外部雇佣专业气体检测治理机构，预估 6 000 元
	安装费用	从外部雇佣人员，预估费用为 500 元

3. 项目的假设与成果要素

每个项目在立项时都有一些假设和前提，在项目启动后要持续地管理这些假设与前提，因为这些条件可能会发生变化，从而为项目本身带来风险。

(1) 项目开始日期。

在项目中，如果项目的开始日期是 2023 年 10 月 11 日，也就是说，项目工作范围的起始时间是 2023 年 10 月 11 日(这里需要注意的是，可能项目的启动时间要早于这个日期)。

(2) 项目工作日历。

鉴于项目行业(例如建筑行业)的特点，项目中一般会采用与之对应的工作日历(如"全年无休")，也就是说，在项目实施的整个过程中，没有周末，也没有节假日，每一天都是工作时间。

(3) 项目里程碑节点要求。

根据客户的要求和最终协商结果，项目一般有两个主要的时间节点必须保证：其一是在项目实施完工前有客户验收的环节，这个节点要求不晚于一个时间(如 2024 年 5 月 10 日)；其二是项目的具体完成时间，也就是项目不晚于某一个时间完成。

(4) 项目的成本预算。

项目在公司内部有一个成本预算(如 50 万元)，在启动项目时，制订项目计划的目标之一就是控制项目的总成本不超过预算金额。

1.5.2 制订项目计划

在进行项目管理时，规划比埋头苦干更重要。在认识了项目概况后，接下来需要做的就是制订一个初始的进度和成本计划，这是规划过程中的一部分。下面将通过制订项目初始计划帮助用户初步认识 Project 软件。

1. 设置项目信息

在 Project 中开始一个新的计划，第一步是设置项目的基本信息，如整个项目的开始时间、项目选用的日历等。

在 Project 的工作界面中选择【项目】选项卡，单击【项目信息】按钮，将打开图 1-35 所示的【项目信息】对话框，在该对话框中需要设置的内容主要有整个项目的开始日期和整个项目采用的日历。

图 1-35

2. 设置日历

Project 有强大的日历功能。在工作中能够用到的各种日历在 Project 中都可以进行设置，这样在排定进度计划时，Project 就会根据日历的设置自动计算所有工作时间而跳过所有非工作时间，用户不需要拿着日历本手动排计划，工作效率将大大提升。同时，虽然所有的任务日历在默认情况下就是项目日历，但是也可以为特定的任务设置特定的日历，即在一个项目计划中，不同的任务由于由不同部门、不同负责人完成，可以选择不同的日历。

下面以在"标准"日历基础上设置特定假日和调休为例来介绍 Project 中的日历设置。

"标准"日历是 Project 自带的一个默认日历，其意思是每周的星期一到星期五工作，每天的工作时间是 8:00 至 12:00、13:00 至 17:00。然而这是一个非常理想的日历，对于很多公司和组织而言，"标准"日历是一个"奢侈"的工作日历，更何况每个国家都有一些法定假日，我国除了法定假日还有调休。因此，在实际工作中直接使用"标准"日历的情况可能比较少，最常用的可能是在标准日历的基础上设置国家的法定假日或调休。

在 Project 中的【项目】选项卡中单击【更改工作时间】按钮，可以打开图 1-36 所示的【更改工作时间】对话框。

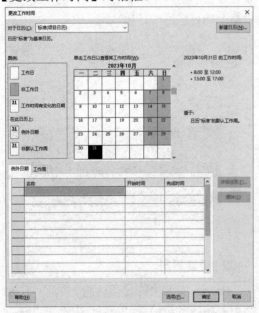

图 1-36

在该对话框中，用户既可以直接在标准日历上设置假期和调休，也可以单独建立一个新的日历。单击【新建日历】按钮，将打开图 1-37 所示的【新建基准日历】对话框，在该对话框中有两个选项：一个是【新建基准日历】，另一个是【复制 标准 日历】。在当前这步操作中，选择其中任何一个选项都可以，选择【新建基准日历】可以以标准日历为基础进行设置，选择【复制 标准 日历】选项也是在标准日历的基础上开始设置的。用户可以单击【标准】下拉按钮，选择以【夜班】或者【24 小时日历】为基础进行设置。

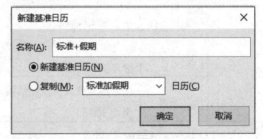

图 1-37

在【新建基准日历】对话框中，用户可以为新的日历取个名字(如"标准+假期")，单击【确定】按钮后将会返回【更改工作时间】对话框。此时，用户可以根据需要设置假期，如图 1-38 所示。

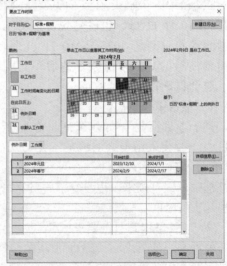

图 1-38

在设置假期后，用户可以继续设置调休日期，如图 1-39 所示，然后单击【详细信息】按钮。

图 1-39

在打开的对话框中选中【工作时间】单选按钮，然后在下方表格中会自动显示默认的工作时间(可修改)，然后单击【确定】按钮即可设置 2024 年春节、元旦的放假和调休时间，如图 1-40 所示。

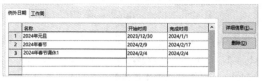

图 1-40

3. 创建工作分解结构(WBS)

在 Project 中设置了必要的日历及项目信息后，用户需要创建具体的任务内容或者工作内容。前面曾经讲过，一个项目该做什么、不该做什么，叫作项目的范围，而项目范围是由什么决定的呢？其是从需求出发的。从本质上讲，是需求范围最终决定了工作范围。

在 Project 中，创建一个初始的进度计划大致分为以下 3 个步骤。

步骤 1：创建工作分解结构(WBS)。

步骤 2：设置任务之间的依赖关系。

步骤 3：估算工期。

项目团队确定了项目的工作范围，即可创建相关的任务清单和 WBS，如表 1-6 所示。根据表格中创建的任务清单和 WBS(表 1-6 的任务名称列出了项目的任务清单，WBS 编码列中则清晰地规划了任务之间的层级结构)，下一步可以在 Project 中将任务清单创建出来，方法很简单，可以直接将表 1-6 中任务名称的第一个任务到最后一个任务全部选中，复制并粘贴到 Project 中的【名称】列。

表 1-6

序号	WBS 编码(任务级别)				任务名称	预估工期/天
1	1				新房装修项目	
2		1.1			交房	1
3		1.2			装修设计	
4			1.2.1		测量并与客户现场协商装修方案	1
5			1.2.2		装修方案设计	5
6			1.2.3		与客户确认装修方案并定稿	1
7		1.3			选材与购买	
8			1.3.1		选购电线、水管、开关插座等	1
9				1.3.1.1	确认电线的标准和品牌	1
...	...	...	...	...	...	...

在 Project 中创建了任务清单后，接下来可以设置任务之间的层级关系。用户可以单击【任务】选项卡中的【升级】和【降级】按钮升级和降级任务之间的层级关系，如图 1-41 所示。如在表 1-6 中，第一个任务"新房装修项目"的任务级别是 1，而其他任务都是它的子任务，说明这个任务是一个最高级别的(摘要)任务。这时可以在 Project 中选中任务 2 到最后一个任务，然后单击【任务】选项卡中的【降级】按钮，这样任务 2 到最后一个任务就变成了任务 1 的子任务了。

图 1-41

在图 1-41 所示的【任务名称】列中一般只输入任务的简要名称，由于不便于输入大量文字信息，故用户有时需要使用任务的"备注"功能记录更多的任务信息。

在 Project 中双击某个任务，在打开的【任务信息】窗口中选择【备注】选项卡，可以在备注中输入任务的备注信息，或者插入"对象"(这里的"对象"与 Office 组件中其他软件中可以插入的"对象"是一样的)，如图 1-42 所示。

图 1-42

4. 设置任务之间的依赖关系

前面曾介绍过，创建一个初始的进度计划大致分为 3 个步骤。用户在 Project 中创建了工作分解结构 WBS 后，就需要设置任务之间的依赖关系(相关性)了。

首先，用户需要了解为什么要设置任务之间的依赖关系(或者叫作"关联关系")。在 Excel 中，做进度计划时可能很少设置任务之间的依赖关系，但实际上很多任务之间是存在各种逻辑关系的，如任务 G，它可能需要在任务 B、C、D、E、F 这 5 个任务都完成的情况下才能开始，这是一种强限制关系，就是说如果任务 B、C、D、E、F 这 5 个任务没有完成，任务 G 就无法开始，那么任务 B、C、D、E、F 就叫作任务 G 的前置任务(紧前任务)，任务 G 就叫作任务 B、C、D、E、F 的紧后任务。

因为计划是需要定期更新的，假如一开始我们没有设置任务之间的依赖关系，在下次更新计划时，如果 B、C、D、E、F 这 5 个任务中有一个或者多个出现了延迟，我们就可能会不小心忽略了这对任务 G 的影响。尤其是一个计划中这种依赖关系可能有很多，如果用户完全靠经验提醒自己不要忘记任务之间的依赖关系，第一容易出现纰漏，第二效率太低。在 Project 中，在开始做计划时就设置好这些依赖关系，紧前任务如果出现"变动"，不管是提前了还是滞后，都能直观地看到对其他任务的影响。

在 Project 中任务之间理论上存在 4 种依赖关系，分别是完成-开始(FS)、开始-开始(SS)、完成-完成(FF)、开始-完成(SF)，由于还存在提前量和滞后量，因此总共可以有 12 种不同的变形(本书第 3 章将详细介绍)。

在 Project 中设置任务之间依赖关系的方法比较多，以下是两种比较常用的方法。

(1) 方法 1。

如果任务 B 需要在任务 A 完成后开始，那么在任务 B 的【前置任务】列中直接输入任务 A 的 ID 号"1", Project 就会默认任务 A 和任务 B 之间的关系是完成-开始(FS), 如图 1-43 所示。

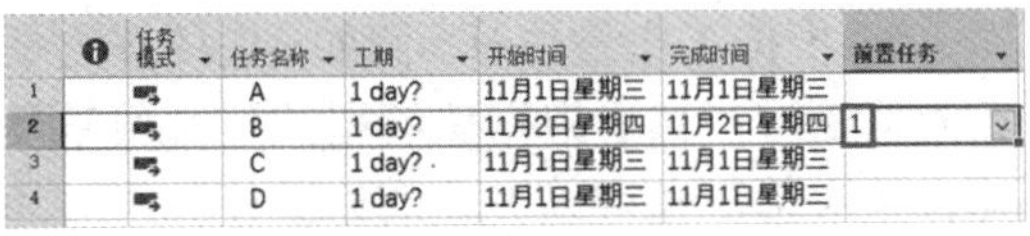

❶	任务模式	任务名称	工期	开始时间	完成时间	前置任务
1		A	1 day?	11月1日星期三	11月1日星期三	
2		B	1 day?	11月2日星期四	11月2日星期四	1
3		C	1 day?	11月1日星期三	11月1日星期三	
4		D	1 day?	11月1日星期三	11月1日星期三	

图 1-43

如果任务 C 需要在任务 A 完成前 1 天就开始, 可以直接在任务 C 的【前置任务】列中输入"1FS-1", 后面的 day 会自动显示, 如图 1-44 所示。

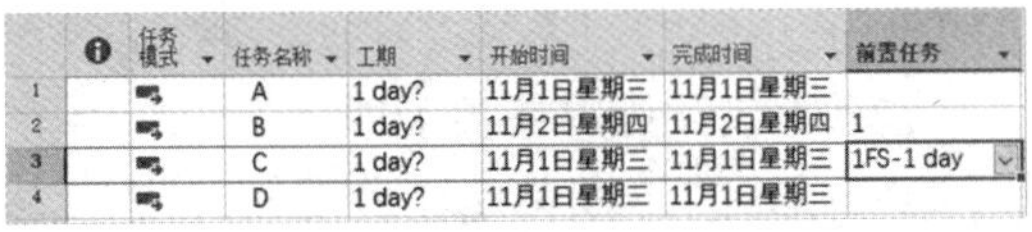

❶	任务模式	任务名称	工期	开始时间	完成时间	前置任务
1		A	1 day?	11月1日星期三	11月1日星期三	
2		B	1 day?	11月2日星期四	11月2日星期四	1
3		C	1 day?	11月1日星期三	11月1日星期三	1FS-1 day
4		D	1 day?	11月1日星期三	11月1日星期三	

图 1-44

同理, 如果任务 C 需要在任务 A 完成 1 天后再开始, 可以直接在任务 C 的【前置任务】列中输入"1FS+1"。

人员分工任务有多个前置任务, 例如, 任务 D 需要在任务 B 和 C 同时完成的情况下才能开始, 就需要在任务 D 的【前置任务】列中输入"2,3", 在两个前置任务的 ID 号之间加个英文逗号即可, 如图 1-45 所示。当然也有可能是"2F2+1,3FS+2"等类似的变形形式。

图 1-45

(2) 方法 2。

以图 1-45 为例, 双击任务 D, 将打开【任务信息】对话框, 在该对话框中选择【前置任务】选项卡, 可以更直观地设置, 如图 1-46 所示。其中标识号就是任务的 ID 号, 用户可以在【任务名称】列的下拉列表中选择某个任务作为前置任务, 在【类型】下拉列表中则可以随意变换任务依赖关系的类型, 延隔时间也可以根据需要设置。

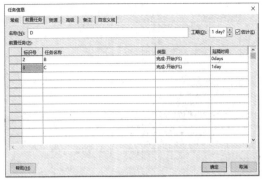

图 1-46

在设置任务之间的依赖关系时, 用户应注意以下两点。

➤ 不要将摘要任务设置成其子任务的前置任务, 也不要将子任务设置成其摘要任务的前置任务。首先摘要任务是由它自己的子任务组成的, 它们是一种包含与被包含的关系, 就不能互相作为彼此的前置任务。以图 1-47 所示为例, 任务 87 包含任务 88、任务 89、任务 90、任务 91、任务 92, 假如在任务 87 的【前置任务】列中输入 88, 或者在任务 88 的【前置任务】列中输入 87, Project 都将打开提示对话框, 提示摘要任务和它自己的子任务之间不能互相设置依赖关系。

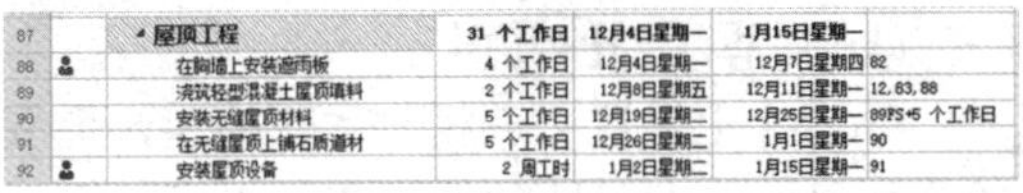

图 1-47

➤ 尽量不要将摘要任务作为其他任务的前置任务, 也尽量不要给摘要任务本身设置前置任务。以图 1-48 为例, 任务 11 应该在任务 2 结束后才能开始, 理论上讲可以将任务 2 作为任务 11 的前置任务, 但由于任务 2 是个摘要任务, 因此建议将任务 3 这个摘要任务中最晚的子任务(任务 9)设置成任务 11 的前置任务, 尽量不要将一个摘要任务当作其他任务的前置任务。同样任务 12、任务 13、任务 14、任务 15、任务 16 等也应该在任务 2 结束后才开始, 这里也将其前置任务设置为任务 9 或任务 8。

图 1-48

5. 估算和设置任务的工期

当用户在 Project 中创建了工作分解结构，并且设置了任务之间的依赖关系后，就需要针对任务估算并设置它的工期。在实际工作中，第二步和第三步可能会交叉进行，这也是可以的。当将这三步完成后，进度计划的雏形就已经展现出来了，用户会看到每个任务的计划起始时间和结束时间，整个项目的起始时间和结束时间也会自动计算出来。这里需要注意的是，用户需要估算子任务的工期，而不需要估算摘要任务的工期，因为摘要任务的工期是根据子任务的工期自动计算的。

(1) 估算工期的常用方法。

Project 中设置工期相对比较简单，重要的是如何比较准确地估算任务的工期，有效地估算工期会提高项目的成功率。下面是一些比较常见的估算工期的方法。

▶ 专家判断。专家的估算一般比较可靠。项目团队或者组织中对任务比较有经验的成员就可以理解为这里所说的专家。因为他们往往拥有比较丰富的经验和相关知识，对任务工作做出的判断相对于其他人而言更加可靠。因此，对于项目管理者而言，一个好的计划不是管理者一个人就能完成的，必须想办法利用团队的集体智慧，并懂得动员组织内的有用资源都去服务于项目目标的实现。

▶ 类比估算。通俗地讲，如果以前做过类似的项目，那么可以根据以往类似项目的历史数据对当前项目进行预测，同类项目或者任务的工期具有很好的借鉴性，这在项目管理的知识体系中也称为组织过程资产的一部分。

▶ 根据工作量估算。例如，先核算出任务的总工时，然后根据可调用的资源数量及其有效水平，也可以大致估算出任务所需的工期。以搬砖任务为例，假设有一万块砖需要从 A 点搬运到 B 点，我们知道目前有 5 个人可以使用，每个人每小时能搬 500 块砖，基于此也可以大致估算出搬完所有砖所需要的工期，这就是一个根据工作量估算工期的简单例子。

(2) 输入并设置任务工期。

Project 的工期都是工作日而不是自然天，那么什么是工作日呢？工作日是指日历或任务日历中的工作时间，如"6 天工作制"日历中的星期日就不算工作日，除非某个星期日是假期的调休时间。

在 Project 中默认的工期通常显示为"1 个工作日？"或"1 day?"，这表达了以下 3 条信息。

▶ 默认的工期单位是"工作日"，也就是说工期是以天为单位的，并且是日历中的工作日。

▶ 默认的工期数量是 1 个工作日。

▶ 工期之所以带问号是提示用户，工期是要输入的。哪怕某个任务的工期确实就是 1 个工作日，也建议用户在【工期】列中输入 1，这样问号就消失了。如果不想让默认的工期显示问号，那么可以在【Project 选项】对话框的【日程】选项卡中取消【有估计工期的新计划任务】复选框的选中状态。

当对各个任务的工期有了估算之后，就可以直接将工期天数输入 Project 计划的【工期】列了，这一步操作非常简单，注意只需输入子任务的工期，不需要输入摘要任务的工期。然后一个初始项目的计划雏形就有了。每个任务(包括摘要任务)都有它的工期、开始时间和完成时间了，如图 1-49 所示。

	WBS	任务模式	任务名称	工期	开始时间	完成时间
0			客户服务项目	975.5 个工作日?	3月1日星期日	11月27日星期一
1	1		客户服务改进	19.5 个工作日?	11月13日星期五	12月10日星期四
2	1.1		阅读对此模板用途进行说明的注释	3 个工作日	11月13日星期五	11月17日星期二
3	1.2		初始评估	976.5 个工作日	3月1日星期日	11月27日星期一
4	1.2.1		确定典型产品使用环境	1 个工作日	3月1日星期日	3月2日星期一
5	1.2.2		执行产品审核	1.5 个工作日	11月20日星期五	11月23日星期一
6	1.2.3		确定典型客户类型	1 个工作日	11月23日星期一	11月24日星期二
7	1.2.4		确定预期产品问题点	1 个工作日	11月24日星期二	11月25日星期三
8	1.2.5		确定产品点解决方案	1 个工作日	11月13日星期五	11月13日星期五
9	1.2.6		将产品审查结果编档	1 个工作日	11月25日星期三	11月26日星期四
10	1.3		完成产品审核	1 个工作日?	11月13日星期五	11月13日星期五
11	1.3.1		资源需求	1 个工作日?	11月13日星期五	11月13日星期五
12	1.3.2		服务规划	1 个工作日	11月13日星期五	11月13日星期五
13	1.4		设计支持服务	1 个工作日	11月16日星期一	11月16日星期一
14	1.4.1		设计客户服务联系人方案	1 个工作日	11月16日星期一	11月16日星期一
15	1.5		联机支持	3 个工作日	11月13日星期五	11月17日星期二
16	1.5.1		电话支持	1 个工作日	11月13日星期五	11月13日星期五
17	1.5.2		现场支持	1 个工作日	11月16日星期一	11月16日星期一
18	1.5.3		完成客户服务联系人方案设计	1 个工作日	11月17日星期二	11月17日星期二
19	1.5.4		开发培训计划	0.5 个工作日	11月13日星期五	11月13日星期五
20	1.5.4.1		开发培训计划 1	0.5 个工作日	11月13日星期五	11月13日星期五
21	1.5.4.		开发培训计划 2	0.5 个工作日	11月13日星期五	11月13日星期五
22	1.5.4.		开发培训计划 3	0.5 个工作日	11月13日星期五	11月13日星期五
23	1.5.4.		开发培训计划 4	0.5 个工作日	11月13日星期五	11月13日星期五

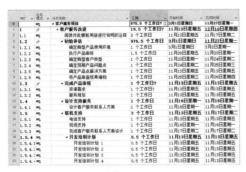

图 1-49

(3) 估算工期的建议。

在进行项目进度管理时，一定要有风险意识和风险思维，在估算单个任务的工期时，要适度紧张，从而把进度的余量留给整个项目，在项目后期再考虑使用。即使觉得当前项目还有余量或者缓冲的时间，也尽量不要在项目早期使用，项目进度的余量只有在项目后期随着风险越来越低时，才可以考虑使用。如果在项目前期过早动用了项目的余量，那么项目执行时压力就会越来越大，因为项目工期的余量已经用完了，后面的任务必须一天都不能延误才能勉强按时完成项目，而哪怕任何一个风险或意外事件发生，都将导致项目不能按时交付。

这就提醒我们，在估算单个任务工期时要适度紧张，不能觉得项目进度尚有宽限的余地就给单个任务留足工期，这样项目后期必然越来越吃紧，从而延期交付的风险加大。

6. 做进度计划时设置任务的工期

经过前面的一系列操作，一个进度计划的雏形已经展现在眼前，用户设置了项目信息(项目开始日和项目日历)、创建了工作分解结构 WBS、设置了任务之间的依赖关系、估算设置了(子)任务的工期，但是并没有输入任何任务的开始时间或完成时间，而每个任务都有起止时间，一个进度计划所需要的基本要素都有了。

那么项目中任务的时间是怎么计算出来的？背后又隐含了什么原理呢？下面将来详细讲解。

当项目信息中设置了项目开始日期为 2023 年 10 月 11 日后，所有任务的默认开始时间就是项目的开始日期，如果有些任务设置了前置任务，那么这些任务的开始时间就是根据项目开始日期加上前置任务共同计算出来的。

如图 1-50 所示，任务 3 就没有前置任务，其开始时间就是项目的开始日期 2023 年 10 月 11 日，而任务 4 的开始时间则是 2023 年 10 月 2 日，这是根据项目开始日期加上前置任务共同计算出来的。

	标记	任务名称	前置任务	工期
1		三层办公楼(7,000 平方米)		344 个工作日
2	✓	一般要求		17 个工作日
3	✓	收到继续进行的通知并签定合同		1 个工作日
4	✓	提交保证金和保险单	3	1 个工作日
5	✓	准备并提交项目日程	4	1 个工作日
6	✓	准备并提交估价日程	5	1 个工作日

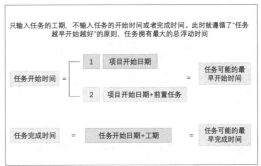

图 1-50

如果用户不给具体的任务输入任何开始时间或完成时间，只设置它的工期，它的开始时间和完成时间就按照上述原则来计算，如图 1-51 所示。

图 1-51

在这种情况下，就完全遵循了进度管理的第一原则"任务越早开始越好"，只要项目一启动，有条件开始的任务就会立即开始做，没有任何拖延，而最早是什么时间可以开始呢？理论上是在项目信息中设置的项目开始日期。哪怕任务暂时不是非常紧急，只要现在有条件开始做就马上开始做，这是一种风险管理的思维，因为项目管理者永远不知道明天会有什么其他事情打乱自己的计划，可能公司领导第二天会安排更加紧迫的工作要处理，所以项目进度管理的原则是，今天能做的事情绝不推迟到第二天。同时，用户应注意，这里讲的这个原则是针对进度管理而言的，假如执行某项任务还需要花费项目成本，并且有实际现金流出，那可能还要综合考虑项目现金流再去统筹安排任务。

因此，所有任务的开始时间都是该项目下任务可能的最早开始时间。同样，完成时间也是该项目下可能的最早完成时间。此时，任务拥有最大的总浮动时间(可宽延的总时间)，也就是安全余量最大的。当然，项目管理者在做进度计划时是需要和职能部门的资源不断沟通和"谈判"的，如果根据沟通结果，某些任务确实不能按照这个最早的开始时间启动，那么也可以为个别任务手动输入新的开始时间，甚至在 Project 中输入的时间早于项目开始日期也是可以的。但这样做就相当于没有遵循"任务越早开始越好"的原则，等于消耗了一部分总浮动时间或者安全余量，针对这种情况，Project 自动为任务设置了"限制类型"，本书第 3 章将详细介绍。

7. 设置任务日历

前面曾介绍过，制订一个 Project 项目计划时，应先设置项目信息，而在设置项目信息时主要设置项目的开工日期和项目日历。

一旦设置了项目日历后，所有任务在计算进度时使用的日历就是项目日历，例如，项目采用"全年 365 天无休"日历，所有任务将默认使用这个日历。

但是如果项目中有一个任务，负责该任务的人员不采用"365 天无休"日历，而是采用"标准+假期"日历，那么一个项目计划中可能会出现不同的任务日历，而此时同样长度的工期由于任务日历不同，其完成的时间可能就不同了。在这种情况下，需要在 Project 中设置任务日历。

在 Project 中设置任务日历的常用方法有以下两种。

▶ 方法 1：在选中任务后单击【任务】选项卡中的【信息】按钮，打开图 1-52 所示的【任务信息】对话框，然后选择【高级】选项卡，单击【日历】下拉按钮设置任务日历。

图 1-52

▶ 方法 2：在工作表区域中任意右击一列，使用弹出的快捷菜单中的命令插入【任务日历】列。然后在【任务日历】列中设置任务日历(该列中显示为"无"代表采用项目日历)，如图 1-53 所示。

图 1-53

8. 设置里程碑任务

里程碑任务通常是项目计划中的一些关键节点或者事件，尤其是给客户或者领导呈报计划时，里程碑任务可能是他们关注的重点。在一个项目计划中哪些任务是里程碑，完全靠项目团队自己去判断。在 Project 中设置里程碑任务比较简单，主要有以下几种方法(本书将在第 3 章详细介绍)。

▶ 工期为零的任务默认为里程碑任务。

▶ 在【任务信息】对话框的【高级】选项卡中设置里程碑任务。

▶ 在工作表视图区中的【里程碑】列中设置里程碑任务。

9. 设置周期性任务

在项目计划中,有些任务安排(如项目周例会)可能在规定的时间重复发生(比如每周二的上午),用户可以在 Project 中将此类任务设置为周期性任务。

在 Project 中单击要插入周期性任务的行,然后单击【任务】选项中的【任务】下拉按钮,在弹出的列表中选择【任务周期】选项,如图 1-54 所示,可以打开【周期性任务信息】对话框。

图 1-54

在图 1-55 所示的【周期性任务信息】对话框中,用户可以输入任务名称"项目周例会",工期单位是 1day(1 个工作日),用户可以根据实际情况输入 1h(1 小时)或者其他时间。在【重复发生方式】选项区域中,可以设置任务的重复时间和次数。

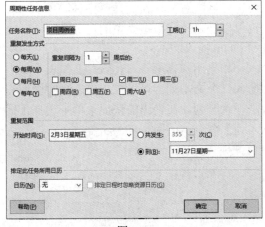

图 1-55

图 1-56 中成功创建了一个周期性任务,它实际上是一个摘要任务,包含多个子任务,每个子任务就是一周一次的项目例会,每次会议的时间都是 1 小时。

WBS	任务模式	任务名称	工期
0		▲ 客户服务项目	1774.5 个工作日?
1	★	▲ 客户服务改进	19.5 个工作日?
1.1		阅读对此模板用途进行说明的注释	3 个工作日
1.2		▲ 初始评估	976.5 个工作日
1.2.1		确定典型产品使用环境	1 个工作日
1.2.2		执行产品审核	1.5 个工作日
1.2.3		确定典型客户类型	1 个工作日
1.2.4		确定预期产品问题点	1 个工作日
1.2.5		确定产品点解决方案	1 个工作日
1.2.6		将产品审查结果编档	1 个工作日
1.2.7		▲ 项目周例会	1770.13 个工作日
1.2.7.1	★	项目周例会 1	1 工时
1.2.7.2		项目周例会 2	1 工时
1.2.7.3		项目周例会 3	1 工时
1.2.7.4		项目周例会 4	1 工时
1.2.7.5		项目周例会 5	1 工时
1.2.7.6		项目周例会 6	1 工时
1.2.7.7		项目周例会 7	1 工时
1.2.7.8		项目周例会 8	1 工时
1.2.7.9		项目周例会 9	1 工时
1.2.7.10		项目周例会 10	1 工时
1.2.7.11		项目周例会 11	1 工时
1.2.7.12		项目周例会 12	1 工时

图 1-56

此时,如果切换【日历】视图,可以看到每周的周二都会有一个"项目周例会"的任务。在设置周期性任务时,一定要合理地设置【重复范围】。如果设置的时间范围大于原来的项目起止时间,那么这个周期性任务很可能就变成了关键路径,甚至会使其他任务都不是关键路径从而导致整个项目看起来好像没有关键路径一样。因为计算关键路径的条件之一就是项目中的最晚路径。如果用户不小心使周期性任务的完成时间比其他所有任务的还要晚,那么它本身就成了最晚路径,也就变成了项目中的关键路径,甚至可能导致其他所有任务都不是关键路径了,这样就不合理了。

因此,在启动项目时要谨慎使用周期性任务,如果一定要使用,尽量不要修改默认的【重复范围】。当然,也可以将【重复范围】的时间段缩短。

10. 拆分任务

如果项目中某一个任务并不是连续工作的,而是中间有间歇性的停工,用户可以考虑使用 Project 的任务拆分功能来体现。

例如,图 1-57 所示中的任务 5 的工期是 5 个工作日,假设施工人员干一天停一天(其中还包括周末两天休息),那最终完成的时间就会比现在的计划晚。选中该任务后，在【任务】选项卡的【日程】选项组中单击【拆分任务】按钮。

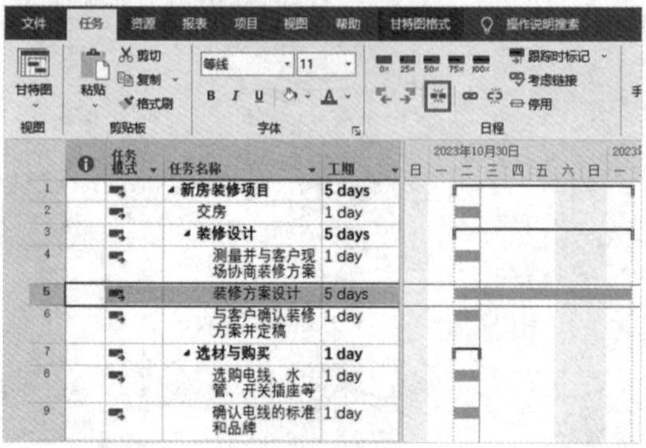

图 1-57

接下来，将鼠标移动至任务5的条形图上，移到第一天和第二天的中间位置后，拖动到需要停下的时间点即可。反复操作后，最终结果如图1-58所示，任务5的条形图会显示这个任务干一天停一天，并且在周末(星期六和星期日)停工，原本需要的工期是5天，现在变为需要10天。

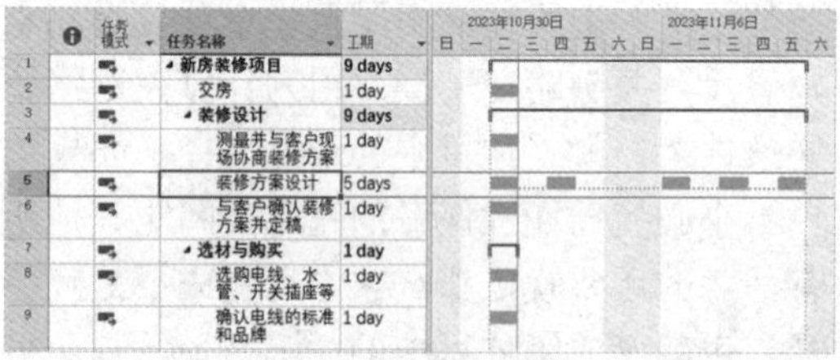

图 1-58

> **知识点滴**
>
> 将任务进行拆分后，【工期】列中显示的数值有时会出现变化，有时不会出现变化，这与设置的【任务类型】有一定的关系，用户不必介意，这不会影响整个计划的进度计算。如果任务的工期是固定的，那么拆分后其显示的工期应该会延长。

如果用户想要取消拆分任务，使用鼠标拖动任务的条形图使其粘贴在一起即可。

11. 修改列名称

Project中的列名称，无论是预置列还是自定义列，用户都可以修改其名称。例如，在启动项目时，任务内容都是英文的，但标题栏还是中文的，如果将这个计划转换为

PDF文件发送给国外客户，肯定会导致客户看不懂标题栏中的中文。此时，就需要修改标题列的名称。

在Project中用户可以右击列后，在弹出的快捷菜单中选择【域设定】命令，打开图1-59所示的【字段设置】对话框，在【标题】文本框中修改列的名称。

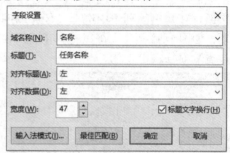

图 1-59

这里需要注意的是，当用户修改了预置列的名称后，仅仅只是改变了它显示的名称，并没有改变该列的用途，也没有改变它的数据类型，当用户在工作表区域执行【插入列】操作时，列菜单中该列显示的依然是它的原始列名称。

12. 插入自定义列

虽然Project中的大部分是预置列，但用户也可以随意插入新列,既可以插入文本列，也可以插入特定数据类型的自定义列。

(1) 插入文本列。

如果用户需要在Project工作表区域中插入一个文本列，可以在工作表视图区域右击任意一列，在弹出的快捷菜单中选择【插入列】命令，如图1-60所示。

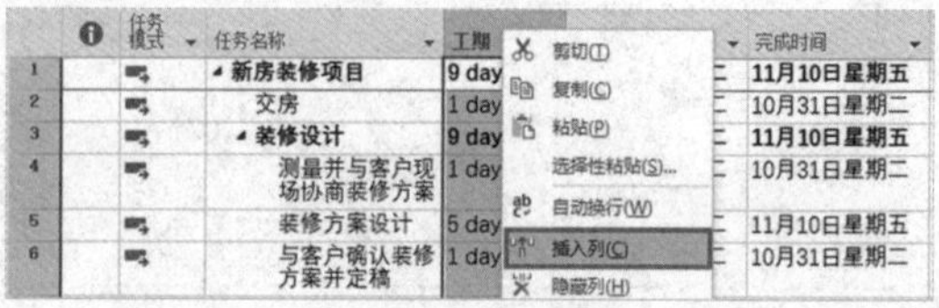

图 1-60

在显示的界面中可以直接输入列的名称，如"输出结果"，然后按Enter键即可，如图1-61所示。

第 1 章 项目管理与 Project

图 1-61

在工作表区域中插入"输出成果"列后，用户可以在该列中为每个任务输入信息，该列实际上是一个文本列，也就是说可以随意输入任何类型的数据，如图 1-62 所示。

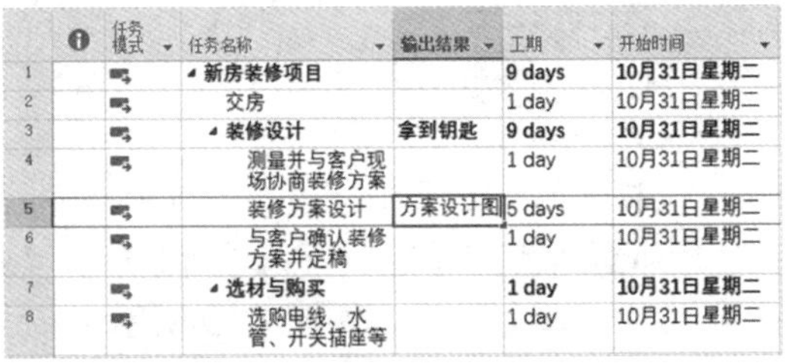

图 1-62

(2) 插入特定数据类型的列。

如果用户需要插入一个新的"工时定额"列，并使这一列只能接受数字，则可以使用 Project 中的自定义数字列，这样设置的目的是便于进行其他的计算。

在 Project 中右击工作表区域中的任意一列，在弹出的快捷菜单中选择【自定义字段】命令，如图 1-63 所示。

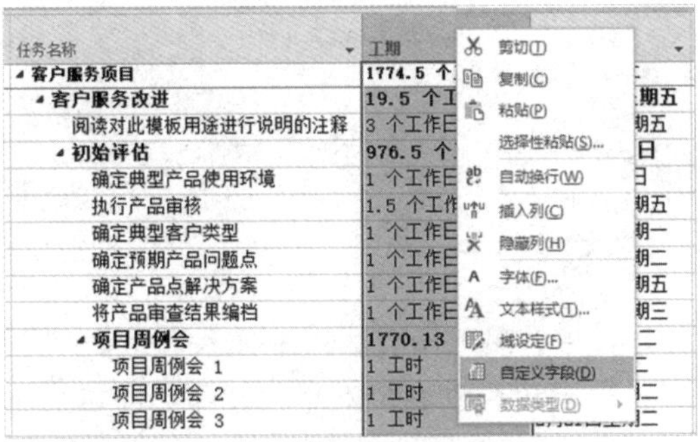

图 1-63

打开图 1-64 所示的【自定义域】对话框，设置【类型】为【数字】，然后选中【数字 1】选项，并单击【重命名】按钮，打开【重命名】对话框，输入"工时定额"后单击【确

定】按钮。

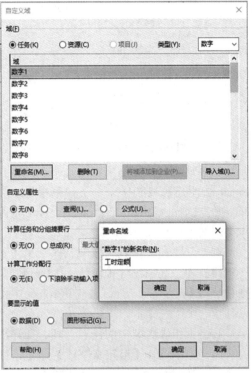

图 1-64

返回【自定义域】对话框并再次单击【确定】按钮后，右击工作表区域中的任意一列，在弹出的快捷菜单中选择【插入列】命令，在弹出的下拉列表中，选择【工时定额(数字1)】选项，即可在工作表区域中插入【工时定额】列，如图 1-65 所示。

图 1-65

在工作表区域中插入【工时定额】列后，该列的数据默认都是 0，因为这一列是数字列，只能识别数字类型。如果在该列顺便输入其他类型的文本内容，Project 将弹出图 1-66 所示的提示对话框。

33

图 1-66

13. 制作下拉菜单

如果某一列数据是固定的几个选项，在 Execl 中用户可以制作一个下拉菜单，从而减少数据的输入频率。在 Project 中也可以制作类似的下拉菜单。

例如，要在工作表区域中制作一个【责任部门】列，其中包含【设计部】【采购部】【质检部】【财务部】等部门，在 Project 中可以制作一个下拉菜单，提供菜单选项。

右击工作表区域中的任意一列，在弹出的快捷菜单中选择【自定义字段】命令，打开【自定义域】对话框，将【类型】设置为【文本】，选择【文本 2】选项，将其命名为"责任部门"，如图 1-67 所示。

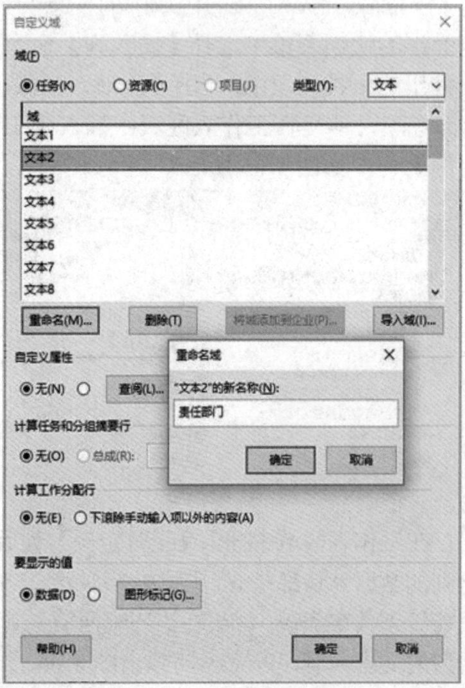

接下来，选中【查阅】单选按钮并单击【查阅】按钮，如图 1-68 所示。

图 1-68

在打开的对话框中，用户可以依次输入【设计部】【采购部】【质检部】【财务部】，然后单击【关闭】按钮，如图 1-69 所示。

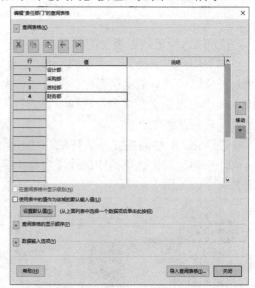

图 1-69

此时，在工作表区域中插入【责任部门】列，单击该列表右侧的下拉按钮，即可显示图 1-70 所示的下拉菜单。

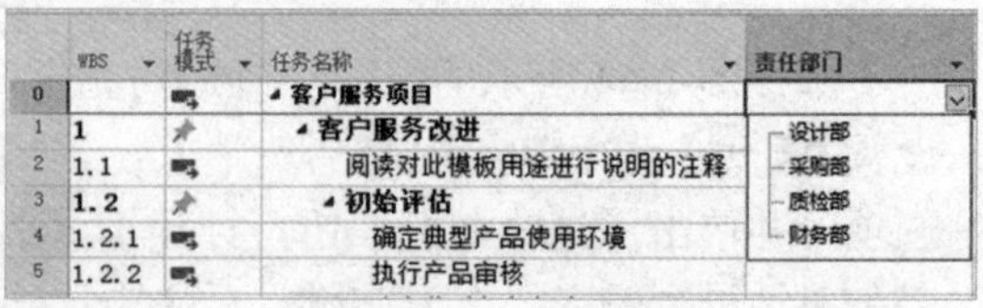

图 1-67

图 1-70

14. 设置文本样式

在 Project 中用户既可以为特定单元格或选定单元格设置特殊的文本样式,如字体、字体颜色、背景填充等,还可以对某一种类型的文本进行批量设置。

(1) 设置选定单元格文本样式。

如果要对某个单元格设置文本样式,可以在 Project 中选中该单元格后,在【任务】选项卡的【字体】选项组中进行设置,如图 1-71 所示。

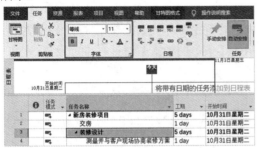

图 1-71

(2) 批量设置某一类文本样式。

如果要将计划中的所有摘要任务都设置成统一的文本样式,可以选择【甘特图格式】选项卡,单击【格式】选项组中的【文本样式】按钮,打开图 1-72 所示的【文本样式】对话框进行设置,如图 1-72 所示。

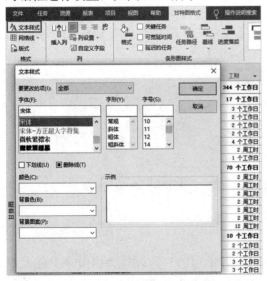

图 1-72

(3) 修改每次编辑更改内容的文本样式。

在 Project 中每次在工作表区域中做一次编辑后,有些单元格的背景色会自动变成浅蓝色,如图 1-73 所示。

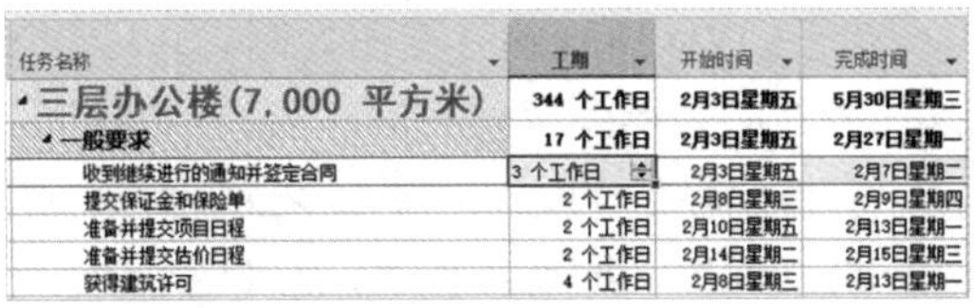

图 1-73

与修改任务相关的任务单元格的背景颜色都会变成浅蓝色。如果用户觉得浅蓝色的提示效果不明显,也可以设置更加明显的提示颜色。在【甘特图格式】选项卡中单击【文本样式】按钮,打开【文本样式对话框】,将【要更改的项】设置为【更改的单元格】,然后将背景色和颜色设置为其他颜色(如紫色和金色),如图 1-74 所示,然后单击【确定】按钮。

图 1-74

此时,在工作表区域中修改单元格内容后,被修改的单元格和与其相关的单元格的文本样式将发生变化,如图 1-75 所示。

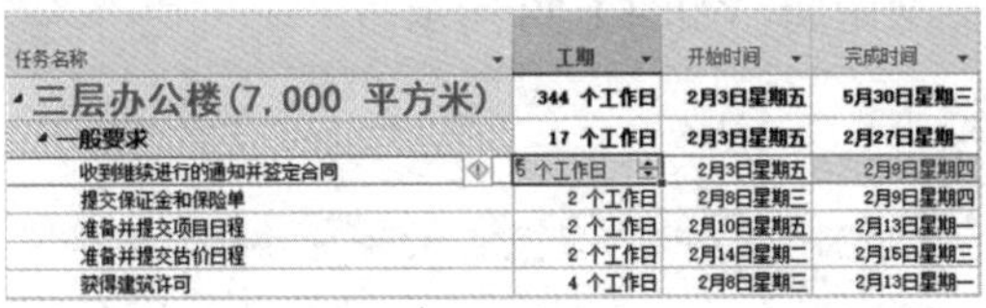

图 1-75

15. 设置甘特图样式

Project 可以根据任务信息自动生成甘特

图。用户不仅可以对单个甘特图进行个性化设置，还可以批量对某种类型的甘特图进行统一设置。

(1) 设置某个任务的甘特图样式。

以图 1-76 所示的甘特图为例，如果要修改任务 5 的条形图，使它的左侧显示它的名称，右侧显示它的完成时间，可以将鼠标指针移动到任务 5 的条形图上，然后双击该条形图(或者右击该条形图，在弹出的快捷菜单中选择【设置条形图格式】命令)。

图 1-76

在打开的【设置条形图格式】对话框中选择【条形图文本】选项卡，将【左侧】设置为【名称】，【右侧】设置为【完成时间】，然后单击【确定】按钮，如图 1-77 所示。

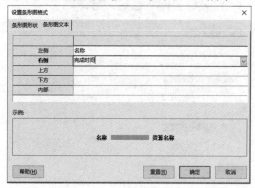

图 1-77

此时会发现任务 5 的条形图已经按照设置在左侧显示任务名称，在右侧显示任务的完成时间，如图 1-78 所示。

图 1-78

在【设置条形图样式】对话框中，可以在条形图的左侧、右侧、上方、下方和内部一共 5 个位置分别设置显示文本内容，文本内容不能随意输入，而是要调用 Project 某个列的数据，如在图 1-78 中就调用了任务 5 在【(任务)名称】列和任务 5 在【完成时间】列中的数据和信息。

(2) 批量修改某类任务的甘特图样式。

如果用户需要让所有条形图的右侧都显示任务的完成时间，按照上面介绍的方法操作就非常麻烦。此时，用户可以在甘特图区域右击，从弹出的快捷菜单中选择【条形图样式】命令(或者单击【甘特图格式】选项卡中的【条形图样式】按钮)，打开图 1-79 所示的【条形图样式】对话框进行设置。

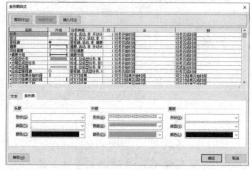

图 1-79

在【条形图样式】对话框中，可以看到不同类型的任务，选择【任务】后，选择窗口下方的【文本】选项卡，将【右侧】设置为【完成时间】，然后单击【确定】按钮，如图 1-80 所示。

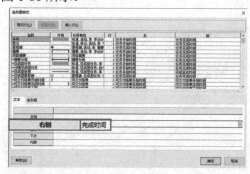

图 1-80

此时，用户可以在甘特图中看到绝大部分任务(除了摘要任务、手动任务等)的条形图右侧都显示了完成时间，如图 1-81 所示。

第 1 章 项目管理与 Project

图 1-81

> **知识点滴**
>
> 在批量设置条形图样式时，每次设置都是针对一种类型的条形图进行设置，如果用户需要统一修改所有的条形图，则需要分别对不同类型的条形图进行设置。例如，对【任务】的条形图进行设置后，再对【摘要】和【手动任务】的条形图进行设置。

(3) 修改条形图上的文本样式。

如果用户想要修改条形图上的日期格式，使其显示为年、月、日的格式，可以单击【甘特图格式】选项卡中的【版式】按钮，在打开的【版式】对话框中设置【日期格式】为所需的格式后，单击【确定】按钮，如图 1-82 所示。

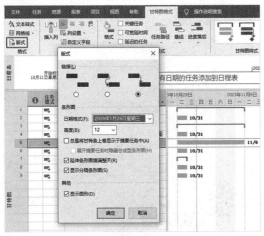

图 1-82

16. 设置时间刻度

Project 受项目管理者青睐的主要原因之一就是其甘特图计划看上去非常简单直观。原因是甘特图上方的横轴显示的是时间刻度，而甘特图的长度恰好代表任务的工期长度，因此非常容易理解。用户也可以根据实际工作中的需要灵活修改时间刻度设置。

(1) 设置时间刻度的方法和注意事项。

在甘特图上方显示的就是时间刻度，如图 1-83 所示。

图 1-83

双击时间刻度，在打开的【时间刻度】对话框中，用户可以设置时间刻度，如图 1-84 所示。

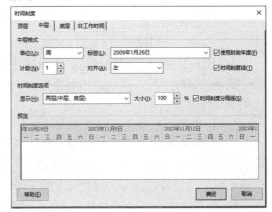

图 1-84

在【时间刻度】对话框中第一步需要设置【时间刻度选项】，也就是将时间刻度显示为几层，可以选择显示一层、两层或者三层。

选择时间刻度的显示层数后，可以设置时间刻度的【大小】比例，也就是选择同样的时间刻度单位后，还可以调整其显示的百分比。

如果用户在【时间刻度选项】中设置时间刻度显示两层，那么【时间刻度】对话框上方的【顶层】选项卡将不可编辑。在【中层】选项卡中可以选择要显示的时间单位、小至分钟，大至年，都可以根据项目的需要进行设置。在【单位】下拉列表中，用户还可以选择时间刻度的单位，在【标签】下拉列表中可以设置时间刻度的样式。

(2) 快速显示所有任务的条形图。

在 Project 中，可以精准地让甘特图按照自己的意图来显示。如果用户想让所有任务的条形图快速显示，可以采用以下两种方法。

▶ 方法 1：单击【视图】选项卡中的【完整项目】按钮，所有任务的条形图将全部显示(注意，这样操作，时间刻度会自动调整从而让所有的条形图都显示出来)，如图 1-85 所示。

图 1-85

▶ 方法 2：单击甘特图区域，然后按住 Ctrl 键滚动鼠标滑轮，可以自由调整时间刻度的单位和大小。

(3) 快速显示某个任务的条形图。

在 Project 中除了可以快速显示所有任务的条形图，还可以重点查看某个特定任务的条形图，这让查看任务的进度计划变得非常方便。

当用户查看整个计划中某些比较靠后的任务时，它的条形图可能就不显示了，要显示这些任务的条形图用户可以使用以下几种等效的方法。

▶ 方法 1：在工作表区域中选中要查看条形图的任务后，单击【视图】选项卡中的【所选任务】按钮，如图 1-86 所示。

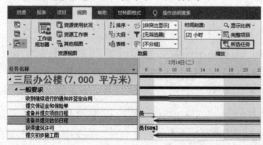

图 1-86

▶ 方法 2：在 Project 中按下 F5 键，打开【定位】对话框，直接输入想要查看的任务的标识号后，单击【确定】按钮，如图 1-87 所示。

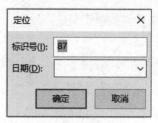

图 1-87

(4) 快速显示某时间段的条形图。

在 Project 中，用户还可以让甘特图区域快速显示某个时间段内的条形图。例如，需要显示 2023 年 10 月 28 日到 11 月 1 日之间的条形图，可以先拖动甘特图下方的滑动条，使时间刻度从 2023 年 10 月 28 日左右开始显示，然后单击【视图】选项卡中的【显示比例】下拉按钮，在弹出的列表中选择【显示比例】选项，打开图 1-88 所示的【显示比例】对话框，将【自定义】设置为 5 和【日】，并单击【确定】按钮。

图 1-88

17．设置网格线

在 Project 的甘特图区域还可以设置一些网格线，使甘特图计划更加直观。

(1) 在甘特图中显示网格线。

在甘特图视图中，整个页面分为左右两部分，左侧是工作表视图区域，对应的是各个任务的信息，右侧是甘特图区域(图表视图区域)，每个任务都有与其对应的条形图。但在任务多、时间跨度大的项目中，用户可能将左侧工作表区域的任务名称看串行。针对这个问题，可以通过添加网格线来解决。

右击甘特图区域,在弹出的快捷菜单中选择【网格】命令,打开图1-89所示的【网格】对话框,在该对话框的【要更改的线条】列表框中可以选择设置的线条,在【类型】和【颜色】下拉列表中可以设置网格线的类型和颜色。

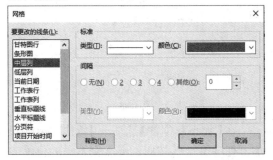

图1-89

在【网格】对话框中单击【确定】按钮后,将在甘特图区域显示网格线,效果如图1-90所示。

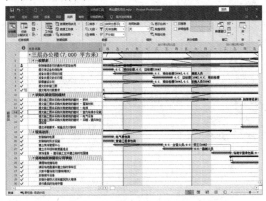

图1-90

(2) 添加当前时间线或状态日期线。

在甘特图区域用户还可以添加一条【当前日期】或【状态日期】的竖线,这样就能在甘特图计划中直观地看到当前项目执行到了哪一天。

右击甘特图区域,在弹出的快捷菜单中选择【网格】命令,打开【网格】对话框后,在【要更改的线条】中选择【当前日期】选项,设置【类型】和【颜色】,如图1-91所示(将【颜色】设置为红色),然后单击【确定】按钮。

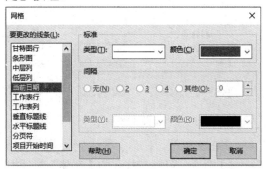

图1-91

此时,甘特图区域中将显示一条竖线,如图1-92所示。这条线就代表了当前日期,默认情况下就是用户打开文件的那天。因此这条竖线是随着打开文件的日期不同而自动向后推移的。

图1-92

18. 使用绘图功能

在制订项目计划的过程中,用户可以在甘特图区域插入一些文本框或图形,从而在计划中表达更丰富的内容和形式,这就需要用到Project的绘图功能。

例如,用户需要在图1-93中的任务6的条形图后面增加一个文本框,可以在【甘特图格式】选项卡中选择【绘图】|【文本框】选项,然后在任务6条形图后面插入一个文本框,并在其中输入想要显示的文本内容。

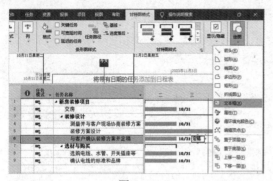

图 1-93

右击文本框，在弹出的快捷菜单中选择【字体】命令，可以在打开的【字体】对话框中设置文本框的字体格式。

右击文本框，在弹出的快捷菜单中选择【属性】命令，在打开的【设置绘图对象格式】对话框中，选择【线条与填充】选项卡可以设置文本框是否显示线条、线条颜色、线条类型以及填充样式，如图 1-94 所示。

图 1-94

如果用户在【设置绘图对象格式】对话框中选择【大小和位置】选项卡，则可以设置文本框位置和大小，如图 1-95 所示。

在默认情况下，【大小和位置】选项卡中【附加到时间刻度】单选按钮为选中状态，在该单选按钮下的选项区域中用户可以设置【日期】(如 2023 年 11 月 1 日星期三)和文本框中文本的【垂直】位置(如 2.83 厘米)。

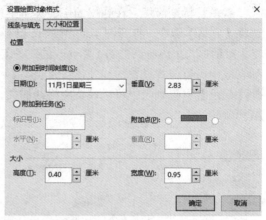

图 1-95

在【大小和位置】选项卡中如果选中【附加到任务】单选按钮，那么文本框的位置就与某个任务的条形图位置关联在一起了，如图 1-96 所示。

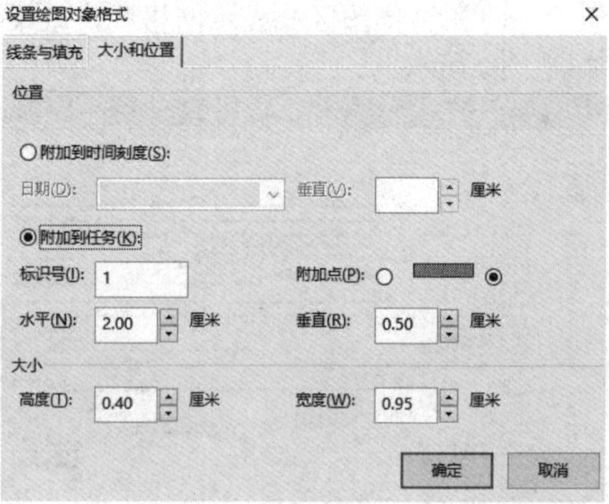

图 1-96

【附加到任务】选项区域中【标识号】中的数字就是任务的 ID 号，如果在【标识号】文本框中输入了数字 1，那么该文本框的位置就会与任务 1 的条形图有关联。

19. 设置计划只显示大纲层级任务

有时，用户不需要将项目计划中的所有任务全部显示或者打印，可能只需要显示某个层级，如只显示到第二级任务，在 Project 中可以快速实现这样的效果。

首先，单击【视图】选项卡中的【大纲】下拉按钮，在弹出的下拉列表中选择任意一个层级，如级别 2，如图 1-97 所示。

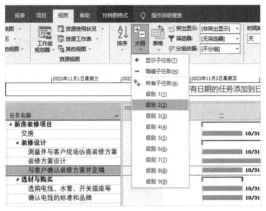

图 1-97

接下来，整个项目计划将只显示第 1、第 2 级别的所有任务，而第 2 级别以下的任务将自动收起。

如果用户想显示所有的子任务，则可以再次单击【大纲】下拉按钮，在弹出的下拉列表中选择【显示子任务】选项。这样整个计划将把所有的子任务全部展开显示。

在实际工作中，不仅可以在查看计划时使用以上功能，在打印项目文件时，如果用户只想打印到特定层级，也可以使用以上方法来实现操作目的。

20. 批量修改多个任务的任务信息

如果用户需要修改单个任务的某些信息，如任务日历、任务模式等，可以直接双击该任务，在打开的【任务信息】对话框中进行修改，如果要同时对多个任务进行批量修改，则可以参考以下方法。

(1) 在对应的列中修改任务的信息。

在 Project 中双击某个任务将打开【任务信息】对话框，在该对话框中的很多选项设置，都有其对应的列，并可以在对应的列中直接编辑修改，如任务模式、优先级、未激活(对应的列名称是【动点】)、隐藏条形图、总成型任务、估计、最后期限、限制类型、限制日期、任务类型(对应的列名称是

【类型】)、任务日历、WBS 码(对应的列名称是【WBS】)、挣值方法、标记为里程碑(对应的列名称是【里程碑】)、备注等。

如果要修改多个任务的某种信息，可以直接插入这些列进行批量修改，而不必双击每个任务，在打开的【任务信息】对话框中进行设置。例如，要批量修改多个任务的日历，用户可以在工作表区域中插入【任务日历】列，然后在该列中进行修改；如果要把多个任务设置为里程碑，也可以在工作表区域中插入【里程碑】列进行修改，如图 1-98 所示。同理，如果要修改其他任务信息，也可以尝试通过插入对应的列，进行批量设置和修改。

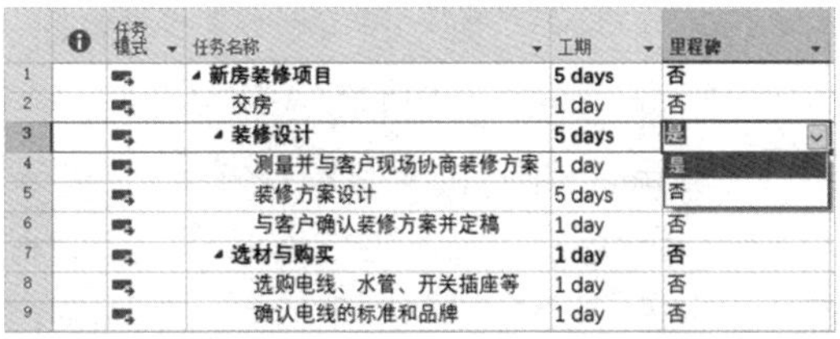

图 1-98

(2) 在对话框中修改任务信息。

除了上面介绍的方法，用户还可以利用【多任务信息】对话框批量修改多个任务的信息。例如，要在图 1-98 中修改任务 4、任务 5 和任务 8 三个任务的日历，可以按住 Ctrl 键的同时选中这三个任务，然后单击【任务】选项卡中的【信息】按钮，打开图 1-99 所示的【多任务信息】对话框(该对话框与【任务信息】对话框基本是一样的，不同之处是可以一次性修改所选的多个任务的信息)。

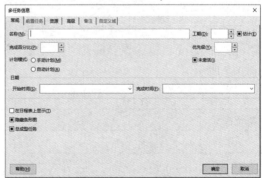

图 1-99

在【多任务信息】对话框的【高级】选项卡中,修改日历后单击【确定】按钮,任务4、任务5和任务8三个任务的日历一次性修改完成,如图1-100所示。

图 1-100

21. 认识有提示功能的【标记】列

在 Project 默认的甘特图视图中,工作表区域的第一列没有显示为任务名称而是显示为一个图标,图标是圆圈中间有一个叹号,这一列是【标记】列,如图1-101所示。

图 1-101

【标记】列可以向用户传达很多重要的任务信息,很多 Project 用户不知道这一列的用途,因此直接将其隐藏了,这里建议不要隐藏这一列,因为【标记】列会给项目计划的阅读者传达许多有用的信息,如表1-7 所示。

表 1-7

标记图标	说　　明
	任务包含备注信息
	任务有限制类型
	任务分配有特殊的任务日历

(续表)

标记图标	说　　明
	任务是周期性任务
	资源出现过度分配
	该任务已经完成,完成比例为100%
	该任务有超链接

22. 设置与使用日程表

当项目管理者给领导进行项目汇报时,如果觉得展示甘特图计划过于详细,可以考虑使用 Project 中的日程表功能。

在 Project 中用户可以在【任务】选项卡中单击【甘特图】下拉按钮,在弹出的下拉列表中选择【日程表】选项,切换至【日程表】视图,如图1-102 所示。

图 1-102

切换至【日程表】视图后,日程表左侧默认显示整个项目的开始时间,右侧显示整个项目的完成时间,如图1-103 所示。

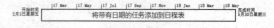

图 1-103

选择【时间线格式】选项卡,单击【插入】选项组中的【现有任务】按钮,将打开【将任务添加到日程表】对话框,在该对话框中整个计划中的任务(包括子任务和摘要任务)都以树状结构的形式呈现,如图1-104 所示。

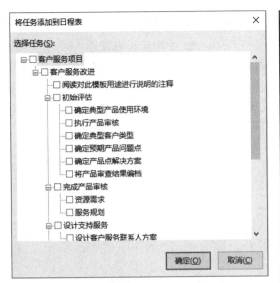

图 1-104

用户如果想把某个任务添加到日程表上，直接选中该任务左侧的复选框，然后单击【将任务添加到日程表】对话框中的【确定】按钮，即可在日程表上出现相应的条形图，如图 1-105 所示。

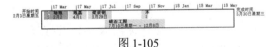

图 1-105

如果添加在日程表上的任务都显示在一排中，显然不太直观。用户可以单击某个任务然后向下拖动，调整每个任务在日程表中的位置，如图 1-106 所示。

图 1-106

此外，用户还可以修改日程表上每个条形图的颜色，单击选中某个任务后，单击【时间线格式】选项卡中的【背景色】下拉按钮，即可为选中的任务设置条形图颜色。

> **知识点滴**
>
> 相对于甘特图计划，日程表更加简明扼要，用户可以将项目中的一些关键节点、阶段或重要任务显示在日程表上呈现给领导。日程表则可以复制到 PPT、Outlook、Word 等软件中继续进行编辑修改。

23. 查看任务路径

在 Project 中用户可以使用"任务路径"功能方便地查看某个任务的前置任务和后续任务。用户可以查看某个任务的所有前置任务，包括前置任务的前置任务，还可以查看该任务完整的前置任务链条及后续任务链条。

(1) 查找任务的前置任务和后续任务。

如果用户需要查询某个任务的前置任务和后续任务，可以在工作表视图中插入【前置任务】列和【后续任务】列来查看。除此之外，还可以使用以下方法查看任务的前置任务和后续任务。

创建"甘特图+任务窗体"的复合视图查看任务路径。在【视图】选项卡中选中【详细信息】复选框后，在其右侧的下拉列表中选择【任务窗体】选项，创建一个复合视图，上面是甘特图视图，下面是【任务窗体】视图，在下面的【任务窗体】视图中右击鼠标，在弹出的菜单中选择不同的显示方式，包括前置与后续任务、资源与前置任务、资源与后续任务等，如图 1-107 所示。

图 1-107

以选择【前置与后续任务】选项为例，【任务窗体】视图中将显示任务的前置任务与后续任务，用户可以使用鼠标在窗口上方的甘特图中切换不同的任务进行查看，如图 1-108 所示。

图 1-108

> **知识点滴**
>
> 用户不仅可以查看任务路径，还可以在进行计划编制时使用图 1-109 所示的复合视图。当不需要显示【任务窗体】视图时，在【视图】选项卡中取消【详细信息】复选框的选中状态即可。

(2) 快速查看所有前置/后续任务链条。

在 Project 中除了可以查看某个任务的前置任务、后续任务，还可以查看某个任务之前所有的前置任务，包括前置任务的前置任务，即一个完整的前置任务链条。

用户在工作表区域中选中一个任务后，单击【甘特图格式】选项卡中的【任务路径】下拉按钮，在弹出的列表中选择【前置任务】选项，将在甘特图区域看到与选中任务相关的前置任务都被特殊的颜色标记，如图 1-109 所示。这就是任务的前置任务链条。

图 1-109

如果要取消这个操作，用户可以再次单击【任务路径】下拉按钮，在弹出的列表中选择【删除突出显示的内容】选项。

24. 使用筛选器

在 Project 中用户可以使用"筛选器"功能对列进行筛选。在工作表区域中单击列右侧的倒三角按钮，在弹出的下拉列表中选择【筛选器】选项，可以设置列的筛选条件，如图 1-110 所示。

图 1-110

此外，在 Project 的【视图】选项卡中单击【筛选器】下拉按钮，在弹出的列表中用户还可以直接调用一些 Project 自带的筛选器，如选择【关键】选项就会将整个项目计划中的关键任务都筛选出来(本书将在后面的章节中详细介绍)，如图 1-111 所示。

图 1-111

25. 突出显示指定任务

所谓突出显示就是根据设定的条件将符合条件的任务用黄色高亮背景或蓝色字体突

出显示。从本质上讲，Project 中的突出显示也是筛选器的一种，不同之处在于，突出显示不会将不符合条件的任务暂时隐藏，而只是把符合条件的任务用带有颜色的背景标注出来。

在 Project 的【视图】选项卡中单击【突出显示】下拉按钮，在弹出的下拉列表中将显示 Project 自带的筛选和突出显示选项，如图 1-112 所示。

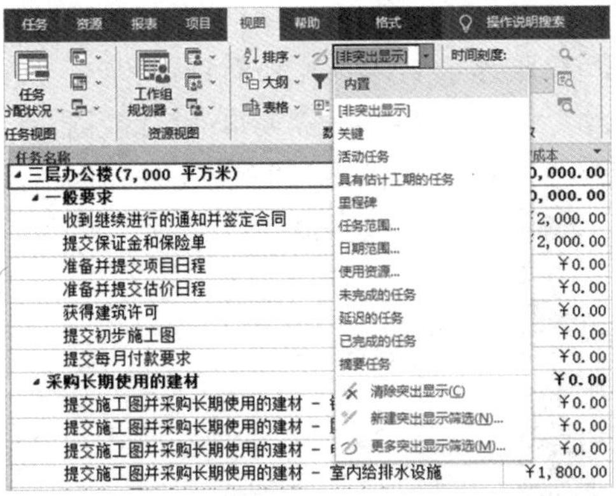

图 1-112

例如，在图 1-112 所示的下拉列表中选择【摘要任务】选项后，工作表区域的摘要任务将全部单独标注，效果如图 1-113 所示。

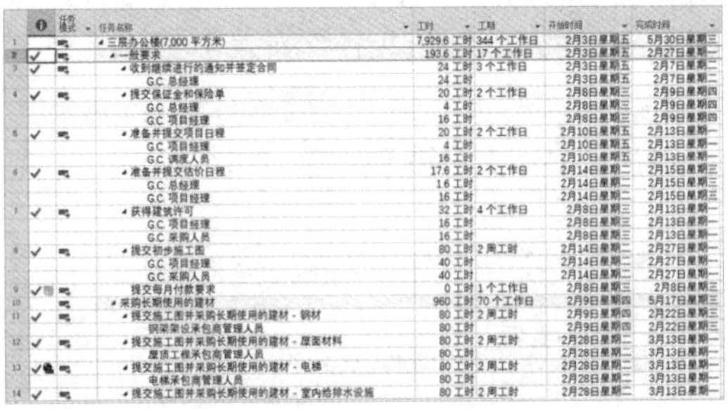

图 1-113

26. 设置分组显示

在 Project 中用户可以对任务或者资源进行分组显示，这是非常实用的功能，与筛选器、突出显示类似。用户既可以使用 Project 软件预置的分组功能，也可以自己创建自定义分组从而永久使用。

(1) 使用预置的分组。

单击【视图】选项卡中的【分组依据】下拉按钮，弹出的下拉列表中将显示一些

Project 预置的分组条件，如图 1-114 所示。

图 1-114

例如，在图 1-114 所示的下拉列表中选择【工期】选项后，工作表区域的所有任务将自动按工期分成多个组来显示，如图 1-115 所示。

图 1-115

(2) 自定义分组并永久使用。

分组功能除了可以使用 Project 预置的分组条件，还可以创建自定义分组条件从而永久使用。

例如，用户想查看下个星期即将开始的任务，可以按照【开始时间】将所有任务按照开始时间进行分组。单击【视图】选项卡中的【分组依据】下拉按钮，在弹出的下拉列表中选择【新建分组依据】选项，在打开的对话框中输入要创建分组条件的名称，并设置要定义的分组条件，然后单击【定义分组间隔】按钮，如图 1-116 所示。

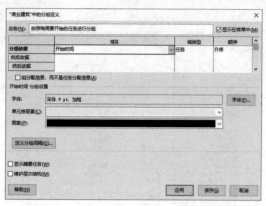

图 1-116

图 1-119

单击【文件】|【信息】|【管理】选项，在打开的【管理器】对话框中选择【组】选项卡，将显示 Project 中所有预置和自定义的分组。用户可以根据需要重命名或者删除不需要的分组，如图 1-120 所示。

图 1-120

如果要对已经创建好的分组条件进行修改，可以在【视图】选项卡中单击【分组依据】下拉按钮，在弹出的列表中选择【其他组】选项，打开【其他组】对话框，选中一个组后，单击【编辑】按钮，如图 1-121 所示。

在打开的【定义分组间隔】对话框中，可以设置分组依据(如【周】)、起始值(如 2 月 3 日星期五)、分组间隔(如"1")等分组参数，如图 1-117 所示。

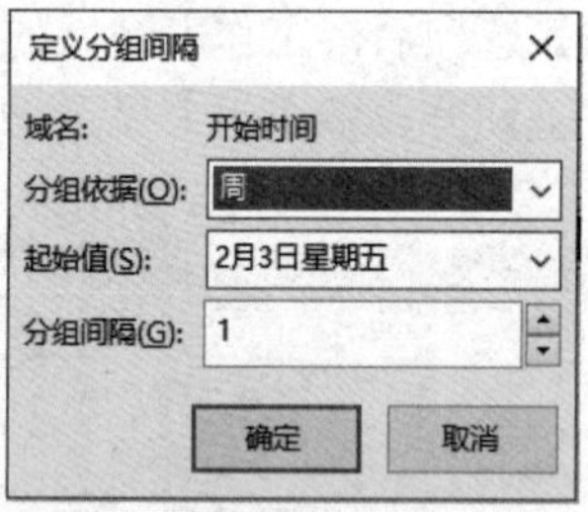

图 1-117

设置完成后单击【确定】按钮，返回图 1-116 所示的对话框，单击【应用】按钮，所有任务将按照每周进行分组排序，如图 1-118 所示。

图 1-118

此时，单击【视图】选项卡中的【分组依据】下拉按钮，弹出的下拉列表中将显示自定义的分组条件，如图 1-119 所示。

图 1-121

27. 将 Project 计划存为 PDF 文件

使用 Project 制订项目计划时，用户可以通过按下 F12 键打开【另存为】对话框将项目文件另存为 PDF 文件，如图 1-122 所示。

图 1-122

但是这种操作方法导出 PDF 后的效果可能和项目文件的打印预览不同,因此给很多用户造成了困扰。建议用户安装 PDF 虚拟打印机(用户可以通过网络搜索并安装该插件)。这样用户在需要把 Project 项目计划转换成 PDF 文件时,不需要将项目文件另存为 PDF 文件,而是像打印文件一样,先调整好打印设置,然后利用 PDF 虚拟打印机将项目计划打印成 PDF 文件,这种方式输出的 PDF 文件和打印预览时看到的效果将完全一致。

28. 制订项目计划的常见问题

在使用 Project 软件制订项目计划时,用户应注意以下几个问题。

(1) 任务开始时间不随前置任务变化。

例如,为任务 B 设置一个前置任务 A,那么一般情况下当任务 A 出现延迟而工期延长后,任务 B 的开始时间会自动往后顺延。有些用户在指定项目计划时会发现,有时任务 B 却并没有随着任务 A 而往后顺延或者提前,造成这种现象的原因主要有以下两个。

后续任务有限制条件。如图 1-123 所示,任务 A 和任务 B 是一种紧前紧后的关系,但是用户同时给任务 B 手动输入了完成时间(11 月 8 日星期三),相当于设置了一个"不得早于……开始"的限制,这样在任务的完成时间与任务 B 的开始时间之间就出现了 1 天的空档。

图 1-123

假如任务 A 提前完成了,工期变成了 1 天,任务 A 的完成时间将变为 11 月 3 日星期五,但是任务 B 的开始时间仍然是 11 月 8 日星期三,没有任何变化,如图 1-124 所示。这是因为任务 B 有一个限制条件,不得早于 11 月 8 日开始,所以任务 B 的开始时间不会自动向前顺延。

图 1-124

假如任务 A 延迟了 3 天,工期变成了 4 天,那么任务 A 的完成时间将变为 11 月 8 日星期三,此时会发现任务 B 的开始时间将向后顺延到 11 月 9 日星期四,因为任务 B 虽然有"不得早于 11 月 8 日星期三"的限制条件,但是可以向 11 月 8 日之后顺延。

(2) 后续任务已完成或有实际完成时间。

如图 1-125 所示,任务 A 和任务 B 的工期都是 2 天,任务 A 和任务 B 是紧前紧后的关系,任务 A 的完成时间是 11 月 6 日星期一,任务 B 的开始时间是 11 月 8 日星期三。此时如果任务 A 的时间延迟了,则任务 B 的开始也必然延迟。

图 1-125

但是,如果任务 B 已经完成,并且在项目中设置了任务 B 的实际开始时间为 11 月 8 日(星期三),当用户将任务 A 的工期改为 4 天后,任务 A 的完成时间变成了 11 月 8 日(星期三)。此时,任务 B 的开始时间不会顺延到 11 月 9 日(星期四),因为任务 B 已经完成,这形成了既定事实,所以与任务 B 关联的前置任务也不再有效。如果此时任务 A 还未完成,那么可以考虑直接删除任务 A 与任务 B 之间的关联关系。

(3) 任务工期的天数不等于其时间跨度。

如果用户发现 Project 中时间与工期的计算好像不一致,例如,工期是 1 天,而完成时间却比开始时间晚 1 天,这主要与以下两个原因有关系。

原因 1：新建 Project 项目文件时一定要通过 Project 软件程序的图标打开 Project 软件来建立空白项目，而不要在计算机系统桌面或者某个文件夹中通过右击鼠标新建文档的方式来创建。因为这会暴露 Project 软件本身的一个漏洞，从而导致计算的结果和预想的不一致。

原因 2：当用户将某一天从非工作时间改为工作时间时，应尽量按照 8:00—12:00、13:00—17:00 输入工作时间，因为这样和默认的工作时间是匹配的。例如，用户在设置 6 天工作制日历时，将星期六设置成工作时间，如果没有按照建议输入工作时间，而是输入了 8:00—17:00，那么就相当于在星期六这一天从 8:00 一直工作到 17：00，也就是工作 9 小时了，会出现以下后果。

如果任务 A 使用了这个 6 天工作制日历(星期六工作时间是 8:00—17:00)，恰好它的开始时间是星期六，工期是 1 天。Project 将根据 1 天等于 8 个工作小时的算法推算任务的完成时间，也就是从 8:00 工作到 16:00，如图 1-126 所示。

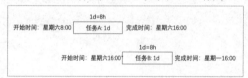

图 1-126

任务 A 的完成时间是星期六 16:00。如果任务 A 还有一个后续任务 B，那么任务应该也是从星期六 16:00 开始，这是为什么呢？因为星期六 16:00—17:00 这段时间在日历中仍然是工作时间，所以任务 B 仍然可以在星期六完成 1 小时，然后到星期一再完成剩余的 7 小时(8:00—12:00 共计 4 小时，13:00—16:00 共计 3 小时)。这样截止到下个星期一 16:00，任务 B 的 8 小时才算完成了。这时用户会发现任务 B 虽然工期是 1 天，但开始时间在星期六，而完成时间却在星期一，跨了 2 个工作日。

因此，通过这个例子用户应该明白，如果在排定计划时仍然以天作为工期单位，工作时间不需要精确到几点几分的情况，在设置日历的工作时间时尽量遵从默认的 8:00—12:00、13:00—17:00，这样可以保证每天的工作时间都是 8 小时，从而可以减少很多麻烦。

(4) 任务工期出现小数点的原因。

有些 Project 用户在设置任务工期时明明输入的是整数，最后却显示出现小数点。如果仔细观察，可以发现这些工期出现的小数点的任务基本都是摘要任务，如图 1-127 所示。

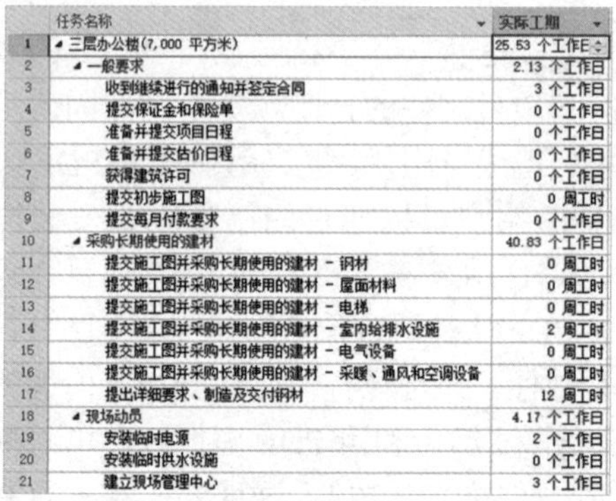

	任务名称	实际工期
1	◢ 三层办公楼(7,000 平方米)	25.53 个工作日
2	◢ 一般要求	2.13 个工作日
3	收到继续进行的通知并签定合同	3 个工作日
4	提交保证金和保险单	0 个工作日
5	准备并提交项目日程	0 个工作日
6	准备并提交估价日程	0 个工作日
7	获得建筑许可	0 个工作日
8	提交初步施工图	0 周工时
9	提交每月付款要求	0 个工作日
10	◢ 采购长期使用的建材	40.83 个工作日
11	提交施工图并采购长期使用的建材 - 钢材	0 周工时
12	提交施工图并采购长期使用的建材 - 屋面材料	0 周工时
13	提交施工图并采购长期使用的建材 - 电梯	0 周工时
14	提交施工图并采购长期使用的建材 - 室内给排水设施	2 周工时
15	提交施工图并采购长期使用的建材 - 电气设备	0 周工时
16	提交施工图并采购长期使用的建材 - 采暖、通风和空调设备	0 周工时
17	提出详细要求、制造及交付钢材	12 周工时
18	◢ 现场动员	4.17 个工作日
19	安装临时电源	2 个工作日
20	安装临时供水设施	0 个工作日
21	建立现场管理中心	3 个工作日

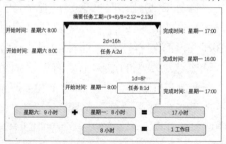

图 1-127

造成这种问题的主要原因是日历设置中每天的工作小时数不统一。例如，在设置 6 天工作制日历时，如果直接将星期六的工作时间输入为 8:00—17:00，也就是说这一天变成了 9 个连续的工作小时。假设某摘要任务包含任务 A 和任务 B 两个子任务，项目日历就是这个 6 天工作制日历，如图 1-128 所示。

图 1-128

任务 A 的开始时间恰好是星期六，工期是 2 天，那么 Project 将根据 2 天(等于 16 小时)来排定进度，星期六从 8:00—17:00 共完成 9 小时，那么任务 A 还需要在星期一再完成

7小时(8:00—12:00 共 4 小时, 13:00—16:00 共 3 小时),这样任务 A 的 16 小时完成了,最终的完成时间是星期一 16:00。假如还有一个任务 B,工期是 1 天,它的开始时间将是星期一,而星期一的工作时间仍然是默认的 8:00—12:00、13:00—17:00,工期 1 天等于 8 小时,任务 B 的最终完成时间就是星期一 17:00。

结合对摘要任务工期的解释,摘要任务的开始时间取子任务中的最早开始时间,也就是星期六上午 8:00(任务 A 的开始时间);摘要任务的完成时间取子任务中的最晚完成时间,也就是星期一 17:00(任务 B 的完成时

间)。这样,摘要任务的时间跨度是星期六上午 8:00 到星期一 17:00,按照当前日历来算,星期六是 9 个工作小时,星期一是 8 个工作小时,摘要任务总共跨了 17 个工作小时。因为选项中默认的每日工时数是 8,所以将摘要任务的 17 个工作小时折算成天数,就是 17 除以 8,最后是 2.125 天,由于 Project 中最多显示小数点后两位,故最后显示为 2.13 天,小数点就这样出现了。此时虽然任务 A 和任务 B 的工期都是整数,但是它的摘要任务却出现了小数点。

1.6 案例演练

本章介绍了项目管理与使用 Project 制订项目计划的基础知识,下面的案例演练部分将指导用户练习并掌握 Project 软件的一些基础操作,包括在 Project 中选择表格中的数据,选择图中的数据,以及在 Project 中新建、修改、删除和添加任务。

【例 1-1】在 Project 中练习选取单元格。 视频

step 1 在 Project 中,单元格是表中的最小单位,要选中某个单元格,通常是把光标置于单元格内,单击鼠标,单元格被一个黑框所包围时即表示选中,如图 1-129 所示。

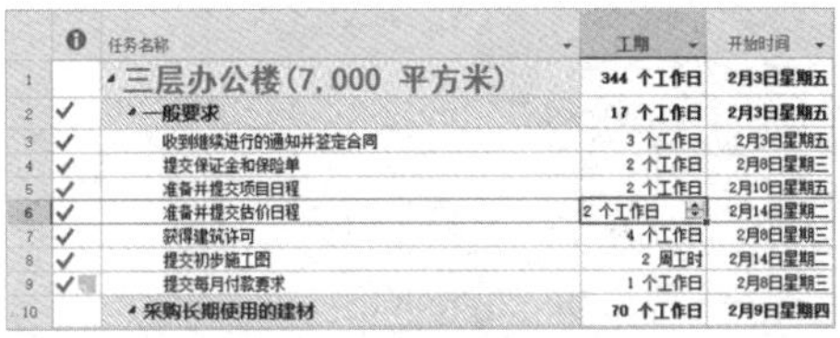

图 1-129

step 2 在需要选取的第 1 个单元格内按下鼠标左键不放,拖动鼠标,可以选取连续的多个单元格,如图 1-130 所示。

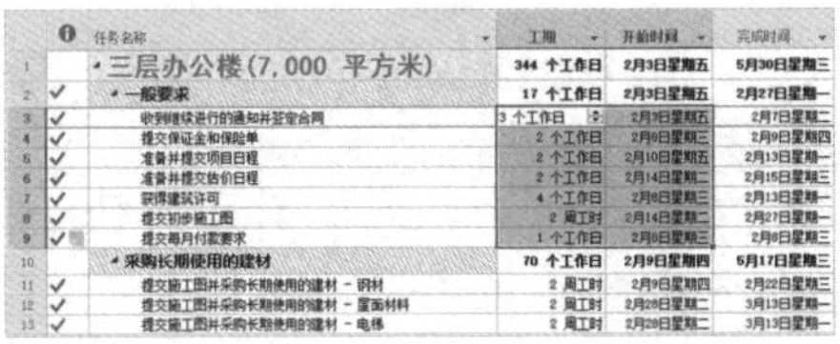

图 1-130

step 3 选取第 1 个单元格后,按住 Ctrl 键不放,再分别选取其他单元格,可以选取多个不连续的单元格,如图 1-131 所示。

图 1-131

知识点滴

在表格中,将鼠标指针定位在任意单元格中,然后按下 Shift 键,在另一个单元格内单击,则以两个单元格为对角顶点的矩形区域内的所有单元格都被选中。

【例 1-2】在 Project 中练习选取整行、整列和全部单元格。 视频

step 1 在 Project 中有时需要对整行进行操作,例如,需要复制一个任务的信息到其他位置,就可以先选中一整行再进行复制操作。选中整行的方法是在标识号单元格中单击,如图 1-132 所示。

图 1-132

step 2 有时需要对整列进行操作,例如,需

要改变某列的排序方式等,就需要选中一整列再进行操作。选中整列的方法是单击列标题,如图 1-133 所示。

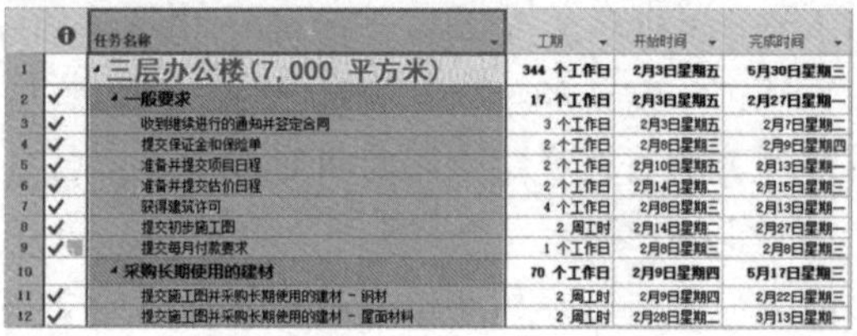

图 1-133

step 3 有时需要对全部任务或资源进行操作,例如,需要计算所有任务的成本,只需选中全部任务,然后右击,从打开的快捷菜单中选择【成本】命令,即可显示全部任务的成本。选取全部单元格的方法是单击工作区左上角的【全选】按钮,如图 1-134 所示。

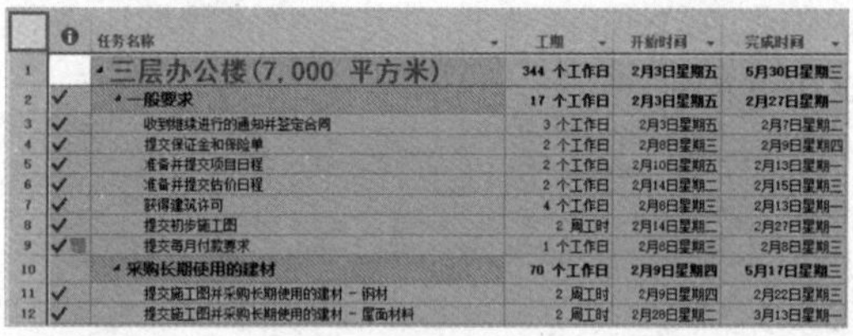

图 1-134

【例 1-3】在 Project 中练习选取并设置甘特图中的数据。 视频

step 1 在 Project 中将鼠标光标指在任务信息的条形图上。双击鼠标,打开【设置条形图格式】对话框,用户可以修改任务条形图的形状、图案、颜色及条形图文本的相关信息,如图 1-135 所示。

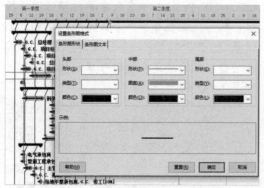

图 1-135

step 2 光标指向任务链接线条时只针对与此链接相关的操作。双击鼠标,打开【任务相关性】对话框,用户可以对任务间的任务相关类型和延隔时间进行修改,如图 1-136 所示。

图 1-136

step 3 双击【甘特图】视图的空白区域,在打开的【条形图样式】对话框中用户可以修改各类任务的条形图的外观、种类等,如图 1-137 所示。

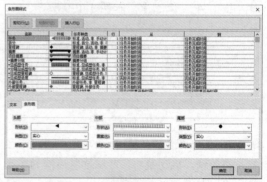

图 1-137

【例 1-4】练习在甘特图视图中新建、修改、删除、添加、复制与剪切任务。 视频

step 1 在打开的 Project 工作界面的【任务名称】下方的单元格中输入任务名称,如图 1-138 所示,然后按 Enter 键确认该操作,即可新建任务。

第 1 章　项目管理与 Project

图 1-138

step 2 选择一个任务后右击鼠标,在弹出的快捷菜单中选择【删除任务】命令(如图 1-139 所示)即可删除任务。

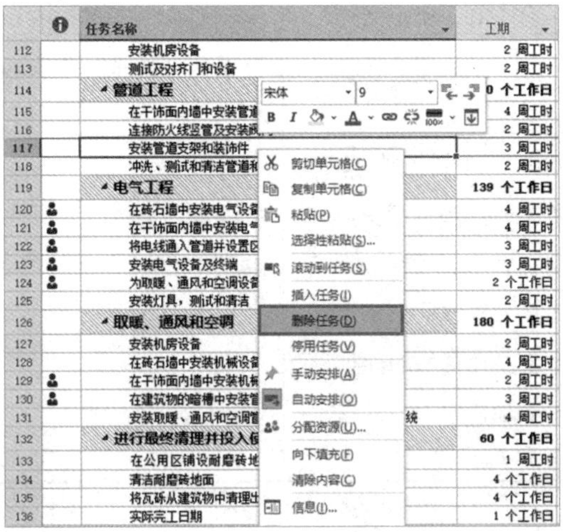

中插入新任务,方法是:右击需要插入任务的行,在弹出的快捷菜单中选择【插入任务】命令,如图 1-141 所示。

图 1-141

step 5 此时,两行之间便会添加一个新任务行,如图 1-142 所示。

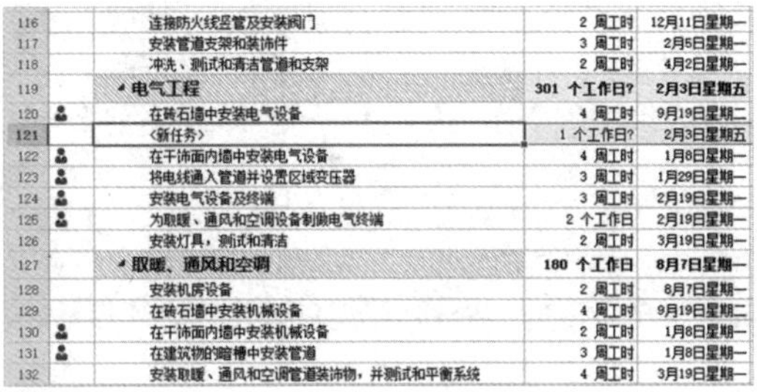

图 1-139

step 3 如果用户对已经存在的任务感到不满意,可以根据需要对其进行修改。双击需要修改的任务,打开【任务信息】对话框,用户可以在该对话框中对任务进行修改,如图 1-140 所示。

图 1-142

step 6 在管理项目任务时,经常需要对任务进行复制和移动等操作。右击想要复制的单元格,在弹出的快捷菜单中选择【复制单元格】或【剪切单元格】命令,如图 1-143 所示。

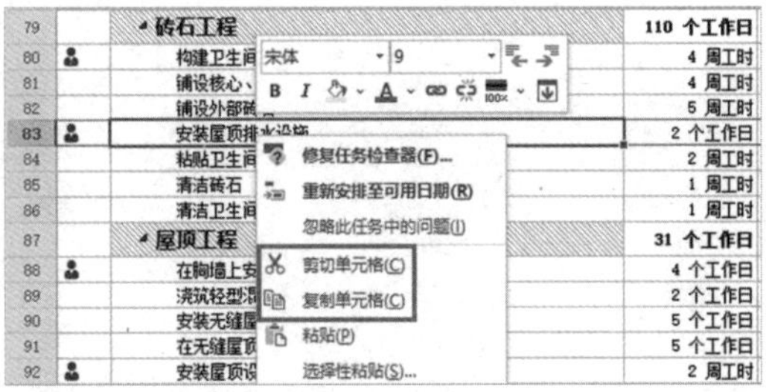

图 1-140

step 4 如果想要在已经完成的任务列表中添加一个任务,用户可以在原有的任务列表

图 1-143

step 7 将鼠标移动至想要粘贴的行中,再次右击鼠标,在打开的快捷菜单中选择【粘贴】命令,如图 1-144 所示,即可在该行中粘贴"复制"或"剪切"后的任务。

51

图 1-144

> **知识点滴**
>
> Project 甘特图视图的左侧是一个工作表区域，看上去非常像 Excel。同时，很多人在使用 Project 之前是使用 Excel 做项目计划的，因此会用操作 Excel 时的一些固有习惯和固有思维来使用 Project，结果就是出现很多困惑。从功能上看，Project 和 Excel 本来就不是为了相同的目的而开发的工具，因此在功能上自然就有本质的区别。Project 是一款专业的项目管理软件，侧重于管理项目的进度、资源和成本，而 Excel 是一款专业的数据处理软件，在数据处理方面的功能非常强。表 1-8 所示为 Excel 和 Project 软件的区别对比。

表 1-8

Project	Excel
每一列所能接收和识别的数据类型是预设好的、固定的	每一列都是空白的，用户可以在其中定义其数据类型
大部分列的用途已经预设好，称为预置列，剩余只有 140 个自定义列	每一列都可以自定义
不可为预置列设置公式	可以为任意单元格设置公式
140 个自定义列可以设置公式，但每一列的公式只有一个，不能单独为某个单元格设置公式	可以为任意一个单元格设置公式
列都是设置好的，用户不能删除任意一列，只能隐藏列	可以任意删除列

从下一章开始，本书将主要通过案例操作，帮助用户掌握使用 Project 管理项目的相关知识和具体操作。

第 2 章

创建与管理项目

项目任务是为完成项目目标而进行的一系列活动，使用 Project 2021 管理项目的第一步就是创建项目文档。用户可以通过多种方法创建项目文档，并对其进行日常的管理操作，为迅速迈入项目管理的专业殿堂打下基础。

本章将详细介绍如何创建第一个 Project 日程表，如何设置 Project 日程表的项目信息与项目日历，同时将详细介绍保存与保护项目文档的操作方法。

本章对应视频

例 2-1 在 Project 中调整项目工作周
例 2-2 调整项目工作日和工作时间
例 2-3 设置 Project 自动保存文档
例 2-4 设置 Project 文档保护密码
例 2-5 以"只读"方式打开项目文档
例 2-6 创建"软件开发项目"项目文档

2.1　创建项目文档

创建项目文档是制作项目规划的首要步骤。项目文档并设置项目计划和创建项目任务。另外，创建的项目文档。项目经理要根据自身的特点与要求，创建项目为保护项目数据，还需要及时保存和保护所

2.1.1　收集数据

项目经理在使用 Project 管理项目之前，首先需要收集一些与项目相关的资料，明确项目的总体目标、项目范围，设置时间限制与详细任务，以确保在规定的计划内，按时完成项目。

1. 确定项目步骤

确定项目的主要步骤是确保项目顺利完成的首要内容。在确定项目的主要步骤时，不需要考虑步骤的先后顺序，只需要列出项目的主要内容即可。例如，在软件开发中，首先需要列出软件开发的主要步骤。

(1) 项目范围规划。
(2) 分析软件需求。
(3) 设计。
(4) 开发。
(5) 测试。
(6) 培训。

2. 确定项目任务

为项目列出主要步骤之后，还需要将这些主要步骤分解成更详细的步骤，也就是通常所说的项目任务。例如，分解主要步骤中的"设计"任务如下。

(1) 项目范围界定。
(2) 需求分析。
(3) 系统设计。
(4) 初步软件规范评审。
(5) 功能范围设定。
(6) 原型开发。
(7) 功能范围审核。

项目任务的细分状态，取决于项目经理对当前项目的熟悉程度。另外，在细分项目任务时，项目经理还需要注意下列几点问题。

▶ 任务的提醒作用：创建项目任务的主要用途是提醒项目中的主要活动，无须将任务进行更详细的划分，以便跟踪。

▶ 里程碑任务：项目需要利用里程碑任务标出项目中需要做出重要决定的点，以便保证项目的顺利进行。

▶ 部门任务：要在项目中显示每个部门需要选择与了解的任务，以便准确地掌握与汇报项目进度。

3. 设置时间限制

确定项目步骤与项目任务之后，便可以运用 Project 中的日程表规划项目任务的实施时间。另外，当总体任务的实施时间超出整个项目的期限时，项目经理可以利用 Project 重新调整每项任务的时间安排，直至总体任务的实施时间与计划时间完全吻合。

4. 准备资源

一个完整的项目，除了需要确定项目任务和时间限制，还需要为项目准备可用的资源。例如，在软件开发项目中，需要准备分析人员、开发人员、测试人员等资源。除此之外，还需要明确资源的使用成本。例如，分析人员的成本为每小时 200 元。这样，便可以在制订项目计划时，明确资源并将资源分配给任务，并根据分配情况预算资源的成本值。

2.1.2　创建空白项目文档

在用户收集完项目资料后，便需要运用 Project 根据预定的计划创建项目文档。用户可以根据 Project 提供的创建方法，来创建空白项目文档、模板项目文档，或根据现有文档创建新的项目文档，并设置项目文档的基本信息，以便确定项目的开始日期、结束日期等。

空白项目文档是用户经常使用的文档。启动 Project 后，系统将自动创建一个名为"项目1"的文档。如果用户需要创建另外的新文档，可以通过快速访问工具栏或【文件】菜单中的选项来创建。

1. 通过快速访问工具栏创建

在快速访问工具栏中单击【自定义快速访问工具栏】按钮，从弹出的快捷菜单中选择【新建】命令，将该命令添加到快速访问工具栏中。单击快速访问工具栏中的【新建】按钮即可快速创建空白项目文档，如图 2-1 所示。

图 2-1

2. 通过【文件】菜单创建

启动 Project 后将显示【文件】菜单，选择【新建】命令，将显示【新建】界面。此时，用户只需选择【空白文档】选项，即可创建一个空白项目文档，如图 2-2 所示。

图 2-2

2.1.3 创建项目模板文档

模板是一种特殊的项目文档，是 Project 预先设置好任务、资源及样式的特殊文档。使用模板可以创建具有统一规格和框架的项目文档。一般情况下，用户可通过下列方法创建模板文档。

(1) 在 Project 中，选择【文件】|【新建】选项，在展开的列表中选择相应的模板文件，如选择【挣值】选项，如图 2-3 所示。

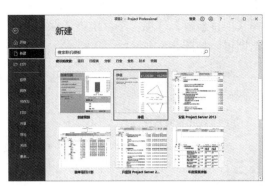

图 2-3

(2) 打开【挣值】提示框，单击【创建】按钮即可，如图 2-4 所示。

图 2-4

2.1.4 根据现有内容创建项目文档

"根据现有内容创建"是指根据用户保存在本地计算机中的项目文档，或者保存在本地计算机中的 Excel 文件来创建新的项目文档。

1. 将现有项目创建为模板

要将现有的项目文档创建为模板，可以选择【文件】|【另存为】选项，在显示的界面中单击【浏览】按钮，如图 2-5 所示。

图 2-5

打开【另存为】对话框，设置保存路径及文件名后，在【保存类型】下拉列表中选择【项目模板】选项，然后单击【保存】按钮即可，如图 2-6 所示。

图 2-6

2. 根据现有项目创建项目文档

根据现有项目创建项目文档是指根据用户本地计算机中保存的 Project 项目文档来创建项目文档。

(1) 选择【文件】|【新建】选项，在展开的列表中选择【根据现有项目新建】选项，如图 2-7 所示。

图 2-7

(2) 打开【根据现有项目新建】对话框，在对话框中选择项目文件，单击【打开】按钮即可，如图 2-8 所示。

图 2-8

3. 根据 Excel 工作簿创建项目文档

在 Project 中，用户还可以根据 Excel 工作簿内容来创建 Project 项目文档。

(1) 在 Project 中选择【文件】|【新建】选项，在展开的列表中选择【根据 Excel 工作簿新建】选项，如图 2-9 所示。

图 2-9

(2) 在打开的【打开】对话框中将【文件类型】设置为【Excel 工作簿】，然后选择 Excel 文件，单击【打开】按钮即可。

2.2 设置项目计划

在制作项目计划时，系统会默认当前日期为项目的开始日期，为了确保项目目标的实现，需要根据项目的实际开始时间、日程工作时间要求，定义项目计划的开始时间、常规工作时间与项目属性等内容。

2.2.1 输入项目信息

输入项目信息主要是指输入项目标题、主题、人员及单位等信息,简单地记录项目的基础信息。选择【文件】|【信息】选项,选择【项目信息】下拉列表中的【高级属性】选项,如图 2-10 所示。

图 2-10

在打开的【属性】对话框中选择【摘要】选项卡,然后输入相应的信息,选中【保存预览图片】复选框,单击【确定】按钮,如图 2-11 所示。

图 2-11

2.2.2 设置项目信息

创建完项目文档后,用户还需要设置项目的开始时间、完成时间、优先级等项目信息。

▶ 开始时间:单击其下拉按钮,可以在打开的日期列表中设置项目的开始时间。所有任务在确定时间或设置相关性之前,都以该日期作为开始时间,如图 2-12 所示。

图 2-12

▶ 完成时间:用于设置项目的最后时间,用户可通过将【日程排定方法】选项设置为【项目完成日期】的方法,使【完成时间】变为可用状态。

▶ 当前时间:单击其下拉按钮,可以在打开的日期列表中设置项目的当前日期,该日期主要为设置生成项目报表与跟踪项目进度提供基准日。

▶ 状态时间:单击其下拉按钮,可以在打开的日期列表中设置项目的状态日期。该日期主要用于盈余分析及标识"更新项目"中的"在此日期完成"日期。状态日期也会在 Project 中放置进度线提供日期基准,当该日期为"NA"时,Project 会将当前日期设置为状态日期。

▶ 日程排定方法:用于设置排定项目日程的开始方法,包含项目开始日期与项目完成日期两种方式,即表示从项目开始日期或项目完成日期开始排定项目日程。

▶ 任务日历:设置项目日程的基准日历,主要包括标准、24 小时与夜班 3 个选项,如图 2-13 所示。

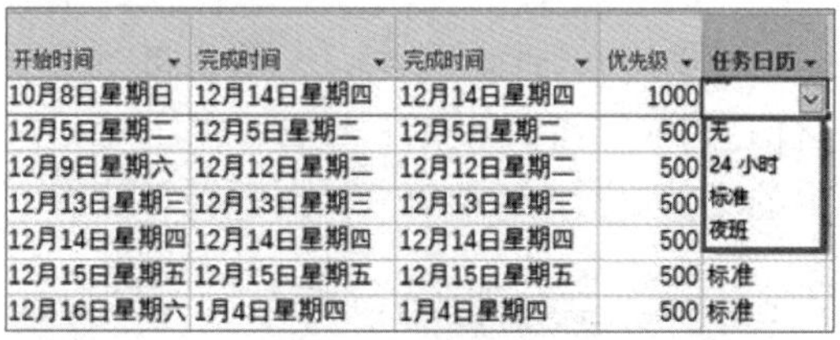

开始时间	完成时间	完成时间	优先级	任务日历
10月8日星期日	12月14日星期四	12月14日星期四	1000	
12月5日星期二	12月5日星期二	12月5日星期二	500	无
12月9日星期六	12月12日星期二	12月12日星期二	500	24 小时
12月13日星期三	12月13日星期三	12月13日星期三	500	标准
12月14日星期四	12月14日星期四	12月14日星期四	500	夜班
12月15日星期五	12月15日星期五	12月15日星期五	500	标准
12月16日星期六	1月4日星期四	1月4日星期四	500	标准

图 2-13

▶ 优先级:用于设置项目的优先级,其优先级的值为 1~1000。当多个项目使用共享资源时,项目的优先级会更好地控制调配资源。

➤ **企业自定义域**：在使用 Project Server 时，用户可以为企业级或项目级的自定义域以及在 Project Server 数据库中定义的大纲代码赋值。

此时，只需选择【项目】|【属性】|【项目信息】选项，如图 2-14 所示。

图 2-14

在打开的【项目信息】对话框中设置各项信息，如图 2-15 所示。

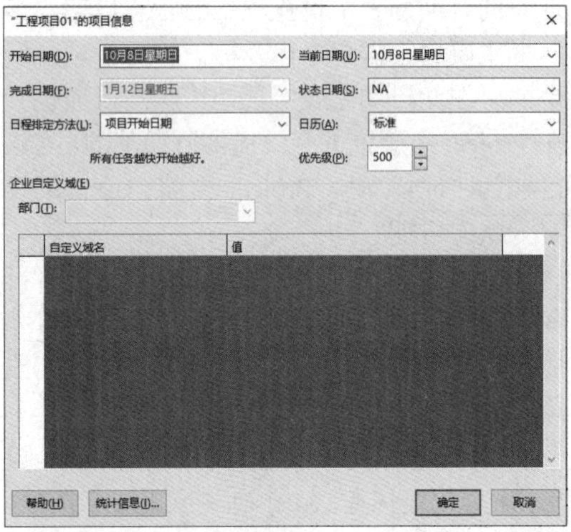

图 2-15

在创建新日程安排时，一般会接受【项目信息】对话框中的默认设置。单击对话框中的【确定】按钮即可开始创建项目日程。

2.2.3 设置日历选项

Project 默认计算日程的基础日历是"标准日历"，也可以称为"基准日历"。当资源或任务中的日历与项目的标准日历不一致时，可以在【项目信息】对话框中为项目中具体任务或每组资源创建"标准日历"。在创建标准日历之前，用户还需要根据项目自身的要求，设置【日历】与【日程】选项。

1. 设置【日历】选项

Project 通常会以一些默认选项来显示项目的日历。用户可在【Project 选项】对话框中的【日程】选项卡中查看默认的日历选项。

选择【文件】|【选项】选项，打开【Project 选项】对话框，选择【日程】选项卡，在展开的列表中，查看系统默认的日历信息，如图 2-16 所示。

图 2-16

2. 设置【日程】选项

在 Project 中，用户还可以在【Project 选项】对话框的【日程】选项卡中，设置输入任务信息的显示方式。

选择【文件】|【选项】选项，打开【Project 选项】对话框，选择【日程】选项卡，在展开的列表中，修改任务信息的显示方式，如图 2-17 所示。一般情况下，用户习惯使用系统默认的设置，只有在有特殊要求的项目中，才会更改默认的【日程】选项。

【日程】选项卡中主要包括下列选项。

➤ **显示日程排定信息**：启用该选项，可以显示有关日程不一致的消息。

➤ **工作分配单位显示为**：用来设置任务分配的显示单位是百分比还是小数。

➤ **该项目的日程排定选项**：用来设置应用日程选项的范围，是应用于当前项目文档，还是将选项应用于所有的项目文档。

第 2 章　创建与管理项目

图 2-17

➤ 新任务创建于：用来设置新任务的创建方式，主要包括手动创建与自动创建两种方式。

➤ 自动计划任务排定日期：表示是否将任务的排定日期设置为项目开始日期或当前日期。

➤ 工期显示单位：用来设置工期的单位，包括天、分钟数、小时数、周或月数。默认情况下，工期的显示单位为"天"。

➤ 工时显示单位：用来设置工时的单位，包括小时数、分钟数、天、周或月数。默认情况下，工时的显示单位为"小时"。

➤ 默认任务类型：用于设置任务的默认类型，包括固定单位、固定工期与固定工时。设置该选项之后的所有新建的项目文档，都将以新设置的任务类型为默认类型。

➤ 新任务为投入比导向：启用该选项，可以指定排定新任务日程，可使该任务工时在添加或删除工作分配时保持不变。

➤ 自动链接插入或移动的任务：启用该选项，可以在剪切、移动或插入任务时再次链接任务。否则，不会创建任务的相关性。

➤ 拆分正在进行的任务：启用该选项，在任务进度落后或报告进度提前时，允许重新排定剩余工期和工时。

➤ 在编辑链接时更新手动计划任务：启用该选项，可以在编辑任务链接时，自动更新手动计划任务。

➤ 任务将始终接受其限制日期：启用该选项，可以指定 Project 根据任务的限制日期排定任务日程；禁用该选项时，可宽限时间为负的任务限制日期根据其与其他任务的链接移动，而不是根据其限制日期排定日程。

➤ 显示有估计工期的计划任务：启用该选项，可以在具有估计工期的任何任务的工期单位后显示问号(？)。

➤ 有估计工期的新计划任务：启用该选项，可以显示有估计工期的新的计划任务。

➤ 更改为自动计划模式时使任务保持在最接近的工作日：启用该选项，将任务更改为自动计划模式时，其任务将保持在最接近的工作日。

2.2.4　设置项目日历

由于不是所有的项目都适用于系统默认的标准日历，因此在创建项目计划时用户还需要根据自身项目的特点，设置符合当前项目要求的日历。设置项目日历一般包括新建日历、调整工作周与设置工作日等内容。

1. 新建日历

选择【项目】|【属性】|【更改工作时间】选项，在打开的【更改工作时间】对话框中，单击【新建日历】按钮，在打开的【新建基准日历】对话框中输入日历名称，并设置相应的选项，如图 2-18 所示。

59

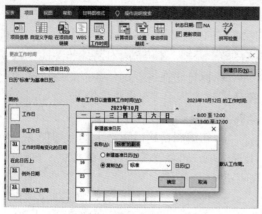

图 2-18

【新建基准日历】对话框中主要包括下列选项。

➤ 名称：用于设置新建日历的名称，以区分系统自带的内置日历。

➤ 新建基准日历：选中该单选按钮，可新建一个完全独立的日历。

➤ 复制：选中该单选按钮，可依据当前的基准日历新建一个日历副本。可根据其后的下拉列表中的【标准】【夜班】【24 小时】3 种基准日历创建日历副本。

> **知识点滴**
>
> 在创建新日历时，最好是复制，而不是更改当前的基准日历。这样，可以方便用户随时使用默认的基准日历。

2. 调整工作周

由于每个项目每周所需要的工作时间不一样，因此在创建新项目之后，用户还需要调整日历中的工作周。例如，已知新项目每周需要利用 4 个小时的时间来维护机器，因此创建新日历之后还需要将每周中规定的 4 个小时设置为特殊的工作时间。

【例 2-1】在 Project 中调整工作周。 🎬视频

step 1 选择【项目】|【属性】|【更改工作时间】选项，在打开的【更改工作时间】对话框中，选择【工作周】选项卡并单击【详细信息】按钮，如图 2-19 所示。

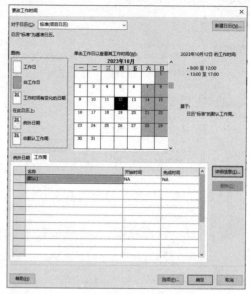

图 2-19

step 2 在打开的【"[默认]"的详细信息】对话框中选择【星期三】选项。然后选中【对所列日期设置以下特定工作时间】选项，并在时间列表框中设置开始时间与结束时间，如图 2-20 所示。

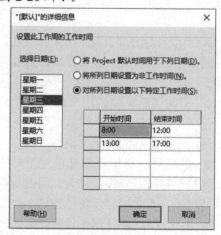

图 2-20

step 3 单击【确定】按钮后，新项目中每周三下午的工作时间将自动更改为 13:00—17:00，而其他时间将按照"标准(项目日历)"中的时间选择。此时，单击日历中表示星期三的日期，右侧会显示所设置的工作时间。

第2章 创建与管理项目

> **知识点滴**
>
> 在【更改工作时间】对话框的【例外日期】选项卡中,选择某行的例外日期,单击【删除】按钮,可以删除所选行的例外日期。

【"[默认]"的详细信息】对话框中主要包括下列选项。

▶ 将 Project 默认时间用于下列日期:用于设置默认工作时间(表示为周一至周五,每天 8:00—12:00, 13:00—17:00,周末为非工作时间)的日期。其日期需要在【选择日期】列表框中选择。

▶ 将所列日期设置为非工作时间:用于选择不能排定工时的日期,其日期需要在【选择日期】列表框中选择。该选项将显示在日历的所有月份中。

▶ 对所列日期设置以下特定工作时间:用于设置整个日程中选定日期中的工作时间,其日期需要在【选择日期】列表框中选择。

3. 设置工作日

在项目的选择过程中,经常会因为某种原因,需要让部分项目成员进行适当的加班或休息。

【例 2-2】在【更改工作时间】对话框中设置工作日、工作时间。视频

step ① 选择【项目】|【属性】|【更改工作时间】选项,在打开的【更改工作时间】对话框中选择【例外日期】选项卡,输入例外日期的名称、开始时间与完成时间,并单击【详细信息】按钮,如图 2-21 所示。

图 2-21

step ② 在打开的【"事假"的详细信息】对话框中,选中【工作时间】单选按钮,设置工作时间值,并设置重复发生方式与重复范围,如图 2-22 所示。

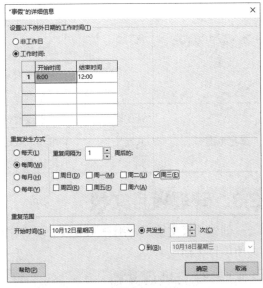

图 2-22

step ③ 在图 2-22 所示的对话框中单击【确定】按钮,所选时间内每周三的工作时间将自动更改为 8:00—12:00。

> **知识点滴**
>
> 虽然 Project 为用户提供了标准日历,但并不是所有的项目都适用于标准日历,这时在【更改工作时间】对话框中单击【新建日历】按钮,即可创建一个新的日历。创建新日历时,最好以【复制】方式创建,这样方便用户随时设定默认的基准日历。

【"事假"的详细信息】对话框中,主要包括重复发生方式、重复范围等选项组。其中,各选项组中的选项的功能如表 2-1 所示。

表2-1

字段		用途
设置以下例外日期的工作时间	非工作日	表示所设定的例外日期为休息日
	工作时间	选择该单选按钮,可在列表框中设置例外日期的工作时间
重复发生方式	每天	表示所设定日期的发生频率为每天,并设置频率发生相隔的天数

(续表)

字段		用途
重复发生方式	每周	表示所设定日期的发生频率为每周，并设置频率发生在每周中的具体日，以及相隔的周次
	每月	表示所设定日期的发生频率为每月，并设置频率发生相隔的日期与具体日
	每年	表示所设定日期的发生频率为每年，并设置频率发生的具体年份，以及频率发生的具体月份与具体日
重复范围	开始时间	用于设置例外日期的开始时间
	共发生	可输入或选择任务的重复次数
	到	可输入或选择例外日期的结束日期

2.3 管理项目文档

创建项目文档后，用户还可以对项目文档进行日常的管理操作，主要包括保存、打开和关闭项目文档。

2.3.1 保存项目文档

对于新建的 Project 文档或正在编辑的某个项目文档，如果出现了计算机突然死机、停电等非正常关闭的情况，文档中的信息有可能丢失，为了保护劳动成果，保存项目文档是非常重要的。

1. 保存新创建的项目文档

如果要对新创建的项目文档进行保存，可以直接单击快速访问工具栏上的【保存】按钮 ，或者单击【文件】按钮，从打开的【文件】菜单中选择【保存】选项，打开【另存为】对话框，在其中设置保存路径、名称及保存类型，单击【保存】按钮。

2. 另存为其他文档

如果文档已保存过，但在进行了一些编辑操作后，需要将其保存下来，并且希望仍能保存以前的文档，这时就需要对文档进行另存为操作。单击【文件】按钮，从打开的【文件】菜单中选择【另存为】选项，单击保存路径按钮。在打开的【另存为】对话框中，

设置名称及保存类型，如图 2-23 所示，单击【保存】按钮即可。

图 2-23

3. 保存已保存过的文档

要对已保存过的文档重新保存时，可以直接单击快速访问工具栏上的【保存】按钮 ，或者单击【文件】按钮，从打开的【文件】菜单中选择【保存】选项，即可按照原有的路径、名称和格式进行保存。

Project 为用户提供了 12 种保存类型，各种保存类型及其功能如表 2-2 所示。

第 2 章 创建与管理项目

表 2-2

保存类型	功 能
项目	以默认的格式保存项目文档
Microsoft Project 2007	保存为与 Project 2007 完全兼容的项目文档
项目模板	将项目文档保存为 Project 模板类型
Microsoft Project 2007 模板	将项目文档保存为 Project 2007 模板类型
PDF 文件	将项目文档保存为 PDF 文件
XPS 文件	将项目文档保存为 XPS 文件
Excel 工作簿	将项目文档保存为 Excel 工作簿类型
Excel 二进制工作簿	将项目文档保存为优化的二进制文件格式的工作簿文件，以提高加载和保存速度
Excel 97~2003 工作簿	将项目文档保存为 Excel 97~2003 工作簿类型
文本(以 Tab 分隔)	将项目文档保存为文本文件
CSV(逗号分隔)	将工作簿保存为以逗号分隔的文件
XML 格式	将项目文档保存为可扩展标记语言文件类型

2.3.2 自动保存项目文档

用户在使用 Project 创建项目文档时，为防止发生突然断电或计算机故障等意外情况所造成的资料丢失现象，还需要设置系统的自动保存功能。

【例 2-3】在 Project 中设置自动保存功能。 视频

step 1 选择【文件】|【选项】选项，在打开的【Project 选项】对话框中选择【保存】选项卡。启用【自动保存间隔】复选框并设置自动保存间隔时间。

step 2 用户还可以单击【默认文件位置】选项右侧的【浏览】按钮，在打开的【修改位置】对话框中设置自动保存文件的文件夹，单击【确定】按钮后即可更改文件的保存位置。

2.3.3 保护项目文档

为项目文档添加密码以保护项目文档。

【例 2-4】为文档添加保护密码，保护项目文档。 视频

step 1 选择【文件】|【另存为】选项，在展开的列表中选择【此电脑】选项，单击对应的路径按钮。

step 2 在打开的【另存为】对话框中，单击【工具】下拉按钮，在其列表中选择【常规选项】选项，如图 2-24 所示。

图 2-24

step 3 在打开的【保存选项】对话框中输入保护密码与修改权密码，单击【确定】按钮，如图 2-25 所示。

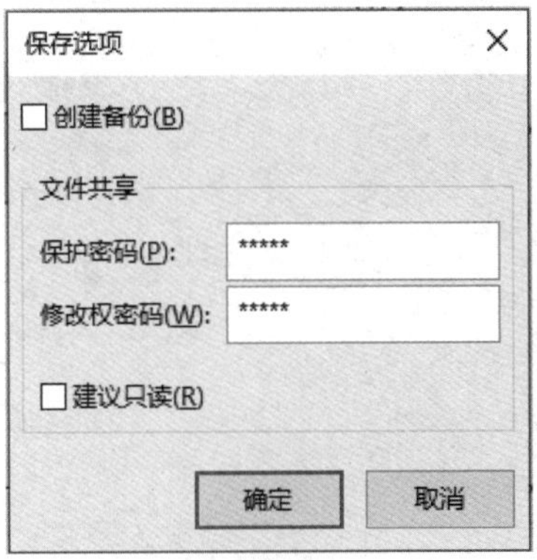

图 2-25

step 4 打开【确认密码】对话框，在【请再次输入密码】文本框中输入密码，单击【确定】按钮，如图 2-26 所示。

图 2-26

step 5 再次打开【确认密码】对话框，在【请再次输入修改权密码】文本框中输入密码，单击【确定】按钮，如图 2-27 所示。

图 2-27

step 6 返回【另存为】对话框，单击【保存】按钮，当用户再次打开该项目文档时，系统将自动打开【密码】对话框，提示用户输入打开与修改权密码。

2.3.4 打开项目文档

打开项目文档是 Project 的一项基本操作，对于任何项目文档来说都需要先将其打开，然后才能对其进行编辑。

【例 2-5】以"只读"方式打开项目文档。

step 1 选择【文件】|【打开】选项，在打开的界面中单击【浏览】按钮，如图 2-28 所示。

图 2-28

step 2 打开【打开】对话框选中一个项目文档，在【打开】下拉列表中，选择【以只读方式打开】选项，如图 2-29 所示。

图 2-29

step 3 此时，即可以只读方式打开项目文档，并在标题栏中显示"只读"文本，如图 2-30 所示。

图 2-30

> **知识点滴**
>
> 以只读方式打开的文档，对文档的编辑修改将无法直接保存到原文档上，而需要将编辑修改后的文档另存为一个新的文档；以副本方式打开的文档，将打开一个文档的副本，而不打开原文档，对该副本文档所做的编辑修改将直接保存到副本文档中，而对原文档没有影响。

2.3.5 关闭项目文档

对项目文档完成所有的操作后，需要关闭项目文档时，可以单击【文件】按钮，从打开的【文件】菜单中选择【关闭】选项，或者单击窗口右上角的【关闭】按钮 ×。在关闭项目文档时，如果没有对项目文档进行编辑、修改，可直接关闭；如果对项目文档做了修改，但还没有保存，系统将会打开一个提示框，询问是否保存对项目文档所做的修改。单击【是】按钮，即可保存并关闭该项目文档。

2.4 案例演练

某公司需要开发一款新软件，需要根据客户的需求设计软件整体功能，并在客户规定的时间前交付软件并进行相应培训。为保证软件开发项目的顺利完成，需要运用 Project 软件创建项目文档、项目任务、项目日历等。本章的案例演练主要介绍通过创建"软件开发"项目文档来启动项目。

【例2-6】在 Project 中创建名为"软件开发项目"的项目文档。

视频+素材 （素材文件\第 02 章\例2-6）

step 1 收集数据，为了便于后期创建项目任务，还需要确定软件开发项目的主要步骤。

step 2 启动 Project 2021 后，选择【空白项目】选项创建一个空白项目文档，如图 2-31 所示。

图 2-31

step 3 设置项目信息。选择【项目】|【属性】|【项目信息】选项，打开【项目信息】对话框，分别设置项目的开始日期、日历、优先级等选项，然后单击【确定】按钮，如图 2-32 所示。

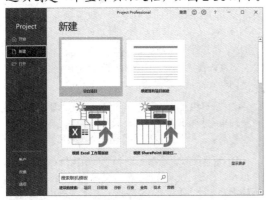

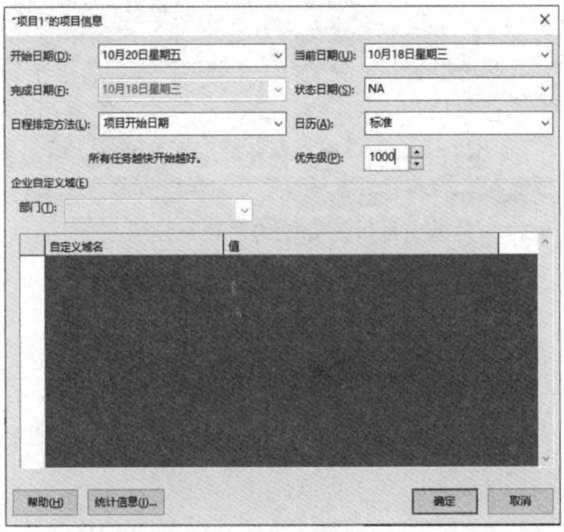

图 2-32

step 4 设置工作周。选择【项目】|【属性】|【更改工作时间】选项，打开【更改工作时间】对话框，选择【工作周】选项卡，单击【详细信息】按钮，如图 2-33 所示。

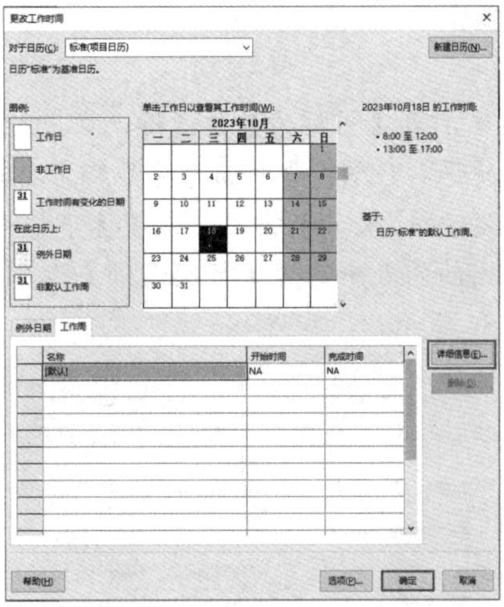

图 2-33

step 5 打开【"[默认]"的详细信息】对话框，在【选择日期】列表框中选择【星期日】选项。选中【对所列日期设置以下特定工作时间】单选按钮并设置工作时间，然后单击【确定】按钮，如图 2-34 所示。

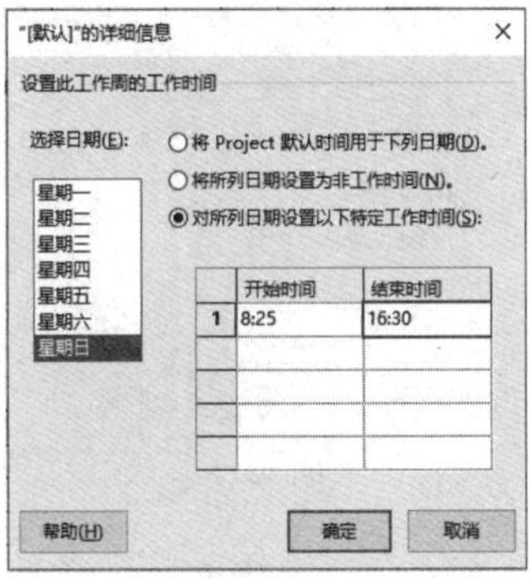

图 2-34

step 6 返回【更改工作时间】对话框，再次单击【确定】按钮。

step 7 选择【文件】|【另存为】选项，然后单击【浏览】按钮，如图 2-35 所示。

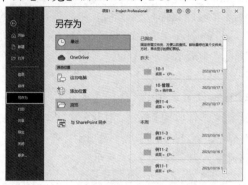

图 2-35

step 8 打开【另存为】对话框，在该对话框中选择保存位置，设置保存类型和名称（"软件开发项目"），然后单击【工具】下拉按钮，在弹出的列表中选择【常规选项】选项，如图 2-36 所示。

图 2-36

step 9 打开【保存选项】对话框，设置【保护密码】和【修改权密码】后单击【确定】按钮，如图 2-37 所示。

图 2-37

step 10 在打开的对话框中再次输入密码，并单击【确定】按钮，如图 2-38 所示。

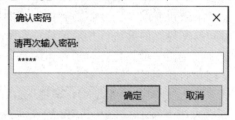

图 2-38

step 11 返回【另存为】对话框，单击【保存】按钮，完成实例操作。

知识点滴

本章主要介绍了创建项目文档的步骤与方法，以及使用 Project 软件管理项目、设置项目计划和日历的方法。在创建项目之前，用户应注意以下问题。

(1) 明确项目的计划和目标。定义项目的范围、可交付成果和截止日期等，确保项目在整个过程中有明确的方向和目标。

(2) 项目组成员的角色和责任。确定项目团队中各成员的角色和责任。明确每个成员的职责，确保项目团队合作高效，并最大程度地发挥每个人的优势。

(3) 资源管理。合理规划和管理项目所需的资源，包括人力资源、物质资源、财务资源等。确保项目有足够的资源支持，并提前预测和解决可能存在的资源短缺问题。

(4) 风险管理。识别和管理项目中的风险。评估项目可能面临的各种风险，并制定相应的应对策略。及时跟踪和监控风险的发展，采取措施最大程度地降低风险对项目的影响。

(5) 沟通和沟通渠道。建立有效的沟通渠道，确保项目团队和利益相关者之间信息的流通。定期开展项目会议、状态报告和进展更新等，确保各方都能及时了解项目的最新信息。

(6) 监控和评估。建立有效的项目监控和评估机制，及时跟踪和评估项目进展情况。根据实际情况进行调整和优化，确保项目得到有效的管理和控制。

第 3 章

管理项目任务

项目计划是为完成项目目标而进行的系统任务安排。在创建项目的具体任务时，如何合理安排项目中的每一项子任务是非常重要的。

除了为每项任务安排所需要的时间，还需要为每项任务设置关键里程碑并建立任务之间的关系，从而可以直观地查看每个任务的前置任务、开始与结束时间，以及衡量完成一个项目真实工期的关键因素。本章主要介绍创建任务及管理项目任务等知识。

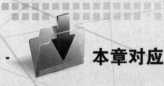
本章对应视频

例 3-1　在项目文档中输入任务
例 3-2　从 Excel 中获取任务表格
例 3-3　在项目文档中插入任务
例 3-4　在项目文档中移动任务
例 3-5　在项目文档中删除任务
例 3-6　为项目阶段建立大纲结构
例 3-7　在项目文档中创建 WBS
本章其他视频参见视频二维码列表

3.1 创建任务

每个项目都是由众多任务组成的，而任务由任务名称、开始日期、结束日期、优先级及任务的资源等组成。创建一个新项目计划后，就需要为项目创建任务。任务是项目中最基础的元素。任何项目的实施都是通过完成一系列的任务来实现的。

3.1.1 输入任务

Project 的多种视图中都可以输入任务，其操作方式大致相同。

如果要在【甘特图】视图中输入任务，只需要选中工作区中【任务名称】栏下的单元格，然后输入任务名称，按 Enter 键或单击其他单元格确认输入即可。

【例 3-1】在"工程项目"项目文档中输入任务。
📹视频

step 1 使用 Project 2021 打开"工程项目"项目文档，选择【任务名称】栏下的第一个单元格，输入文本"新房装修项目"，如图 3-1 所示。

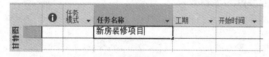

图 3-1

step 2 按 Enter 键，系统自动选中下一行【任务名称】栏下的单元格，并自动在行标题处显示行号，此时系统自动将【任务模式】设置为【手动计划】，如图 3-2 所示。

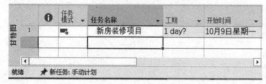

图 3-2

step 3 选中【任务模式】栏的第一个单元格，单击其右侧的下拉按钮，从弹出的下拉列表中选择【自动计划】选项，此时将自动显示任务的开始时间和结束时间，如图 3-3 所示。

图 3-3

step 4 使用同样的方法完成其他任务的输入，如图 3-4 所示。

图 3-4

> 💡 **知识点滴**
>
> 当任务的任务模式变为【自动计划】模式后，只需设置该任务的工期，完成日期即会自动进行调整。

虽然手动输入任务是比较方便的方法，但是无法设置更多的任务信息。选择【任务】选项卡，在【属性】组中单击【信息】按钮，打开【任务信息】对话框，如图 3-5 所示，在其中可以设置相应的任务信息，如设置任务的名称、工期值、计划模式、开始时间和完成时间等。

图 3-5

在当前状态下，可设置【任务信息】对话框中的下列选项，其余选项将在后面章节中进行介绍。

▶ 名称：可在文本框中输入任务的名称。
▶ 工期：用来输入或设置任务的工期值，即完成该任务所需要的时间。
▶ 估计：启用该选项，表示设置的工期值为估计工期值，并不是准确的工期值，在工期值的后面将添加一个问号(?)。
▶ 完成百分比：用于设置该任务的完成百分比情况，在本章实例中，由于是刚创建的项目任务，因此该任务的完成百分比情况为空值，表示该任务还未开始实施。
▶ 优先级：用于设置该任务的优先情况，其值介于1~1000。
▶ 计划模式：用于设置任务的状态模式，包括手动计划与自动计划两种模式。

3.1.2 从其他软件获取任务

手动输入任务的过程比较烦琐，若已有使用 Excel 制作的任务表格，可将其直接粘贴到 Project 中。

【例3-2】将Excel中制作好的任务表格粘贴到项目文档中。 视频

step 1 在 Project 中创建空白项目文档，然后启动Excel并打开"工程项目"工作表。

step 2 选中并右击B2:B16单元格区域，在弹出的快捷菜单中选择【复制】命令(或按下Ctrl+C键)，如图3-6所示。

图3-6

step 3 切换至Project项目文档，将插入点定位到【任务名称】栏的第一个单元格中，在【任务】选项卡的【剪贴板】组中单击【粘贴】下拉按钮，从弹出的下拉菜单中选择【选择性粘贴】选项，如图3-7所示。

图3-7

step 4 打开【选择性粘贴】对话框，选中【粘贴】单选按钮，在【作为】列表框中选择【文本数据】选项，单击【确定】按钮，如图3-8所示。

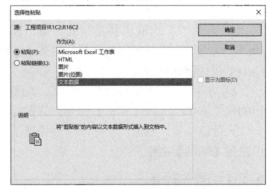

图3-8

step 5 此时Excel工作表中选中的单元格即以文本数据方式复制到了Project中，并自动为其编号，如图3-9所示。

图3-9

step ⑥ 选中第 1~15 个任务名称所在的数据表区域，在【任务】选项卡的【任务】组中单击【自动安排】按钮，可以为所有任务自动填充工期、开始时间和完成时间。

3.2 编辑任务

在实际工作中，创建任务后，还需要对任务进行编辑操作，如插入新的任务、删除多余的任务、复制任务、调整次序混乱的任务等。

3.2.1 复制任务

复制任务是在保持原任务不被更改的状态下，将任务从一个位置复制到另外一个位置，从而使两个任务具有相同的内容，一般情况下，用户可通过下列方法复制任务。

▶ 方法 1：选择需要复制的任务，选择【任务】|【剪贴板】|【复制】选项。然后选择需要放置复制任务的位置，选择【任务】|【剪贴板】|【粘贴】选项即可。

▶ 方法 2：选取需要复制的任务，按 Ctrl+C 快捷键，将鼠标定位到目标位置，按 Ctrl+V 快捷键粘贴任务。

▶ 方法 3：右击需要复制的任务，在弹出的快捷菜单中选择【复制】命令，将鼠标定位到目标位置，右击，在弹出的快捷菜单中选择【粘贴】命令。

3.2.2 插入任务

在编辑任务的过程中，通常需要在已设置的任务项目中添加新的任务。这时，用户使用【插入】组中的选项按钮和右键菜单，可以很方便地插入任务。

【例 3-3】在"工程项目"项目文档的任务上插入一个名为"购买房间木门"的新任务。 📹视频

step ① 打开"工程项目"项目文档，选中标识号为 15 的任务，如图 3-10 所示。

图 3-10

step ② 选择【任务】选项卡，在【插入】组中单击【任务】按钮，从弹出的列表中选择【任务】选项，即可在选择的任务上插入一个新任务，如图 3-11 所示。

图 3-11

step ③ 在插入的"<新任务>"单元格中输入文本"购买房间木门"，如图 3-12 所示，并按 Enter 键完成任务的输入。

图 3-12

step ④ 选中插入的新任务，在【任务】选项卡的【任务】组中单击【自动安排】按钮，此时将自动显示任务的开始时间和结束时间，如图 3-13 所示。

第 3 章 管理项目任务

图 3-13

> 知识点滴
>
> 选中任务，右击，在打开的快捷菜单中选择【插入新任务】命令，同样可以在选中的任务上添加一个新任务。

3.2.3 移动任务

移动任务的操作与复制任务的操作类似，唯一的区别在于，移动任务后，原位置的任务消失，而复制任务后，原位置的任务仍在。

▶ 方法 1：选择需要移动的任务，选择【任务】|【剪贴板】|【剪切】选项。然后选择需要放置剪切任务的位置，选择【任务】|【剪贴板】|【粘贴】选项即可。

▶ 方法 2：选取需要移动的任务，按 Ctrl+X 快捷键剪切任务，将鼠标定位到目标位置，按 Ctrl+V 快捷键粘贴任务。

▶ 方法 3：右击需要移动的任务，在弹出的快捷菜单中选择【剪切】命令，将鼠标定位到目标位置，右击，在弹出的快捷菜单中选择【粘贴】命令。

【例3-4】将【购买房间木门】任务从标识号为 15 处移至标识号为 10 处。 ▶视频

step 1 打开"工程项目"项目文档后，选择标识号为 15 处的【购买房间木门】任务，将鼠标指针放置在任务边缘，按住鼠标左键不放，向上拖动至标识号为 10 处。

step 2 释放鼠标，即可将任务移至标识号为 10 处，如图 3-14 所示。

图 3-14

3.2.4 删除任务

在 Project 的项目文档中，还可以很方便地删除多余的任务。

【例3-5】在"工程项目"项目文档中，删除【选购墙面漆】任务。 ▶视频

step 1 打开"工程项目"项目文档，选中标识号为 15 的【选购墙面漆】任务。

step 2 右击鼠标，在弹出的快捷菜单中选择【删除任务】命令，如图 3-15 所示，即可将选中的任务删除，并自动选中下一个任务。

图 3-15

> 知识点滴
>
> 如果只需删除任务名称，可选中该任务名称所在的单元格，在【任务】选项卡的【编辑】组中单击【清除】按钮，从弹出的菜单中选择【全部清除】命令。若选择【整行】命令，可清除该行的所有内容，包括任务模式、时间和工期等。

3.3 组织任务

创建任务后,默认状态下所有的任务都处于同一级别,没有差异。当项目任务的数量较多时,项目计划的结构越来越不明显。为了方便用户查询和管理项目任务,可以对任务进行分级。分级的作用是可以精确反映任务的层次结构(也称大纲结构)。

3.3.1 建立大纲结构

大纲结构指项目的分层结构。大纲结构的建立,可以有效地组织项目任务结构,并易于阅读和分析。

在 Project 中,用户可以通过降级和升级项目任务的方法,创建摘要任务(即由多个子任务组成,并对这些子任务进行汇总的任务)和子任务的大纲,从而细分任务列表,使其更具有组织性和可读性。

1. 选择组织任务的方法

在组织项目任务时,可对摘要任务下具有相同特性的任务,或在相同时间范围内完成的任务进行分组,摘要任务又称为集合任务,用于汇总其子任务的数据。用户可通过下列两种方法组织任务列表。

▶ 自上而下:首先确定主要阶段,再将主要阶段分解为各个任务。

▶ 自下而上:首先列出所有任务,再将所有任务组合为多个阶段。

确定用于组织任务的方法后,便可以大纲形式将任务组织为摘要任务和子任务。

2. 摘要任务和子任务

默认情况下,摘要任务以粗体显示并已升级,而子任务降级在摘要任务之下。另外,摘要任务也可作为它上面其他任务的子任务。在【甘特图】视图中,选择需要降级的任务,选择【任务】|【日程】|【降级任务】选项,即可将所选任务降级为子任务。

在创建摘要任务和子任务之后,用户还需要注意以下几点。

▶ 撤销大纲级别:可通过将所有子任务与低级别的摘要任务升级,直到所有任务处于同一级别的方法来撤销大纲级别。

▶ 重排项目阶段:在大纲日程中便于用户重排项目阶段,在移动或删除摘要任务时,系统将自动移动或删除与其相关的所有子任务。

▶ 删除摘要任务:当删除摘要任务而只保留其子任务时,需要先将子任务升级到与摘要任务相同的级别。

▶ 大纲数字:在重排任务列表时,所有项的大纲数字将会改变。移动、添加或删除任务时,大纲数字将自动更新。当使用手动输入的自定义编号系统时,则不会自动更新大纲数字。

在 Project 中,并非所有摘要任务的值都表示为子任务值的组合总计。一般情况下,摘要任务汇总了所有包含子任务的最早开始日期到最晚完成日期之间时间段的信息。并且,摘要任务的值处于不可编辑状态,用户可通过修改各个子任务值的方法来更改摘要任务的值。

【例3-6】在"工程项目"项目文档中,为项目阶段建立大纲结构。 ▶视频

step 1 打开"工程项目"项目文档。选择标识号为第1~16的任务,打开【任务】选项卡,在【日程】组中单击【降级任务】按钮,将第2~16任务设置为【新房装修项目】的子任务,如图3-16所示。其中,【新房装修项目】任务为摘要任务,以粗体显示并已升级。

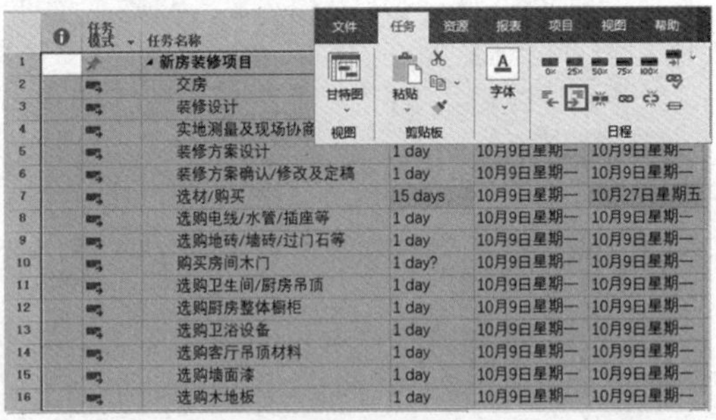

图 3-16

step 2 选择标识号为 4~6 的任务,在【任务】选项卡的【日程】组中单击【降级任务】按钮,将其设置为【装修设计】的子任务,如图 3-17 所示。

图 3-17

step 3 使用相同的方法,设置其他任务的子任务,如图 3-18 所示。

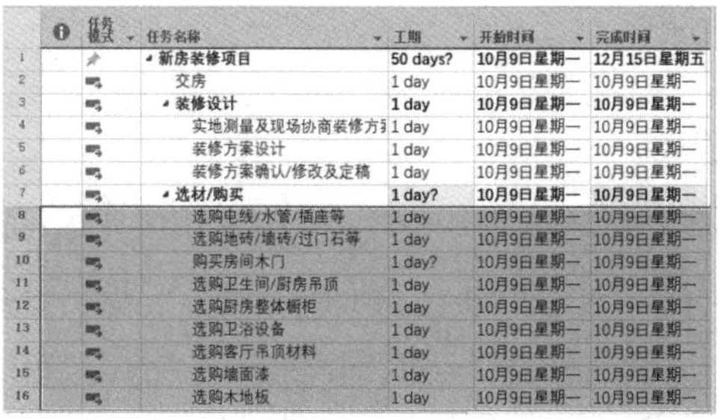

图 3-18

知识点滴

使用鼠标也可以快速地升级或降级任务。将鼠标指针定位在任务名称的第一个字符上,待鼠标指针变为双向箭头时,向左拖动鼠标可升级任务,向右拖动鼠标可降级任务。另外,也可使用 Alt+Shift+← 和 Alt+Shift+→ 组合键对任务进行升级和降级操作。

3.3.2 建立工作分解结构

工作分解结构(WBS)是一种用于组织任务以便报告日程和跟踪成本的分层结构。在 Project 中,可以根据任务在项目大纲中的层次将相应的 WBS 代码分配给任务。另外,WBS 代码类似于大纲数字,每个任务只有一个 WBS 代码,该代码是唯一值。

选择【项目】|【属性】| WBS |【定义代码】选项(如图 3-19 所示),在打开的对话框中可设置代码类型。

图 3-19

【例 3-7】在"工程项目"项目文档中创建 WBS。
◉ 视频

step 1 打开"工程项目"项目文档后,选择【项目】选项卡,在【属性】组中单击 WBS 下拉按钮,从打开的下拉菜单中选择【定义代码】选项。

step 2 打开【WBS 代码定义】对话框,在【序列】列中选择【数字(序数)】选项,在【长度】列中选择 1 选项,在【分隔符】列中选择【.】号,然后单击【确定】按钮,如图 3-20 所示。

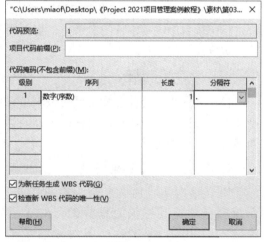

图 3-20

step 3 完成 WBS 代码定义后,选择数据表区第一列并右击,在打开的快捷菜单中选择【插入列】命令,此时会自动打开定义新列的列表框。在弹出的列表框中选择 WBS 选项,如图 3-21 所示。

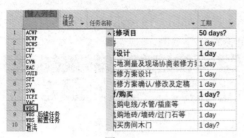

图 3-21

step 4 此时系统将为项目文档建立工作分解结构(WBS)，如图 3-22 所示。

图 3-22

【WBS 代码定义】对话框中主要包括以下选项。

▶ 代码预览：用于预览所设置代码的样式。
▶ 项目代码前缀：用于设置项目代码的前缀字母、汉字或数字。
▶ 代码掩码：用于设置 WBS 代码的序列方式、序列长度与分隔符。其中，序列方式主要包括数字、大小写字母与字符序列。序列长度包括任务、1~10 的数字，分隔符包括点(.)、横杠(-)、加号(+)与反斜杠(/)。
▶ 为新任务生成 WBS 代码：启用该复选框，可为新任务生成 WBS 代码。
▶ 检查新 WBS 代码的唯一性：启用该复选框，可以检查 WBS 代码是否具有唯一性。

3.4 设置任务工期

在 Project 中，除了可以创建普通的任务，还可以创建里程碑和周期性任务。其中，里程碑是标记项目中主要事件的参考点，主要用于监控项目的进度；而周期性任务是指在一定周期内重复发生的任务。

3.4.1 建立里程碑

任务工期为零的任务都可以显示为里程碑任务，同样，用户还可以将任何工期的其他任务标记为里程碑。

1. 任务工期为零的里程碑

默认情况下，凡是工期为零的任务，系统都自动将其标记为里程碑。对于已经输入的任务，只需在任务对应的【工期】单元格中，将工期值更改为 0 即可，如图 3-23 所示。

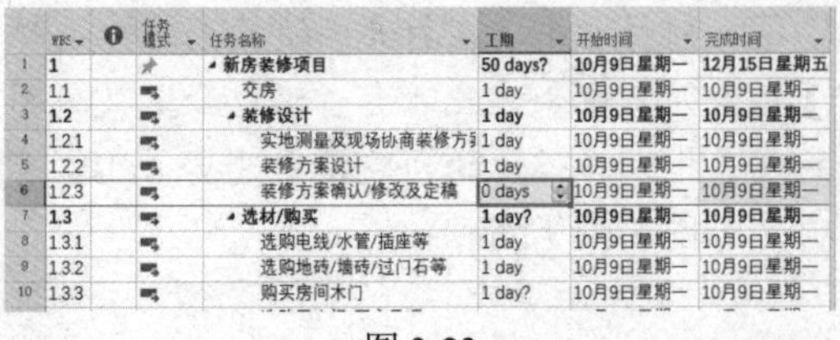

图 3-23

另外，当在已输入任务之间设置里程碑任务时，需要选择插入里程碑任务之下的任务名称，选择【任务】|【插入】|【里程碑】选项，系统会自动插入一个新任务，并将新任务的工期显示为 0，如图 3-24 所示。

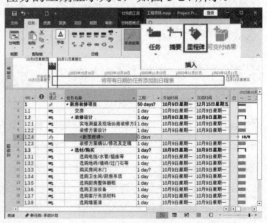

图 3-24

此时，用户只需在插入的新任务中输入任务名称即可。

知识点滴

里程碑任务在【甘特图】视图中不像其他任务那样以“条形图”进行显示，而是以“菱形”进行显示。

2. 任务工期大于 0 的里程碑

里程碑工期通常为 0，但也不排除工期不为0的里程碑。选择需要设置为里程碑的任务，选择【任务】|【属性】|【信息】选项，打开【任务信息】对话框，选择【高级】选项卡，启用【标记为里程碑】复选框，便可以将具有工期值的任务转化为里程碑任务，如图 3-25 所示。

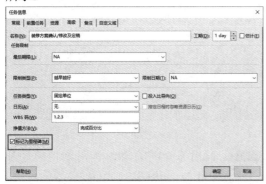

图 3-25

知识点滴

对于任务工期大于 0 的里程碑，将有菱形出现在任务完成时间处。

3.4.2　输入任务工期

在输入任务名称后，Project 会自动对该任务设置一个默认的工期：1 个工作日(1 day)。用户可根据实际情况估计并设定任务的具体工期，在估计工期时，无须为摘要任务估计工期。在输入任务工期时，只能为子任务设置任务时间，每个子任务的累计时间便是摘要任务的工时；若不能准确确定该任务的工期，可在工期后加一个？号。

【例 3-8】在“工程项目”项目文档中为任务设置任务工期。视频

step 1 打开编辑好的“工程项目”项目文档后，选择标识号为 1 的任务的【工期】单元格。单击【信息】按钮，打开【摘要任务信息】对话框，在【工期】文本框中输入 50，如图 3-26 所示，然后按下 Enter 键。此时，【新房装修项目】的【工期】将被设置为 50 day，如图 3-27 所示。

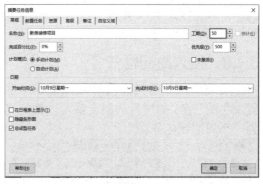

图 3-26

	WBS	任务名称	工期	开始时间
1	1	新房装修项目	50 days?	10月9日星期一
2	1.1	交房	1 day	10月9日星期一
3	1.2	装修设计	1 day	10月9日星期一
4	1.2.1	实地测量及现场协商装修方案	1 day	10月9日星期一
5	1.2.2	装修方案设计	1 day	10月9日星期一
6	1.2.3	装修方案确认/修改及定稿	1 day	10月9日星期一
7	1.3	选材/购买	1 day?	10月9日星期一
8	1.3.1	选购电线/水管/插座等	1 day	10月9日星期一
9	1.3.2	选购地砖/墙砖/过门石等	1 day	10月9日星期一
10	1.3.3	购买房间木门	1 day?	10月9日星期一
11	1.3.4	选购卫生间/厨房吊顶	1 day	10月9日星期一
12	1.3.5	选购厨房整体橱柜	1 day	10月9日星期一
13	1.3.6	选购卫浴设备	1 day	10月9日星期一
14	1.3.7	选购客厅吊顶材料	1 day	10月9日星期一
15	1.3.8	选购墙面漆	1 day	10月9日星期一
16	1.3.9	选购木地板	1 day	10月9日星期一

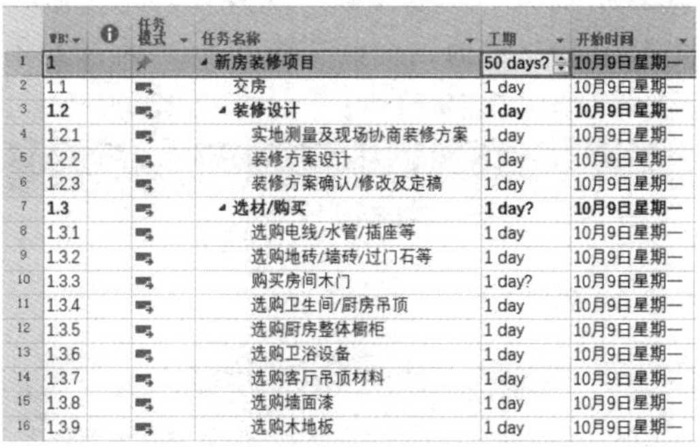

图 3-27

step 2 使用同样的方法，依次为其他任务设置工期，如图 3-28 所示。

图 3-28

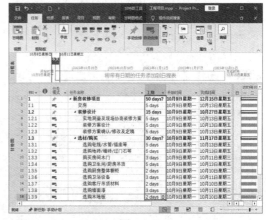

> **知识点滴**
>
> 选中任务的【工期】单元格,双击鼠标,也可以打开【摘要任务信息】对话框或【任务信息】对话框,在【工期】微调框中可以设置任务的工期。另外,通过拖动条形图的方法也可以设置任务的工期,将鼠标指针移到条形图右侧,当鼠标变为形状时,左右拖动即可。需要注意的是,Project中允许输入的工期单位为月、星期、工作日、小时或分钟,不包括非工作时间。

3.4.3 插入周期性任务

周期性任务是指在项目进行过程中重复发生的任务,如每月的例会就可以被定义为一个周期性任务。

【例3-9】在"工程项目"项目文档中创建一个"业主验收"任务,工期为半天,每周一次,共发生4次。 ◉视频

step 1 打开"工程项目"项目文档,将鼠标定位至标识号为16的任务下一行的任意单元格,如图3-29所示。

图 3-29

step 2 选择【任务】选项卡,在【插入】组中单击【任务】下拉按钮,从打开的下拉菜单中选择【任务周期】选项,如图3-30所示。

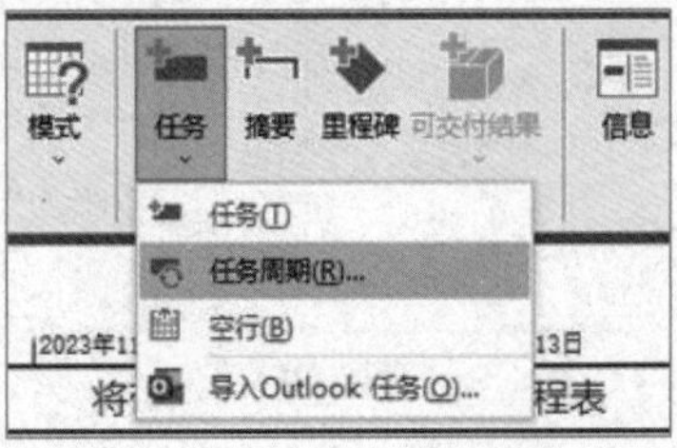

图 3-30

step 3 打开【周期性任务信息】对话框,在【任务名称】文本框中输入"业主验收",在【工期】微调框中输入"0.5",选择【每周】单选按钮和【周四】复选框,在【重复范围】选项组中选中【共发生】单选按钮,在其后的微调框中输入4,然后单击【确定】按钮,如图3-31所示。

图 3-31

step 4 此时系统将自动添加周期性的每月"业主验收",如图3-32所示。

图 3-32

step 5 选中标识号为18~21的任务,将【任务模式】设置为【自动安排】。

> **知识点滴**
>
> 周期性任务的工期是以第一个任务发生到最后一个任务结束的时间段来计算的。

【周期性任务信息】对话框中,主要包括表3-1所示的几个选项。

第 3 章　管理项目任务

表 3-1

选　　项		功　　能
任务名称		用来输入任务的名称
工期		用来输入任务的工期值
重复发生方式	每天	选中该单选按钮，表示周期性任务的发生频率按指定的天数或工作日数进行显示
	每周	选中该单选按钮，表示周期性任务的发生频率按指定周数进行显示，并可以设置具体显示的每周日期
	每月	选中该单选按钮，表示周期性任务的发生频率按指定的月数进行显示，并可以设置频率发生相隔的日期与具体日期
	每年	选中该单选按钮，表示周期性任务的发生频率按年进行显示，并可以设置频率发生的具体日期，以及每年发生的具体月份与具体日期
重复范围	开始时间	用于输入周期性任务的开始时间
	共发生	可输入或选择周期性任务的重复次数
	到	可输入或选择周期性任务的结束日期
排定此任务所用日历	日历	用于选择排定任务所用的日历标准
	排定日程时忽略资源日历	启用该复选框，表示在应用日历时，该日历不与任务的日程排定相关联

3.5　设置任务链接和任务信息

在默认情况下，任务工期的开始时间是同一天。但事实上，有些任务需要在某些任务完成之后进行。为了表示任务之间这种时间先后的关系，需要用任务链接将任务串起来。为了能更好地说明任务的状况，还可以为任务添加备注信息或超链接等其他信息。

3.5.1　建立任务链接

链接任务可以节省管理项目的时间。在定义项目的任务，并估计各任务所需的时间之后，即可开始建立任务的链接。

1. 任务相关性

在项目管理实践中，任务必须按特定的顺序完成。两个任务间的关系就是"完成-开始"的关系。任务相关性就是指两个任务之间的关系，也称为任务间的链接或依赖性，即一个任务的开始或完成时间依赖于另一个任务的开始或完成时间。如果任务 B 的日程安排要依赖任务 A，则任务 A 称为任务 B 的前置任务，而任务 B 称为任务 A 的后续任务。在 Project 中，对于两个任务间的相关性提供了 4 种不同的链接类型，如表 3-2 所示。

表 3-2

选　项	功　能	示　例
完成-开始(FS)	这是默认的相关性类型，任务 B 必须在任务 A 完成后才能开始	
开始-开始(SS)	任务 B 必须在任务 A 开始后才能开始	

(续表)

选项	功能	示例
开始-完成(SF)	任务 B 必须在任务 A 开始后才能完成	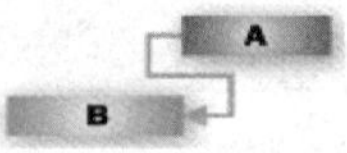
完成-完成(FF)	任务 B 必须在任务 A 完成后才能完成	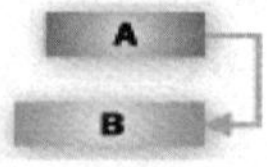

2. 链接任务

确定任务的先后顺序后，即可为任务建立相关性链接。在 Project 中可以很灵活地表示任务间的链接。

> **知识点滴**
> 任务之间的相关性是通过"链接"功能来建立的，"链接"任务时在条形图之间显示连接线，连接线的一端指示后续任务，另一端指示前置任务。

【例 3-10】 在"工程项目"项目文档中建立相关性链接。 🎬视频

step 1 打开"工程项目"项目文档。选择标识号为 2 和 5 的任务，选择【任务】选项卡，单击【日程】|【链接选定的任务】按钮，建立 FS 关系，如图 3-33 所示。

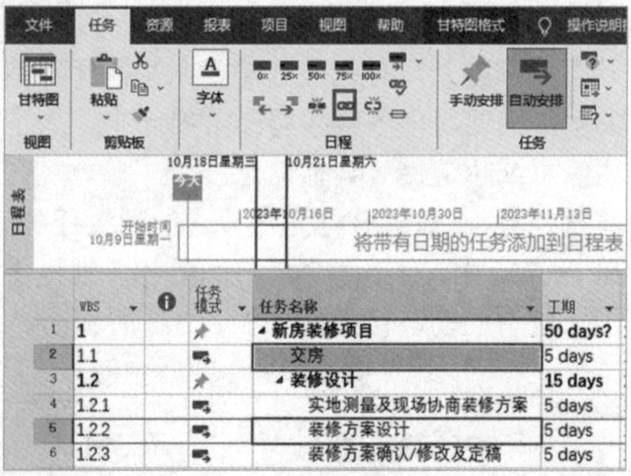

图 3-33

step 2 选择标识号为 4~6 的任务，在【任务】|【日程】组中单击【链接选定的任务】按钮，建立多个任务之间的 FS 关系。

step 3 将鼠标移至标识号为 8 的任务的条形图附近，当鼠标指针变为 形状时，按住鼠标左键不放，向下面标识号为 13 的任务拖

动，此时光标变为 形状，且出现一条连接线，当移到标识号为 13 的任务的条形图上后释放鼠标，如图 3-34 所示，建立 FS 关系。

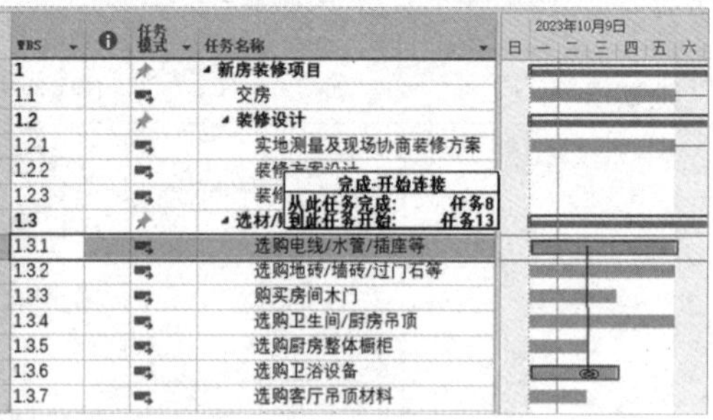

图 3-34

step 4 使用同样的方法，可以建立其他任务之间的链接关系。

使用【任务信息】对话框可以为特定的任务设置其他链接类型的相关性。选中特定的任务，选择【任务】选项卡，在【属性】组中单击【信息】按钮，打开【任务信息】对话框的【前置任务】选项卡，在【前置任务】列表框中输入链接任务的相关信息，用户只需要在【标识号】单元格中输入链接任务的标识号，系统就会自动显示任务的名称和默认类型等信息，单击类型右侧的下拉按钮，从打开的下拉列表中可以选择一种链接类型，单击【确定】按钮，建立任务链接，如图 3-35 所示。

图 3-35

【任务信息】对话框的【前置任务】选项卡中主要包括下列选项。

➢ 名称：用于显示或编辑当前任务的名称。
➢ 工期：用于显示或编辑当前任务的工

期值。

▶ 估计：启用该复选框，该任务的工期值将由计划工期变成估计工期。

▶ 标识号：用于输入显示该前置任务的标识号，即任务名称对应的行号。

▶ 任务名称：可在打开的下拉列表中选择任务的名称，当用户在【标识号】单元格中输入任务的标识号后，该单元格中将自动显示标识号对应的任务名称。

▶ 类型：单击该下拉按钮，可在弹出的下拉列表中选择相应的链接类型。

3.5.2 延迟与重叠任务链接

延迟任务就是推延任务的开始时间，而重叠任务则是提前任务的开始时间。延迟与重叠任务是调整任务状态、保证项目顺利完成的重要措施。

1. 延迟链接任务

当前置任务完成后，后续任务无法按照链接任务安排的时间进行工作时，需要延迟链接任务。

【例 3-11】在"工程项目"项目文档中延迟链接任务。 视频

step 1 选择标识号为 5 的任务。打开【任务】选项卡，单击【属性】|【信息】选项，打开【任务信息】对话框，选择【前置任务】选项卡，在【延隔时间】微调框中输入需要延迟的时间 "1day"，如图 3-36 所示。

图 3-36

step 2 在【任务信息】对话框中单击【确定】按钮，在所选任务与该任务的下一个任务的任务条之间，显示延迟时间的连接线，如图 3-37 所示。

图 3-37

知识点滴

任务之间的连接线表示任务之间的延迟时间关系。条形图之间的距离表示前置任务与后续任务之间的延迟时间。

2. 重叠链接任务

在前置任务完成时，便可以开始后续任务的工作，称为重叠链接任务。

【例 3-12】在项目文档中重叠链接任务。 视频

step 1 选择标识号为 14 的任务，打开【任务】选项卡，选择【属性】|【信息】选项，如图 3-38 所示，打开【任务信息】对话框。

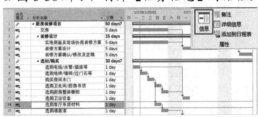

图 3-38

step 2 选择【前置任务】选项卡，在【延隔时间】微调框中进行设置，如图 3-39 所示。

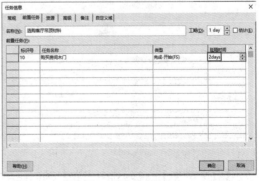

图 3-39

step ③ 单击【确定】按钮，所选任务的任务条将自动前移，并位于上一任务的任务条的下方，如图 3-40 所示。

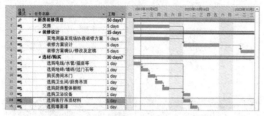

图 3-40

> **知识点滴**
>
> 用户可以将鼠标移至需要设置重叠链接的任务条形图上，当鼠标变成 ✥ 时，向前拖动鼠标可重叠链接任务，向后拖动鼠标则可延迟链接任务。

3.5.3 设置任务类型

在项目管理过程中，经常需要根据项目自身的特点设置相匹配的任务类型，以保证整个项目的顺利完成。

在 Project 中，任务类型主要用于控制工时、工期或工作分配单位 3 种类型中一种类型的更改对另外两种类型的影响。一般情况下，单击【信息】按钮，打开【任务信息】对话框。选择【高级】选项卡，单击【任务类型】下拉按钮，在弹出的下拉列表中设置任务的类型，如图 3-41 所示。

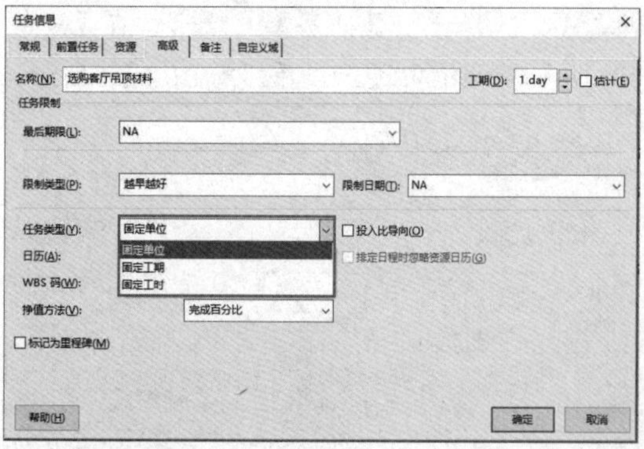

图 3-41

【任务类型】下拉列表中主要包括固定单位、固定工期、固定工时 3 种类型，另外还可以设置【投入比导向】等。

▶ 固定单位：在默认情况下，Project 2021 会自动创建一个被称为固定单位任务的资源任务。在资源任务的日程安排中，添加资源会缩短任务工期，而减少资源则会延长任务工期。另外，任务中的资源不会随着工时的增加而改变。综上所述，固定单位任务类型不管任务工时量或工期如何更改，工作分配单位都保持不变。

▶ 固定工期：固定工期的任务类型是一种不受资源数量影响工时的任务时间安排类型。在该任务类型中，资源的数量并不能影响该类任务的完成时间；也就是在给任务添加资源时，不但不能缩短任务的工期，反而会在一定程度上延长任务的工期。综上所述，固定工期任务类型不管工时量或分配的资源数量如何更改，任务工期都将保持恒定。

▶ 固定工时：固定工时的任务类型是一种保持任务工时数不变的任务时间安排类型。在该任务类型下，Project 2021 会为任务中的资源分配一个可以在限定时间内完成任务的工作量百分比，并且任务工期会随着资源数量的变化而变化。综上所述，固定工时任务类型不管任务工期或分配给任务的资源数量如何更改，工时量都将保持不变。

▶ 投入比导向：是指在固定工期和固定单位任务中，根据资源数量的变化来修改分配给任务资源的总工时百分比。当创建投入比导向任务时，Project 2021 会重新为任务中的资源分配相同的工时。另外，当用户将【任务类型】选项设置为【固定工时】时，【投入比导向】复选框将变成不可用状态。

3.5.4 添加任务的其他信息

在创建任务时，为了能更详细地将该任务的信息表达出来，用户可以为任务添加备注、超链接等信息。

1. 添加备注

任务的备注信息用来说明任务情况。添加备注信息后，该任务的标记栏 ℹ 中会出现

一个 📝 标记，当光标移到该处时，将显示备注信息。

【例3-13】在"工程项目"项目文档中为"选购厨房整体橱柜"任务添加备注信息。 ▶视频

step 1 打开"工程项目"项目文档后，选中标识号为12的任务，单击【任务】选项卡的【属性】组中的【信息】按钮，打开【任务信息】对话框，选择【备注】选项卡，在【备注】列表框中输入如图3-42所示的文本。

图 3-42

step 2 在【任务信息】对话框中单击【确定】按钮，项目文档中将出现一个 📝 标记，将光标移到该处会显示备注信息，如图3-43所示。

图 3-43

2. 添加超链接

在项目文档中可以添加超链接，以便与外部文件联系起来，使其他工作成员更加清楚任务的实施方法。

【例3-14】在"工程项目"项目文档中为标识号为1的任务添加PPT文档链接。 ▶视频

step 1 打开"工程项目"项目文档后，右击标识号为1的任务所在的标记栏 ⓘ，从打开的快捷菜单中选择【链接】命令，如图3-44所示。

图 3-44

step 2 打开【插入超链接】对话框，在【查找范围】下拉列表框中选择目标文件所在的位置并选择目标文件，如图3-45所示，然后单击【确定】按钮。

图 3-45

step 3 此时，选中的单元格中将显示 🔗 图标，如图3-46所示。

图 3-46

step ④ 选中超链接所在的单元格并右击，从打开的快捷菜单中选择【超链接】|【打开超链接】命令，将打开相应的链接文件。

3. 添加日历

任务日历是项目任务实施时所使用的日历，不同的项目需要设置不同的日历，以适应项目计划的需求。在【任务信息】对话框中的【高级】选项卡中，单击【日历】下拉按钮，在其下拉列表中选择相应的选项即可，如图 3-47 所示。

图 3-47

【日历】选项中主要包括下列选项。

▶ 无：该选项为默认选项，表示用户为项目任务应用任何日历。选择该选项后，【排定日程时忽略资源日历】复选框将不可用。

▶ 24 小时：选择该选项，表示项目任务将按 24 小时的标准实施。

▶ 标准：选择该选项，表示项目任务将按照正常工作日实施。即每周工作 5 天，每天从早晨 8 点工作到下午 5 点，中午 12 点至 13 点为午休时间。

▶ 夜班：选择该选项，表示项目任务将在夜间指定的时间内实施。其工作时间分别为 0~3 点、4~8 点与 23~0 点。

▶ 排定日程时忽略资源日历：启用该复选框，表示该任务的日程排定只计入该任务的日历。禁用该复选框，表示该任务的日常排定中计入了资源日历。

4. 添加任务限制

任务限制是指在任务的开始日期或完成日期上设置的限制。例如，指定任务必须在某一特定日期开始，或不得晚于某一特定日期完成。默认情况下，在以开始日期排定的项目中添加任务时，Project 将自动指定一个【越早越好】限制。相反，在以完成日期排定的项目中添加任务时，Project 将自动指定一个【越晚越好】限制。

Project 中的任务限制可以是弹性的(未指定特定日期)，也可以是非弹性的(指定了特定日期)。Project 中的任务限制主要有以下几种。

▶ 越早越好：任务尽可能早地开始实施。按项目开始日期建立日程时，大多数任务都使用该限制类型。它是按开始日期进行日程排定的默认限制类型。

▶ 越晚越好：任务尽可能晚地开始实施。按项目完成日期建立日程时，大多数任务都使用该限制类型。它是按完成日期进行日程排定的默认限制类型。

▶ 不得早于…完成：任务不能早于某个固定时间完成。

▶ 不得晚于…完成：任务不能晚于某个固定时间完成。

▶ 不得早于…开始：任务不能早于某个固定时间开始实施。

▶ 不得晚于…开始：任务不能晚于某个固定时间开始实施。

▶ 必须完成于：任务必须在特定日期完成。

▶ 必须开始于：任务必须在特定日期开始。

"必须完成于"与"必须开始于"限制类型限制任务在指定日期开始或结束，而其他限制类型则限制任务在特定的时间范围内完成。

【例 3-15】将标识号为 5 的任务限制为不得晚于 2023 年 10 月 16 日开始。 视频

step ① 打开"工程项目"项目文档后，双击标识号为 5 的任务中的【任务名称】所在的单元格。

step2 打开【任务信息】对话框,选择【高级】选项卡,在【限制类型】下拉列表中选择【不得晚于…开始】选项,设置【限制日期】为【2023年10月16日】,单击【确定】按钮,如图3-48所示。

图3-48

step3 此时,该任务的标记栏❶列将出现一个任务限制标记圙,将鼠标移动到该处可以查看任务限制的内容,如图3-49所示。

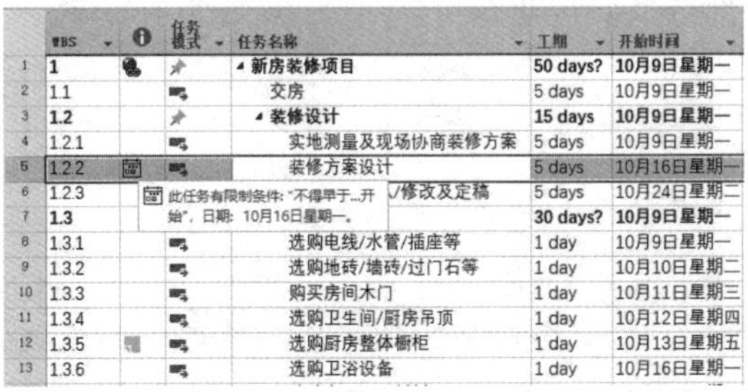

图3-50

▶ 通过任务详细信息窗体:打开【任务】选项卡,在【属性】组中单击【详细信息】按钮,打开【任务详细信息窗体】窗格,在【任务类型】下拉列表中设置链接任务的类型,如图3-51所示。

图3-49

3.5.5 查看任务状态

创建并链接任务之后,还需要根据任务的实施状态调整任务关系、拆分任务,以及查找与替换任务。

1. 调整任务关系

在项目任务之间创建相关性后,为适应项目调整的需求,用户可以通过以下方法调整任务之间的链接类型。

▶ 通过连接线:双击条形图之间的连接线,打开【任务相关性】对话框,在其中设置链接任务的类型,如图3-50所示。

图3-51

2. 拆分任务

拆分任务是将一个任务拆分为两个单独的任务,主要用于中断任务上的工作。

(1) 在【甘特图】视图中,选择【任务】选项卡,在【日程】组中单击【拆分任务】按钮,如图3-52所示。

图3-52

(2) 将鼠标指针移动到条形图中开始工作的任务中,当鼠标变成 形状时,单击条形图即可,如图 3-53 所示。

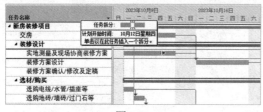

图 3-53

(3) 此时任务将被拆分,效果如图 3-54 所示。

图 3-54

在拆分任务时还需要注意以下几点。

▶ 可以对一项任务进行多次拆分。

▶ 拖动条形图的一部分,直到与另一部分合并,即可删除任务中的某个拆分。

▶ 当在标识非工作时间的日历上拆分任务时,【甘特图】视图中的非工作时间内将不会显示拆分任务。

▶ 当拖动拆分任务的第一部分时,将移动整个任务。

▶ 当拖动拆分任务中除第一部分外的任意部分任务时,只能移动该部分任务。

▶ 可以通过修改开始与完成日期的方法,来移动整个任务及其相关部分。

3. 查找任务

查找任务是在指定的区域内查找指定条件与内容的任务信息。

选择【任务】选项卡,在【编辑】组中单击【查找】按钮,打开【查找】对话框,如图 3-55 所示,设置各选项,单击【查找下一个】按钮即可。

图 3-55

4. 替换任务

替换任务是根据查找结果,以新的任务信息替换现有的任务信息。

选择【任务】选项卡,在【编辑】组中单击【查找】下拉按钮,从打开的快捷菜单中选择【替换】选项,打开【替换】对话框,如图 3-56 所示,设置各选项,单击【全部替换】按钮即可。

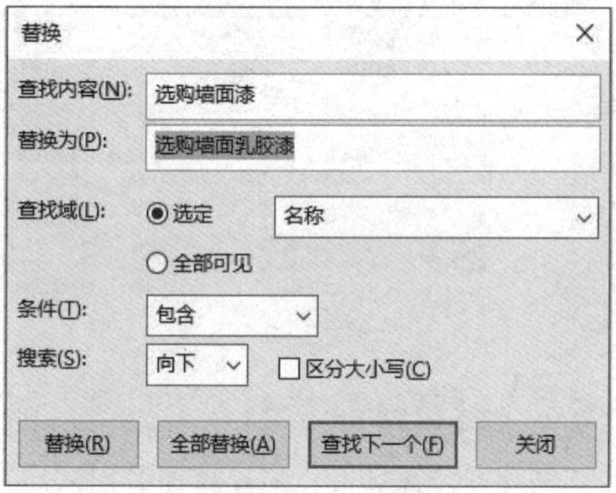

图 3-56

【替换】对话框中需要注意以下 3 个选项。

▶ 替换为:用于输入需要替换为的任务信息。

▶ 全部替换:单击该按钮,可替换指定区域内所有相匹配的内容。

▶ 替换:单击该按钮,可替换当前相匹配的最近的单个内容。

3.6 案例演练

本章的案例演练部分主要练习为任务分配日历、设置任务的工时等操作。

【例3-16】打开"年度报表"项目文档,为任务分配日历、设置任务的工时等。

（素材文件\第 03 章\例 3-16）

step 1 打开"年度报表"项目文档,选择标识号为 2~34 的任务,选择【任务】|【日程】|【降级任务】选项,如图 3-57 所示。

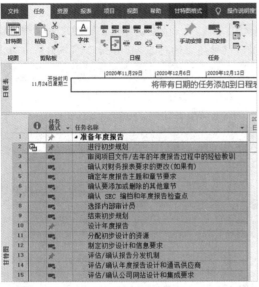

图 3-57

step 2 选择任务 2~9,选择【任务】|【日程】|【降级任务】选项,如图 3-58 所示。

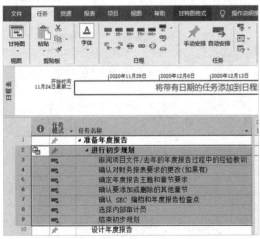

图 3-58

step 3 使用同样的方式设置其他任务的级别,如图 3-59 所示。

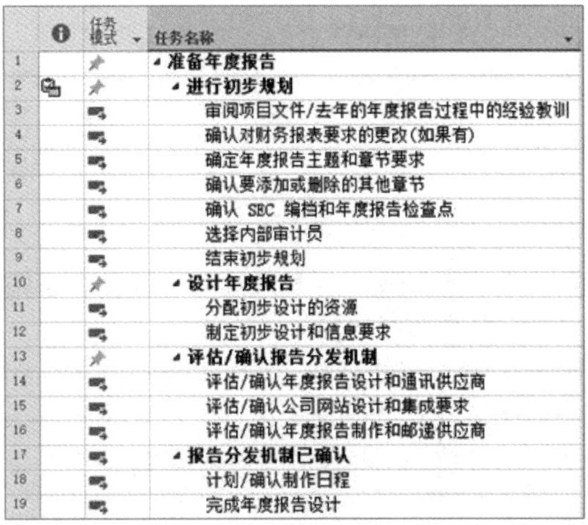

图 3-59

step 4 设置任务的工期。选择第 2 个任务相对应的【工期】单元格,输入数字 26 并按 Enter 键。使用同样的方法,分别设置其他任务的工期,如图 3-60 所示。

图 3-60

step 5 分配任务日历。选择第 2 个任务,选择【任务】|【属性】|【信息】选项,打开【摘要任务信息】对话框,选择【高级】选项卡,单击【日历】下拉按钮,在弹出的下拉列表中选择【标准】选项,然后单击【确定】按钮,如图 3-61 所示。分配日历后,【标记】域中将显示日历标记。

图 3-61

性】对话框中,将【延隔时间】设置为"-3个",单击【确定】按钮,如图 3-64 所示。

图 3-64

step 6 设置链接任务。选择所有的子任务,选择【任务】|【日程】|【链接选定任务】选项 ,链接所有的任务。

step 7 调整链接类型,选择任务 4,选择【任务】|【属性】|【信息】选项,打开【任务信息】对话框,选择【前置任务】选项卡,将【类型】设置为【开始-开始(SS)】选项,单击【确定】按钮,如图 3-62 所示。

图 3-62

step 8 选择【任务】|【编辑】|【滚动到任务】选项,查看调整链接类型后的条形图连接线,如图 3-63 所示。

图 3-63

step 9 重叠链接任务。选择任务 7,选择【任务】|【编辑】|【滚动到任务】选项,然后双击条形图之间的连接线。在打开的【任务相

step 10 最后,在【甘特图】视图中的第 1 行中,核对项目的总工期、开始日期与完成日期。

> **知识点滴**
>
> 在管理项目任务时,用户应注意以下几点。
>
> (1) 清晰的任务定义。确保每个任务都有明确的定义,包括任务名称、描述、预计开始和结束时间等。明确任务的目标和预期成果,以便团队成员清楚地了解任务的要求。
>
> (2) 任务优先级和依赖关系。确定任务的优先级和依赖关系。了解任务之间的先后顺序和相互关系,确保任务按照正确的顺序进行,并及时处理可能的任务冲突或延误。
>
> (3) 分配任务和角色责任。将任务分配给适当的团队成员,并明确每个成员的角色和责任。确保每个人都清楚自己负责的任务,并有能力完成任务。
>
> (4) 任务进度和跟踪。监控任务的进度,及时了解任务的完成情况。使用 Project 的进度追踪和报告功能,更新任务状态(本书后面将进行介绍)、记录实际工作量和进度,以便及时调整计划和资源分配。
>
> (5) 交流和合作。建立有效的沟通和协作机制,保持与团队成员的良好沟通,及时解决任务中的问题和障碍,并鼓励团队成员之间的合作和知识共享。
>
> (6) 反馈和评估。定期进行任务评估和回顾,总结任务的执行情况和结果。根据反馈和评估结果,进行必要的调整和改进,以提高任务管理的效率和质量。

第 4 章

管理项目资源

项目管理者可以通过项目资源来监督与控制项目中的使用费用。项目中的资源是用来完成项目任务的人员、材料、设备与成本，是项目实施中的重要组成部分。通过对项目资源的费率、可用性、成本等内容的调配与管理，并在确保项目顺利完成的情况下，可以有效、合理地安排资源的使用、分配及管理方案。本章将详细介绍项目资源的创建、分配与管理等内容。

本章对应视频

例 4-1 在项目文档中输入资源信息　　例 4-5 在项目文档中添加超链接
例 4-2 从 Excel 中导入资源信息　　　例 4-6 在项目文档中添加备注信息
例 4-3 设置资源的可用性　　　　　　例 4-7 通过甘特图分配资源
例 4-4 设置资源日历　　　　　　　　本章其他视频参见视频二维码列表

4.1 项目资源简介

项目资源是指项目计划中包含的人员，以及用于完成项目的设备或其他材料等任何事物。一个好的项目负责人不仅要将项目中的任务规划得十分详细周到，而且还要善于分配工作并掌握小组成员的工作进度。在使用项目资源监督与控制项目之前，需要先了解资源的基础知识。

4.1.1 资源的工作方式

资源只有分配给任务后才能发挥作用，当资源分配给任务后，任务的工期会根据资源信息自动做出相应的调整。例如，当为任务分配一个人员资源时，该任务的工期为 2 天；而当为任务分配两个人员资源时，该任务的工期便会缩短到 1 天。

另外，当资源分配给任务后，系统会自动增加项目的成本。但是，当为任务使用更多的资源，而促使项目可以在短期内完成时，项目的成本会因为工期的缩短而相应地减少。也就是说，通过缩短项目的工期，来接收更多的项目，或由于缩短工期而获得的奖金，可以弥补项目中使用更多资源而带来的成本增加。

一般情况下，用户可通过资源分配任务来实现下列目的。

▶ 便于跟踪任务：由于 Project 会标识任务中的资源信息，因此将资源分配给任务后，便于跟踪项目任务。

▶ 确定资源的可用性：可以通过将资源分配给任务，来确定资源不足或剩余资源等资源信息问题，便于项目管理者随时调整资源的使用状态。

▶ 确定任务成本：通过分配资源，可以确定任务的成本，以及项目的总成本。

4.1.2 资源与日程安排

当将任务设置为"固定工期"类型时，Project 在计算项目工期时会忽略任务中的资源，即项目根据每项任务的工期计算项目日程。但是当为任务分配资源后，资源的可用性会直接影响项目的工期。另外，由于一项资源可分配给多个任务，因此资源的可用性还依赖分配该资源的其他任务。

另外，当将一项资源分配给多个任务时，该资源的工时会超出使用时间，那么系统会显示分配给任务的资源被过度分配。此时，用户还需要调整资源，解决过度分配的问题。

4.1.3 资源规划

资源就是完成项目所需要的人力、物资、设备、资金等，它是推动项目的原动力。没有资源，一切有关项目的活动都无法进行。因此在规划项目之前，首先要考虑如何获得资源，并且要善于规划，有效运用，充分发挥资源的效能。在进行资源规划时，应该考虑如下一些因素。

▶ 项目所需的资源种类：为了执行项目中的各项任务，实现既定目标，需要的资源种类包括人员、技术支持、设备以及原材料和经费等。

▶ 资源来源：项目所需的资源可以从机构内部或外部采购，也可以从其他单位借调，还可以从其他机构中获得。

▶ 资源测量单位：格式是"资源-时间"。资源是指人、机器或设备等，时间是指小时、天、周、月或年等。例如，"人-天"是一个人做一天的工，或做这些工作所需要的成本。

▶ 资源效率和影响因素：资源效率用来估量每项资源在单位时间内所完成工作的质和量。例如，影响人工作效率的主要因素有教育程度、个人特性、工作经验和年龄等。

▶ 分析项目工作内容：分析项目的工作组、工作小组和各项工作等所需的资源种类，并估计各类资源的使用时间，作为估算项目总资源需求的依据。

4.1.4 资源分配的步骤和意义

项目中的任务都必须在一定的条件下人为地操纵并完成，因此给任务分配资源是项目成功的一个重要部分。

1. 资源分配的步骤

规划好资源后，接下来就需要进行资源的分配工作，具体步骤如下。

- 估计资源需求：现在已经确定了项目范围，包括设置任务列表与评估项目工期，接下来就可以使用此信息来进行初步的估计，识别需求并开始部署人员，以及取得所需资源的程序。
- 成立项目组：所有资源均已被识别、核准并取得。这时，就可以添加资源信息到项目规划中，建立项目团队。
- 在项目间共享资源：利用 Project 在多个项目之间共享同一组人员、材料或设备的资源。
- 给任务分配资源：资源信息已经输入项目中，此时可以将资源分配给设置为工作项目的特定任务。

2. 资源分配的意义

资源分配得合理是项目成功的一个重要因素。因此，资源分配会给项目带来如下影响。

- 任务工期的长短：如果一个任务在一个资源的条件下需要 5 天，若增加资源分配，任务工期就会缩短。
- 项目的成本：资源的分配可能会对项目的成本产生影响。因为使用更多的资源，所以用户可以发现完成项目所需的时间减少，腾出了时间可完成更多其他的工作，同时也能节省资金。

通过定义及分配资源，可以实现以下几个目标。

- 跟踪资源的去向，即查看资源究竟分配给了哪些任务。
- 识别出潜在的资源短缺，防止因资源短缺而延长项目周期。
- 找出未充分利用的资源，避免资源浪费。
- 明确责任划分，减少因失误而造成的风险。

4.1.5 资源种类

在 Project 中资源分为两类：一类是工时资源，指的是执行工时以完成任务的人员和设备资源，工时资源需要消耗时间(工时或工作日)来完成任务，通常需要按照工作时间来支付报酬；另一类是材料资源，指可消耗的材料或供应品等物质，如水泥、钢管、沙子或木材等。

在使用时，材料资源与工时资源相比有以下不同之处。

- 材料资源不能使用资源日历和加班费率。
- 材料资源不具有电子邮件、工作组等属性。
- 材料资源要给出度量单位。
- 材料资源无法指定最大可用数量和调配资源。
- 材料资源每次使用成本的计入方式与工时资源不同。

4.2 创建项目资源

任何一个项目都会使用到资源。项目中有些资源是现成的，有些需要临时调用，有些资源是全职或专用的，有些资源是兼职或与别的项目共用的。资源的可用性和规划将会影响整个项目的工期，因此，在进行资源管理之前，首先应创建一个可供使用的资源库，输入基本的资源信息，然后再将资源分配给每个任务。

4.2.1 输入资源

在 Project 中，通常在【资源工作表】视图中输入资源。输入的方法与输入任务的方法相似，只需要在【资源名称】栏对应的单元格中输入资源的名称，按 Tab 键，在【类型】栏对应的下拉列表中选择资源的类型，然后按照字段域(也称为域)依次输入其他信息即可。

【资源工作表】视图中各字段域的说明如表 4-1 所示。

表 4-1

字 段	用 途
资源编号	用于表示某个资源相对于其他资源的位置。Project 自动对输入的资源进行编号，用户不能对该编号进行设置
标记	通过图形符号来表示资源的备注信息或存在过度分配问题
资源名称	用于输入资源的名称。资源名称可以是一个个体，也可以是一个资源组。资源名称不能包含方括号([ ])、逗号(,)或分号(;)
类型	用于指定资源类型，包括工时、材料和成本 3 种类型
材料标签	材料类资源的度量单位。例如，将吨用于水泥，将米用于电线等
缩写	资源名称的第一个汉字或英文字母。在甘特图和网络图中，用于设置资源名称的缩写，或显示 Project 2021 默认的缩写
组	用于设置资源所隶属的群体名称，可用来筛选或排序资源
最大单位	用百分数表示的资源可用总量，如 40%
标准费率	用于显示或设置资源完成的正常非加班工时的付费费率，Project 2021 以小时为单位计算默认的标准费率
加班费率	用于设置或显示资源完成的加班工时的付费费率，Project 2021 以小时为单位计算默认的加班费率
每次使用成本	在工时资源类型中，将显示每次使用资源时所进行累算的成本。每次将工时资源单位分配给任务时，该成本都会增加，并且不会根据资源的延续而变化。在材料资源类型中，将显示累算一次的成本，而不考虑单位数量
成本累算	用于确定资源标准工资和加班工资计入或累算到任务成本的方式和时间。不同的成本累算方式决定实际成本何时累算到项目中去。用户可以在任务开始时累算成本，也可以在任务结束时累算成本，还可以在任务工作中按任务完成的比例来累算成本
基准日历	为资源指定基准日历，该资源按照日历中的作息安排进行工作
代码	由用户定义，给资源指定代码，以便显示、筛选或排序这些带有特殊代码的资源
添加新列	单击该字段域可以快速添加一个指定类型的新列

【例 4-1】在"工程项目"项目文档中输入资源信息。
◉ 视频

step 1 打开"工程项目"项目文档后，选择【视图】选项卡，在【资源视图】组中单击【资源工作表】按钮，切换到【资源工作表】视图。

step 2 选择【资源名称】列所在的第一个单元格，输入"项目经理"，然后按方向键→，【类型】栏下的单元格默认显示【工时】选项。单击【工时】下拉按钮，在弹出的下拉列表中可以选择其他类型选项，如图 4-1 所示。

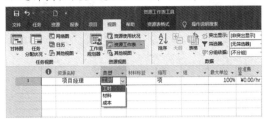

图 4-1

step③ 使用同样的方法，输入其他资源，如图 4-2 所示。

	资源名称	类型	材料标签	缩写	组	最大单位
1	项目经理	工时		项		100%
2	设计师	工时		设		100%
3	采购员	工时		采		100%
4	贴砖工时费	材料		贴		
5	刮腻子工时费	材料		刮		
6	铺地板工时费	材料		铺		

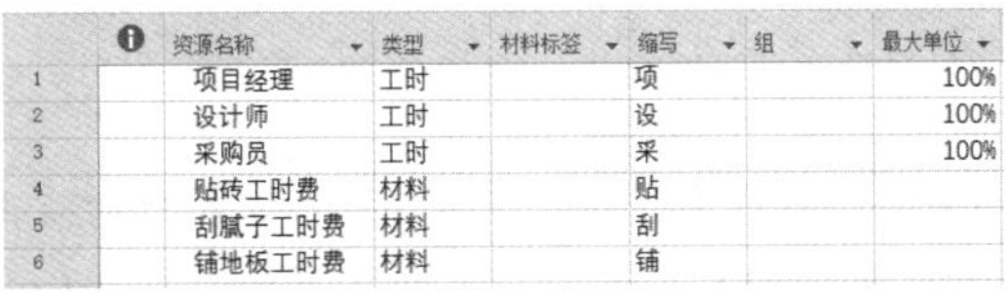

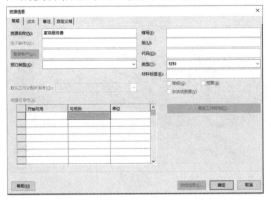

图 4-2

在 Project 中，除了可以使用【资源工作表】视图创建项目资源，还可以利用【资源信息】对话框来创建资源。方法为：切换至【资源工作表】视图，打开【资源】选项卡，在【属性】组中单击【信息】按钮，打开【资源信息】对话框，在其中输入资源名称及相应的资源信息即可，如图 4-3 所示。

图 4-3

4.2.2　从外部程序导入资源

在 Project 中不仅可以创建资源，而且还可以从 Excel 组件中直接导入资源信息。在项目实施的过程中，常常使用 Excel 来编辑团队的通讯录。在 Project 中可以使用项目计划导入向导来导入资源。

【例 4-2】从 Excel 中导入资源信息。视频

step① 启动 Excel，单击【文件】按钮，从打开的【文件】菜单中选择【新建】选项，在【新建】列表框中选择【空白工作簿】选项创建一个工作簿，用户可以根据需要输入资源列表，如图 4-4 所示。

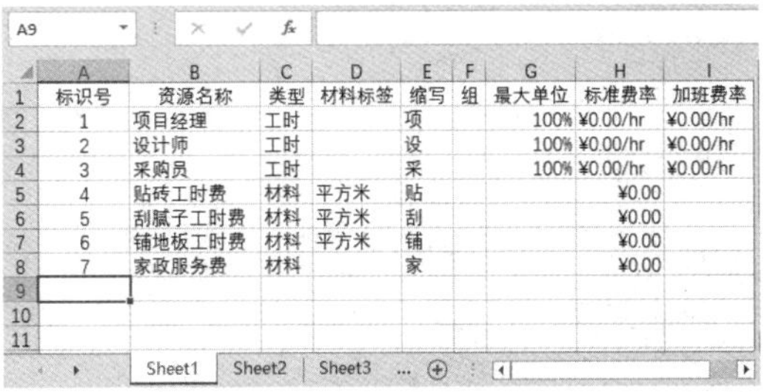

	标识号	资源名称	类型	材料标签	缩写	组	最大单位	标准费率	加班费率
2	1	项目经理	工时		项		100%	¥0.00/hr	¥0.00/hr
3	2	设计师	工时		设		100%	¥0.00/hr	¥0.00/hr
4	3	采购员	工时		采		100%	¥0.00/hr	¥0.00/hr
5	4	贴砖工时费	材料	平方米	贴			¥0.00	
6	5	刮腻子工时费	材料	平方米	刮			¥0.00	
7	6	铺地板工时费	材料	平方米	铺			¥0.00	
8	7	家政服务费	材料		家			¥0.00	

图 4-4

step② 单击【文件】按钮，从打开的【文件】菜单中选择【保存】选项，打开【另存为】对话框，设置文件名称和类型，单击【保存】按钮，保存 Excel 文件。

step③ 启动 Project 后打开“工程项目”项目文档，切换至【资源工作表】视图。

step④ 单击【文件】按钮，在打开的【文件】菜单中选择【打开】|【浏览】选项，如图 4-5 所示。

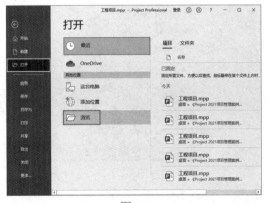

图 4-5

step⑤ 打开【打开】对话框，在【查找范围】下拉列表中选择目标文件位置，在【文件类型】下拉列表中选择【Excel 工作簿】选项，选择 Excel 文件，然后单击【打开】按钮。

step 6 打开如图 4-6 所示的【导入向导】对话框,单击【下一步】按钮。

图 4-6

step 7 打开【导入向导-映射】对话框,选中【新建映射】单选按钮,单击【下一步】按钮,如图 4-7 所示。

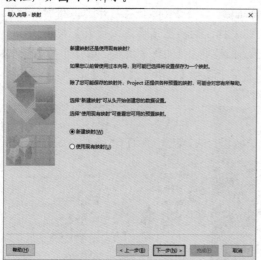

图 4-7

step 8 打开【导入向导-导入模式】对话框,选中【将数据并入活动项目】单选按钮,单击【下一步】按钮,如图 4-8 所示。

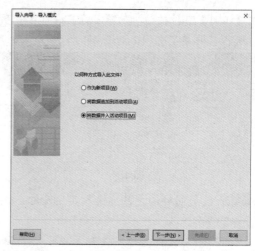

图 4-8

step 9 打开【导入向导-映射选项】对话框,选中【资源】复选框,单击【下一步】按钮。

step 10 打开【导入向导-资源映射】对话框,在对话框中的列表框中选择【资源名称】单元格,单击【设定合并关键字】按钮,然后单击【完成】按钮,如图 4-9 所示。

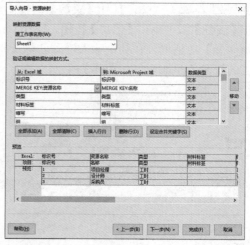

图 4-9

step 11 此时,即可将 Excel 工作表中的数据导入 Project 项目文档中。

 知识点滴

打开 Excel 工作表,依次执行【复制】和【粘贴】操作,同样也可以将资源信息导入 Project 项目文档中。

4.3 设置资源信息

创建资源列表之后，为了充分发挥资源的作用，还需要设置资源的可用性、资源的日历，以及添加备注信息和超链接等，从而更详细地将该资源的信息表达出来。

4.3.1 设置资源的可用性

在 Project 中，资源可用性表示资源何时以及有多少时间可安排给所分配的工作。可用性由下列因素决定：项目日历和资源日历、资源的开始日期和完成日期、资源可用于工作的程度。在 Project 中，使用资源的【最大单位】来标识资源的可用性。最大单位是指一个资源可用于任何任务的最大百分比或单位数量。它表示资源可用于工作的最大能力，默认值是100%。根据资源的投入情况，可将资源的最大值设置为 100%、75%、50%等。在给任务分配资源时，Project 将根据资源的可用性自动计算任务的进度。

如果项目中有 4 名项目经理，在命名资源时可使用【项目经理】，而无须使用每个人的姓名，并且可以将最大值设置为 400%。如果项目中有两个全职的项目经理，两个最大单位为 50%的项目经理，就可以将最大值设置为 300%。

在 Project 中，要设置资源的最大单位，只需在【资源工作表】视图的【最大单位】栏直接输入即可。

【例 4-3】在“工程项目”项目文档中设置资源的可用性。视频

step 1 打开“工程项目”项目文档，切换到【资源工作表】视图，如图 4-10 所示。

		资源名称	类型	材料标签	缩写	组	最大单位	标准费率
1		项目经理	工时		项		1%	¥0.00/hr
2		设计师	工时		设		1%	¥0.00/hr
3		采购员	工时		采		1%	¥0.00/hr
4		贴砖工时费	材料	平方米	贴			¥0.00
5		刮腻子工时费	材料	平方米	刮			¥0.00
6		铺地板工时费	材料	平方米	铺			¥0.00
7		家政服务费	材料		家			¥0.00

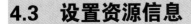

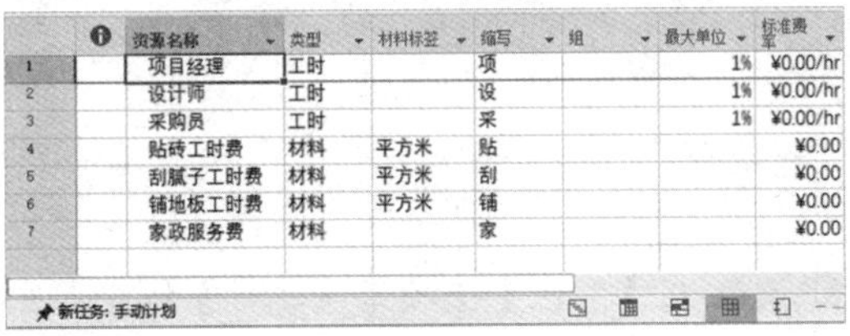

图 4-10

step 2 在【资源名称】栏中选中【项目经理】单元格，在【资源】选项卡的【属性】组中单击【信息】按钮，打开【资源信息】对话框。

step 3 打开【常规】选项卡，在【资源可用性】选项组的【单位】微调框中输入 300%，单击【确定】按钮，如图 4-11 所示。

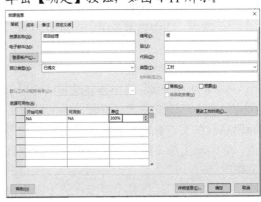

图 4-11

用户可以在【常规】选项卡中选中【预算】复选框。预算资源主要用于对照计划和实际的资源工时、材料或成本，跟踪预算的资源工时、材料或成本。例如，当为项目中的一个任务成本做预算时，可为该任务创建一个资源，并将其类型设置为“预算”。

在使用预算资源时，用户还需要注意以下几点。

- 不能将预算资源分配给项目中的单个任务，只能分配给项目中的摘要任务。
- 将某项资源分配给任务后，无法将该资源更改为预算资源。
- 对于已作为预算资源的成本资源，只可以在“预算成本”字段域中输入信息，不可以在“预算工时”字段域中输入信息。
- 对于已作为预算资源的工时和材料资源，只可以在“预算工时”字段域中输入信息，不可以在“预算成本”字段域中输入信息。
- Project 不允许在【资源工作表】视图中输入预算资源的任何成本信息。
- 可以在【任务分配情况】与【资源使

用情况】视图中，通过添加"预算成本"字段域的方法为预算资源设置参数。

> 💡 **知识点滴**
>
> 当选中【预算】复选框后，【资源信息】对话框中的【电子邮件】【登录账户】选项，以及【资源可用性】列表将变为不可用状态。

另外，在【常规】选项卡中除了【预算】复选框，还包括下列两个复选框。

▶ 常规：选中该复选框，表示资源为常规资源。常规资源是可以用技能来标识，而非使用名称的一种资源。

▶ 非活动资源：选中该复选框，可指示企业资源为活动或非活动资源。非活动资源标记显示在工作表视图的非活动资源名称旁边，非活动资源不能作为新成员添加到项目工作组。

资源的可用性是某个资源在选定时间段上用于完成任何任务的最大工时量，主要用于显示不同时间段上工时可用性的变化。在【资源信息】对话框的【常规】选项卡中，设置资源使用的开始可用与可用到时间，以及单位值即可，如图4-12所示。

图 4-12

4.3.2 设置资源的预订类型

预订类型用于指定资源是提交的资源还是建议的资源。其中，提交的资源表示已将资源分配给项目，建议的资源表示资源还未分配给项目。打开项目文档，在【资源】选项卡【属性】组中单击【信息】按钮，打开【资源信息】对话框，在【预订类型】下拉列表中选择相应选项，如图4-13所示。

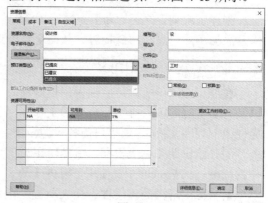

图 4-13

4.3.3 设置资源日历

为项目设置资源后，在项目日历中定义的工作时间和休息日是每个资源的默认工作时间和休息日。当个别的资源需要按完全不同的日程工作时，或者需要说明假期或设备停工期时，可以修改个别的资源日历。此外，如果几个资源具有相同的工作时间和非工作时间，可为它们创建一个共同的日历以提高工作效率。

【例4-4】在"工程项目"项目文档中设置采购员请假日期，并安排设计师的休息时间。

🎬 视频+素材 （素材文件\第04章\例4-4）

step 1 打开"工程项目"项目文档，切换到【资源工作表】视图。在【资源名称】栏中选中【采购员】单元格，如图4-14所示。

图 4-14

step 2 在【资源】选项卡【属性】组中单击【信息】按钮，打开【资源信息】对话框的【常规】选项卡，单击【更改工作时间】按钮，如图4-15所示。

图 4-15

step 3 打开【更改工作时间】对话框,在【名称】列的第 1 行输入"请假",在【例外日期】选项卡的【开始时间】和【完成时间】列中分别选择 2023 年 10 月 16 日和 2023 年 10 月 19 日,然后单击【详细信息】按钮,如图 4-16 所示。

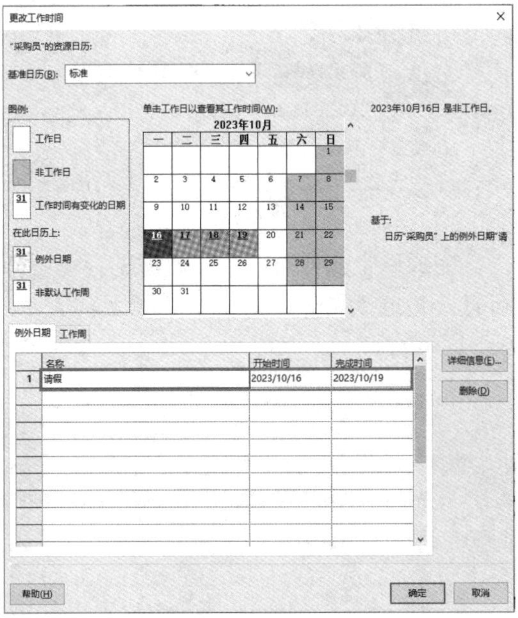

![图 4-16]

图 4-16

step 4 打开【"请假"的详细信息】对话框,选中【非工作日】单选按钮,在【重复范围】选项组中选中【到】单选按钮并设置完成时间,如图 4-17 所示。

step 5 连续单击【确定】按钮返回【资源工作表】视图。

图 4-17

step 6 双击【设计师】资源,打开【资源信息】对话框。在【常规】选项卡中单击【更改工作时间】按钮。

step 7 打开【更改工作时间】对话框,在【名称】列的第 1 行输入"休息",在【例外日期】选项卡中设置【开始时间】和【完成时间】分别为 2023 年 10 月 19 日和 2023 年 10 月 21 日,单击【详细信息】按钮,如图 4-18 所示。

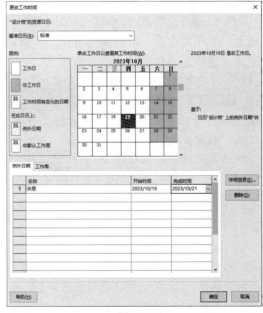

图 4-18

step 8 打开【"休息"的详细信息】对话框，选中【工作时间】单选按钮，在【开始时间】和【结束时间】列中输入时间，然后在【重复范围】选项组中选中【到】单选按钮并输入完成时间，如图4-19所示。单击【确定】按钮，完成所有设置。单击【保存】按钮，保存设置后的项目文档。

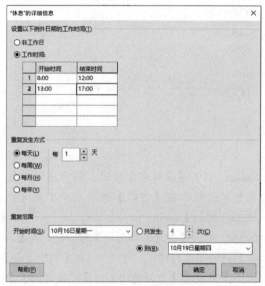

图 4-19

4.3.4 添加超链接

在创建项目资源时，也可以添加超链接。例如，将个人信息与资源建立链接，使其他工作成员更加清楚资源的相关信息。

【例4-5】在项目文档中为资源添加超链接。

视频+素材 （素材文件\第04章\例4-5）

step 1 打开项目文档，切换到【资源工作表】视图，如图4-20所示。

图 4-20

step 2 选择资源（如"王燕"），右击该资源栏的标记栏，从打开的快捷菜单中选择【链接】命令，如图4-21所示。

图 4-21

step 3 打开【插入超链接】对话框，在【查找范围】下拉列表中选择目标文件所在的位置并选中要链接的文件，然后单击【确定】按钮，如图4-22所示。

图 4-22

完成以上操作后，单击资源的标记栏即可打开超链接文件，如图4-23所示。

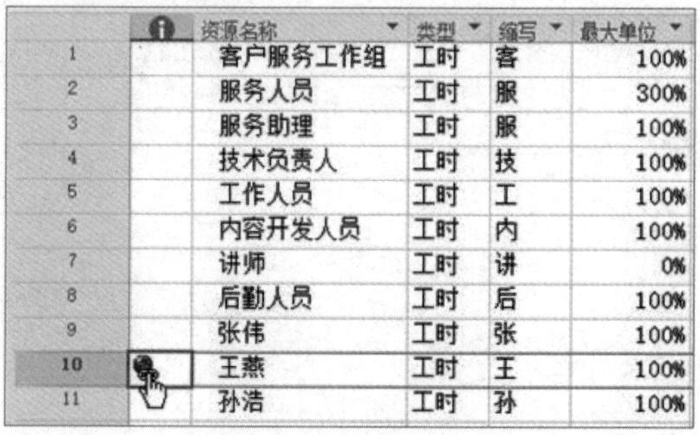

图 4-23

4.3.5 添加备注信息

资源备注信息用来说明资源情况。添加备注信息后，在该资源栏的标记栏中出现一个标记，将鼠标指针移到该处时，将显示备注信息。

【例 4-6】在项目文档中为资源添加备注信息。

视频+素材 （素材文件\第 04 章\例 4-6）

step 1 打开项目文档，切换到【资源工作表】视图。选中资源(如"张伟")，选择【资源】选项卡，在【属性】组中单击【备注】按钮，如图 4-24 所示。

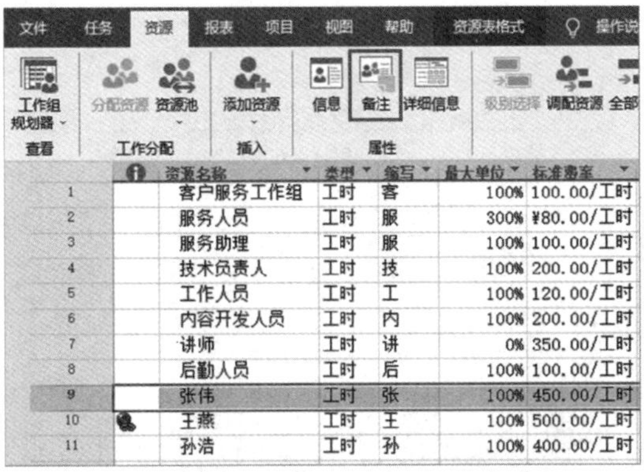

图 4-25

step 3 此时，在项目文档中出现一个标记，如图 4-26 所示，将鼠标指针移到该处，将显示备注信息。

图 4-24

图 4-26

step 2 打开【资源信息】对话框的【备注】选项卡，在【备注】文本框中输入备注信息，然后单击【确定】按钮，如图 4-25 所示。

4.4 设置资源费率

在 Project 中创建项目资源后，还需要通过设置资源费率的方法来显示项目成本。一般情况下，可为项目资源设置单个或多个资源费率。另外，还可以为同一个资源设置不同时间段的资源费率。

4.4.1 设置单个资源费率

单个资源费率是指为资源设置一个资源费率。例如，为资源设置加班费。在【资源工作表】视图中，直接输入工时资源与材料资源的标准费率或加班费率，如图 4-27 所示。

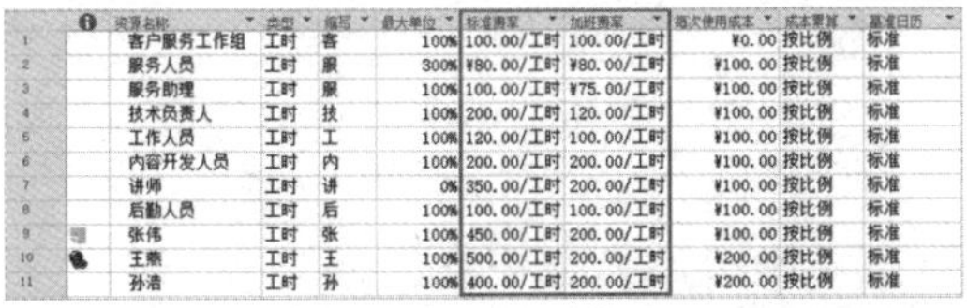

图 4-27

知识点滴

对于项目中的成本资源，需要在分配资源时设置成本值。

4.4.2 设置不同时间的资源费率

不同时间的资源费率是指通过 Project 内置的资源费率表，为资源设置不同时间段的费率值。在资源工作表中选中资源后单击【资源】选项卡中的【信息】按钮(或双击资源名称)，如图 4-28 所示。

图 4-28

在打开的【资源信息】对话框中，选择【成本】选项卡，在【成本费率表】列表框中即可为资源设置不同时间段内的标准费率，如图4-29所示。

图 4-29

> **知识点滴**
>
> 用户可使用百分比的方法在现有的资源费率上增减费率，即用百分比值计算新费率，增加费率可输入正百分比值，减少费率可输入负百分比值。

4.4.3 设置多个资源费率

设置多个资源费率是指在成本费率表中设置不同的资源费率。一般情况下，每种资源费率表中都显示费率的生效日期、标准费率、加班费率与每次使用成本。可在【成本】选项卡的【成本费率表】列表框中先选择【A(默认)】选项卡，在列表中输入资源费率，如图4-30所示。

图 4-30

然后，再选择B选项卡，并在列表中输入资源费用，如图4-31所示。使用同样的方法可以分别设置C、D、E等其他资源费率。

图 4-31

> **知识点滴**
>
> 在每个成本费率表中，可以为资源输入25个费率，并可为每个费率指定生效日期。
> 在【成本】选项卡中，还包括用于设置成本类型的【成本累算】选项。该选项与【资源工作表】视图中的【成本累算】标题域一样，也包括按比例、开始时间与结束3个选项。

4.5 分配与调整资源

定义资源信息后，就可以为项目中的任务分配资源了。合理地分配资源是顺利完成任务的重要因素之一。一种资源可以同时在多个任务上工作，而一个任务也可以由多种资源共同完成。

4.5.1 使用【甘特图】视图分配资源

如果项目中使用到的资源较少，可使用【甘特图】视图来分配资源。打开项目文档，在【甘特图】视图的【资源名称】栏中选中对应的单元格，使其变为下拉列表，在该下拉列表中选择相应的选项即可。若需要对该任务分配多个资源，可选一个资源后，再选择下一个资源。

【例4-7】在项目文档中为标识号为4的任务分配资源。

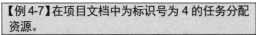（素材文件\第04章\例4-7）

step❶ 打开项目文档，切换到【甘特图】视图，将【手动计划】模式转换为【自动计划】模式。

step❷ 单击标识号为4的任务对应的【资源名称】单元格，使其变为下拉列表，在其中选中【讲师】和【张伟】复选框，然后单击任意单元格，即可快速分配资源，如图4-32所示。

图4-32

> **知识点滴**
>
> 在【甘特图】视图中分配资源时，选择包含资源的单元格，按Delete键即可删除已分配给该单元格的资源。

4.5.2 使用【任务信息】对话框分配资源

如果项目中使用的资源较多，可以使用【任务信息】对话框来分配资源。

【例4-8】在项目文档中将【服务人员】和【工作人员】分配给标识号为7的【确定预期产品问题点】任务。

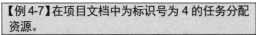（素材文件\第04章\例4-8）

step❶ 打开项目文档。双击标识号为7的【确定预期产品问题点】任务所在行的任意单元格，打开【任务信息】对话框。

step❷ 选择【资源】选项卡，选择【资源名称】列表框中的第一行空白单元格，使其变为下拉列表，从中选择【服务人员】选项；继续选择下一行空白单元格，选择其他选项(本例选择【工作人员】)，然后单击【确定】按钮，如图4-33所示。

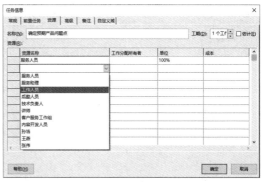

图4-33

step❸ 此时，系统将把分配的资源显示在【资源名称】对应的单元格中，如图4-34所示。

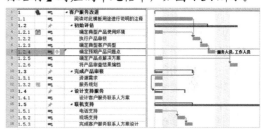

图4-34

> **知识点滴**
>
> 在【资源】选项卡的【资源名称】列表框中选择空白单元格，在其文本框中输入资源名称，可将【资源工作表】视图中没有的资源添加到资源库中。

4.5.3 使用【分配资源】对话框分配资源

如果在资源库中列出了所有的资源，可以使用【分配资源】对话框同时对若干任务进行多个资源的分配。

【例4-9】在项目文档中，将【工作人员】和【张伟】分配给标识号为5的任务，然后为其他任务分配资源。

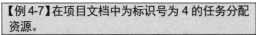（素材文件\第04章\例4-9）

step❶ 继续【例4-8】的操作，选中标识号为5的【执行产品审核】任务，选择【资源】选项卡，在【工作分配】组中单击【分配资源】按钮，打开【分配资源】对话框。

step❷ 按住Ctrl键，同时选择【张伟】和【工作人员】两个资源，单击【分配】按钮，如图4-35所示。

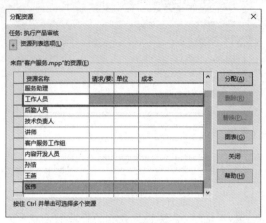

图 4-35

step 3 此时所选择的资源将分配给标识号为 5 的任务。单击【关闭】按钮,系统将把分配的资源显示在【资源名称】对应的单元格中,如图 4-36 所示。

图 4-36

使用同样的方法,可以为其他任务分配资源。在图 4-35 所示的【分配资源】对话框中,单击【资源列表选项】折叠按钮,可展开下列选项,如图 4-37 所示。

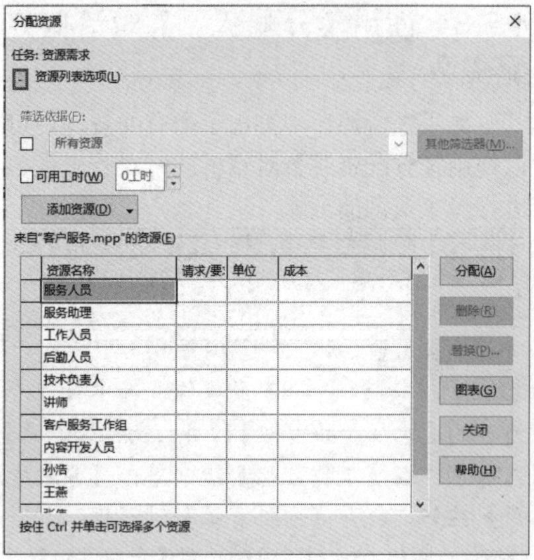

图 4-37

图 4-37 所示【分配资源】对话框中,几个主要选项的功能说明如下。

➤ 筛选依据:选中该复选框,可在其下拉列表中选择筛选资源的条件(依据)。

➤ 其他筛选器:单击该按钮,可在打开的【其他筛选器】对话框中选择用于筛选资源的条件(依据)。

➤ 可用工时:选中该复选框,可设置或输入资源的可用工时。

➤ 添加资源:单击该下拉按钮,可在弹出的下拉列表中选择用于添加资源的方式。

4.5.4　调整资源

为任务分配资源之后,还需要调整资源。调整资源是根据资源的具体情况设置资源成本费率、推迟资源的工作时间,以及设置分布曲线等。

1. 调整工作时间

当项目受到某些因素的影响需要延迟或提前时,可通过延迟或提前工作分配的开始时间和完成时间,来保证项目的顺利完成。

【例 4-10】在项目文档中调整任务的工作时间。

视频+素材　(素材文件\第 04 章\例 4-10)

step 1 打开项目文档后,选择【任务】|【视图】|【甘特图】|【任务分配状况】选项,切换到【任务分配状况】视图。

step 2 选中标识号为 7 的【服务人员】任务,选择【任务使用情况格式】|【分配】|【信息】选项,如图 4-38 所示。

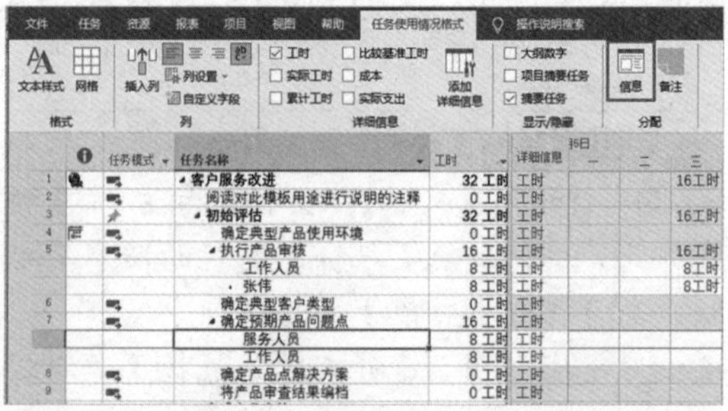

图 4-38

step 3 在打开的【工作分配信息】对话框中,设置【开始时间】和【完成时间】后,单击【确定】按钮完成设置,如图 4-39 所示。

图 4-39

2. 设置工时分布

工时分布用来选择工时分布类型，以供分配给任务的资源使用，它决定了工作分配的工时如何在工作分配的工期中分布。其中，工作分配的工期分为 10 段，每一段是在一个工作日中已分配资源的任务工时所占的百分比，工时分布根据工作分配的工期进行延伸或收缩。用户只需在【工作分配信息】对话框中，单击【工时分布图】下拉按钮，在其下拉列表中选择一种分布状态即可，如图 4-40 所示。

图 4-40

Project 为用户提供了 8 种工时分布类型，具体情况如下所述。

▶ 常规分布：为默认选项，不使用任何模式。

▶ 前轻后重：自动以前轻后重模式排定任务日程。

▶ 前重后轻：自动以前重后轻模式排定任务日程。

▶ 双峰分布：自动以双峰分布模式排定任务日程。

▶ 先峰分布：自动以先峰分布模式排定任务日程。

▶ 后峰分布：自动以后峰分布模式排定任务日程。

▶ 钟型分布：自动以钟型分布模式排定任务日程。

▶ 中央加重钟型：自动以中央加重钟型模式排定任务日程。

3. 查看资源分配情况

选择包含分配资源的任务，选择【资源】|【工作分配】|【分配资源】选项，打开【分配资源】对话框，依次单击【图表】按钮和【关闭】按钮，如图 4-41 所示。

图 4-41

此时，在【资源图表】视图中，拖动滚动条可以查看该任务分配资源的分配情况，如图 4-42 所示。

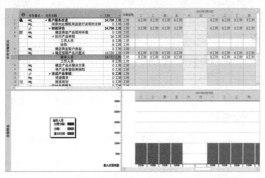

图 4-42

4. 应用不同的成本费率

在前面的内容中，已经介绍过如何为资源设置多个成本费率。在此，将介绍如何将设置的多个成本费率应用到资源中。Project 为用户提供了 5 种成本费率，在项目执行中，项目经理需要根据实际情况在【工作分配信息】对话框中进行设置。

【例4-11】在项目文档中应用不同的成本费率。

（素材文件\第04章\例4-11）

step 1 切换到【任务分配状况】视图，双击要调整的资源，打开【工作分配信息】对话框，在该对话框的【成本费率表】选项中设置成本费率，如图4-43所示。

图 4-43

step 2 选择【视图】|【资源视图】|【资源工作表】选项，打开【资源工作表】视图，选中标识号为4的【技术负责人】资源，如图 4-44 所示。

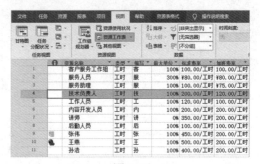

图 4-44

step 3 选择【资源】|【属性】|【信息】选项，打开【资源信息】对话框，选择【成本】选项卡，将【技术负责人】资源的 A 费率中的成本设置为如图 4-45 所示，单击【确定】按钮。

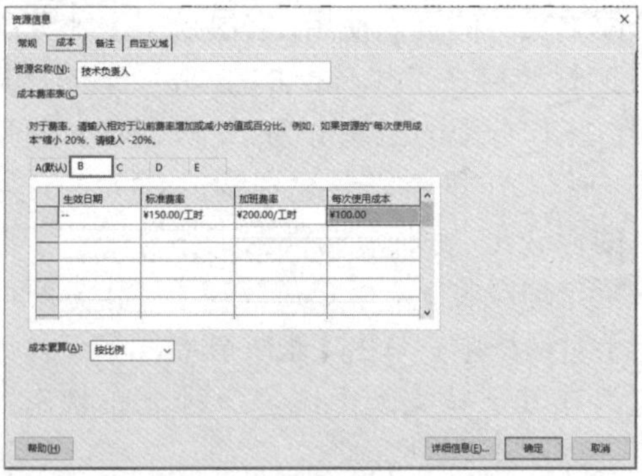

图 4-45

step 4 切换回【任务分配状况】视图，在打开的【工作分配信息】对话框中，将【成本费率表】选项设置为B，单击【确定】按钮，如图4-46所示。

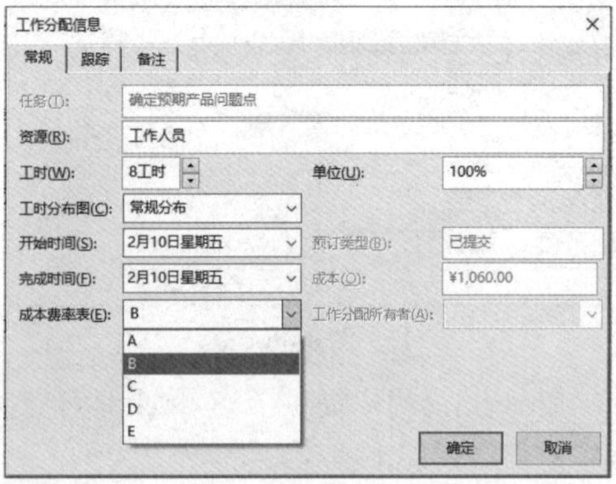

图 4-46

step 5 再次打开【工作分配信息】对话框时，该资源的【成本】值将自动更改，如图 4-47 所示。

图 4-47

5. 查看资源的详细信息

在【资源工作表】视图中，选择【资源】|【属性】|【详细信息】选项。此时，系统将自动在【资源工作表】视图的下方显示【资源窗体】视图。在该视图中，不仅可以查看资源的基础信息，还可以查看资源的分配、工时、资源调配延迟等信息，如图 4-48 所示。

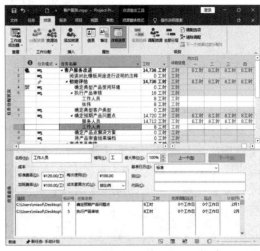

图 4-48

4.6 管理资源

项目的规模越大，任务越多，资源也就越多。为了能方便、有效地对资源信息进行查询，需要对资源进行管理。

4.6.1 对资源进行排序

默认情况下，Project 是按第一个字的拼音字母顺序对资源进行排序的，工时资源与材料资源混在一起。为了更方便地调用资源，用户可对资源进行排序。

打开【视图】选项卡，在【数据】组中单击【排序】按钮，从打开的菜单中选择【排序依据】选项，如图 4-49 所示。

图 4-49

打开【排序】对话框，在【主要关键字】【次要关键字】和【第三关键字】下拉列表中选择关键字，并在其右侧选择【升序】或【降序】排列方式，即可对资源重新排序，如图 4-50 所示。

图 4-50

排序操作不会改变资源信息，仅仅改变了资源在项目文档中的显示方式。

【例4-12】在项目文档中，设置资源按降序方式进行排序。

(素材文件\第04章\例4-12)

step 1 打开项目文档后，切换到【资源工作表】视图，如图4-51所示。

图4-51

step 2 选择【视图】选项卡，在【数据】组中单击【排序】按钮，从打开的菜单中选择【排序依据】选项，打开【排序】对话框。

step 3 在【主要关键字】下拉列表中选择【标准费率】选项，选中其后的【降序】单选按钮，【次要关键字】选择【加班费率】选项，选中其后的【降序】单选按钮，如图4-52所示，然后单击【确定】按钮。

图4-52

此时，对资源进行重新排序，结果如图4-53所示。

图4-53

4.6.2 对资源进行筛选

如果显示的资源过多，在操作时不方便，用户可以使用筛选操作只显示一部分资源。

【例4-13】通过设置筛选只显示工时资源。

(素材文件\第04章\例4-13)

step 1 打开项目文档，将视图切换到【资源工作表】视图。

step 2 选择【视图】选项卡，在【数据】组中单击【无筛选器】下拉按钮，从弹出的菜单中选择【资源-工时】选项，如图4-54所示。

图4-54

step 3 系统将自动对已有的资源进行筛选，只显示工时资源，如图4-55所示。

图4-55

在【无筛选器】下拉菜单中选择【其他筛选器】选项，将打开【其他筛选器】对话框，如图4-56所示。

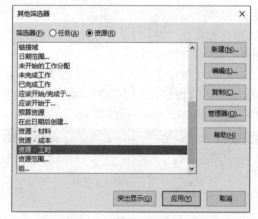

图4-56

在【其他筛选器】对话框中，用户可选择其他筛选方式；单击【新建】按钮，打开自定义对话框，可以自定义筛选条件。

4.7 资源过度分配

项目管理是一项系统性很强的工作，管理者需具有较强的协调能力，应把握好项目不同阶段的要点。其中将资源分配简单理解为就是分配工作这么简单，这种认识是片面的。项目管理者除应当关注资源效率等客观因素外，还应关注资源是否胜任任务，避免资源闲置，任务的责任是否明确，以及解决资源的过度分配。

4.7.1 什么是资源过度分配

资源过度分配是项目管理中易发生的问题，尤其在大型的项目中，任务、资源都很多，发生的概率更高。虽然在 Project 中可以很方便地发现资源过度分配，并有相对完善的解决机制，但如果项目管理者搞明白造成资源过度分配的原因，可以在分配过程中避免此种情况的发生。

分配比可用资源更多的资源会导致资源被过度分配，Project 会在【资源工作表】视图中以红色显示这些资源，如图 4-57 所示。

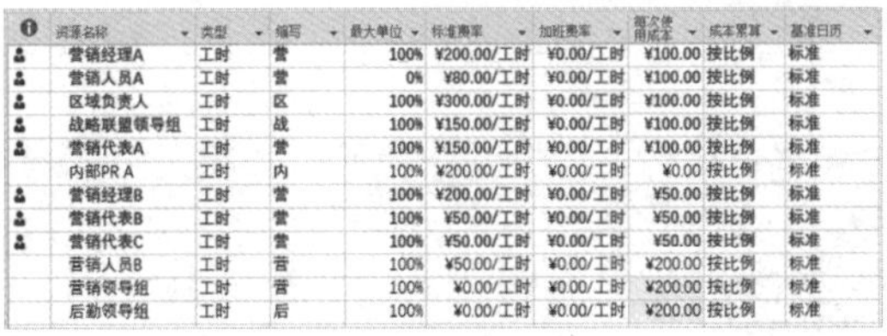

	资源名称	类型	缩写	最大单位	标准费率	加班费率	每次使用成本	成本累算	基准日历
	营销经理A	工时	营	100%	¥200.00/工时	¥0.00/工时	¥100.00	按比例	标准
	营销人员A	工时	营	0%	¥80.00/工时	¥0.00/工时	¥100.00	按比例	标准
	区域负责人	工时	区	100%	¥300.00/工时	¥0.00/工时	¥100.00	按比例	标准
	战略联盟领导组	工时	战	100%	¥150.00/工时	¥0.00/工时	¥100.00	按比例	标准
	营销代表A	工时	营	100%	¥150.00/工时	¥0.00/工时	¥100.00	按比例	标准
	内部PR A	工时	内	100%	¥200.00/工时	¥0.00/工时	¥0.00	按比例	标准
	营销经理B	工时	营	100%	¥200.00/工时	¥0.00/工时	¥50.00	按比例	标准
	营销代表B	工时	营	100%	¥50.00/工时	¥0.00/工时	¥50.00	按比例	标准
	营销代表C	工时	营	100%	¥50.00/工时	¥0.00/工时	¥50.00	按比例	标准
	营销人员B	工时	营	100%	¥50.00/工时	¥0.00/工时	¥200.00	按比例	标准
	营销领导组	工时	营	100%	¥0.00/工时	¥0.00/工时	¥200.00	按比例	标准
	后勤领导组	工时	后	100%	¥0.00/工时	¥0.00/工时	¥200.00	按比例	标准

图 4-57

在【甘特图】视图中，任务中有过度分配的资源，则会在该任务的【标记】域出现红色小人图标。资源过度分配是怎么产生的？例如，一个程序员，在公司里是 8 小时工作制，在一天中为其分配两份工作，并且每份工作均为 8 小时制，这样显然是不合适的，就造成了资源过度分配。再举一个例子，司机是一个常规资源，可以支配的最大单位为 3 人，向任务中分配的司机超过 3 人时，同样会产生资源过度分配。

当为任务分配资源时，Project 会检查资源的日历以确保资源可以工作，但是当将资源分配给一个新任务时，Project 并不会检查资源是否已经分配给了其他任务，并且总会完成分配。需要注意的是，额外的分配可能会导致资源的过度分配。当为资源分配了过多的任务，以致资源无法在可用工作时间内完成这些任务时，就会发生过度分配。

为并行的任务分配相同资源，超出资源所能承受的最大工时或最大单位，那么资源的过度分配就不可避免，并且过度分配可能会引起项目日程的延迟。

4.7.2 解决资源过度分配

发现资源过度分配后，应着手进行解决。Project 提供了较完善的解决机制，管理人员应结合项目的特点进行解决。

1. 添加资源

在解决资源过度分配的方法中，有一个方法看似最简单，就是为项目追加资源，将新的资源分配到任务中，消除原资源的过度分配。

例如，公司的设计部门在预定的工期内需同时完成多个项目，有限的员工，多个并行的任务，必然会产生资源过度分配。这时，可以招聘新的员工加入进来，解决资源紧张，完成预期任务。

添加资源有一定的局限性，要考虑项目的成本、新资源是否胜任任务等。

2. 替换资源

在 Project 中，可以通过替换资源来解决资源的过度分配。当一个资源被过度分配但有另一个可以完成这项任务的资源可用时，可以用该资源替换原资源。

【例 4-14】在项目文档中替换资源。

视频+素材 (素材文件\第 04 章\例 4-14)

step 1 打开项目文档,在【甘特图】视图中选中【视图】|【拆分视图】|【详细信息】复选框,并在右侧的下拉列表中选择【资源使用状况】选项,如图4-58所示。

图 4-58

step 2 【资源使用状况】视图出现在【甘特图】视图的下方。在【甘特图】视图的窗格中,查找并选择资源过度分配的任务。在【资源使用状况】视图中,Project会显示每个分配给所选任务的资源的所有任务分配,如图4-59所示。

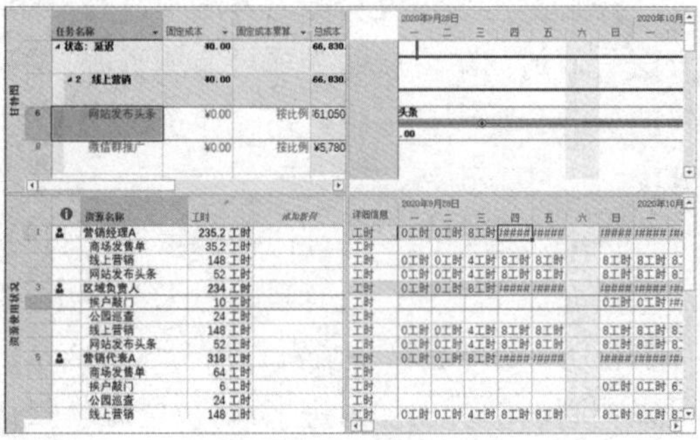

图 4-59

step 3 右击任务,在打开的快捷菜单中选择【分配资源】命令,如图4-60所示。

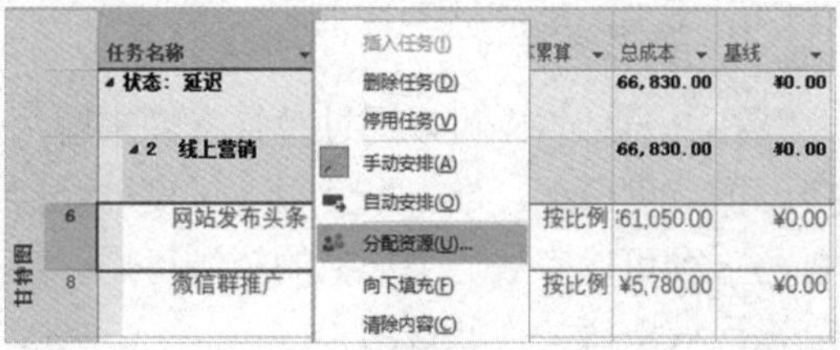

图 4-60

step 4 打开【分配资源】对话框,选择要替换的资源,单击【替换】按钮,如图4-61所示。

图 4-61

step 5 打开【替换资源】对话框,选择要替换为的资源,单击【确定】按钮,如图4-62所示。

图 4-62

step 6 返回【分配资源】对话框,单击【关闭】按钮完成资源的替换。

3. 设定加班工时

在Project中,可以为资源安排加班时间来解决资源过度分配。在Project中,加班是指在已分配资源的标准工作时间之外安排的工时。加班工时表示任务的额外工时,它表示在非标准工作时间内花费在任务上的时间。通过设定加班工时,资源可以更快地完成任务。

第4章 管理项目资源

【例4-15】在项目文档中设定加班工时。

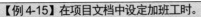 (素材文件\第04章\例4-15)

step ① 打开项目文档,在【甘特图】视图中选中【视图】|【拆分视图】|【详细信息】复选框,在【详细信息】下拉列表中选择【任务窗体】选项。

step ② 【任务窗体】将出现在视图的底部,在【任务窗体】内右击,在打开的快捷菜单中选择【工时】命令,如图4-63所示。

图4-63

step ③ 在【甘特图】视图中选择有资源过度分配的任务,在下方【任务窗体】中为资源设定工时。单击【确定】按钮完成设置,如图4-64所示。

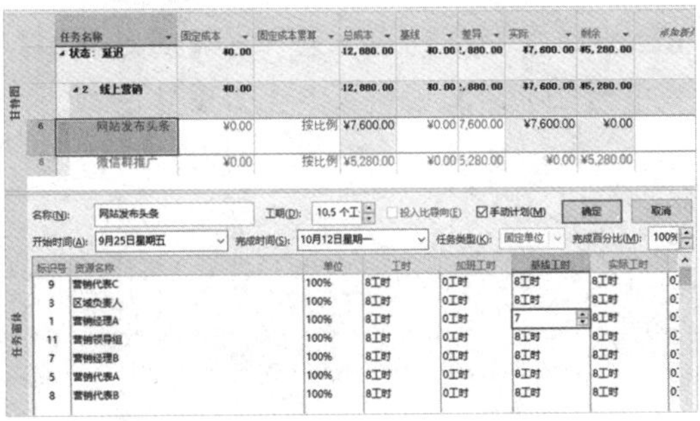

图4-64

4. 调配资源

调配资源是指通过延迟或拆分任务来解决资源的过度分配。资源被分配到多个并发运行的任务中,造成该资源的过度分配,可以延迟或拆分这些任务中的部分任务,以避免多个任务在相同时间对同一个资源的需求。

【例4-16】在项目文档中调配资源。

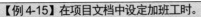 (素材文件\第04章\例4-16)

step ① 打开项目文档,在【甘特图】视图中单击【资源】|【级别】|【调配选项】按钮。

step ② 打开【资源调配】对话框,单击【全部调配】按钮,如图4-65所示。

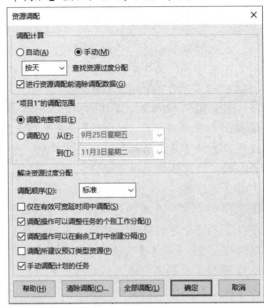

图4-65

step ③ 完成项目中全部任务的调整,所有的资源过度分配问题都解决了。

5. 手动调配

手动调配可以按照自己的意愿进行更精确的调配,并对调配哪些任务拥有选择权。

【例4-17】在项目文档中手动调配任务。

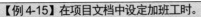 (素材文件\第04章\例4-17)

step ① 打开项目文档,单击【视图】|【任务视图】|【甘特图】下拉按钮,展开下拉菜单,选择【其他视图】命令。

step ② 打开【其他视图】对话框,选择【资源分配】视图,单击【应用】按钮。

step ③ 在上方的【资源使用状况】视图中,选择要延迟的任务,在下方的【调配甘特图】视图的【资源调配延迟】域中输入需要延迟的时间,如图4-66所示。

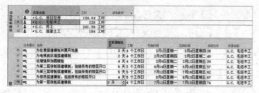

图 4-66

step 4 按下 Enter 键，完成设置(可以将任务按照设置的时间进行延迟，从而解决资源的过度分配)。

4.8 案例演练

本章的案例演练部分将主要通过在“商业建筑”项目文档中进行资源管理，设置好任务后，还需要为任务分配资源，练习如何将资源合理地分配给任务的操作方法与技巧。

【例 4-18】在项目文档中进行资源管理。

视频+素材 (素材文件\第 04 章\例 4-18)

step 1 打开项目文档，切换到【资源工作表】视图，选择【资源名称】域，在其中输入资源名称。在其他域中设置资源的其他属性，完善资源信息。

step 2 为有不同费率的资源设置费率。双击要设置不同费率的资源，打开【资源信息】对话框，选择【成本】选项卡，激活除【A(默认)】选项卡外的选项卡，然后设置费率，单击【确定】按钮，如图 4-67 所示。

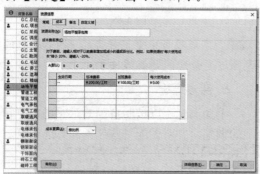

图 4-67

step 3 完成设置后，按照相同的方法设置其他有不同费率的资源。

step 4 切换至【甘特图】视图，双击要分配资源的任务，打开【任务信息】对话框，切换至【资源】选项卡，在该选项卡中设置相应参数后，单击【确定】按钮，如图 4-68 所示。

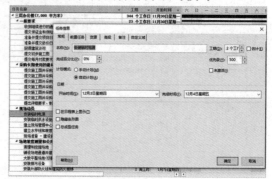

图 4-68

step 5 完成资源的分配后，按照相同的方法为其他任务分配资源。

step 6 为任务分配固定成本，切换至【任务分配状况】视图的成本表，在【固定成本】域中为任务分配固定成本，如图 4-69 所示。

	任务名称	固定成本	固定成本累算
19	安装临时电源	¥2,000.00	按比例
	电气承包商		
20	安装临时供水设施	¥1,500.00	按比例
	管道工程承包商		
21	建立现场管理中心	¥378,000.00	按比例
	G.C. 主管人员		
	G.C. 劳工		
22	建立水平线和坡度基准点	¥5,500.00	按比例
	G.C. 勘测人员		
23	现场准备 - 建设施工区并建立临时性围墙	¥2,650.00	按比例
	G.C. 劳工		
	场地平整承包商		
24	场地坡度测量和公用事业	¥3,800.00	按比例
25	清理和挖掘场地	¥15,800.00	按比例
	场地平整承包商		
26	铺设场地通道并建立临时停车区	¥5,700.00	按比例
	场地平整承包商		
27	大致平整场地(切割和填充)	¥12,000.00	按比例
	场地平整承包商		
28	安装排污设备	¥4,500.00	按比例
	场地平整承包商		
29	安装外部防火线和建筑防火楼梯	¥26,900.00	按比例
	管道工程承包商		
30	进行最后的场地平整	¥6,800.00	按比例
	场地平整承包商		
31	架设建筑定斜板和布置建筑布局	¥18,000.00	按比例
	G.C. 勘测人员		
32	地基	¥98,000.00	按比例
33	挖掘地基	¥35,000.00	按比例

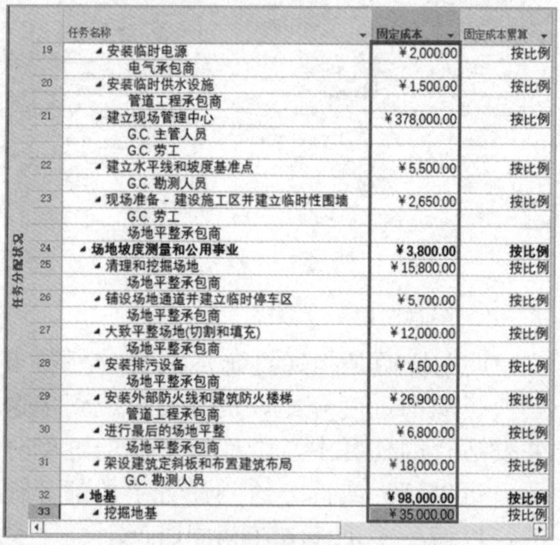

图 4-69

step 7 按照相同的方法对其他需要分配固定成本的任务进行设置。

step 8 选择【视图】选项卡,在【任务视图】组中单击【甘特图】下拉按钮,在弹出的下拉列表中选择【其他视图】选项,如图4-70所示。

图 4-70

step 9 打开【其他视图】对话框,在【视图】列表框中选择【资源分配】选项,单击【应用】按钮,如图4-71所示。

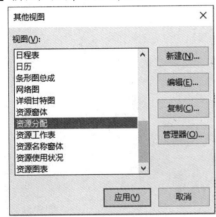

图 4-71

step 10 切换至【资源分配】视图,在【视图】|【数据】组中将【筛选】设置为【过度分配的资源】,如图4-72所示。

图 4-72

step 11 在视图中即可筛选出过度分配的资源。过度分配的资源以红色显示,如图4-73所示。

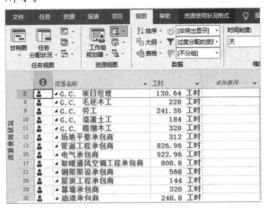

图 4-73

step 12 在 Project 工作界面上方的【资源使用状况】视图中选择资源,在下方的【调配甘特图】中即可显示所选资源被分配到的所有任务,选择有过度分配资源的任务,然后在【任务】选项卡的【编辑】组中单击【滚动到任务】按钮,如图4-74所示。

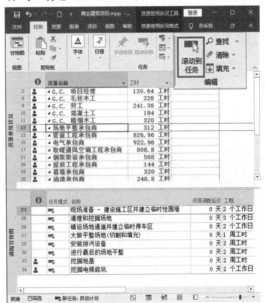

图 4-74

step 13 此时,将在视图中可以看到资源被同时分配给了两个任务。双击有过度分配资源的任务,打开【任务信息】对话框,选择【资源】选项卡,将过度分配资源的单位改为"50%",单击【确定】按钮完成调整,如图 4-75 所示。

图 4-75

step 14 当视图中出现警告标记时,单击该标记,在弹出的菜单中选择【更改工时量但保持工期不变。】选项,如图 4-76 所示。

图 4-76

step 15 使用相同的方法修改另一个任务中该资源的单位。

step 16 在【调配甘特图】视图中,向下依次查找有资源过度分配的任务并进行解决。

第 5 章

管理项目成本

成本管理是项目实施过程中一个极其重要的环节。它不仅在排定项目日程上决定着完成任务所需要的时间，而且在控制方式上掌握着资源使用的方法。对于许多项目管理者来说，一个项目的成功与否就在于完成项目的最终成本是否和预算或相比较的基准计划成本相符。项目在具体的实施过程中，会产生各种各样的费用，这些费用统称为项目成本。在 Project 的项目计划中，项目成本是由每个任务的成本汇集而成的，而每个任务的成本又是由资源成本和固定成本组合而成的。由此可以推断，合理的资源和固定成本是控制整个项目成本的必备条件。

 **本章对应视频**

例 5-1 在资源中设置多种费率
例 5-2 查看任务成本信息
例 5-3 查看资源成本信息
例 5-4 查看项目成本信息

例 5-5 调整工时资源的工时
例 5-6 调整材料资源的成本
例 5-7 进行挣值分析与管理
例 5-8 修改"商业建筑"项目文档

5.1 项目成本管理概述

项目成本管理是指在整个项目的实施过程中，为确保项目在批准的预算内尽可能地完成而对所需的各个进程进行管理。在使用 Project 进行项目成本管理之前，还需要先了解一下项目成本的构成、成本管理的技术与过程。

5.1.1 项目成本的构成

一个项目的成本包括资源、任务或任务分配输入的所有基于资源费率的资源成本、每次使用的资源成本和固定成本。它分为两大类：项目固定成本和各摘要任务成本，二者相加为总成本，项目成本结构如图 5-1 所示。

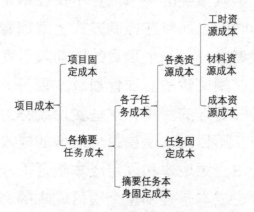

图 5-1

各摘要任务成本由摘要任务本身固定成本和各子任务成本构成。各子任务成本由子任务的固定成本和各类资源成本构成。各类资源成本又由工时资源成本、材料资源成本和成本资源成本构成。项目成本的公式如下所示：

项目总成本=项目固定成本+摘要任务本身
固定成本+任务固定成本+各类资源成本
=实际成本+剩余成本

在上述公式中各项含义如下所述。

▶ 固定成本：固定成本是一种不因任务工期或资源完成工时的变化而变化的成本。它是始终保持为常量的一组任务成本。例如，公司职员的每月固定工资、必须一次付清的设备购进及安装费等，这些都与各活动的工期或完成情况无关，是已经固定的成本。

▶ 资源成本：资源成本不是资源类型的成本资源，这里是指使用资源所需的总花费。

▶ 实际成本：实际成本是项目资源关于任务的已完成工时的成本，以及任何其他与任务相关的已记录成本。实际成本有多种，包括资源实际成本、任务实际成本和工作分配实际成本。

▶ 剩余成本：剩余成本是指在项目执行过程中，尚未完成的任务、资源或工作分配所估计的成本。

> **知识点滴**
>
> 估计成本是指估计完成项目所需的资源和任务成本。例如，估算项目的一次性投资额，人工费用中包括直接人员和管理人员的费用，管理费用中包括办公设施的折旧和消耗，财务费用中包括贷款的利息等。

5.1.2 成本管理技术

如今，最常用的成本管理技术包括挣值分析法、类比估算法、参数模型法、自下而上估算法与软件估算法等。

▶ 挣值分析法：又称赢得值法或偏差分析法，是对项目进度和费用进行综合控制的一种有效方法，也是在项目实施中较多使用的一种方法。挣值分析法可以作为预测、衡量与控制成本的依据。

▶ 类比估算法：又称自上而下估算法，是一种专家评定法，是利用已完成的类似项目的实际成本来估算当前项目成本的一种估算方法。该方法的估算精度相对较低，只有依靠具有专门知识的团队或个人，依据以前相似的项目进行估算，才能提高估算的精确度。

▶ 参数模型法：参数模型法将项目的特征参数用于预测项目费用的数字模型中，以用于预测项目成本。当模型依赖于历史信息，且模型参数被数量化时，模型可根据项目范围的大小进行比例调整，其预测结果通常是可靠与精确的。

▶ 自下而上估算法：先估计各个任务的成本，然后按工作分解结构的层次从下往上估计出整个项目的总费用。在使用该估算方法时，只有在比较准确地估算各个任务的成本，并合理制作出工作分解结果的情况下，才能更精确地编制出成本计划。该方法的估算工作量比较大，适用于小项目的成本估算。

▶ 软件估算法：随着计算机技术的不断发展，项目管理软件及办公自动化软件辅助项目费用的估算方法已被广大管理者所接受。使用项目管理软件或办公自动化软件不仅可以加快成本估算与成本的编制速度，而且还可以提供多种方案的成本比较和选择。

5.1.3 成本管理过程

项目成本管理主要包括资源规划、成本估算、成本预算与成本控制 4 个过程，每个过程的作用如下所述。

1. 资源规划

资源规划是指根据项目范围规划与工作分解结构来确定项目所需资源的种类、数量、规格及时间的过程，其内容主要包括组织人员、项目实施所需要的材料与设备，以及采购方法与计划等。

2. 成本估算

成本估算用来估算完成项目所需要的经费，所需输入的数据包括工作分解结构、资源要求、资源耗用率、商业数据、历史数据等，其评估计算方法主要包括类比估算法、参数模型法、自上而下估算法。在进行成本估算时，需要考虑经济环境的影响，以及项目所需要的资源与成本支出情况。

3. 成本预算

成本预算又称成本规划，是将估算的成本分配到各个任务中的一种过程。在进行成本预算时，应该以各任务的成本估算与进度计划为依据，采用便于控制项目成本的方法。另外，基准成本计划(批准的成本计划)是测定与衡量成本执行情况的依据。

4. 成本控制

成本控制是指保证各项工作在各自的预算范围内进行的一种方法。在项目实施的过程中，首先规定各部门定期上报各自的费用情况，然后由控制部门对各部门的费用进行审核，用以保证各种支出的合法性，最后将已经发生的费用与预算进行比较，分析费用的超支情况，并根据超支情况采取相应的措施加以弥补。在项目结束时，还需要经过财务决算、审核与分析来确定项目成本目标的达标程度及成本管理系统的成效。

成本控制的内容表现有如下几个方面：

▶ 监控成本情况与计划的偏差，做好成本分析与评估，并对偏差做出响应；

▶ 确保所有费用发生都被记录到成本线上；

▶ 防止不正确的、不合适的或无效的变更反映到成本线上；

▶ 需要将审核的变更通知项目管理人；

▶ 需要监控影响成本的内外部因素。

5.2 设置项目成本

项目成本按照项目元素可划分为资源成本与固定成本两大类。其中，资源成本又分为工时资源成本与材料成本，主要包括标准费率、加班费率、每次使用成本与成本累算。固定成本是一种与任务工时、工期变化无关的项目费用。

5.2.1 设置资源费率

项目成本决定了项目范围，用户可以通过设置资源的标准费率和加班费率，从而更加准确地管理项目成本。

1. 在资源中设置费率

在【资源工作表】视图中，直接输入资源的标准费率或加班费率；或者在【资源】选项卡的【属性】组中单击【信息】按钮，打开【资源信息】对话框的【成本】选项卡，在【标准费率】和【加班费率】栏中输入所需的费率，如图 5-2 所示。

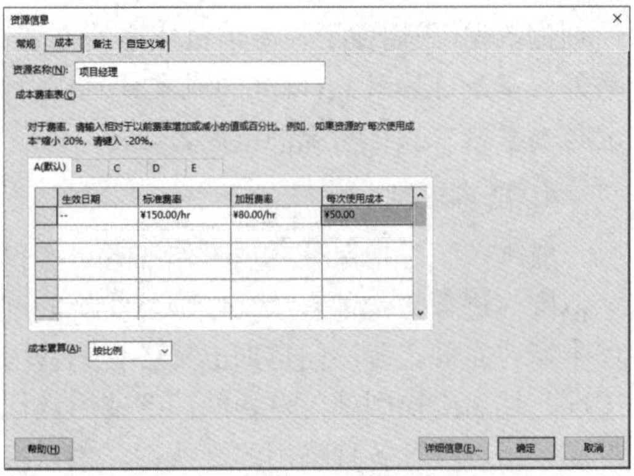

图 5-2

【成本】选项卡中主要选项含义如下。

(1) 成本费率表。

成本费率表是有关资源费率的信息集合，包括标准费率、加班费率、任何每次使用成本和支付费率生效的日期。可最多为每个资源建立 5 个(A、B、C、D、E)不同的成本费用率表。每个表可以创建 25 行费率。

▶ 生效日期：表示该行中指定的标准费率、加班费率和每次使用成本要生效的日期。第一行为默认费率行，生效日期为【--】表示设置该资源时，默认使用该行费率。

▶ 标准费率：指资源的每小时费用。工时资源和材料资源都可以设置标准费率。

▶ 加班费率：用于累计该资源的加班工时费用的每小时费率。

▶ 每次使用成本：每次使用成本是使用资源的一次性费用，与资源的工时无关。

(2) 成本累算。

成本累算指定资源的标准成本和加班成本何时发生，以及何时才累算成本总数。其中，【开始】选项表示成本在分配的任务开始时累算；【按比例】选项表示成本按时间比例累算；【结束】选项表示在分配的任务结束时累算。

> **知识点滴**
>
> 只要将基于费率的资源和具有每次使用成本的资源分配给任务，Project 就可以立即计算出总成本。

2. 在资源中设置多种费率

在实际工作中，根据任务的不同，还需要给资源分配多个费率。一般情况下，每种资源费率表中都显示费率的生效日期、标准费率、加班费率与每次使用成本，可在【成本】选项卡的【成本费率表】选项区域中设置 A、B、C、D、E 等其他资源费率。

【例 5-1】输入资源费率并设置【项目经理】【设计师】【采购员】资源从 2023 年 10 月 9 日开始的标准费率、加班费率和每次使用成本。▶视频

step 1 打开"工程项目"项目文档，切换到【资源工作表】视图。双击【项目经理】资源对应的【标准费率】栏下的单元格，如图 5-3 所示。

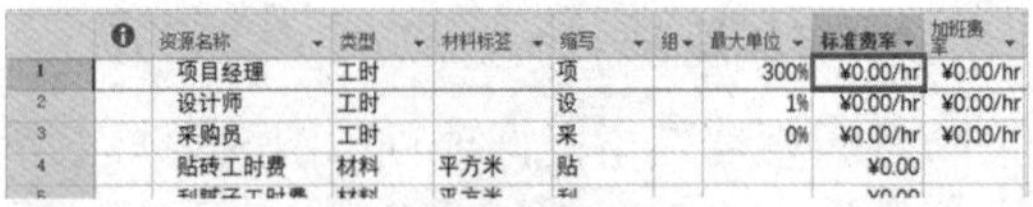

图 5-3

step 2 打开【资源信息】对话框，在【成本费率表】选项区域的【标准费率】栏下的单元格中输入"¥100.00/hr"，在【加班费率】栏下的单元格中输入"¥170.00/hr"，单击【确定】按钮，如图 5-4 所示。

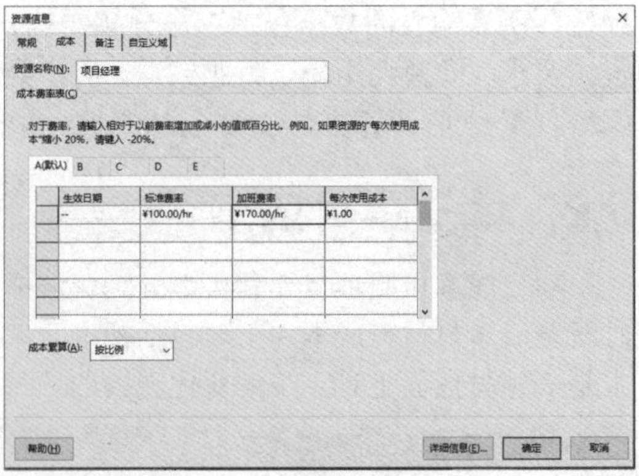

图 5-4

step 3 选中【设计师】资源的【每次使用成本】栏下的单元格，在其中输入￥400.00，如图 5-5 所示。

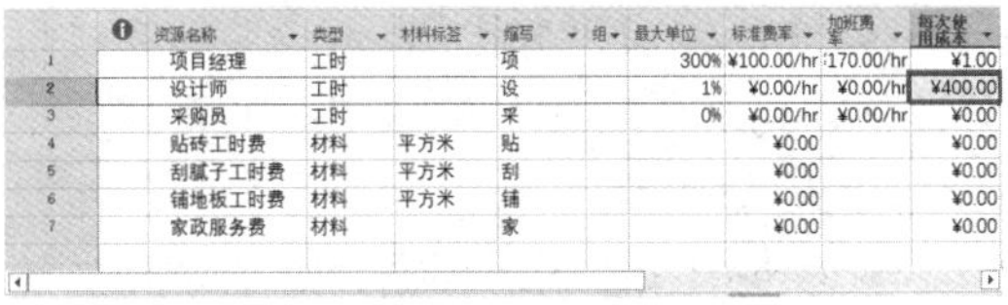

	资源名称	类型	材料标签	缩写	组	最大单位	标准费率	加班费率	每次使用成本
1	项目经理	工时		项		300%	¥100.00/hr	170.00/hr	¥1.00
2	设计师	工时		设		1%	¥0.00/hr	¥0.00/hr	¥400.00
3	采购员	工时		采		0%	¥0.00/hr	¥0.00/hr	¥0.00
4	贴砖工时费	材料	平方米	贴			¥0.00		¥0.00
5	刮腻子工时费	材料	平方米	刮			¥0.00		¥0.00
6	铺地板工时费	材料	平方米	铺			¥0.00		¥0.00
7	家政服务费	材料		家			¥0.00		¥0.00

图 5-5

step 4 使用上述相同的方法，设置其他工时资源的费率和每次使用成本，如图 5-6 所示。

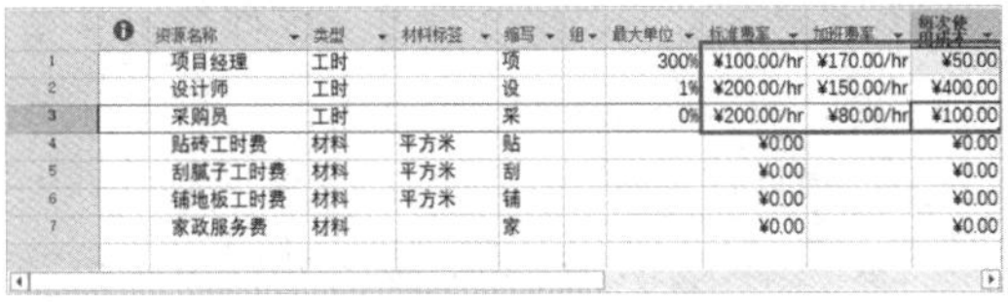

	资源名称	类型	材料标签	缩写	组	最大单位	标准费率	加班费率	每次使用成本
1	项目经理	工时		项		300%	¥100.00/hr	¥170.00/hr	¥50.00
2	设计师	工时		设		1%	¥200.00/hr	¥150.00/hr	¥400.00
3	采购员	工时		采		0%	¥200.00/hr	¥80.00/hr	¥100.00
4	贴砖工时费	材料	平方米	贴			¥0.00		¥0.00
5	刮腻子工时费	材料	平方米	刮			¥0.00		¥0.00
6	铺地板工时费	材料	平方米	铺			¥0.00		¥0.00
7	家政服务费	材料		家			¥0.00		¥0.00

图 5-6

step 5 选择【项目经理】资源，在【资源】选项卡的【属性】组中单击【信息】按钮，打开【资源信息】对话框的【成本】选项卡，在【成本费率表】第二行的【生效日期】栏中设置生效日期为 2023 年 10 月 9 日，如图 5-7 所示。

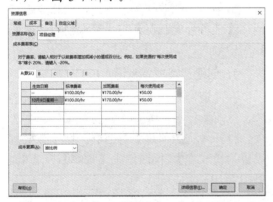

图 5-7

step 6 使用同样的方法，设置【设计师】和【采购员】资源。

知识点滴

用户可以为材料资源设置单一的费率或费用，也可以设置成多种的费率或费用。

5.2.2　设置固定成本

任务成本由与任务相关的资源成本与固定成本组成。其中，固定成本是与任务工期和资源分配数量无关的项目费用。另外，项目中的某种管理费也作为固定成本。

1. 输入子任务的固定成本

在【甘特图】视图中，选择【视图】|【数据】|【表格】|【成本】选项，然后在任务对应的【固定成本】域中输入固定成本值即可。为任务输入完固定成本后，Project 会自动显示任务的总成本，如图 5-8 所示。

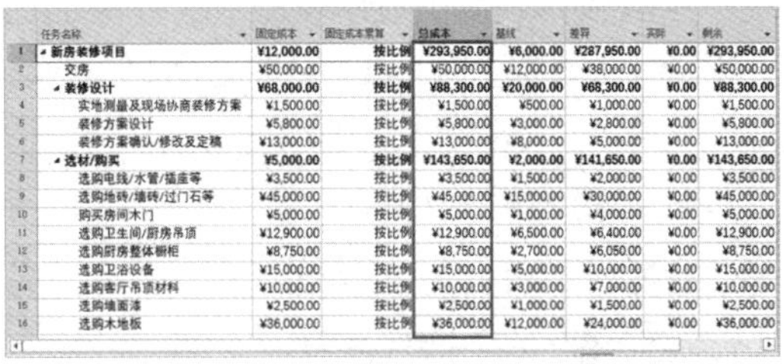

	任务名称	固定成本	固定成本累算	总成本	基线	差异	实际	剩余
1	◢ 新房装修项目	¥12,000.00	按比例	¥293,950.00	¥6,000.00	¥287,950.00	¥0.00	¥293,950.00
2	交房	¥50,000.00	按比例	¥50,000.00	¥12,000.00	¥38,000.00	¥0.00	¥50,000.00
3	◢ 装修设计	¥68,000.00	按比例	¥88,300.00	¥20,000.00	¥68,300.00	¥0.00	¥88,300.00
4	实地测量及现场协商装修方案	¥1,500.00	按比例	¥1,500.00	¥500.00	¥1,000.00	¥0.00	¥1,500.00
5	装修方案设计	¥5,800.00	按比例	¥5,800.00	¥3,000.00	¥2,800.00	¥0.00	¥5,800.00
6	装修方案确认/修改及定稿	¥13,000.00	按比例	¥13,000.00	¥8,000.00	¥5,000.00	¥0.00	¥13,000.00
7	◢ 选材/购买	¥5,000.00	按比例	¥143,650.00	¥2,000.00	¥141,650.00	¥0.00	¥143,650.00
8	选购电线/水管/插座等	¥3,500.00	按比例	¥3,500.00	¥1,500.00	¥2,000.00	¥0.00	¥3,500.00
9	选购地砖/墙砖/过门石等	¥45,000.00	按比例	¥45,000.00	¥15,000.00	¥30,000.00	¥0.00	¥45,000.00
10	购买房间木门	¥5,000.00	按比例	¥5,000.00	¥1,000.00	¥4,000.00	¥0.00	¥5,000.00
11	选购卫生间/厨房吊顶	¥12,900.00	按比例	¥12,900.00	¥6,500.00	¥6,400.00	¥0.00	¥12,900.00
12	选购厨房整体橱柜	¥8,750.00	按比例	¥8,750.00	¥2,700.00	¥6,050.00	¥0.00	¥8,750.00
13	选购卫浴设备	¥15,000.00	按比例	¥15,000.00	¥5,000.00	¥10,000.00	¥0.00	¥15,000.00
14	选购客厅吊顶材料	¥10,000.00	按比例	¥10,000.00	¥3,000.00	¥7,000.00	¥0.00	¥10,000.00
15	选购墙面漆	¥2,500.00	按比例	¥2,500.00	¥1,000.00	¥1,500.00	¥0.00	¥2,500.00
16	选购木地板	¥36,000.00	按比例	¥36,000.00	¥12,000.00	¥24,000.00	¥0.00	¥36,000.00

图 5-8

在【成本】表中主要包括下列 7 种域。

- 固定成本：用于显示或输入所有非资源任务费用。
- 固定成本累算：用于确定固定成本计入任务成本的方式和时间。
- 总成本：用于显示任务、资源或工作分配总的排定成本或计划成本。该值基于分配给该任务的资源已完成工时所发生的成本，加上剩余工时的计划成本。
- 基线：用于显示某一任务、所有已分配任务的某一资源已完成的工时的总计划成本，该值与保存基线时的“成本”域的内容相同。
- 差异：用于显示任务、资源或工作分配的基线成本和总成本之间的差异值。其表达式是成本差异＝成本-基线成本。
- 实际：用于显示资源在其任务上已完成的工时相应的成本，以及记录的与该任务有关的其他成本。
- 剩余：用于显示剩余的日常安排费用，此费用将在完成剩余工时时发生。其表达式是剩余成本＝(剩余工时×标准费率)＋剩余加班成本。

2. 输入摘要任务的固定成本

在 Project 中，还可以为摘要任务输入固定成本值。摘要任务的总成本值是摘要任务的固定成本值与子任务的固定成本值总和相加。例如，子任务的固定成本值总和为“400”元，当为摘要任务输入固定成本值“200”元后，摘要任务的总成本值将自动变为“600”元。

5.2.3 设置实际成本

实际成本是用于显示资源关于任务的已完成工时的成本，以及任何其他任务相关的已记录成本。

1. 计算方式

实际成本可分为任务类与资源类两种成本。每种实际成本的计算方式不同，具体计算方式如下。

- 任务类：实际成本＝(实际工时×标准费率)＋(实际加班工时×加班费率)＋资源每次使用成本＋任务固定成本。
- 资源类：实际成本＝(实际工时×标准费率)＋(实际加班工时×加班费率)＋每次使用成本。

2. 更改实际成本值

Project 可以根据任务的完成百分比与实际完成百分比，自动显示任务与资源的实际成本。在【甘特图】视图中，选择【视图】|【数据】|【表格】|【跟踪】选项，然后输入任务的完成百分比值，并更改任务的实际成本值，如图 5-9 所示。

	任务名称	实际开始时间	实际完成时间	完成百分比	实际完成百分比	实际工期
0	客户服务项目	11月24日星期二	NA	4%	0%	35.44 个工作日
1	客户服务改进	11月24日星期二	NA	4%	0%	2.17 个工作日
2	阅读对此模板用途进行说明的注释	11月24日星期二	NA	32%	12%	0 个工作日
3	初始评估	11月24日星期二	NA	30%	0%	294.42 个工作日
4	确定典型产品使用环境	11月24日星期二	NA	23%	3%	0.23 个工作日
5	执行产品审核	11月27日星期五	NA	31%	27%	0.47 个工作日
6	确定典型客户类型	11月30日星期一	NA	24%	4%	0.24 个工作日
7	确定预期产品问题点	NA	NA	0%	0%	0 个工作日

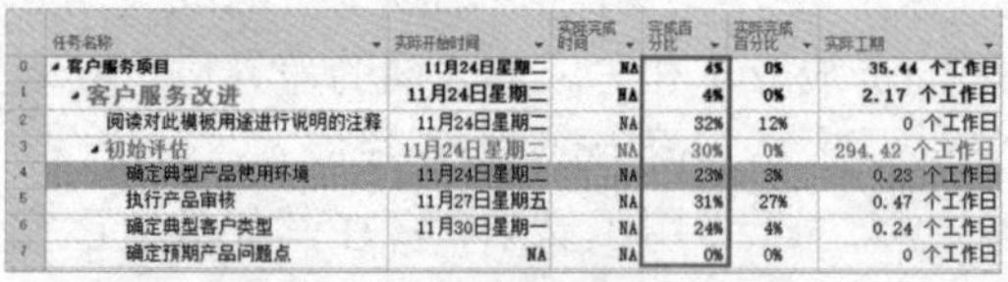

图 5-9

在【跟踪】表中主要包括下列域。

- 实际开始时间：根据制定的进度信息显示任务或工作分配实际开始的日期和时间。
- 实际完成时间：表示任务或工作分配的实际完成的日期和时间。
- 完成百分比：任务的当前状态，表示已经完成的任务工期的百分比，其表达式为完成百分比＝(实际工时/工时)×100%。
- 实际完成百分比：表示输入的完成百分比值，可作为计算已完成工时的预算成本(BCWP)的替代值。
- 实际工期：表示根据计划工期和当前剩余工时或完成百分比，任务到目前为止的实际工作时间。其表达式为实际工期=工期×完成百分比。
- 剩余工期：表示完成一项任务尚未完成的部分所需的时间，其表达式为剩余工期＝工期-实际工期。
- 实际成本：表示资源在其任务上已完成的工时相对应的成本，以及记录的与该任务有关的任何其他成本。
- 实际工时：表示分配给任务的资源已完成的工时。

5.2.4 设置预算成本

项目的预算成本与预算资源一样，只能分配给项目的摘要任务。另外，预算成本只能在【任务分配状况】与【资源使用状况】视图中输入。

1. 创建预算成本资源

在【资源工作表】视图中创建一个新资源，然后执行【资源】|【属性】|【信息】选项，打开【资源信息】对话框，将【类型】设置为【成本】，同时选中【预算】复选框，如图 5-10 所示。

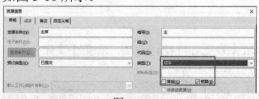

图 5-10

2. 分配预算成本资源

在【甘特图】视图中选择【文件】|【选项】选项，打开【Project 选项】对话框，选

择【高级】选项卡,并选中【显示项目摘要任务】复选框,如图 5-11 所示。

图 5-11

在视图中选择摘要任务,选择【资源】|【工作分配】|【分配资源】选项,在打开的【分配资源】对话框中选择资源,并单击【分配】按钮,将预算成本资源分配给项目的摘要任务,如图 5-12 所示。

图 5-12

5.3 查看项目成本

建立项目的过程中,为了及时、准确地了解每项任务的成本,估计单个及多个资源的成本,以便用更加接近实际情况的方式来管理项目,查看项目成本信息是必不可少的操作。

5.3.1 查看任务成本信息

为了能清楚地了解完成每一项任务消耗的成本,可以按任务来查看成本。要查看任务成本信息,首先需要切换到任务类视图。

【例 5-2】在项目文档中,查看任务成本信息。 ◎视频+素材 (素材文件\第 05 章\例 5-2)

step 1 单击【视图】选项卡中的【甘特图】下拉按钮,在弹出的列表中选择【其他视图】选项,打开【其他视图】对话框,选择【任务工作表】选项,如图 5-13 所示。

图 5-13

step 2 在【其他视图】对话框中单击【应用】按钮,切换到【任务工作表】视图。在【视图】选项卡中,选择【数据】|【表格】选项,在打开的菜单中选择【成本】选项,如图 5-14 所示。

图 5-14

step 3 此时,将显示出每一项任务的成本信息,以及每一级摘要任务的成本信息,如图 5-15 所示。

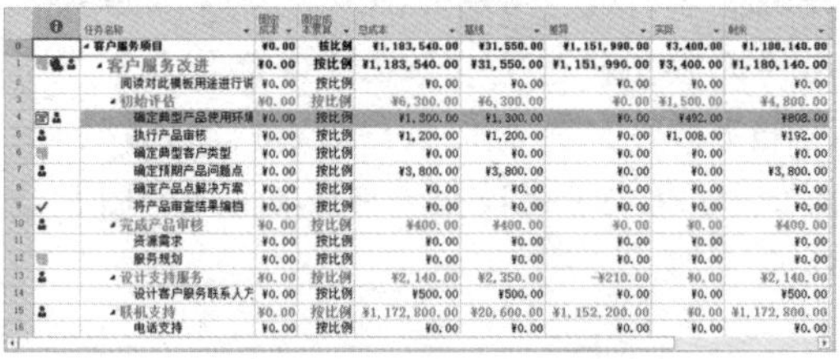

图 5-15

step ④ 若想在查看成本信息的同时，能进一步了解成本在任务工期的分布状况，还可以在【视图】选项卡中，选择【任务视图】|【任务分配状况】选项，切换到【任务分配状况】视图，如图 5-16 所示。

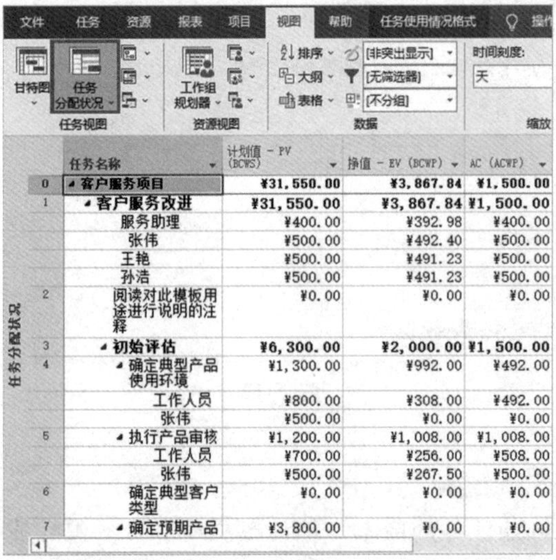

图 5-16

step ⑤ 选择【视图】|【数据】|【表格】选项，从打开的菜单中选择【成本】选项，在视图的左侧将显示出每一项任务及每一项任务中各资源的成本信息，如图 5-17 所示。

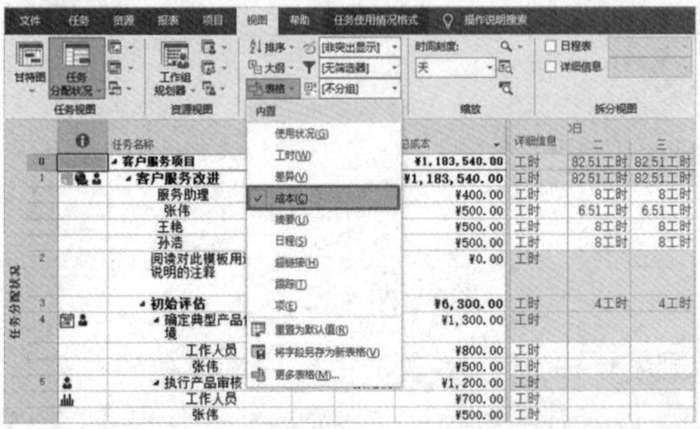

图 5-17

step ⑥ 打开【任务分配状况工具】|【任务使用情况格式】选项卡，在【详细信息】组中选中【工时】和【成本】复选框，在视图的右侧可以按时间段查看成本数据，如图 5-18 所示。

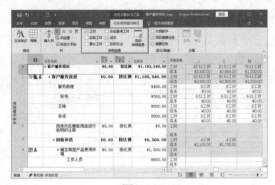

图 5-18

选择【任务分配状况工具】|【任务使用情况格式】选项卡，在【详细信息】组中选择【添加详细信息】选项，打开【详细样式】对话框，如图 5-19 所示，在其中可以设置需要显示的实际成本与累计成本信息，单击【确定】按钮，即可在视图的右侧显示实际成本与累计成本。

图 5-19

5.3.2 查看资源成本信息

在 Project 中，为了能够了解成本是否超出预算，可以按照资源来查看人员工资、材料消耗量等。

1. 通过【资源工作表】视图查看

用户可以通过【资源工作表】视图来查看资源总成本。在【资源工作表】视图中，选择【视图】|【数据】|【表格】|【成本】选项，如图 5-20 所示，可以在【成本】表中查看资源的成本信息。

第 5 章 管理项目成本

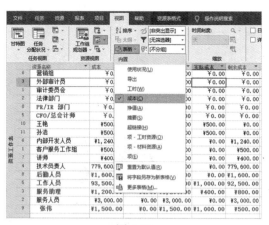

图 5-20

2. 通过【资源使用状况】视图查看

要查看资源成本信息，首先需要切换到资源类视图，如切换到【资源使用状况】视图，然后打开【成本】表，即可查看每种资源的详细成本信息。

【例 5-3】在项目文档中查看资源成本信息。
视频+素材　（素材文件\第 05 章\例 5-3）

step 1 如果要查看项目中各项资源在某一特定周期所产生的成本，以及每种资源在各项任务上的详细成本数据，可以在【视图】|【资源视图】组中选择【资源使用状况】选项，切换到【资源使用状况】视图，如图 5-21 所示。

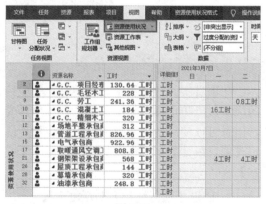

图 5-21

step 2 选择【资源使用状况工具】|【资源使用状况格式】选项卡，选择【详细信息】|【添加详细信息】选项，打开【详细样式】对话框。

step 3 在【详细样式】对话框中选择【使用状况细节】选项卡，在【可用域】列表框中选择【成本】和【实际成本】选项，单击【显示】按钮，在【显示这些域】列表框中显示这两个选项，如图 5-22 所示。

图 5-22

step 4 在【详细样式】对话框中单击【确定】按钮，返回【资源使用状况】视图。在该视图右侧的图表区中双击右侧的时间刻度，打开【时间刻度】对话框，选择【中层】选项卡，在【单位】下拉列表中选择【旬】选项，如图 5-23 所示。

图 5-23

step 5 在【时间刻度】对话框中单击【确定】按钮，即可按周期【旬】来查看资源成本信息，如图 5-24 所示。

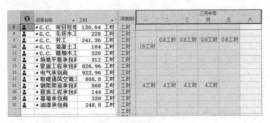

图 5-24

在【详细样式】对话框中，主要包括下列选项。

➢ 可用域：用来显示 Project 2021 中的一些可用域，用于选择需要添加的域。

➢ 显示这些域：表示当前【资源使用状况】视图中正在使用的域。

➢ 显示：单击该按钮，可将【可用域】列表框中所选择的域添加到【显示这些域】列表框中，也就是为视图添加域。

➢ 隐藏：单击该按钮，可删除【显示这些域】列表框中所选择的域。

➢ 移动：单击【上移】或【下移】按钮，可上下移动【显示这些域】列表框中所选择的域，调整其显示的上下位置。

➢ 字体：单击其后的【更改字体】按钮，可设置所选域的字体显示格式。

➢ 单元格背景：单击其后的下拉按钮，可在打开的下拉列表中选择所选域的单元格的背景颜色。

➢ 图案：单击其后的下拉按钮，可在打开的下拉列表中选择所选域的单元格的背景图案。

➢ 显示在菜单中：选中该复选框，可将域设置显示在菜单中。

3. 通过【资源图表】视图查看

习惯使用图形方式的用户，通过选择【任务】|【视图】|【甘特图】|【资源图表】选项，切换到【资源图表】视图中，选择【资源图标格式】|【数据】|【图表】选项，在弹出的列表中选择【成本】选项，即可在图表中显示资源的成本数据与图形，如图 5-25 所示。

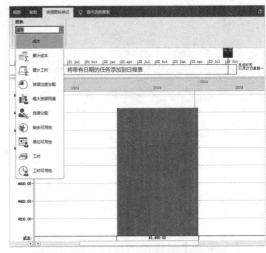

图 5-25

在图 5-25 所示的列表中选择【累计成本】选项，可以在图表中显示资源的累计成本数据与图形，如图 5-26 所示。

图 5-26

5.3.3 查看项目成本信息

在项目实施的过程中，要随时查看项目的成本，以防止成本超出预算。查看项目成本信息可以使用两种快捷的方法：一种是使用【项目统计】对话框，另一种是使用【成本】表。

1. 通过【项目统计】对话框查看

选择【项目】选项卡，再选择【属性】|【项目信息】选项，打开【项目信息】对话框，单击【统计信息】按钮，如图 5-27 所示。

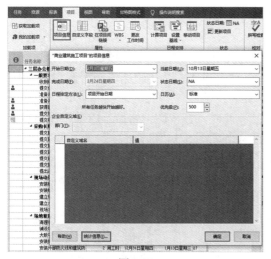

图 5-27

在打开的【项目统计】对话框中，不仅可以查看项目的当前成本，还可以查看项目的【基线】和【实际】等信息，以便了解成本是否超出预算，如图 5-28 所示。

"商业建筑服务项目.mpp"的项目统计

	开始	完成
当前	3月1日星期日	11月27日星期一
基线	11月13日星期五	11月13日星期五
实际	3月1日星期日	NA
差异	-184个工作日	790.5个工作日

	工期	工时	成本
当前	975.5个工作日?	744工时	¥14,950.00
基线	19.5个工作日	1,328工时	¥31,550.00
实际	501.69个工作日	60.8工时	¥4,420.00
剩余	473.81个工作日?	683.2工时	¥10,530.00

完成百分比：

工期：51%　工时：8%

关闭

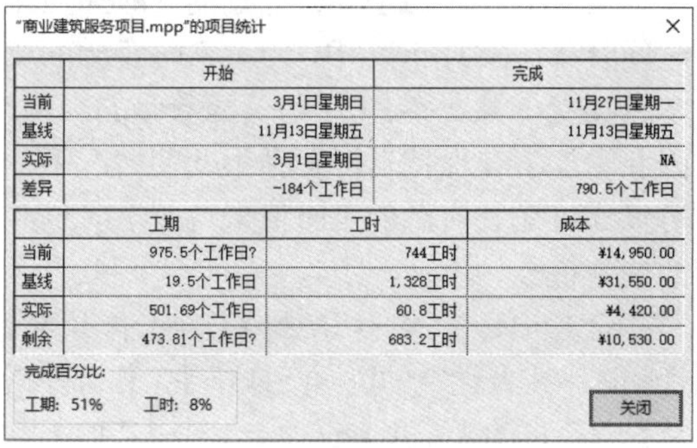

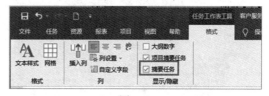

图 5-28

成本=实际成本+剩余成本+固定成本

实际成本=(实际工时×标准费率)+(实际加班工时×加班费率)+资源每次使用成本+任务固定成本

剩余成本=(剩余工时×标准费率)+剩余加班成本

2. 通过【成本】表查看

使用【成本】表查看成本信息，与按任务查看成本类似。

【例 5-4】在项目文档中查看项目成本信息。

视频+素材 （素材文件\第 05 章\例 5-4）

step 1 选择【视图】选项卡，选择【任务视图】|【甘特图】|【其他视图】选项，打开【其他视图】对话框，选择【任务工作表】选项，单击【应用】按钮，如图 5-29 所示。

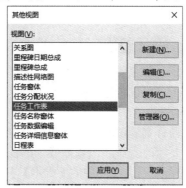

图 5-29

step 2 切换到【任务工作表】视图，选择【任务工作表工具】|【格式】选项卡，选中【显示/隐藏】组中的【摘要任务】复选框，如图 5-30 所示。

图 5-30

step 3 选择【视图】选项卡，选择【数据】|【表格】选项，在弹出的列表中选择【成本】选项，系统将以项目对应成本的方法显示，如图 5-31 所示。

图 5-31

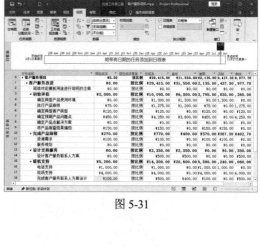

5.4 分析与调整项目成本

在 Project 的资源分配过程中，用户可以通过查看与调整项目中各项成本的方法，达到有效地控制项目成本的目的，防止实际成本超出预算成本，以及避免资源分配过度的情况出现。

5.4.1 查找超出预算的成本

Project 提供了【成本超过预算】筛选器，使用该工具可以快速查找出超出成本的任务或工作分配。

在项目实施过程中，为防止过度消耗成本，需要随时查看超出预算成本的任务。在【任务分配状况】视图中的【成本】表中，打开【视图】选项卡，在【数组】组中单击筛选器右侧的下拉按钮，从打开的菜单中选择【其他筛选器】选项，如图 5-32 所示。

图 5-32

打开【其他筛选器】对话框，选择【成本超过预算】选项，单击【应用】按钮，如图 5-33 所示。

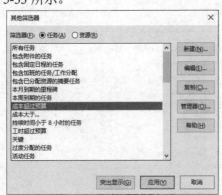

图 5-33

此时，在视图中将显示成本超过预算的任务，如图 5-34 所示。

图 5-34

5.4.2 调整工时资源的工时

工时分布表明了项目计划的工时如何按时间分布。在 Project 中，由于工时资源的成本直接受资源费率、工时与资源数量的影响，因此管理者在保持资源费率不变的情况下，可以通过调整资源的工时值来调整工时资源的成本值。

打开项目文档，切换到【任务分配状况】视图，双击要调整的资源，打开【工作分配信息】对话框的【常规】选项卡，在【工时】微调框中调整工时，在【单位】数值框中输入资源投入的百分比，在【工时分布图】下拉列表中可以选择一种分布模式，如图 5-35 所示。

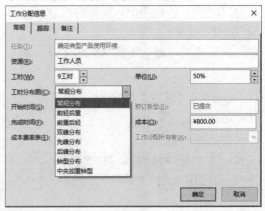

图 5-35

知识点滴

在【任务分配状况】视图中，选择要调整的资源，打开【任务分配状况工具】|【格式】选项卡，在【分配】组中单击【信息】按钮，也可以打开【工作分配信息】对话框。

【例5-5】在项目文档中将【工作人员】工时调整为6工时，工时分布为双峰分布。

（素材文件\第05章\例5-5）

step 1 选择【视图】选项卡，选择【任务视图】|【任务分配状况】选项，切换到【任务分配状况】视图，如图5-36所示。

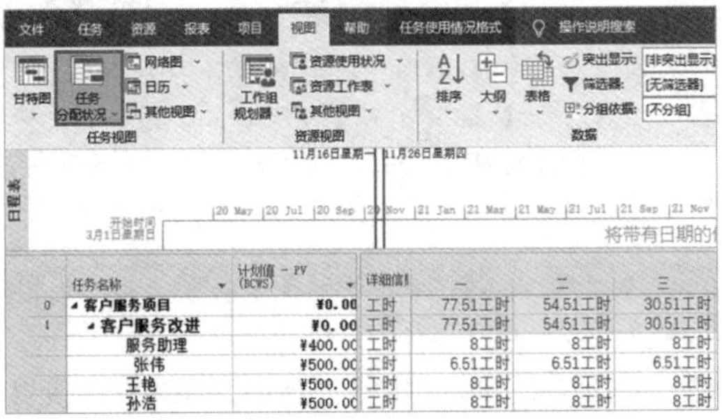

图5-36

step 2 选择【数据】|【表格】选项，从打开的菜单中选择【成本】选项，打开【成本】表，选择标识号为5的【执行产品审核】任务下的【工作人员】资源，如图5-37所示。

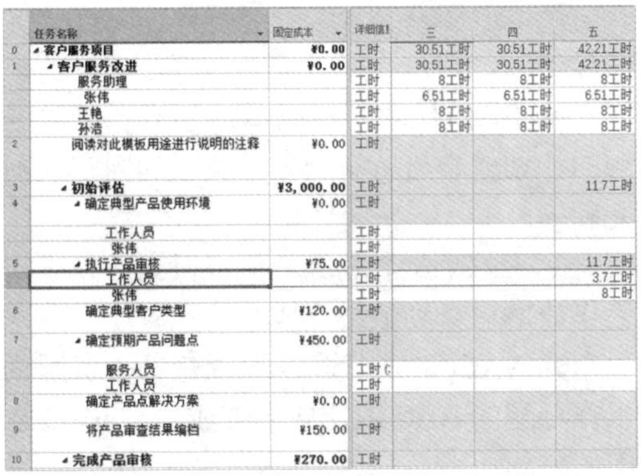

图5-37

step 3 双击【工作人员】资源，打开【工作分配信息】对话框。选择【常规】选项卡，在【工时】微调框中输入"6工时"，在【工时分布图】下拉列表中选择【双峰分布】选项，然后单击【确定】按钮，如图5-38所示。

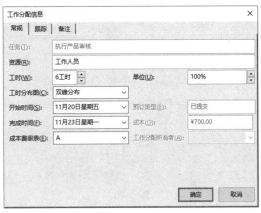

图5-38

step 4 此时，可以看到工作人员花费的成本从800元降为700元，如图5-39所示。

图5-39

5.4.3 调整材料资源的成本

材料资源的可变成本是由材料的价格与用量组成的，由于在项目实施之前就已经确定了材料的价格，因此只能通过调整材料的用量，来调整材料资源的成本。

【例5-6】将【内部开发人员】任务下的【设计支持服务】的工时调整为15。

（素材文件\第05章\例5-6）

step 1 选择【视图】选项卡，选择【资源视图】|【资源使用状况】选项，切换到【资源使用状况】视图。

step 2 选择【内部开发人员】任务下的【设计支持服务】任务后的【工时】单元格，调整该单元格使其变为微调框，将其数量增加到15工时，如图5-40所示。

图 5-40　　　　　　　　　　　　　图 5-41

step ③ 选择【任务视图】|【任务分配状况】选项，切换到【任务分配状况】视图，可以看到【设计支持服务】的总成本从 2140 元变为 2350 元，如图 5-41 所示。

> **知识点滴**
> 在【甘特图】视图中，打开【资源】选项卡，在【工作分配】组中单击【分配资源】按钮，打开【分配资源】对话框，在其中更改材料资源的数量，同样可以调整材料资源的成本。

5.5　查看分析表

Project 为用户提供了挣值功能，主要根据项目状态日期，通过执行工时成本来评估项目进度，并自动评估项目是否超过预算，从而达到分析项目财务进度的目的。

在 Project 中，可以通过挣值功能全面了解项目的整体绩效。其中，挣值又称为盈余分析与盈余值管理，可以帮助项目管理人员对项目的原始成本预算与当前日期的实际工时进行比较。项目管理人员可以设定项目状态日期，以当前日期为基准计算盈余分析的各项参数。通过查看盈余分析数据可以分析从启动日期到状态日期这一时间段内项目的实际情况与计划情况之间的差异。

在使用挣值分析财务进度之前，还需要了解挣值的分析域(即参数)，其含义如下。

▶ BCWS(计划工作量的预算成本)：从任务的比较基准开始日期到现在日期计划花费在该任务的比较基准成本。

▶ BCWP(已完成工作量的预算成本)：任务的比较基准成本与任务、资源或工作分配完成百分比的乘积的值。

▶ ACWP(已完成工作量的实际成本)：在任务开始日期和状态日期之间完成工作量的实际成本。

▶ SV(预算成本与按进度预算成本的差异)：以成本计算的一项任务实际完成的进度与日程排定的进度之间的差异。

▶ CV(预算与实际成本的差异)：一项任务实际完成的预算与实际发生的成本之间的

差异。

▶ BAC(比较基准成本)：所有已分配资源的计划成本与所有与任务关联的固定成本之和。

▶ EAC(估计完成成本)：根据已完成的工作效率估算到最终完成时的预测成本。

▶ VAC(完成差异)：某项任务、资源或工作分配的 BAC 或比较基准成本与 EAC 之间的差异。

项目管理人员可以通过不同的计算方法以及挣值表来查看与分析项目的进度与成本。

【例 5-7】在项目文档中，进行挣值分析与管理。
🎬 视频+素材　　(素材文件\第 05 章\例 5-7)

step ① 首先需要设置整个项目或单个任务的挣值计算方法，单击【文件】按钮，从弹出的菜单中选择【选项】选项，如图 5-42 所示。

第 5 章　管理项目成本

图 5-42

step 2 打开【Project 选项】对话框，选择【高级】选项卡，在【该项目的挣值选项】选项区域中，单击【默认的任务挣值方法】下拉按钮，从弹出的下拉列表中选择挣值计算方法，包括【完成百分比】与【实际完成百分比】两种计算方法，如图 5-43 所示。

图 5-43

step 3 单击【挣值计算的基线】下拉按钮，从弹出的下拉列表中选择挣值计算方法所使用的比较基准，包括基准、基准 1、基准 10 等 11 种选项，如图 5-44 所示。

图 5-44

step 4 本例以保持默认设置为例，单击【确定】按钮，关闭对话框，返回项目文档中。

step 5 选择【视图】选项卡，选择【数据】|【表格】选项，从弹出的列表中选择【更多表格】选项，打开【其他表】对话框，在【表】列表框中选择【挣值】选项，如图 5-45 所示，然后单击【应用】按钮。

图 5-45

step 6 此时将打开挣值表，查看与分析项目的进度与成本，如图 5-46 所示。

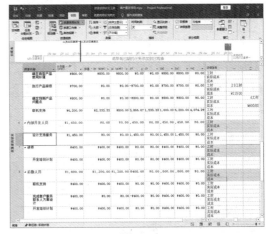

图 5-46

> **知识点滴**
>
> 在【其他表】对话框中，选择【挣值日程标记】选项，单击【应用】按钮即可查看进度指数，如 SV%(日程差异百分比)和 SPI(日程业绩指数)；选择【挣值成本标记】选项，单击【应用】按钮，即可查看成本指数，如 CPI(成本业绩指数)和 TCP(待完成业绩指数)。

125

5.6 案例演练

本章的案例演练部分将通过修改"商业建筑"项目文档来练习设置资源费率、设置固定成本、查看项目成本信息等操作。

【例5-8】练习修改"商业建筑"项目文档。

视频+素材 （素材文件\第05章\例5-8）

step 1 打开"商业建筑"项目文档后，选择【任务】选项卡，在【属性】组中单击【信息】按钮，打开【摘要任务信息】对话框，在其中可以重新定义项目的信息，如项目的开始时间等，将开始时间改为2023年10月30日，单击【确定】按钮，如图5-47所示。

图5-47

step 2 选择【视图】选项卡，在【资源视图】组中单击【资源工作表】按钮，切换至【资源工作表】视图，如图5-48所示。

图5-48

step 3 选择【G.C.会计人员】资源，选择【资源】选项卡，在【属性】组中单击【信息】按钮，如图5-49所示，打开【资源信息】对话框。

图5-49

step 4 选择【成本】选项卡，设置【标准费率】和【加班费率】分别为"¥30.00/工时"和"¥40.00/工时"。

step 5 选择【生效日期】栏下的第二个单元格，设置日期为2023年10月30日，并在同一行的【标准费率】和【加班费率】单元格中输入10%，然后按Enter键，系统将自动计算出结果，如图5-50所示，然后单击【确定】按钮。

图5-50

step 6 完成【G.C.会计人员】资源费率的设置，使用同样的方法设置其他资源的费率。

step 7 选择【视图】选项卡，切换至【甘特图】视图。单击【数据】|【表格】按钮，从打开的菜单中选择【成本】命令，在打开窗口的【固定成本】域中输入各项任务的固定成本，如图5-51所示。

第 5 章 管理项目成本

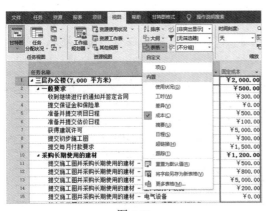

图 5-51

step 8 在【视图】|【数据】组中，单击【表格】按钮，从打开的列表中选择【跟踪】选项，在打开的窗口中把标识号为 3 的任务的【完成百分比】设置为 100%，然后在【实际成本】栏中输入实际成本，如图 5-52 所示。

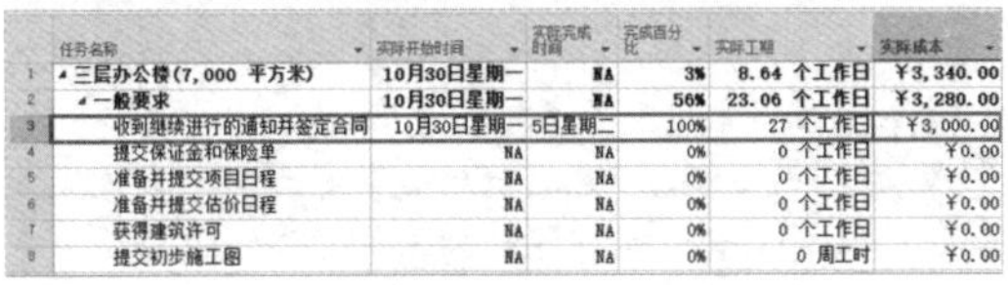

图 5-52

step 9 使用同样的方法，输入其他任务的实际成本，如图 5-53 所示。

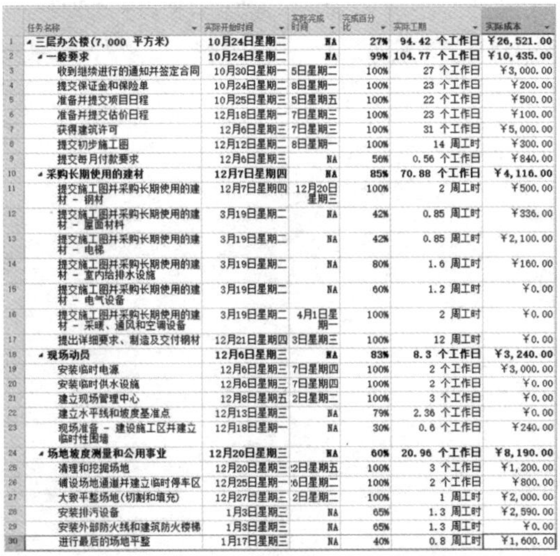

图 5-53

step 10 选择【视图】选项卡，选择【任务视

图】|【甘特图】|【其他视图】选项，在打开的【其他视图】对话框中选择【任务工作表】选项，单击【应用】按钮，如图 5-54 所示，切换至【任务工作表】视图。

图 5-54

step 11 在【视图】|【数据】组中，单击【表格】按钮，从弹出的下拉列表中选择【成本】选项，此时就可以查看每项任务的成本信息，如图 5-55 所示。

图 5-55

step 12 选择【项目】选项卡，单击【属性】|【项目信息】按钮，打开【项目信息】对话框，单击【统计信息】按钮，如图 5-56 所示。

127

图 5-56

step 13 在打开的【项目统计】对话框中不仅可以查看项目的当前成本，还可以查看项目的【基线】【实际】和【差异】等信息，如图 5-57 所示。

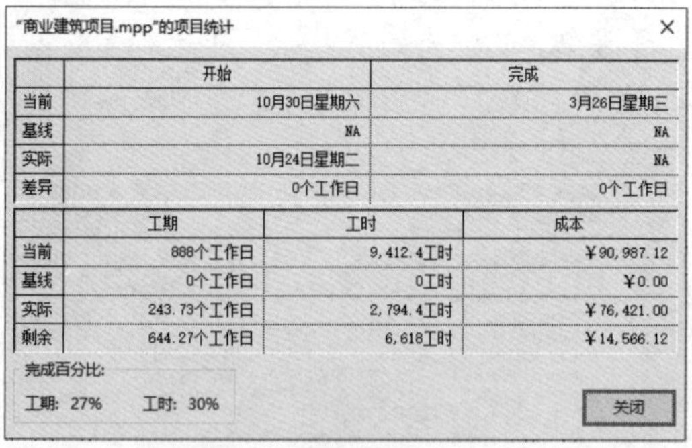

图 5-57

step 14 最后在快速访问工具栏中单击【保存】按钮，保存修改后的"商业建筑"项目文档。

> **知识点滴**
>
> 本章主要介绍了管理项目成本的相关知识。
>
> 在 Project 中，成本的管理基本是通过资源来实现的，当然在 Project 中还有一个固定成本功能，但主要还是靠资源来实现对成本计划的跟踪和监控。Project 会将项目的直接成本划分为三类"资源"来实现：工时类、材料类、成本类。
>
> 工时类资源就是人工成本或工时成本，主要就是按工时来结算或计提项目成本的那些资源，如大家都能想到的项目团队成员的工时成本。一般情况下，公司会以部门为单位核算一个统一的工时费率，而不会针对某个人核算一个工时费率。另外，如果某些设备等也是按工时来结算成本，也可以当作工时类资源处理。
>
> 材料类资源一般是指项目从外部所采购的一些材料，如装修建材、水泥等。从本质上讲，如果材料有固定的单价，而项目在使用这些资源时是按照消耗的数量来结算成本，那么都可以在 Project 中当作材料类资源被处理。由此可见，材料类资源和工时类资源其实是非常类似的，都有固定的单价，在计提项目成本时都是按照数量乘以它的单价来结算的。
>
> 成本类资源就是一次性费用，比如项目的运费、咨询费、打车费等，还比如项目为整个项目预留了 10000 元作为风险准备金，这些都可以作为成本类资源来管理。从本质上讲，所有项目的直接成本都可以通过"成本类资源"来管理。

第 6 章

管理项目进度

为了确保在规定时间和预算范围内交付项目,用户需要利用 Project 中的设置基线、更新项目进度、监视项目进度等高级功能来跟踪与监控项目,从而帮助项目管理人员随时掌握项目计划任务的完成情况、资源完成任务的情况及监视项目的实际值与评估项目的执行情况。项目进度管理是整个项目管理中最重要的一个组成部分。

 本章对应视频

例 6-1 设置基线
例 6-2 设置中期计划
例 6-3 清除基线
例 6-4 更新项目进度

例 6-5 更新任务
例 6-6 更新资源信息
例 6-7 设置项目进度线
本章其他视频参见视频二维码列表

6.1 项目进度管理概述

项目进度管理是项目管理中的重要组成部分，是保证项目如期完成与合理安排资源、节约项目成本的重要措施之一。下面将介绍项目进度管理的一些常用知识，如项目进度计划、基线与中期计划等。

6.1.1 项目进度管理

项目进度管理是指在项目实施过程中，对各阶段的项目进程与期限进行的一系列的管理，即在规定的时间内，拟定出合理且经济的进度计划，并在执行该计划的过程中，检查实际进度是否与进度计划相一致。若出现偏差，立即找出原因，并采取必要的补救措施。

项目进度管理的目的是保证项目在满足其时间约束条件的前提下，实现项目的总体目标。项目管理的要点主要包括以下内容。

▶ 建立组织架构：在项目实施之前，需要建立项目管理团队、管理模式、操作程序等管理目标。

▶ 建立网络体系：由于项目涉及许多部门，因此在项目实施之前还需建立一个严密的合同网络体系，避免部门之间的摩擦。

▶ 制订项目计划：制订一个包括施工单位、业主、设计单位等可行的三级工程计划。

▶ 检查/评审设计：确定设计单位并签订设计合同，以及检查与评审设计质量与设计速度，以确保项目的顺利实施。

▶ 项目招标：施工单位需要进行招标、评标及签订总包、分包、材料、供货等施工合同。

6.1.2 项目进度计划

项目进度计划是项目各项工作的开展顺序、开始和完成时间及相互衔接关系的计划，包括所有的工作任务、相关成本与任务估计时间等。进度计划是进度控制和管理的依据，其目的是控制项目时间。

1. 项目进度计划的类型

按照不同阶段的先后顺序，项目进度计划包括如下 3 种类型。

▶ 项目实施计划：项目实施计划是根据重大里程碑时间、相应的资源、社会与经济情况制订的总体实施计划。在该计划中，明确了项目中的人员、设备、材料、主体施工等方面的计划安排。

▶ 项目目标计划：在建立项目实施计划基础上制定出详细的工作分解结构，并根据网络技术原理，按照紧前、紧后的工序制订施工计划。

▶ 项目更新计划：项目更新计划根据实施过程的跟踪检查，找出实际进度与计划进度之间的偏差，并依据实际情况对目标计划进行偏差调整。

2. 项目计划的编制过程

在项目实施之前，需要先制订一个科学合理的进度计划，然后按照计划逐步实施。项目计划的编制过程主要包括如下几个步骤。

(1) 收集信息资料。在编制计划之前需要收集项目背景、实施条件、人员需求、技术水平等有关项目的真实、可靠的项目信息和资料，用来作为编制计划的依据。

(2) 项目结构分解。主要是依据工作分解结构(WBS)详细列举项目中的必要工作。

(3) 工作描述。用来说明工作分解结构中所有工作包的重要情况。

(4) 确定工作责任。又称分配工作责任，用于在项目组织过程中分配任务和落实责任。

(5) 确定工作顺序。它是项目活动排序的依据和方法，主要包括确定强制性逻辑关系、确定组织关系及确定外部制约关系等内容。

(6) 估算项目活动时间。在工作详细列表、资源需求、资源能力等数据基础上，利用专家判断、类别估计等方法估算项目的活动时间。

(7) 绘制网络图。利用单代号法和双代号法绘制项目任务的网络图。

(8) 项目进度安排。项目进度安排主要包括项目进度安排的意义和方法。

6.1.3 比较基线和中期计划

在开始实施项目之前,还需要设置基线,以便能够将它与项目中后面的最新日程进行比较。虽然基线与中期计划具有相似之处,即均是将当前日期与先前日期进行比较,但二者之间也存在较大的差异。下面将分别介绍基线与中期计划的相关知识。

1. 理解基线

基线是一组基本参照点,这些参照点大约有 20 个,并分为开始日期、完成日期、工期、工时和成本估计 5 种类型。通过设置基线,可以在完成和优化原始项目计划时记录计划。在项目不断推进时,可以通过设置附加基线(每个项目最多可以设置 11 个)的办法,来改进测量计划。

由于基线提供用户在比较项目进度时所依据的参照点,因此基线应包含任务工期、开始日期、完成日期、成本,以及其他需要进行监控的项目变量的最佳估计值。另外,基线还代表了项目的合作义务。当出现与当前数据不同的基线信息时,则表明项目的原始计划不再准确。此时,用户需要修改或重新设置基线。对于长期项目或对因计划的任务或成本发生重大变化而导致基线不相关的项目而言,需要设置多个基线。

通过设置基线,可以在项目进行的过程中随时与实际中输入的任务、资源、工作分配和成本的更新信息进行详细的比较,从而掌握实际值与原始计划值之间的差异,其中,基线主要包括任务域、资源域与工作分配域信息,如表 6-1 所示。

表 6-1

任务域	资源域	工作分配域
开始时间	工时	开始时间
完成时间	成本	完成时间
工期		工时
工时		成本
成本		

2. 中期计划

中期计划是在项目开始后保存的当前项目的一组数据,可以用来与基线进行比较,从而评估项目的进度。在中期计划中,只保存当前开始日期与当前完成日期两种信息。

在 Project 中,可以为项目设置 10 个中期计划,当管理者需要在计划阶段保留详尽的项目数据记录时,则需要设置多个基线,而不需要设置中期计划。另外,在项目开始后,当管理者只需要保存任务的开始日期和完成日期时,便可以设置多个中期计划。

6.2 设置跟踪方式

在开始跟踪进度之前,项目管理人员需要根据项目计划设置项目的基线与中期计划,以便与最新的实际信息进行比较,并根据比较结果调整计划与实际信息之间的差异。

6.2.1 设置基线

制订项目计划之后,为显示当前计划与原始计划的符合程度,还需要为项目设置基线。同时,为了促使已保存的基线与当前计划值相符合,还需要根据项目的实际情况更新基线值。

1. 保存基线

在 Project 中,用户可以为项目保存 11 种基线。选择【项目】|【日程安排】|【设置基线】|【设置基线】选项,打开【设置基线】对话框,如图 6-1 所示,在其中可以设置基线选项。

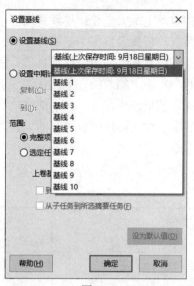

图 6-1

【例 6-1】在项目文档中设置基线，并将基线域信息显示出来。

视频+素材 （素材文件\第 06 章\例 6-1）

step 1 切换至【甘特图】视图，打开【项目】选项卡，选择【日程安排】|【设置基线】选项，从打开的菜单中选择【设置基线】选项，打开【设置基线】对话框，如图 6-2 所示。

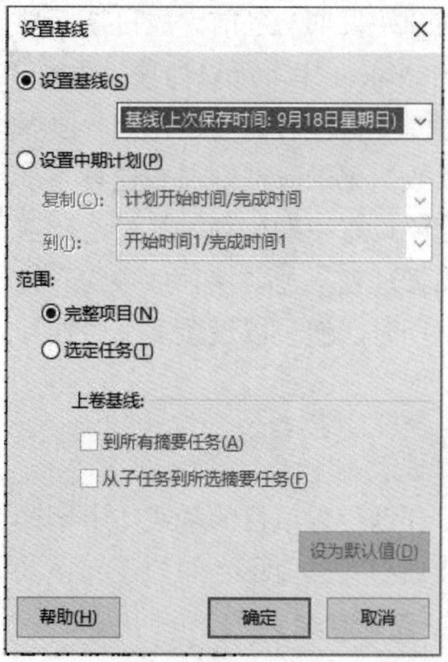

图 6-2

step 2 保持默认设置，单击【确定】按钮。

step 3 右击【任务名称】栏，在打开的快捷菜单中选择【插入列】选项，如图 6-3 所示，插入新列。

图 6-3

step 4 打开【域名称】下拉列表，在其中选择【基线成本】选项，如图 6-4 所示。

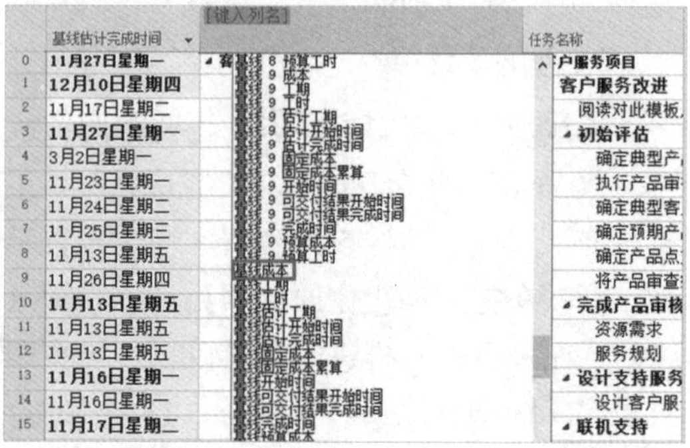

图 6-4

step 5 此时即可在【甘特图】视图中显示【基线成本】域，并显示基线成本值，效果如图 6-5 所示。

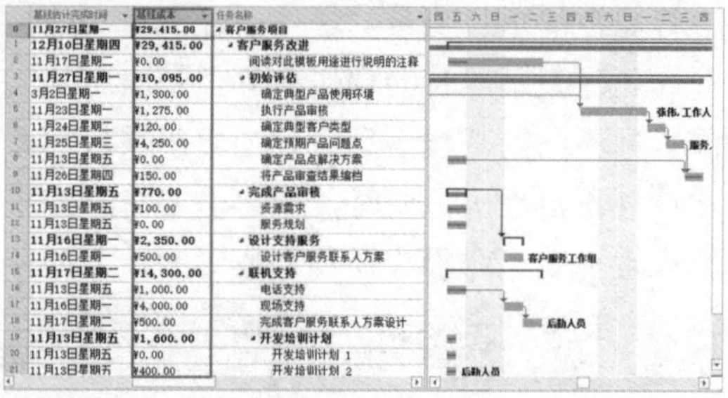

图 6-5

step 6 使用同样的方法，可以在视图中显示【基线工期】【基线估计开始时间】和【基线估计完成时间】等域。

在图 6-2 所示的【设置基线】对话框中，主要包括下列选项。

➤ 设置基线：选中该单选按钮，可以为项目设置基线。在其下拉列表中包括基线、基线0~基线10共11种选项。

> 完整项目：选中该单选按钮，表示为项目中所有的数据设置基线。

> 选定任务：选中该单选按钮，表示仅为在【甘特图】视图中选中的任务设置基线。

> 到所有摘要任务：选中该复选框，表示将所选任务的已更新基线数据汇总到相应的摘要任务。否则，摘要任务的基线数据可能不会精确地反映子任务的基准数据，该选项须在选中【选定任务】单选按钮时才可用。

> 从子任务到所选摘要任务：选中该复选框，表示将对所选摘要任务的基线数据进行更新，从而反映先前保存了基线值的子任务和已添加的任务被删除的情况。该选项须在选中【选定任务】单选按钮时才可用。

> 设为默认值：单击该按钮，可将所设置的选项设置为默认值。

2. 更新基线

项目管理者在完成项目规划并保存基线后，随着项目的运行，需要对任务工期、工作分配等一些项目计划进行调整。这时，为了促使已保存的基线与当前计划值相吻合，就需要更新基线值。

在项目文档中，打开【项目】选项卡，选择【日程安排】|【设置基线】选项，在打开的菜单中选择【设置基线】选项，打开如图6-2所示的【设置基线】对话框。保持默认设置，单击【确定】按钮，系统会自动打开如图6-6所示的信息提示对话框，单击【是】按钮即可更新基线。

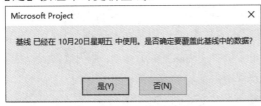

图 6-6

6.2.2 设置中期计划

对部分项目设置基线计划后，在开始更新日程时，可能需要定期地设置中期计划，用来保存项目中的开始时间与完成时间，从而方便项目管理者跟踪项目的进度。

要设置中期计划，在【设置基线】对话框中选中【设置中期计划】单选按钮即可。中期计划只保存项目文档中的开始时间或完成时间，而不保存工时或成本，通过中期计划与实际值比较，可跟踪项目的进度。

在设置中期计划时，还需要注意下列两种选项。

> 复制：用来设置开始时间、完成时间与基线值，而当前的开始时间、完成时间与基线值不计在内。

> 到：用来设置复制到其中的中期计划的名称。其中，中期计划存储在开始时间与完成时间的字段中。

> **知识点滴**
>
> 如果将【复制】与【到】选项都设置为基线，那么将保存基线而不是中期计划。如果将【复制】选项设置为基线，将【到】设置为开始和完成中期计划，那么只会将该基线的开始日期和完成日期复制到该中期计划中。

【例6-2】 在项目文档中保存中期计划，并将保存的中期数据显示出来。

▶ 视频+素材　（素材文件\第06章\例6-2）

step 1 切换至【甘特图】视图，选择标识号为4、5和6的任务，打开【项目】选项卡，选择【日程安排】|【设置基线】选项，从打开的菜单中选择【设置基线】命令，如图6-7所示。

图 6-7

step 2 打开【设置基线】对话框，选中【设置中期计划】和【选定任务】单选按钮，如图6-8所示，单击【确定】按钮。

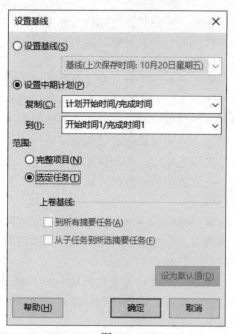

图 6-8

step 3 选中整栏并右击，在打开的快捷菜单中选择【插入列】命令，如图 6-9 所示。

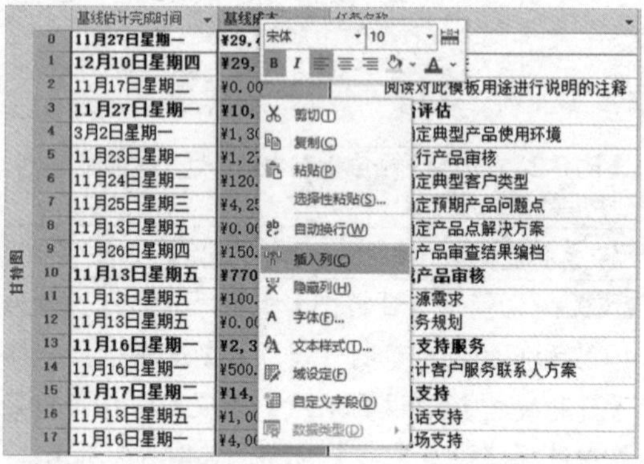

图 6-9

step 4 在【域名称】下拉列表中选择【开始时间1】选项，如图 6-10 所示。

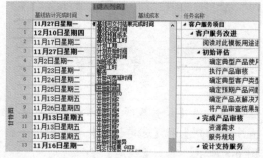

图 6-10

step 5 此时将显示【开始时间1】域，并显示选定任务的中期计划的开始时间，如图 6-11 所示。

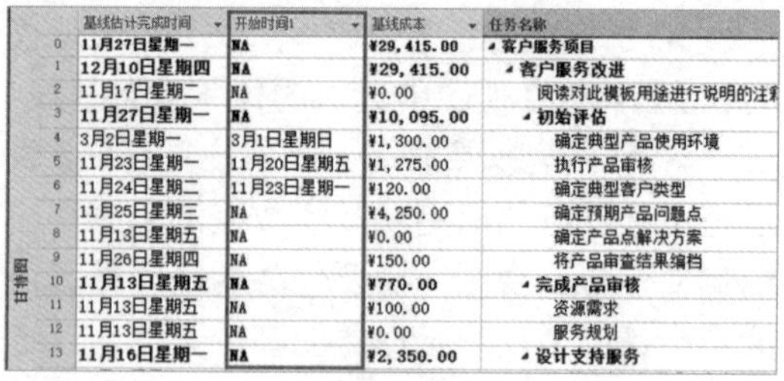

图 6-11

step 6 使用相同的方法，添加【完成时间1】域，并显示选定任务的中期计划的完成时间，如图 6-12 所示。

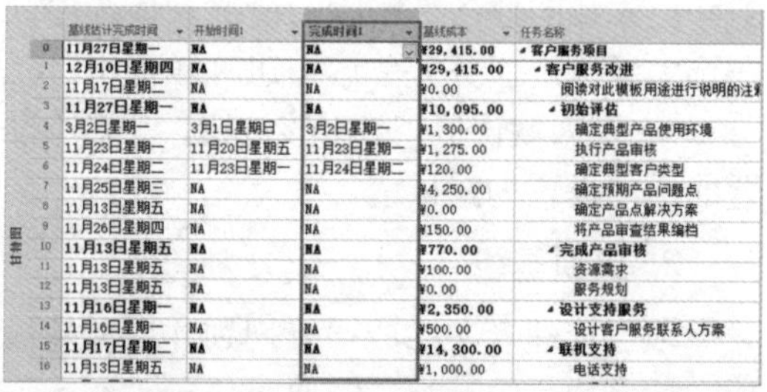

图 6-12

知识点滴

在 Project 中最多可以设置 10 个中期计划，在插入的【开始时间1】列表中，显示 NA 的单元格表示未设置中期计划。

6.2.3 清除基线或中期计划

为项目设置了基线或中期计划后，当保存的基线或中期计划过多或不再需要时，可以将它们清除，以节省计算机资源。要清除基线或中期计划，可以打开【项目】选项卡，选择【日程安排】|【设置基线】选项，从打开的菜单中选择【清除基线】选项，打开【清除基线】对话框，选择需要清除的计划即可。

【例 6-3】在项目文档中清除基线。 (素材文件\第 06 章\例 6-3)

step 1 选择【项目】选项卡，在【日程安排】组中单击【设置基线】按钮，从弹出的列表中选择【清除基线】命令，打开【清除基线】对话框。

step 2 选中【清除基线计划】单选按钮，在其后的下拉列表中选择【基线】选项，选中【完整项目】单选按钮，如图 6-13 所示，单击【确定】按钮。

图 6-13

step 3 此时基线值均为 0，如图 6-14 所示。

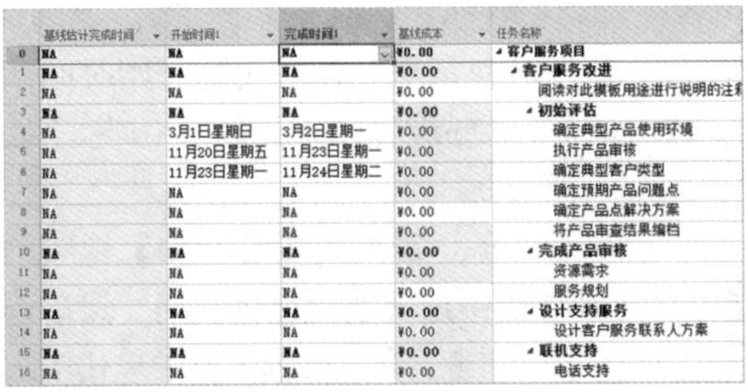

图 6-14

在【清除基线】对话框中，主要包括下列选项。

▶ 清除基线计划：选择该选项，可以清除已设置的基线计划。

▶ 清除中期计划：选中该选项，可以清除已设置的中期计划。

▶ 范围：用来设置清除基线与中期计划的应用范围，【完整项目】选项表示清除项目中的所有基线计划或中期计划，而【选定任务】选项表示只清除选中任务的基线计划或中期计划。

> **知识点滴**
>
> 如果只查看项目计划中的信息，可使用如下操作。在项目文档中，打开【视图】选项卡，选择【数据】|【表格】选项，从打开的菜单中选择【更多表格】选项，打开【其他表】对话框，在列表框中选择【基线】选项，然后单击【应用】按钮。在打开的视图中，可以查看对应任务的比较基准工期、比较基准开始时间、比较基准完成时间、比较基准工时和比较基准成本等信息。

6.3 更新项目

为项目建立了基线后，为了进一步跟踪项目进度情况，需要不断地更新项目的日程。例如，任务的实际开始日期和完成日期，任务完成百分比或实际工时。跟踪这些实际值可以让用户了解所做的更改如何影响其他任务并最终影响项目的完成日期。Project 能够根据输入的实际值重排项目的其他部分，也可使用该信息监视任务进度、管理成本以及制订项目人员的计划，并收集项目的历史数据以进行总结，便于更有效地计划将来的项目。

6.3.1 更新整个项目

项目更新是以项目当前的实际数据为依据的，Project 提供了以下两种方式来确定每个任务完成的百分比。

▶ 按日程比例设定任务的完成百分比更新进度：任务在更新日期之前已经完成的部分视为已完成的部分，而在更新日期之后需要完成的部分视为待完成部分，按此原则计算任务完成的百分比。

▶ 未全部完成进度的任务完成百分比为 0：指在更新日期之前全部完成任务时为百分百完成，而更新日起还在进行的任务则全部视为完成百分比为 0。

这两种方式考虑的问题各有侧重点，前者适合查看项目当前的详细情况，在任务的资源及项目进度比较清晰时采用；而后者比较适用于任务的未知情况变化比较大的项目。

要更新项目，可以选择【项目】选项卡，在【状态】组中单击【更新项目】按钮，打开【更新项目】对话框，如图 6-15 所示，在其中设置相应的选项。

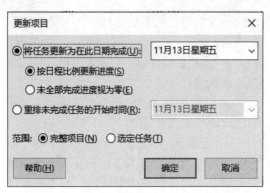

图 6-15

在【更新项目】对话框中，主要包括下列内容。

➤ 将任务更新为在此日期完成：选中该单选按钮，表示任务在当前日期内完成更新。

➤ 按日程比例更新进度：选中该单选按钮，表示 Project 将计算每个任务的完成百分比。该选项需要在选中【将任务更新为在此日期完成】单选按钮时才可用。

➤ 未全部完成进度视为零：选中该单选按钮，表示 Project 将已完成的任务标记为 100%，将未完成的任务标记为 0。该选项需要在选中【将任务更新为在此日期完成】单选按钮时才可用。

➤ 重排未完成任务的开始时间：选中该单选按钮，Project 将重新排定未完成任务的开始时间。

➤ 范围：用于设置更新项目的应用范围，选中【完整项目】单选按钮，表示应用于整个项目中的所有数据中；选中【选定任务】单选按钮，表示应用于所选任务中。

【例 6-4】在项目文档中，将项目进度更新为 2023 年 11 月 13 日。

视频+素材　（素材文件\第 06 章\例 6-4）

step 1 选择【项目】选项卡，在【状态】组中单击【更新项目】按钮，打开【更新项目】对话框。在【将任务更新为在此日期完成】下拉列表框中选择【2023 年 11 月 13 日】，如图 6-16 所示。

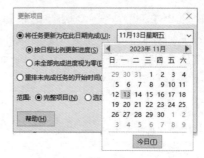

图 6-16

step 2 在【更新项目】对话框中单击【确定】按钮，此时在图表区看到进度线显示为 2023 年 11 月 13 日的项目进度。

6.3.2 更新任务

更新任务包括更新任务实际开始时间和完成时间、已完成任务的百分比、实际工期和剩余工期等。

要更新任务，需要在【甘特图】视图的【任务名称】栏中选择要更新的任务，然后选择【任务】选项卡，在【日程】组中单击【跟踪时标记】按钮，从弹出的列表中选择【更新任务】命令，打开【更新任务】对话框，在其中进行设置即可，如图 6-17 所示。

图 6-17

在【更新任务】对话框中主要包括下列选项。

➤ 名称：用来显示所选任务的名称。

➤ 工期：用来显示所选任务的工期值。

➤ 完成百分比：用于设置任务实际完成的百分比值。

➤ 实际工期：根据百分比值与任务的计划工期，计算并显示实际工期值。

▶ 剩余工期：根据计划工期与实际工期，计算并显示剩余工期。

▶ 实际：根据所设置的百分比值，显示任务的实际开始时间与实际完成时间。另外，实际完成时间必须在百分比值为 100%时才能显示。

▶ 当前：用来显示任务当前的开始时间与完成时间。

▶ 备注：单击该按钮，可以在打开的【备注】对话框中为任务添加说明性文字或对象。

> **知识点滴**
>
> 在【更新任务】对话框中，Project 提供了 3 种不同的方法来进行任务更新：输入任务的实际工期、输入任务的完成百分比、输入任务的实际开始时间和完成时间。

【例 6-5】将"将产品审查结果编档"任务更新为已全部完成。

视频+素材 （素材文件\第 06 章\例 6-5）

step① 在【甘特图】视图的【任务名称】栏中选择标识号为 9 的"将产品审查结果编档"任务，选择【任务】选项卡，在【日程】组中单击【跟踪时标记】按钮，从打开的菜单中选择【更新任务】选项，如图 6-18 所示。

图 6-18

step② 打开【更新任务】对话框，在【完成百分比】微调框中输入 100%，单击【确定】按钮，如图 6-19 所示。

图 6-19

step③ 完成任务的更新，此时在【甘特图】视图中"将产品审查结果编档"任务对应的蓝色条形图上出现一条黑色线条表示进度，如图 6-20 所示。

图 6-20

> **知识点滴**
>
> 设置任务的完成百分比后，重新打开【更新任务】对话框，用户会发现任务的开始或完成时间、实际工期、剩余工期等信息都得到了更新。当任务 100%完成后，系统将在备注栏中用 ✓ 标记出来。

6.3.3 更新资源信息

在保存项目计划时，通常已对资源进行了设置，如安排人员完成某个任务、工作时间等。但在实际工作中，如果项目计划发生了改变，还需要对资源信息进行更新，如资源的实际工时、剩余工时等。

若要更新资源信息，首先需要切换到【资源使用状况】视图，然后选中要更新的资源对应的任务名称，打开【资源使用状况工具】的【格式】选项卡，在【分配】组中单击【信息】按钮，打开【工作分配信息】对话框的【跟踪】选项卡，在其中输入实际工时、剩余工时等信息。

【例6-6】设置完成【设计支持服务】任务时，只能安排24个工时。

视频+素材 （素材文件\第 06 章\例 6-6）

step① 选择【视图】选项卡，在【资源视图】组中单击【资源使用状况】按钮，切换到【资源使用状况】视图，选中【服务助理】对应的【设计支持服务】任务所在的单元格。

step② 选择【资源使用状况工具】|【资源使用状况格式】选项卡，在【分配】组中单击【信息】按钮，打开【工作分配信息】对话框。

step 3 选择【跟踪】选项卡，在【工时】微调框中输入"24 工时"，然后单击【确定】按钮，完成资源的更新操作，如图6-21所示。

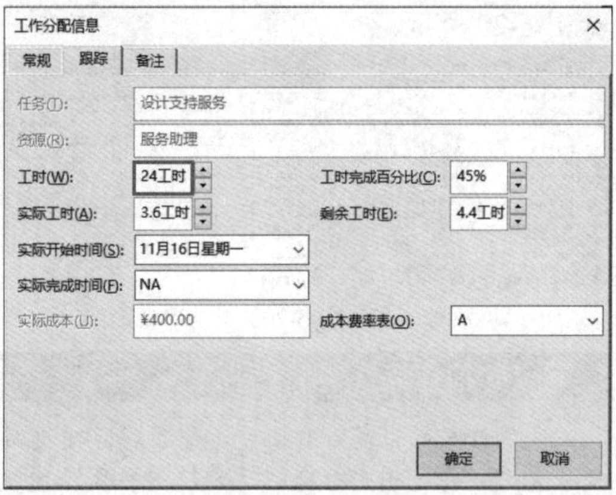

图 6-21

step 4 使用同样的方法，打开【工作分配信息】对话框并选择【跟踪】选项卡，此时可以看到对话框中工时完成百分比变为15%，如图 6-22 所示。

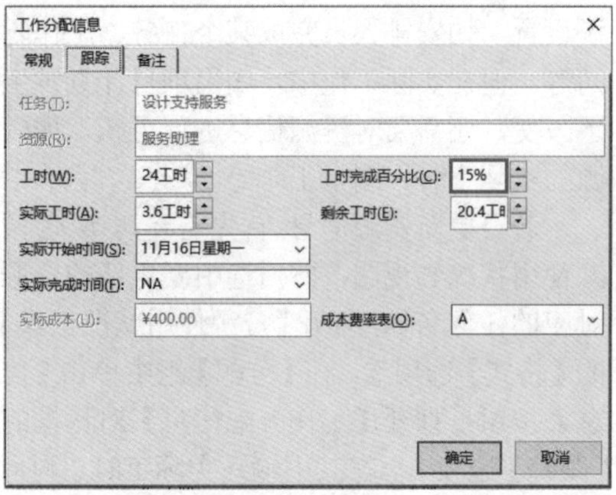

图 6-22

6.3.4 使用项目进度线

项目进度线是反映项目进度状况的一条状态线，是根据设定的日期构造的一条直线。此线与每个任务的进度相连，主要用来跟踪项目的进度情况。当任务进度落后时，任务完成的进展线的重点将显示在进度线的左边；当任务进度超前时，任务完成的进展线的重点将显示在进度线的右边。

要设置项目进度线，可在【甘特图】视图中，选择【甘特图工具】的【甘特图格式】选项卡，在【格式】组中单击【网格线】按钮，从打开的菜单中选择【进度线】命令，打开【进度线】对话框，选择【日期与间隔】选项卡，从中设置有关进度线的选项即可，如图6-23所示。

图 6-23

> **知识点滴**
>
> 右击【甘特图】视图右侧的图表区的空白部分，从弹出的快捷菜单中选择【进度线】命令，也可以打开【进度线】对话框。

在【日期与间隔】选项卡中，可以使用如下方法来设置进度线。

▶ 显示当前进度线：可以选择【在项目状态日期】和【在当前日期】两种方式来显示当前进度线。

▶ 以周期性间隔显示进度线：可以选择按天、按周和按月等不同的时间间隔，来显示进度线。

▶ 显示选定的进度线：可以显示用户自行设定的进度线。

另外，用户还可以根据需要自定义进度线的线条样式。在【进度线】对话框中选择【线条样式】选项卡，可以设置进度线的类型、线条的类型和颜色、进度点的形状和颜色，以及是否在进度线的顶点显示日期等信息，如图 6-24 所示。

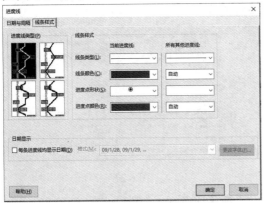

图 6-24

在【线条样式】选项卡中，主要包括下列选项组。

➤ 进度线类型：用于设置进度线的显示类型，一共包括 4 种类型。

➤ 线条样式：用于设置当前进度线与所有其他进度线的线条类型、线条颜色，进度点形状与进度点颜色。

➤ 日期显示：选中【每条进度线均显示日期】复选框，可以在每条进度线上显示日期值，并可以通过单击日期后面的下拉按钮，在弹出的下拉列表中选择日期的显示格式。另外，单击【更改字体】按钮，可在打开的【字体】对话框中设置显示的字体格式。

在图 6-23 所示的【日期与间隔】选项卡中，主要包括表 6-2 所示的选项。

表 6-2

字段		用途
当前进度线	显示	选中该复选框，可以在项目中显示当前进度线
	在项目状态日期	选中该单选按钮，表示将在项目的状态日期处显示进度线
	在当前日期	选中该单选按钮，表示将在项目的当前日期处显示进度线
周期性间隔	显示进度线	选中该复选框，可以在项目中显示当前进度线
	按天	选中该单选按钮，可以按照每一天，或每一工作日显示进度线
	按周	选中该单选按钮，可以按照每一天，或每一工作日显示进度线，并需要指定显示进度的具体日，如星期一、星期二等
	按月	选中该单选按钮，可以按照指定的月数显示进度线，主要包括在哪月中的哪一天显示，以及在指定月数的哪个工作日显示
开始于		用于设置进度线开始显示的形式，包括项目开始时与用户指定的显示日期
选定的进度线	显示	选中该复选框，可以在设置的日期内显示进度线
	进度线日期	单击该单元格，可以在其列表中选择需要显示进度线的日期
	删除	选择列表框中的进度线日期，单击该按钮可以删除所选日期
显示进度线相对于	实际计划	选中该单选按钮，进度线相对于实际计划进行显示
	基线计划	选中该单选按钮，进度线相对于基线计划进行显示

【例 6-7】设置进度线的间隔、类型、线条颜色和进度点。

(素材文件\第 06 章\例 6-7)

step 1 切换至【甘特图】视图后，选择【甘特图工具】|【甘特图格式】选项卡，在【格

式】组中单击【网格线】下拉按钮,从弹出的列表中选择【进度线】选项。

step 2 打开【进度线】对话框,选择【日期与间隔】选项卡,在【当前进度线】选项区域中选中【显示】复选框;在【周期性间隔】选项区域中选中【显示进度线】复选框;在【每周】选项区域中选中【星期三】复选框,如图 6-25 所示。

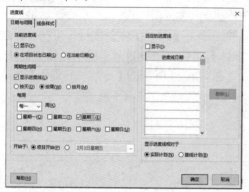

图 6-25

step 3 选择【线条样式】选项卡,在【进度线类型】选项区域中选择第二种类型,在【线条颜色】下拉列表中选择【蓝色】选项,在【进度点形状】下拉列表中选择一种样式,如图 6-26 所示,然后单击【确定】按钮。

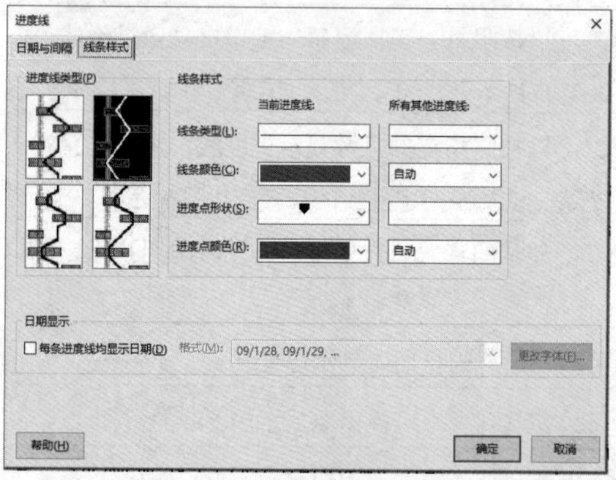

step 4 此时将得到效果如图 6-27 所示的几条进度线。

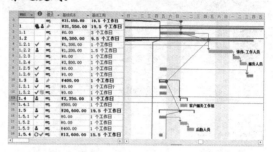

图 6-27

在【线条样式】选项卡的【日期显示】选项组中,选中【每条进度线均显示日期】复选框,可以在每条进度线上显示日期值,并可以通过单击日期后面的【格式】下拉按钮,设置日期的显示格式。

另外,单击【线条样式】选项卡中的【更改字体】按钮,可以打开【字体】对话框,在其中设置详细的字体格式,如字体、字形、字号和下画线等,如图 6-28 所示。

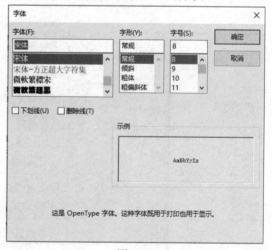

图 6-28

图 6-26

6.4 跟踪项目

在 Project 中,由于日程中的任何一项任务的延迟都可能造成项目成本的增加及项目资源的不可用,因此为了确保项目能按照规划顺利完工,用户需要时刻关注项目的日程。关注项目日程最好的办法,便是利用 Project 中的视图、表及项目统计对话框等,来查看、监视项目日程中的具体情况。

6.4.1　跟踪日程

由于日程中的任何一项任务的延迟都可能造成项目成本的增加及项目资源的不可用，因此为了确保项目能按照规划顺利完工，项目管理人员需要时刻关注项目的日程。

1. 使用【跟踪甘特图】视图

单击【视图】|【任务视图】|【甘特图】下拉按钮，在弹出的列表中选择【跟踪甘特图】选项。在【跟踪甘特图】视图中，系统将在日程条形图上显示任务的进度与状态，而项目基线条形图则显示在日程条形图的下方，从而可以准确、清晰地查看项目跟踪状态，如图 6-29 所示。

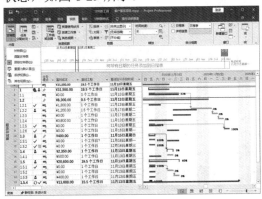

图 6-29

2. 使用【摘要】表

在【甘特图】视图中，选择【视图】|【数据】|【表格】|【摘要】选项，在【摘要】表中，除了【甘特图】视图中的基本域，还新增【完成百分比】【成本】和【工时】域。通过新增域中的数据，不仅可以查看项目日程的完成百分比情况，还可以查看每项任务在完成情况下的成本值与工时值，如图 6-30 所示。

	任务模式	任务名称	工期	开始时间	完成时间	完成百分比	成本	工时
0		客户服务项目	975.5 个工作	3月1日星期日	11月27日星期	51%	¥29,415.00	744 工时
1		客户服务改	19.5 个工作	11月13日星	12月10日星	51%	29,415.00	744 工时
2		阅读对此	3 个工作日	11月13日星	11月17日星	33%	¥0.00	0 工时
3		初始评估	976.5 个工作	3月1日星期	11月27日星	46%	10,095.00	38 工时
4		确定典	1 个工作日	3月1日星期	3月2日星期	100%	¥1,300.00	16 工时

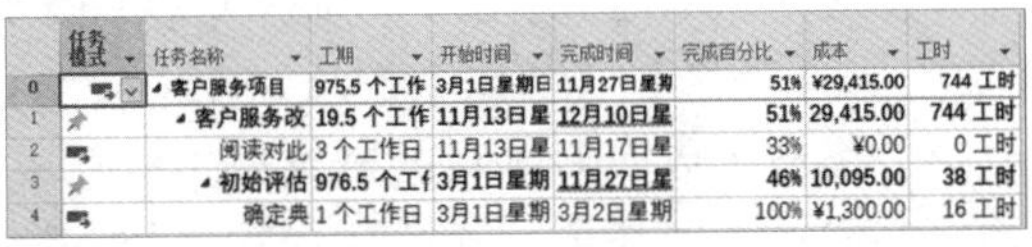

图 6-30

【摘要】表中新增域的具体含义如下。

- 完成百分比：任务的当前状态，表示已经完成的任务工期的百分比，其表达式为：完成百分比＝(实际工时/工时)×100%。
- 成本：表示某项任务、资源或工作分配总的排定成本或计划成本。该值基于分配给该任务的资源已完成工时所发生的成本，加上剩余工时的计划成本。其表达式为：成本＝实际成本＋剩余成本。
- 工时：表示某项任务上为所有已分配资源计划的时间总量，某一资源在所有已分配任务上计划的时间总量，或某一资源在某项任务上计划的时间总量。

3. 使用【日程】表

在【甘特图】视图中，选择【视图】|【数据】|【表格】|【日程】选项。在【日程】表中，除了【甘特图】视图中的【开始时间】与【完成时间】域，还新增了【最晚开始时间】【最晚完成时间】【可用可宽延时间】和【可宽延的总时间】域。通过新增域中的数据，不仅可以查看日程中的具体时间，还可以根据列表中的数据，以重新分配项目资源的方法来缩短项目工期，如图 6-31 所示。

	任务模式	任务名称	开始时间	完成时间	最晚开始时间	最晚完成时间	可用可宽延时间	可宽延的总时间
0		客户服务项目	3月1日星期日	月27日星期一	3月1日星期日	11月27日星期一	0 个工作日?	0 个工作日?
1		客户服务改进	13日星期五	10日星期四	11月13日星期五	11月27日星期一	772 个工作日	772 个工作日?
2		阅读对此模	13日星期五	17日星期二	11月13日星期五	11月17日星期五	0 个工作日	783 个工作日
3		初始评估	1日星期日	27日星期一	3月1日星期日	11月27日星期一	0 个工作日	0 个工作日
4		确定典型	1日星期日	2日星期一	3月1日星期日	3月2日星期一	0 个工作日	0 个工作日
5		执行产品	20日星期五	23日星期一	11月22日星期三	11月23日星期四	0 个工作日	783 个工作日
6		确定典型	23日星期一	24日星期二	11月23日星期四	11月24日星期五	0 个工作日	783 个工作日
7		确定预期	24日星期二	25日星期三	11月24日星期五	11月27日星期一	783 个工作日	783 个工作日
8		确定产品	13日星期五	13日星期五	11月13日星期五	11月13日星期五	0 个工作日	0 个工作日
9		将产品审	25日星期三	26日星期四	11月25日星期三	11月26日星期四	0 个工作日	0 个工作日

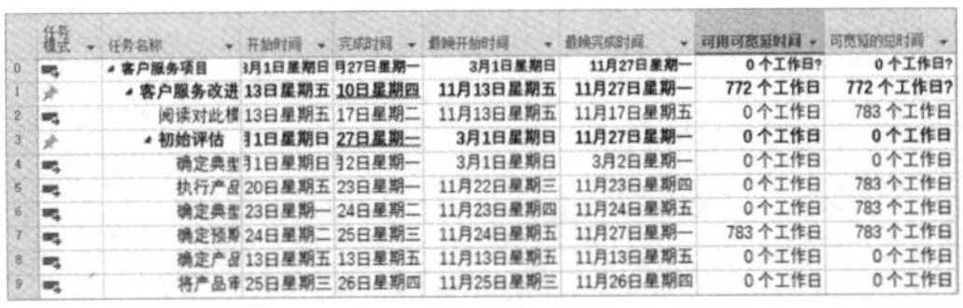

图 6-31

【日程】表中新增域的具体含义如下。

- 最晚开始时间：表示在不延迟项目完成时间的情况下，任务可以开始的最晚时间。
- 最晚完成时间：表示在不延迟项目完成时间的情况下，任务可以完成的最后日期。
- 可用可宽延时间：表示在不使任何后续任务延迟的情况下，任务可以延迟的时间量。如果任务没有后续任务，则可用可宽延时间为在不使整个项目的完成日期延迟的情况下，该任务可以延迟的时间量。

▶ 可宽延的总时间：表示在不延迟项目完成时间的情况下，任务的完成时间可以延迟的时间量。

4. 使用【差异】表

在【甘特图】视图中，选择【视图】|【数据】|【表格】|【差异】选项。在【差异】表中，除了【甘特图】视图中的【开始时间】与【完成时间】域，还新增了【基线开始时间】【基线完成时间】【开始时间差异】与【完成时间差异】域。通过新增域中的数据，可以查看项目的基线日程与日程差异值，如图 6-32 所示。

	任务模式	任务名称	开始时间	完成时间	基线开始时间	基线完成时间	开始时间差异	完成时间差异
0		◢ 客户服务项目	3月1日星期日	月27日星期一	11月13日星期五	11月13日星期五	-184 个工作日	790.5 个工作日
1		◢ 客户服务改进	13日星期五	10日星期四	11月13日星期五	12月15日星期二	0 个工作日	-3.5 个工作日
2		阅读对此模	13日星期五	17日星期二	11月13日星期五	11月17日星期二	0 个工作日	0 个工作日
3		◢ 初始评估	31日星期日	27日星期一	11月13日星期五	11月30日星期一	-185 个工作日	779.5 个工作日
4		确定典型	31日星期日	32日星期一	11月13日星期五	11月14日星期六	-184 个工作日	-184 个工作日
5		执行产品	20日星期五	23日星期一	11月17日星期二	11月20日星期五	3 个工作日	0.5 个工作日
6		确定典型	23日星期一	24日星期二	11月17日星期二	11月19日星期四	4.5 个工作日	2.5 个工作日
7		确定预期	24日星期二	25日星期三	11月13日星期五	11月16日星期一	7.5 个工作日	6.5 个工作日
8		确定产品	13日星期五	13日星期五	11月13日星期五	11月14日星期六	0 个工作日	0 个工作日
9		将产品审	25日星期三	26日星期四	11月16日星期一	11月17日星期二	7.5 个工作日	6.5 个工作日

图 6-32

【差异】表中新增域的具体含义如下。

▶ 基线开始时间：表示任务或工作分配在保存基线时的计划开始日期。

▶ 基线完成时间：表示任务或工作分配在保存基线时的计划完成日期。

▶ 开始时间差异：表示任务或工作分配的基线开始日期与其当前计划的开始日期之间相差的时间量，其表达式为：开始时间差异＝开始时间－基线开始时间。

▶ 完成时间差异：表示任务或工作分配的基线完成日期与其当前计划的完成日期之间相差的时间量，其表达式为：完成时间差异＝完成时间－基线完成时间。

5. 使用【基线】表

在【甘特图】视图中，选择【视图】|【数据】|【表格】|【更多表格】选项，打开【其他表】对话框，选择【基线】选项，单击【应用】按钮。在【基线】表中，可以查看项目的基线工期、成本、工时、开始时间和完成时间，如图 6-33 所示。

	任务名称	基线工期	基线开始时间	基线完成时间	基线工时	基线成本
0	◢ 客户服务项目	19.5 个工作日	11月13日星期五	11月13日星期五	1,328 工时	¥31,550.00
1	◢ 客户服务改进	.5 个工作日	11月13日星期五	12月15日星期二	1,328 工时	¥31,550.00
2	阅读对此模板用途进行说明的注释	3 个工作日	11月13日星期五	11月17日星期二	0 工时	¥0.00
3	◢ 初始评估	.5 个工作日	11月13日星期五	11月30日星期一	38 工时	¥6,300.00
4	确定典型产品使用环境	1 个工作日	11月13日星期五	11月14日星期六	16 工时	¥1,300.00
5	执行产品审核	.5 个工作日	11月17日星期二	11月20日星期五	14 工时	¥1,200.00
6	确定典型客户类型	1 个工作日	11月17日星期二	11月19日星期四	0 工时	¥0.00
7	确定预期产品问题点	1 个工作日	11月13日星期五	11月16日星期一	8 工时	¥3,800.00
8	确定产品点解决方案	1 个工作日	11月13日星期五	11月14日星期六	0 工时	¥0.00
9	将产品审查结果编档	1 个工作日	11月16日星期一	11月17日星期二	0 工时	¥0.00

图 6-33

在【基线】表中，主要包括下列域。

▶ 基线工期：表示计划完成任务的大概时间范围。当在没有已识别“工期”值的手动计划任务上保存基线时，Project 2021 将估计一天时间的工期。对于其他所有任务，该值将与“基线工期”同值。

▶ 基线开始时间：表示任务或工作分配在保存基线时的计划开始时间。

▶ 基线完成时间：表示任务或工作分配在保存基线时的计划完成时间。

▶ 基线工时：表示为某任务、资源或工作分配排定的总计划(人/小时数)。该值与保存基线时“工时”域的内容相同。

▶ 基线成本：表示某一任务，所有已分配的任务的某一资源或任务上某一资源已完成的工时的总计划成本。该值与保存基线时的“成本”域的内容相同。

知识点滴

用户还可以在【统计信息】对话框中查看工期、工时的实际值与剩余值，以及工期与工时的完成百分比情况。

6.4.2 跟踪项目成本

为确保项目可以在预算内顺利完成，用户需要通过 Project 中的视图、表等功能，来跟踪项目的固定成本、总成本及差异成本等成本信息。

1. 使用【成本】表

在【甘特图】视图中，选择【视图】|【数据】|【表格】|【成本】选项，在【成本】表中，用户可以查看项目的固定成本、总成本、基线值、差异值、实际值和剩余值，如图 6-34 所示。

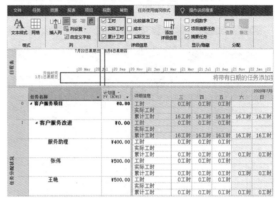

图 6-34

2. 使用【任务信息】对话框

在【甘特图】视图中选择某项任务，选择【任务】|【属性】|【信息】选项，打开【任务信息】对话框，选择【资源】选项卡，可查看当前任务的总成本，如图 6-35 所示。

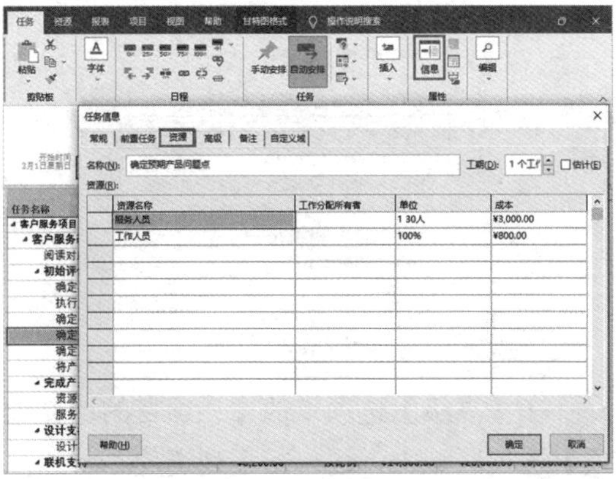

图 6-35

3. 使用【任务分配状况】视图

选择【视图】|【任务视图】|【任务分配状况】选项，选中【任务使用情况格式】|【详细信息】组中的【成本】与【实际支出】复选框，可在【任务分配状况】视图中查看项目工时、成本与实际成本值，如图 6-36 所示。

图 6-36

6.4.3 跟踪工时

由于工时直接决定项目的预算成本，因此为了更好地控制项目的预算成本，用户还需要利用 Project 中的视图和表功能跟踪任务或资源的工时、实际工时与基线工时等工时信息。

1. 使用【任务分配状况】视图

选择【视图】|【任务视图】|【任务分配状况】选项，同时选中【任务使用情况格式】|【详细信息】组中的【工时】【实际工时】与【累计工时】复选框，在【任务分配状况】视图中可查看项目的工时信息，如图 6-37 所示。

图 6-37

2. 使用【资源使用状况】视图

选择【视图】|【资源视图】|【资源使用状况】选项，如图 6-38 所示。

图 6-38

同时选中【资源使用状况格式】|【详细信息】组中的【成本】【实际工时】与【剩余可用性】复选框，在【资源使用状况】视图的右侧可查看资源的成本与工时信息，如图 6-39 所示。

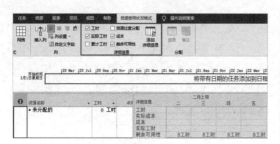

图 6-39

3. 使用【工时】表

在【甘特图】视图中，选择【视图】|【数据】|【表格】|【工时】选项，在【工时】表中，可查看任务的工时、基线、差异、实际、剩余及工时完成百分比情况，如图6-40所示。

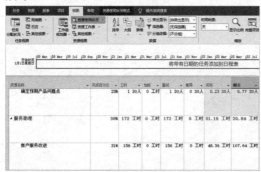

图 6-40

6.4.4 移动项目

更新项目之后，需要根据新的项目开始时间调整所有任务的开始和结束时间。选择【项目】|【日程安排】|【移动项目】选项，在打开的【移动项目】对话框中设置新项目的开始日期，单击【确定】按钮即可，如图6-41所示。

图 6-41

另外，选择【文件】|【选项】选项，打开【Project 选项】对话框，选择【高级】选项卡，选中【将状态日期后已完成部分的结束时间移回到状态日期】复选框，如图 6-42 所示，即可将处于状态日期后且已完成部分的结束时间移动到状态日期处。

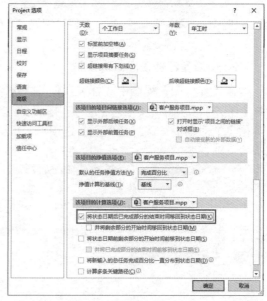

图 6-42

在【高级】选项卡的【该项目的计算选项】选项区域中，还包括下列选项。

▶ 并将剩余部分的开始时间移回到状态日期：选中该复选框，表示将已完成部分的结束时间移到状态日期处时，同时将剩余部分的开始时间移回到状态日期处。

▶ 将状态日期前剩余部分的开始时间前移到状态日期：选中该复选框，可以将处于状态日期前的剩余部分的开始时间前移到状态日期处。

▶ 并将已完成部分的结束时间前移到状态日期：选中该复选框，表示将在状态日期前的剩余部分的开始时间前移到状态日期处时，同时将已完成部分的开始日期一同前移到状态日期处。

▶ 将新输入的总任务完成百分比一直分布到状态日期：选中该复选框，表示将总完成百分比的更改平均分配到截止项目状态日期的日程中。禁用该复选框，表示将任务完成百分比的更改分配到任务的实际工期结束时。

▶ 计算多条关键路径：选中该复选框，计算并显示项目中每个独立的任务网络的关键路径。另外，选中该复选框时，没有后续任务或约束任务的最晚完成时间将设置为其最早完成时间，从而使这些任务变得关键。

6.5 查看项目进度

查看项目进度可以了解项目的进展情况，了解是否有任务未完成，了解项目实际运行情况与计划的差异等，并根据这些情况来调整任务，以保证项目的顺利完成。

6.5.1 查看单位信息

在 Project 中显示单位要比显示数据困难很多，单位问题是经常被忽视的问题。在 Project 中，可以使用【任务窗体】视图来查看项目的单位信息。

在【甘特图】视图中，选择【视图】|【拆分视图】|【详细信息】选项，系统会将视图分为上下两部分，上部分显示【甘特图】视图，下部分显示【任务窗体】视图。在【甘特图】视图中选择任务后，即可在【任务窗体】视图中查看分配给该任务的资源的单位值，如图 6-43 所示。

图 6-43

> **知识点滴**
> 在【甘特图】视图中，双击任务名称，在弹出的【任务信息】对话框中，激活【资源】选项卡，在该选项卡中可以查看资源的单位值。

6.5.2 查看允许时差

在项目实施过程中，有些任务与前面的任务并没有太大的相关性，在有多余资源的情况下，可以适当提前某些任务，以节省时间。此外，为了保证按计划完成任务，也可以延迟一些相关性不大的任务。在 Project 中，通过查看允许时差，可以找到能够提前或延期的任务。

【例 6-8】在项目文档中，查看项目允许的时差。
(视频+素材) (素材文件\第 06 章\例 6-8)

step 1 选择【视图】选项卡，选择【任务视图】|【甘特图】选项，从打开的菜单中选择【其他视图】选项，如图 6-44 所示。

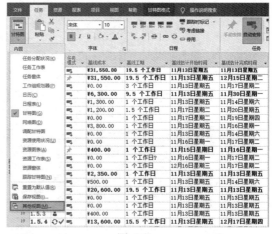

图 6-44

step 2 打开【其他视图】对话框，选择【视图】列表框中的【详细甘特图】选项，单击【应用】按钮，如图 6-45 所示。

图 6-45

step 3 切换至【详细甘特图】视图,选择【视图】选项卡,单击【数据】|【表格】选项,在弹出的列表中选择【日程】选项,打开如图 6-46 所示的表格。

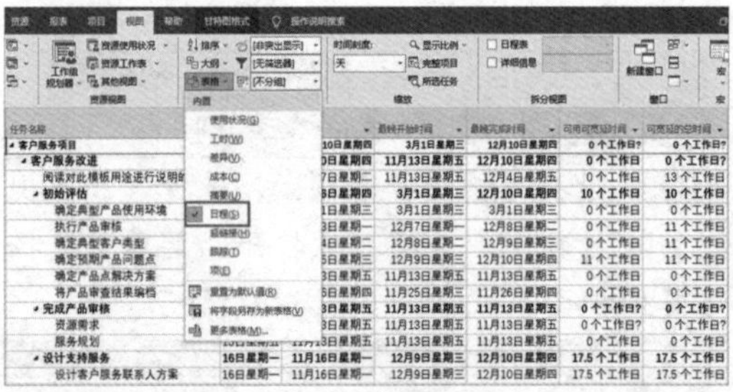

图 6-46

step 4 右击【完成时间】列,在打开的快捷菜单中选择【插入列】命令,打开如图 6-47 所示的列表框,在其中选择【最早开始时间】选项,插入【最早开始时间】域。

图 6-47

step 5 使用同样的方法,显示【最早完成时间】列,如图 6-48 所示,此时就可以查看各任务的最晚开始时间、最晚完成时间、最早开始时间、最早完成时间、可用可宽延时间以及可宽延总时间,来确定可提前的任务和可延迟的任务。

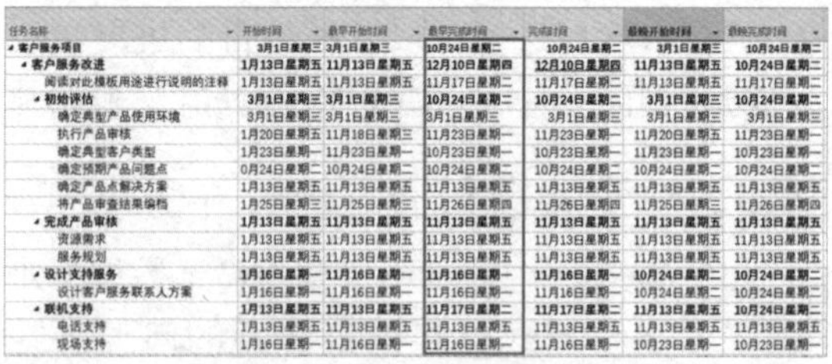

图 6-48

6.5.3 查看进度与日程差异

在 Project 中,除了可以运用【差异】表来查看项目的进度差异,用户还可以用【工时】表来查看项目的日程差异。

1. 查看进度差异

在 Project 中,使用【差异】表可以查看项目进度差异。

【例 6-9】在项目文档中,查看项目进度差异。
(素材文件\第 06 章\例 6-9)

step 1 选择【视图】选项卡,选择【任务视图】|【甘特图】|【跟踪甘特图】选项,切换到【跟踪甘特图】视图,如图 6-49 所示,

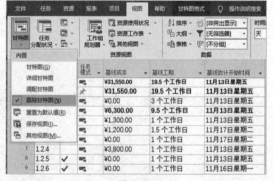

图 6-49

step 2 选择【视图】|【数据】|【表格】选项,在弹出的列表中选择【差异】选项,打开【差异】表,在窗口中可以查看任务进度的差异,如图 6-50 所示。

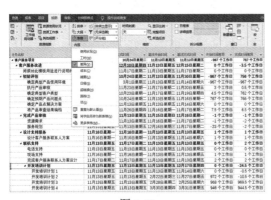

图 6-50

2. 查看日程差异

在 Project 中，查看项目进度差异后，可以了解哪些任务没有按计划进行，但不能了解任务的实际工时与计划工时相差多少。此时就需要使用日程差异来进行查看。切换到【甘特图】视图，选择【视图】|【数据】|【表格】选项，从弹出的列表中选择【工时】选项，切换至【工时】表，在该视图中即可对各任务的实际消耗工时与项目计划工时进行对比，如图 6-51 所示。

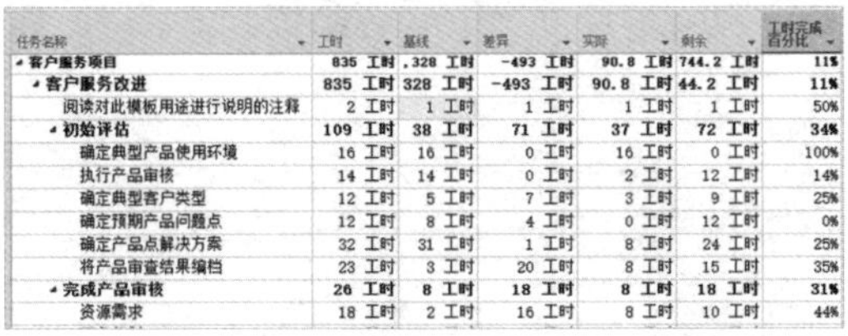

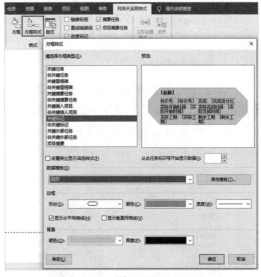

任务名称	工时	基线	差异	实际	剩余	工时完成百分比
客户服务项目	835 工时	.328 工时	-493 工时	90.8 工时	744.2 工时	11%
客户服务改进	835 工时	328 工时	-493 工时	90.8 工时	44.2 工时	11%
阅读对此模板用途进行说明的注释	2 工时	1 工时	1 工时	1 工时	1 工时	50%
初始评估	109 工时	38 工时	71 工时	37 工时	72 工时	34%
确定典型产品使用环境	16 工时	16 工时	0 工时	16 工时	0 工时	100%
执行产品审核	14 工时	14 工时	0 工时	2 工时	12 工时	14%
确定典型客户类型	12 工时	5 工时	7 工时	3 工时	9 工时	25%
确定预期产品问题点	12 工时	8 工时	4 工时	0 工时	12 工时	0%
确定产品点解决方案	32 工时	31 工时	1 工时	8 工时	24 工时	25%
将产品审查结果编档	23 工时	3 工时	20 工时	8 工时	15 工时	35%
完成产品审核	26 工时	8 工时	18 工时	8 工时	18 工时	31%
资源需求	18 工时	2 工时	16 工时	8 工时	10 工时	44%

图 6-51

3. 查看任务信息

在 Project 2021 中，还可以运用【网络图】视图中的【跟踪】方框样式，来跟踪项目进度。

首先，选择【任务】|【视图】|【甘特图】|【网络图】选项，切换到【网络图】视图中，接着，选择【网络关系图格式】|【格式】|【方框样式】选项，在弹出的【方框样式】对话框中选择【关键标记】选项，将【数据模板】设置为【跟踪】，单击【确定】按钮，如图 6-52 所示。

图 6-52

6.6 监视项目进度

在项目实施过程中，经常会因为一些小问题或突发问题导致项目无法按照计划进行。此时，用户需要运用 Project 中的分组、筛选与进度线等功能，来监视项目的进度情况，从而可以保证项目根据预计的范围、日程及预算标准顺利进行。

6.6.1 使用分组

分组是按照指定标准为视图中的项目分组，便于用户查看工作表视图的任务、资源或工作分配的总成型摘要信息。在 Project 中，用户可以对项目数据进行单条件与多条件分组。

1. 单条件分组

在【甘特图】视图中，选择【视图】选项卡，单击【数据】|【分组依据】图标右侧的下拉按钮，在弹出的下拉列表中选择分组条件即可，如图 6-53 所示。

Project 2021 项目管理案例教程

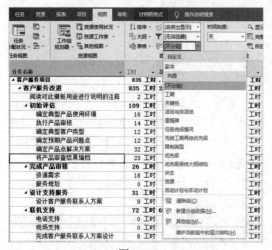

图 6-53

2. 多条件分组

在【甘特图】视图中，选择【视图】|【数据】|【分组依据】|【其他组】选项，弹出【其他组】对话框，选择【资源】选项，单击【复制】按钮，如图 6-54 所示。

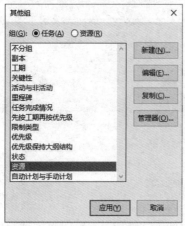

图 6-54

在打开的对话框中，设置分组的名称和依据，以及分组状态等选项，如图 6-55 所示，单击【保存】按钮，即可应用创建的多条件分组依据。

在图 6-55 所示的对话框中，主要包括下列选项。

➤ **名称**：用来设置自定义分组的名称。

➤ **显示在菜单中**：选中该复选框，将自定义分组显示在菜单中。

➤ **分组依据**：用来设置分组的第 1 个条件，包括域名称、域类型与排列顺序。

➤ **然后依据**：用来设置分组的第 2~9 个条件，包括域名称、域类型与排列顺序。

➤ **组分配信息，而不是任务分配信息**：选中该复选框，表示所设置的是组分配信息，并非任务分配信息。

➤ **字体**：用来设置分组依据的字体格式，单击其后的【字体】按钮，可在打开的【字体】对话框中设置详细的字体格式。

➤ **单元格背景**：用来设置分组依据的单元格背景颜色。

➤ **图案**：用来设置分组依据的单元格背景图案。

➤ **定义分组间隔**：单击该按钮，可在打开的【定义分组间隔】对话框中设置分组依据、起始值与间隔值。

➤ **显示摘要任务**：选中该复选框，可以在分组时显示摘要任务。

➤ **维护层次结构**：选中该复选框，可以在分组时维持分组的层次结构。

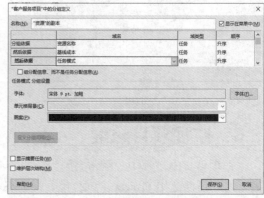

图 6-55

6.6.2 使用筛选器

除了分组功能，还可以使用 Project 中的筛选功能，来按照指定的条件筛选任务或资源，从而达到监视项目的目的。在【甘特图】视图中，单击【视图】|【数据】|【筛选】图标▼右侧的下拉按钮，在弹出的下拉列表中选择分组条件即可，如图 6-56 所示。

第 6 章　管理项目进度

图 6-56

另外，选择【视图】|【数据】|【筛选】|【其他筛选器】选项，打开【其他筛选器】对话框，选择【已完成的里程碑】选项，单击【复制】按钮，如图 6-57 所示。

图 6-57

在打开的对话框中设置筛选器的名称，在列表框中添加新域，并设置域条件与值，单击【保存】按钮，应用新筛选器，如图 6-58 所示。

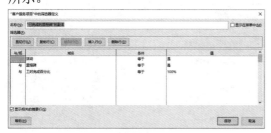

图 6-58

在图 6-58 所示的对话框中，主要包括下列选项。

▶ 剪切行：选中列表框中的域名，单击该按钮，可以剪切域名所在的整行。

▶ 复制行：选中列表框中的域名，单击该按钮，可以复制域名所在的整行。

▶ 粘贴行：剪切或复制选中域名所在的行后，单击该按钮可以粘贴行。

▶ 插入行：选中列表框中的行，单击该按钮，可以在该行上方插入一个空白行，用于创建新的域名。

▶ 删除行：选中列表框中的行，单击该按钮，可以删除所选域名所在的整行。

▶ 显示相关的摘要行：选中该复选框，可以在筛选结果中显示与任务相关的摘要行。

6.6.3　使用排序

在 Project 中，用户还可以通过排序功能，按一定的顺序显示任务的成本值。首先，在【甘特图】视图中，选择【视图】|【数据】|【排序】|【按成本】选项，在视图中按成本显示任务，如图 6-59 所示。

图 6-59

接下来，选择【视图】|【数据】|【排序】|【排序依据】选项，在打开的【排序】对话框中，设置【主要关键字】和【次要关键字】选项，最后单击【排序】按钮即可，如图 6-60 所示。

图 6-60

在【排序】对话框中,还包括下列选项。

➤ 永久重新编号任务:选中该复选框,表示排序结果中的任务将不按照原序号进行显示,而是按照重新编号的序号进行显示。

➤ 保持大纲结构:选中该复选框,表示排序结果将保持大纲结构。

➤ 排序:单击该按钮,可对项目中的数据进行排序操作。

➤ 重置:单击该按钮,可以撤销已设置的排序条件,恢复到未设置选项之前的状态。

6.7 优化日程

在复杂多变的项目中,对基本的日程安排进行初步设置后,在某些方面不可避免地会存在错误或时间安排上的不足,因此,用户需要根据实际情况优化日程,使日程安排更加合理、有效。

6.7.1 使用投入比导向安排日程

新的工时资源分配给任务或从任务中删除工时资源时,Project 将根据为任务分配的资源数量延长或缩短任务工期,但不会更改任务的总工时。这种日程排定方式称为投入比导向日程控制方法,它是 Project 用于多个资源分配的默认的日程排定方式。通过更改默认的投入比导向日程控制方法,可以更改 Project 排定日程的方式。

1. 投入比导向日程控制方法

采用投入比导向日程控制方法来排定任务,其实也就是将新资源添加到项目中的任务时,任务的总工时保持不变,但该任务分配到每个资源上的工时量将由 Project 按它们在工作分配单位总和中所占的比例重新分配。

若要使用投入比导向安排日程,先在项目文档中更改任务的工时、工期或资源,此时在单元格中出现 ▶ 标记,将光标移至该处将出现 ① 标记,再将光标移至 ① 标记处,标记变为 ◇▼,单击该下拉按钮,从打开的下拉菜单中选择投入比导向提供的日程修改方法。

【例 6-10】在项目文档中,使用投入比导向日程控制方法排定任务。

(视频+素材) (素材文件\第 06 章\例 6-10)

step 1 选择标识号为 4 的【确定典型产品使用环境】任务,在【资源名称】域中添加资源【讲师】,如图 6-61 所示。

图 6-61

step 2 将鼠标光标移至 ▶ 标记处,将出现 ① 标记,再将光标移至 ① 标记处,标记变为 ◇▼,单击该下拉按钮,如图 6-62 所示,从弹出的下拉菜单中选中【缩短工期但保持工时量不变。】单选按钮。

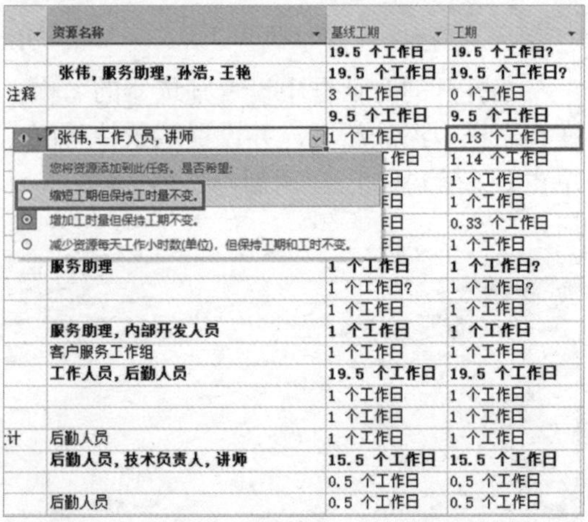

图 6-62

step 3 此时【确定典型产品使用环境】任务工期变为 0.09 个工作日,如图 6-63 所示。

第 6 章　管理项目进度

图 6-63

step 4 使用同样的方法,为标识号为8的【确定产品点解决方案】任务增加项目资源【工作人员】和【后勤人员】来缩短工期,效果如图6-64所示。

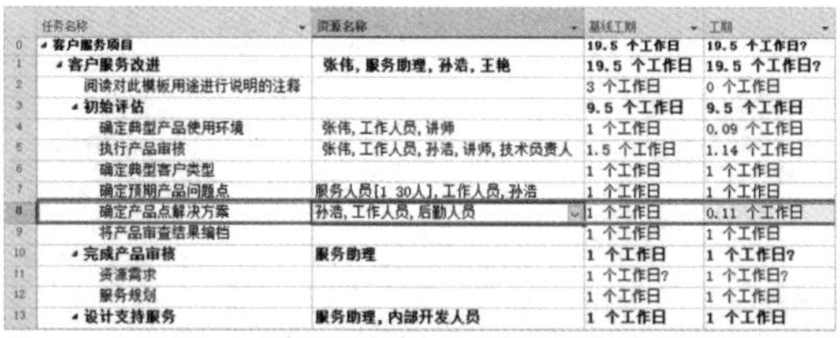

图 6-64

知识点滴

投入比导向日程控制方法仅在从任务中添加或删除资源时才有效,在更改已分配给任务的工时、工期和资源的单位值时,该计算规则并不适用。

使用投入比导向安排日程时,需要注意以下内容。

▶ 只有在给任务分配第一个资源后,才能应用投入比导向日程计算方式。在资源分配后,给同一任务添加新资源或从中删除资源时,任务的工时值将不会更改。

▶ 如果分配的任务类型为【固定单位】,分配附加资源将缩短任务工期。

▶ 如果分配的任务类型为【固定工期】,分配附加资源将减少资源的单位值。

▶ 如果分配的任务类型为【固定工时】,分配附加资源将缩短任务工期。

▶ 摘要任务和插入项目不能设置为投入比导向控制。

2. 改变投入比导向日程控制设置

为了更准确地反映出在添加或删除资源时在该任务上发生的实际变动情况,可以改变某任务的投入比导向日程控制方式。例

如,将新的工时资源添加到某任务时,希望了解总工时的增加量。要改变投入比导向日程控制设置,首先切换到【甘特图】视图,在【任务名称】域中选择要关闭投入比导向日程排定的任务,打开【任务】选项卡,在【属性】组中单击【信息】按钮,打开【任务信息】对话框的【高级】选项卡,取消选中【投入比导向】复选框,单击【确定】按钮,如图 6-65 所示,这样就改变了任务的投入比导向日程控制方式。

图 6-65

知识点滴

若要取消Project默认的投入比导向日程排定设置,可单击【文件】按钮,从打开的【文件】菜单中选择【选项】命令,打开【Project 选项】对话框,在【日程】选项卡中取消选中【新任务为投入比导向】复选框。

6.7.2 缩短工期

若项目日程超出了项目计划,必须缩短后期任务的工期,从而保证项目按时完成。缩短工期可通过安排加班、延长工作时间等操作来实现。

1. 安排加班

在项目的实施过程中,有时为了赶工期,需要在关键任务上为资源设置加班工时,来缩短任务工期。首先在【甘特图】视图中选择任务名称,打开【视图】选项卡,在【拆分视图】组中选中【详细信息】复选框,此

时自动打开【任务窗体】窗格。然后选择【任务窗体工具】的【格式】选项卡，在【详细信息】组中单击【工时】按钮，切换至资源工时的详细信息窗格。最后在【加班工时】栏中为该任务资源设置加班工时。

【例6-11】安排在执行任务时加班4工时，缩短工期为0.5天。

视频+素材 （素材文件\第06章\例6-11）

step 1 打开项目文档，选择标识号为14的【设计客户服务联系人方案】任务。

step 2 选择【视图】选项卡，在【拆分视图】组中选中【详细信息】复选框，此时自动打开【任务窗体】窗格，如图6-66所示。

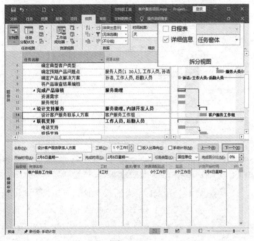

图6-66

step 3 切换至【任务窗体】视图，选择【任务窗体工具】|【格式】选项卡，在【详细信息】组中单击【工时】按钮，切换至资源工时的详细信息窗格，如图6-67所示。

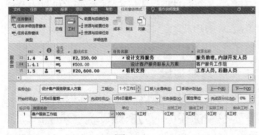

图6-67

step 4 单击【客户服务工作组】资源对应的【工时】栏中的空白单元格，输入"4工时"，如图6-68所示。

图6-68

step 5 在任意空白处单击，该任务的工期由1个工作日变为0.5个工作日，如图6-69所示。

图6-69

知识点滴

在Project中，添加资源是优化日程最简单的方法，用户还可以在【任务信息】对话框中通过更改任务工期的方法来优化日程。

2. 延长工作时间

在项目的实施过程中，也可以通过改变资源的日历来调整工期，如可以将资源原来的休息时间改为工作时间，通过增加资源的工作时间来缩短项目的工期。

若要更改整个项目的工作时间，只需打开【项目】选项卡，在【属性】组中单击【更改工作时间】按钮，在打开的【更改工作时间】对话框中选择想要修改的日期，在【对于日历】下拉列表中选择日历模板，将所选时间设置为【非工作日】即可。

【例6-12】在项目中安排每周日18:00-20:30按工作时间上班。

视频+素材 （素材文件\第06章\例6-12）

step 1 选择【项目】选项卡，在【属性】组中单击【更改工作时间】按钮，如图6-70所示，打开【更改工作时间】对话框。

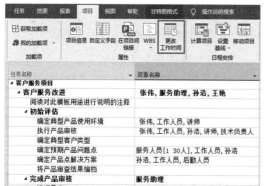

图 6-70

step 2 在【例外日期】选项卡列表框的第一行【名称】单元格中输入"加班"，在其后的【开始时间】和【完成时间】单元格中分别设置为 2023/11/17 和 2023/12/17，如图 6-71 所示。

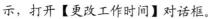

图 6-71

step 3 单击【详细信息】按钮，打开【"加班"的详细信息】对话框，选中【工作时间】单选按钮，并设置工作时间为 18:00—20:30，选中【每周】单选按钮和【周二】复选框，设置【共发生】为 4 次，如图 6-72 所示，然后单击【确定】按钮。

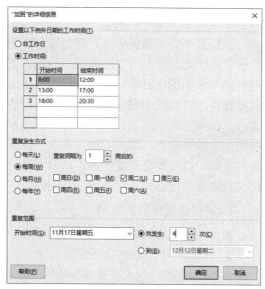

图 6-72

step 4 返回【更改工作时间】对话框，可以看到在日历中 2023 年的 11 月 21 日、11 月 28 日、12 月 5 日、12 月 12 日已变成例外日期，即为需要加班的日期，如图 6-73 所示。

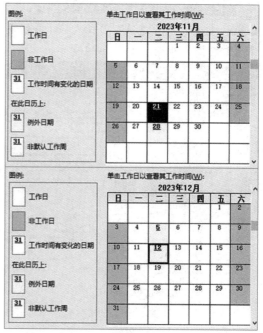

图 6-73

step 5 最后，单击【确定】按钮即可完成延长工作时间的设置。

6.7.3 缩短项目日程

当延迟一些关键任务时，将直接影响项目的完成时间。用户可以通过缩短项目关键路径的方法来优化日程。当项目日程安排出现问题后，可通过缩短关键路径中的工期的方法，在缩短项目施工时间的同时降低项目费用。一般情况下，用户可通过减少关键任务的工期，以及重叠关键任务这两种方法，解决日程安排问题。

1. 减少关键任务的工期

减少关键任务工期的方法如下。

▶ 估算时间：重新估算任务的工作时间。

▶ 添加资源：向关键任务中添加资源，当向固定工期任务中添加资源时，将无法减少任务的工作时间。

2. 重叠关键任务

重叠关键任务的方法如下。

▶ 调整相关性：可以将【完成-开始】链接类型更改为【开始-开始】链接类型。

▶ 限制任务日期：可通过调整任务日期的限制类型，或延隔时间的方法来重叠关键任务。

> **知识点滴**
>
> 双击任务，打开【任务信息】对话框，在【高级】选项卡的【限制类型】下拉列表中可以调整任务日期的限制类型，在【限制日期】下拉列表中可以选择限制日期。

6.8 案例演练

本章主要介绍使用 Project 管理项目进度的相关知识和操作方法，下面的案例演练部分将通过处理"商业建筑"项目，来练习设置基线、更新项目进度等操作。

【例 6-13】练习处理"商业建筑"项目。
视频+素材 （素材文件\第 06 章\例 6-13）

step 1 打开"商业建筑"项目文档，并切换至【甘特图】视图，如图 6-74 所示。

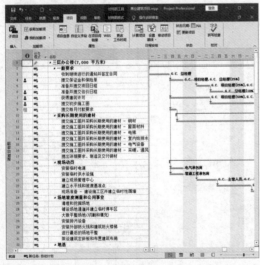

图 6-74

step 2 选择【项目】选项卡，在【日程安排】组中单击【设置基线】按钮，从弹出的列表中选择【设置基线】选项，打开【设置基线】对话框，保持默认设置，单击【确定】按钮设置基线，如图 6-75 所示。

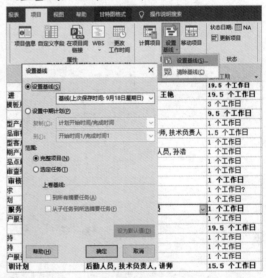

图 6-75

step 3 右击【任务名称】域，在弹出的快捷菜单中选择【插入列】命令，插入新域，并在弹出的【域名称】下拉列表中选择【基线成本】选项，如图 6-76 所示。

第 6 章 管理项目进度

图 6-76

step 4 此时即可在【甘特图】视图中显示【基线成本】域，并显示基线成本值，效果如图 6-77 所示。

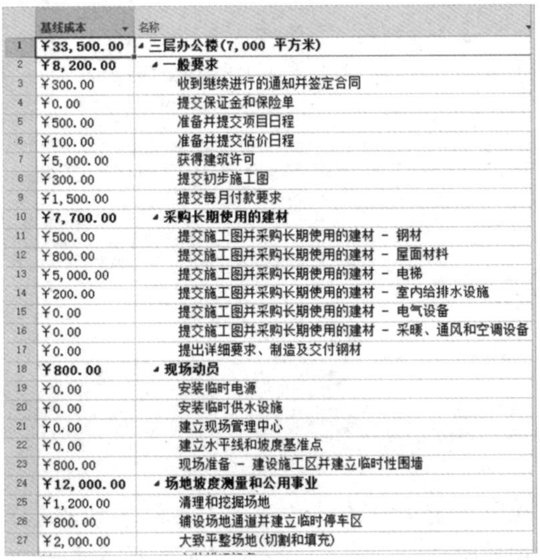

图 6-77

step 5 选择标识号为 9 的【提交每月付款要求】任务，选择【任务】选项卡，在【日程】组中单击【跟踪时标记】按钮，在弹出的列表中选择【更新任务】选项，打开【更新任务】对话框，在【实际工期】微调框中输入"1"，单击【确定】按钮，如图 6-78 所示。

图 6-78

step 6 此时在【甘特图】视图中任务对应的蓝色条形图上出现一条黑色线条表示进度，并且在备注栏中显示标记【✓】，表示任务 100%完成。

step 7 使用同样的方法，更新其他任务。

step 8 选择【项目】选项卡，在【状态】组中单击【更新项目】按钮，打开【更新项目】对话框，在【将任务更新为在此日期完成】下拉列表中设置项目更新完成时间，然后单击【确定】按钮，如图 6-79 所示。

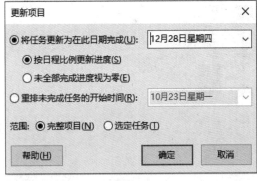

图 6-79

step 9 此时在图表区可以看到进度线显示为设置的项目进度。

step 10 选择【甘特图工具】|【甘特图格式】选项卡，在【格式】组中单击【网格线】按钮，从弹出的下拉列表中选择【进度线】命令，打开【进度线】对话框。

step 11 选择【日期与间隔】选项卡，在【当

155

前进度线】选项区域中选中【显示】复选框；在【周期性间隔】选项区域中选中【显示进度线】复选框；在【每周】选项区域中选中【星期五】复选框，如图6-80所示。

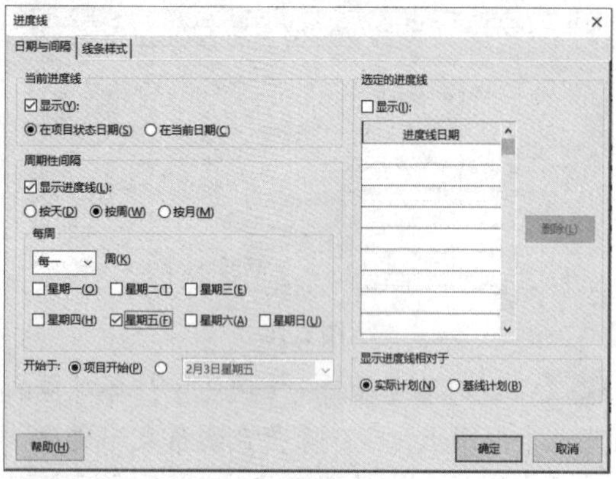

图6-80

step 12 选择【线条样式】选项卡，如图6-81所示，在【进度线类型】选项区域中选择一种样式，在【线条颜色】下拉列表中选择【绿色】色块，在【进度点形状】下拉列表中选择一种形状，在【进度点颜色】下拉列表框中选择【黄色】色块，然后单击【确定】按钮。

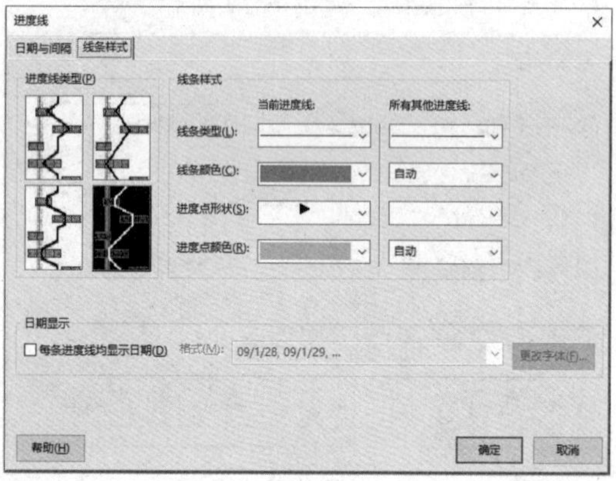

图6-81

step 13 选择【项目】选项卡，在【属性】组中单击【项目信息】按钮，打开【项目信息】对话框，在【状态日期】下拉列表中设置状态日期，如图6-82所示。

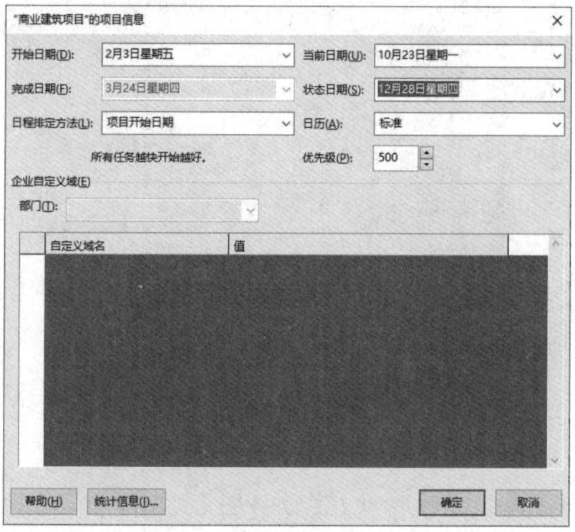

图6-82

step 14 单击【统计信息】按钮，打开【项目统计】对话框，可查看项目的当前、基线、实际、差异等信息，如图6-83所示。

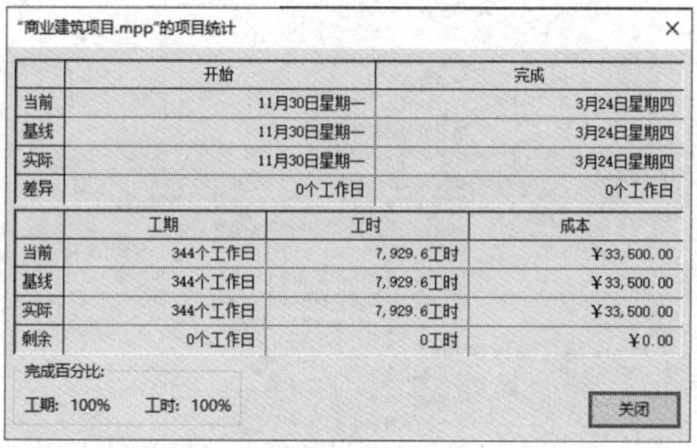

图6-83

step 15 最后，在快速访问工具栏中单击【保存】按钮，保存"商业建筑"项目文档。

第7章

美化项目文档

为了使项目文档更加美观，也为了方便用户查询，需要美化项目文档，即对项目文档及整体文件进行格式化操作。其中，包括项目信息中的文本、条形图、网格的格式设置等。

本章对应视频

例 7-1 设置字体样式　　　　　例 7-5 应用内置的甘特图样式
例 7-2 设置背景格式　　　　　例 7-6 设置版式
例 7-3 设置条形图格式　　　　例 7-7 设置网格格式
例 7-4 设置条形图样式　　　　本章其他视频参见视频二维码列表

7.1 设置组件格式

组件表示 Project 视图中的字体、背景和网格线等元素。用户可以通过设置其格式，达到美化项目文档，以及突出显示特殊或重要任务的目的。

7.1.1 设置字体格式

Project 与 Office 软件中的其他组件一样，具有美化字体功能。通过该功能，用户可以在视图中突出显示特殊任务的文本信息。

设置文本格式可使用如下方法进行。

➤ 方法 1：选择需要设置格式的文本，打开【任务】选项卡，使用【字体】组中提供的按钮即可设置文本格式，如图 7-1 所示。

图 7-1

➤ 方法 2：选择需要设置格式的文本，打开【任务】选项卡，在【字体】组中单击对话框启动器按钮，打开【字体】对话框，如图 7-2 所示，在该对话框中可设置字体格式。

图 7-2

➤ 方法 3：右击需要设置格式的文本，此时选中单元格的右上角将出现浮动工具栏，单击相应按钮或在下拉列表中选择所需的选项，即可设置格式，如图 7-3 所示。

图 7-3

在图 7-2 所示的【字体】对话框中，主要包括下列选项。

➤ 字体：用于设置文本的字体样式，可在列表框中选择相应的字体样式，其作用等同于【字体】组中的【字体】选项。

➤ 字形：用于设置文本的加粗、斜体、粗体等字体效果。

➤ 字号：用于设置文本的字体大小，其作用等同于【字体】组中的【字号】选项。

➤ 下画线：选中该复选框，可在文本底部添加一条横线，其作用等同于【字体】组中的【下画线】选项。

➤ 删除线：选中该复选框，可在文本中间添加一条横线。

➤ 颜色：用于设置文本的字体颜色，作用等同于【字体】组中的【字体颜色】选项。

➤ 背景色：用于设置文本的背景颜色，其作用等同于【字体】组中的【背景色】选项。

➤ 背景图案：用于设置文本的背景图案样式，一共包括 14 种样式。

【例 7-1】在项目文档中设置字体样式。
(视频+素材) （素材文件\第 07 章\例 7-1）

step 1 选择大纲级别为 1 的任务名称所在的单元格，打开【任务】选项卡，在【字体】组中单击【字体】下拉按钮，从打开的下拉列表中选择【黑体】选项；单击【字号】下拉按钮，从打开的下拉列表中选择【14】选项；单击【字体颜色】按钮，从打开的【主题颜色】面板中选择【蓝色】色块。此时文本效果如图7-4所示。

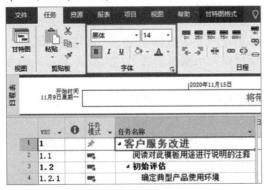

图 7-4

step 2 按住Ctrl键，选择所有大纲级别为3的任务名称所在的单元格，如图7-5所示。

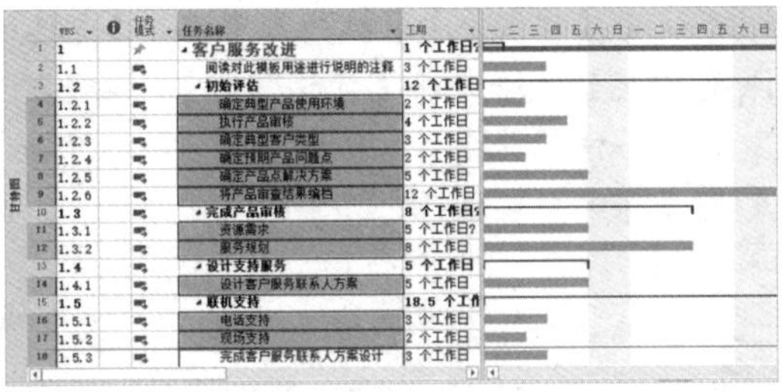

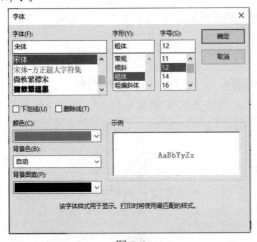

图 7-5

step 3 在【任务】选项卡的【字体】组中单击对话框启动器按钮，打开【字体】对话框，在【字体】列表框中选择【宋体】选项，在【字号】列表框中选择【12】选项，在【颜色】下拉列表中选择【绿色】色块，如图7-6所示。

图 7-6

step 4 在【字体】对话框中单击【确定】按钮，完成单元格文本的格式设置，效果如图7-7所示。

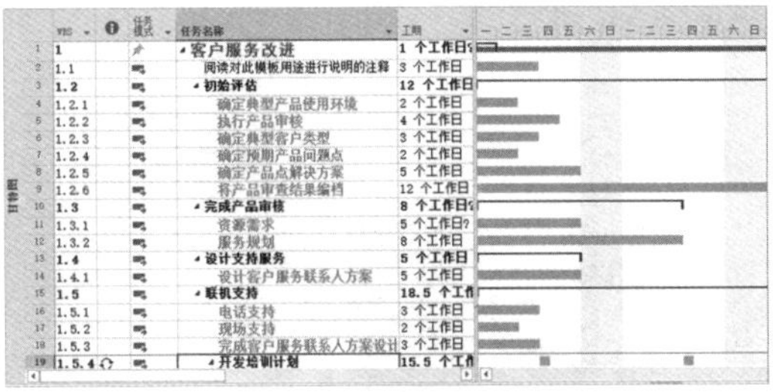

图 7-7

step 5 使用同样的方法，将所有大纲级别为5的任务的字体设置为【黑体】【粗体倾斜】和【红色】，如图7-8所示。

图 7-8

> **知识点滴**
>
> 用户可通过使用Ctrl+B、Ctrl+I、Ctrl+U快捷键，快速设置字体的加粗、倾斜与下画线格式。
>
> 在项目文档中，使用【格式刷】工具是Project提供的可快速格式化文本的工具。要快速地将某任务的文本样式复制到其他任务，可选定要复制格式的任务，在【任务】选项卡的【剪贴板】组中单击【格式刷】按钮，然后单击要应用该格式的任务单元格。

在设置字体颜色时，如果颜色面板中的色块满足不了需求，可在打开的颜色面板中选择【其他颜色】选项，如图7-9所示。

图 7-9

打开【颜色】对话框,在【标准】选项卡中可以选择任意一种色块;在【自定义】选项卡中可以自定义设置字体颜色,如图7-10所示。

图 7-10

在【自定义】选项卡的【颜色模式】下拉列表中,用户可以设置 RGB 或 HSL 颜色模式。

▶ RGB 颜色模式:该颜色模式主要由基于红、绿、蓝 3 种基色的 256 种颜色组成,其每种基色的度量值范围为 0~255。用户只需单击【红色】【绿色】和【蓝色】微调按钮或在微调框中直接输入颜色值即可。

▶ HSL 颜色模式:主要基于色调、饱和度与亮度 3 种效果来调整颜色,其各数值的取值范围为 0~255。用户只需在【色调】【饱和度】与【亮度】微调框中设置数值即可,如图 7-11 所示。

图 7-11

7.1.2 设置背景格式

设置背景格式是指设置项目文档中的字体的背景颜色与填充图案,其操作方法与美化字体的方法相似。通过设置背景格式,不仅可以突出重点任务与区分任务类别,还可以美化工作表的外观。

在 Project 中可以通过设置单元格背景来突出强调一些特定的信息。

【例 7-2】将任务的所有单元格背景设置为金色,深度为 25%,并设置一种背景图案。

视频+素材 (素材文件\第 07 章\例 7-2)

step 1 选中标识号为 4 的任务,选择【任务】选项卡,在【字体】组中单击对话框启动器按钮,打开【字体】对话框。

step 2 在【背景色】下拉列表中选择【金色,深度 25%】色块;在【背景图案】下拉列表中选择一种背景图案,如图 7-12 所示,然后单击【确定】按钮。

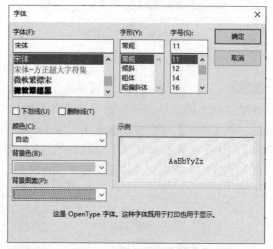

图 7-12

step 3 完成以上背景色设置后,此时标识号为 4 的任务的背景填充效果如图 7-13 所示。

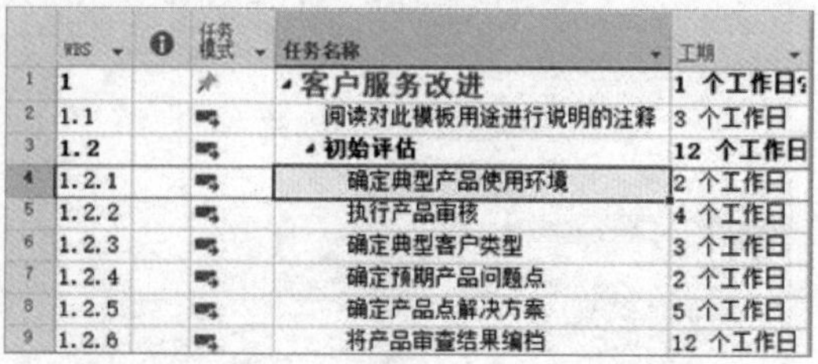

图 7-13

知识点滴

为任务设置背景色后,在【任务】选项卡的【字体】组中单击【背景色】按钮,从打开的颜色面板中选择【无颜色】选项,即可取消已设置的背景色。

7.1.3 设置条形图格式

默认情况下,【甘特图】视图中任务的三维条形图是蓝色的,用户可以对这些条形图进行重新设置。

1. 美化条形图

若要设置条形图格式,首先选择需要设置的条形图,然后打开【甘特图工具】|【甘特图格式】选项卡,在【条形图样式】组中单击【格式】下拉按钮,从打开的下拉列表中选择【条形图】选项。打开【条形图格式】对话框,如图 7-14 所示。在其中可以设置条形图的形状和条形图的文本。

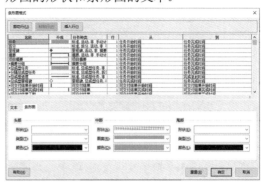

图 7-14

在【条形图格式】对话框中,主要选项的说明如表 7-1 所示。

表 7-1 【条形图格式】对话框中主要选项的说明

选项		说明
头部	形状	用于设置条形图头部形状的样式
	类型	用于设置条形图头部形状的类型
	颜色	用于设置条形图头部形状的颜色
中部	形状	用于设置条形图中部形状的样式
	图案	用于设置条形图中部形状的图案
	颜色	用于设置条形图中部形状的颜色
尾部	形状	用于设置条形图尾部形状的样式
	类型	用于设置条形图尾部形状的类型
	颜色	用于设置条形图尾部形状的颜色
重置		单击该按钮,可以撤销已设置的条形图格式,恢复到未设置格式之前的状态
帮助		单击该按钮,可以打开【Project 帮助】窗口

【例 7-3】在项目文档中设置条形图格式。
视频+素材 (素材文件\第 07 章\例 7-3)

step 1 选中标识号为 12 的【服务规划】任务,双击右侧的条形图,如图 7-15 所示。

图 7-15

step 2 打开【设置条形图格式】对话框,在【头部】|【形状】下拉列表中选择▼选项,在【颜色】下拉列表中选择【金色】色块;在【尾部】|【形状】下拉列表中选择▲选项,在【颜色】下拉列表中选择【紫色】选项,如图 7-16 所示。

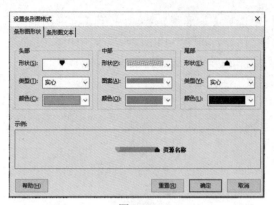

图 7-16

step 3 选择【条形图文本】选项卡,在【左侧】下拉列表中选择【成本】选项,在【右侧】下拉列表中选择【资源名称】选项,在【上方】下拉列表中选择【工时】选项,如图 7-17 所示,然后单击【确定】按钮。

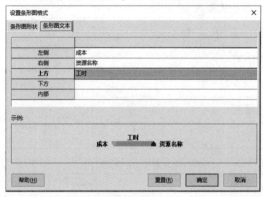

图 7-17

step 4 此时,标识号为 12 的条形图效果将如图 7-18 所示。

图 7-18

2. 设置条形图样式

在 Project 中,还可以针对任务的类别来设置条形图的样式。例如,可以单独设置关键任务、比较基准、里程碑等任务的甘特图样式。

在【甘特图】视图中选择【甘特图格式】选项卡,选择【格式】|【条形图样式】选项,在打开的【条形图样式】对话框中按照任务类型分别设置条形图的样式,如图 7-19 所示。

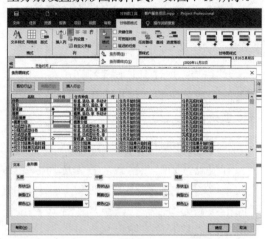

图 7-19

在图 7-19 所示的【条形图样式】对话框中主要包括下列选项。

▶ 剪切行:用来移动所选任务行,即【名称】列表中的任务名称。单击该按钮即可剪切该任务行。

▶ 粘贴行:用来移动所选任务行。该选项应配合【剪切行】选项使用。单击该按钮,即可将已剪切的任务粘贴在指定位置。

▶ 插入行:单击该按钮,可在【名称】列表框中所选任务的上方插入一个空行,用于设置新的任务。

▶ 名称:用于显示或输入任务名称的列。

▶ 外观:用于显示任务条形图样式的列。

▶ 任务种类:用于显示或设置任务类型的列。当用户需要在条形图上显示多种类型的任务时,可在文本框中输入任务类型,然后输入逗号,再输入另外一个任务类型。

▶ 行:用于设置条形图所占据的行数。该行数是依据任务名称中的工作表行来设置的。其中,默认值为1,其值介于1~4。

▶ 从:用于设置任务条形图的起始点。

▶ 到:用于设置任务条形图的结束点。当用户需要创建代表某个日期符号时,可在【从】与【到】列中设置相同的选项。

▶【文本】选项卡：选择该选项卡，可以设置条形图左侧、右侧、上方、下方与内部显示的文字。

▶【条形图】选项卡：选择该选项卡，可以设置所选任务的条形图的头部、中部与尾部的样式与颜色。

▶ 帮助：单击该按钮，可打开【Project帮助】窗口。

【例7-4】在项目文档中设置条形图样式。

🎬 视频+素材　（素材文件\第07章\例7-4）

step 1 选择【甘特图工具】|【甘特图格式】选项卡，在【条形图样式】组中单击【格式】按钮，从弹出的列表中选择【条形图样式】选项，如图7-20所示，打开【条形图样式】对话框。

图 7-20

step 2 在列表框中选择【摘要分组】选项，如图7-21所示，单击【剪切行】按钮，将其删除。

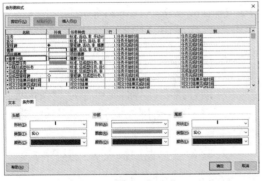

图 7-21

step 3 在列表框中选择【摘要】选项，在【条形图】选项卡的【头部】【中部】和【尾部】的【颜色】下拉列表中各选择一种颜色选项，在【头部】【中部】和【尾部】的【形状】下拉列表中各选择一种形状，在【中部】|【图案】下拉列表中选择一种图案，如图7-22所示。

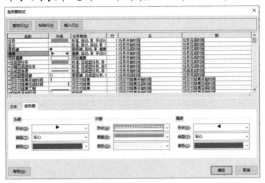

图 7-22

step 4 在【条形图样式】对话框中单击【确定】按钮，返回到项目文档，条形图样式如图7-23所示。

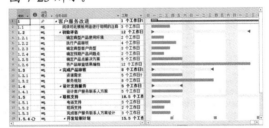

图 7-23

7.1.4 设置视图格式

视图格式是指显示在视图部分组件上的格式，包括整体甘特图的样式、版式，以及网格线和时间刻度的格式。

1. 设置甘特图样式

在【甘特图】视图中，可以通过单击【甘特图格式】|【甘特图样式】组中的【其他】下拉按钮，来设置任务条形图的样式，如图7-24所示。

图 7-24

【例7-5】在项目文档中，快速应用 Project 内置的甘特图样式。

🎬 视频+素材　（素材文件\第07章\例7-5）

step 1 选择【甘特图工具】|【甘特图格式】选项卡,在【甘特图样式】组中单击【其他】按钮,从弹出的【计划中的样式】甘特图样式列表框中选择一种任务条形图样式,如图7-25所示。

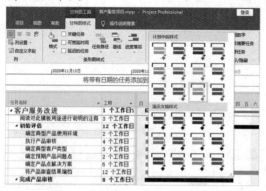

图 7-25

step 2 此时该甘特图样式即可应用到项目文档中,效果如图7-26所示。

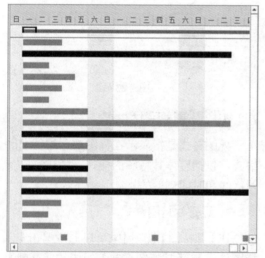

图 7-26

> **知识点滴**
>
> 用户可通过单击【甘特图样式】组中的对话框启动器按钮,快速打开【条形图样式】对话框。

2. 设置版式

版式是指链接线、条形图旁的日期格式、条形图高度等外观属性。若要设置版式,可在【甘特图】视图中,选择【甘特图格式】|【格式】|【版式】选项,在打开的【版式】对话框中设置条形图所显示的日期格式、高度及链接线的样式,如图7-27所示。

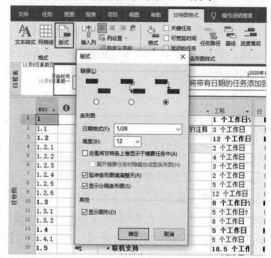

图 7-27

在图7-27所示的【版式】对话框中,主要包括下列选项。

▶ 链接:用于设置条形图的链接方式,选中第一个选项时,表示不显示链接线。

▶ 日期格式:用来设置条形图上所显示的开始时间或结束时间等时间的日期样式。

▶ 高度:用来设置条形图形状的高度,包括6、8、10、12、14、18与24这几个选项。

▶ 总是将甘特条上卷显示于摘要任务中:选中该复选框,可将条形图的上卷显示在摘要任务中。即将同列任务的最上一卷任务以总成型任务的方式显示在摘要任务中。

▶ 展开摘要任务时隐藏总成型条形图:选中该复选框,可展开摘要任务,并隐藏总成型任务。

▶ 延伸条形图填满整天:选中该复选框,将条形图延伸至整天的长度。

▶ 显示分隔条形图:选中该复选框,可显示拆分的条形图。禁用该复选框,拆分的条形图将以正常条形图的样式显示。

▶ 显示图形:选中该复选框,可显示图表区域内插入的其他形状。

第 7 章 美化项目文档

【例7-6】设置链接线、日期格式、高度,并且条形图上卷显示于摘要任务中。

(素材文件\第07章\例7-6)

step 1 选择【甘特图工具】|【甘特图格式】选项卡,单击【格式】|【版式】按钮,打开【版式】对话框。

step 2 在【链接】选项区域中选中第二个单选按钮,在【日期格式】下拉列表中选择【2009年1月28日星期三】选项,在【高度】下拉列表中选择【18】选项,选中【总是将甘特条上卷显示于摘要任务中】复选框,如图 7-28 所示,然后单击【确定】按钮。

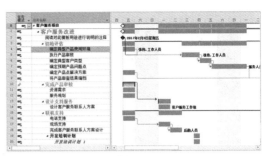

图 7-29

3. 设置网格格式

在视图中为了增强可读性,用户可以重新设置网格格式,即设置视图中网格的线条样式。例如,设置视图中的工作表行、工作表列、甘特图行等。

若要设置网格格式,可以选择【甘特图工具】|【甘特图格式】选项卡,单击【格式】|【网格线】下拉按钮,从弹出的下拉列表中选择【网格】选项,打开【网格】对话框,如图 7-30 所示。在该对话框中可以设置线型、颜色等。

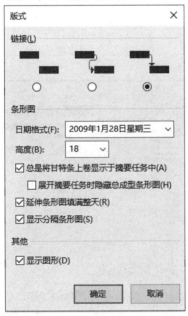

图 7-28

step 3 完成版式设置后,此时条形图的版式效果如图 7-29 所示。

图 7-30

在【网格】对话框中,主要包括表 7-2 中的选项。

表 7-2

选项		说明
要更改的线条		用于选择需要更改的线条类型,包括甘特图行、条形图等14种线条类型
标准	类型	用于设置线条的类型,包括无、短画线等5种选项
	颜色	用于设置线条的颜色

(续表)

选	项	说 明
间隔	无	表示线条之间没有间隔，也表示将"标准"设置应用到所有线条类型中
	2	表示间隔 2 个线条应用"标准"设置，而相隔的 2 个线条应用"间隔"中的【类型】与【颜色】设置
	3	表示间隔 3 个线条应用"标准"设置，而相隔的 3 个线条应用"间隔"中的【类型】与【颜色】设置
	4	表示间隔 4 个线条应用"标准"设置，而相隔的 4 个线条应用"间隔"中的【类型】与【颜色】设置
	其他	表示间隔指定数量的线条应用"标准"设置，而相隔指定数量的线条应用"间隔"中的【类型】与【颜色】设置
	类型	用于设置间隔内线条的类型
	颜色	用于设置间隔内线条的颜色
帮助		单击该按钮，可打开【Project 帮助】窗口

【例 7-7】将甘特图行设置为虚线、间隔为 2、间隔线为实线、颜色为红色。

视频+素材 （素材文件\第 07 章\例 7-7）

step 1 切换至【甘特图】视图。选择【甘特图工具】|【甘特图格式】选项卡，单击【格式】|【网格线】下拉按钮，从弹出的下拉列表中选择【网格】选项，打开【网格】对话框。

step 2 在【要更改的线条】列表框中选择【甘特图行】选项，在【标准】|【类型】下拉列表中选择【虚线】，在【间隔】选项区域中选中【2】单选按钮，在【类型】下拉列表中选择【实线】，在【颜色】下拉列表中选择【红色】选项，如图 7-31 所示。

图 7-31

step 3 设置完成后，单击【确定】按钮，项目文档的效果如图 7-32 所示。

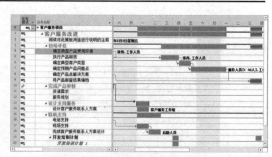

图 7-32

4. 美化时间刻度

时间刻度显示在视图的图表或时间分段部分的上面，每个视图中可以显示最多 3 层时间刻度。为使整个视图具有和谐、统一的效果，还需选择【视图】|【缩放】|【时间刻度】|【时间刻度】选项，如图 7-33 所示。

图 7-33

在打开的【时间刻度】对话框的【顶层】【中层】与【底层】选项卡中，分别设置时间刻度的显示格式，如图 7-34 所示。

在【顶层】【中层】与【底层】选项卡中，主要包括表 7-3 中的选项。

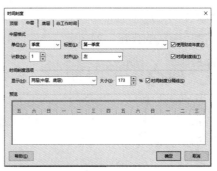

图 7-34

表 7-3

选	项	说　明
顶层/中层/底层格式	单位	用于设置时间显示的单位(范围)，包括天、周、月等 9 种选项
	标签	用于设置实际显示的标签格式，包括 39 种标签格式
	使用财政年度	选中该复选框，将以财政年度作为时间刻度标签的基准；取消选中该复选框，将以日历年作为时间刻度标签的基准
	计数	用于设置单位标签在时间刻度层上的频率。例如，当【单位】选项为"周"时，输入 2 表示时间刻度按 2 周分段
	对齐	用于设置单位标签的对齐格式，包括左、右和居中 3 种对齐方式
	时间刻度线	选中该复选框，可以显示单位之间的竖线
时间刻度选项	显示	用来设置时间刻度的显示层数，包括一层(中层)、两层(中层、底层)和三层(顶层、中层、底层)3 种选项
	大小	用于输入或选择所需的百分比值，该值表示紧缩或展开时间刻度列的程度
	时间刻度分隔线	选中该复选框，表示显示时间刻度层之间的横线

另外，在【时间刻度】对话框中选择【非工作时间】选项卡，可设置任务在非工作时间段内时间刻度的格式，如图 7-35 所示。

图 7-35

在【非工作时间】选项卡中，主要包括下列选项。

▶ 绘制方式：用于设置非工作时间的时间刻度的显示位置，其中【在任务条形图之后】选项表示在条形图之后显示非工作时间刻度，并在连续非工作日之间显示间隔条；【在任务条形图之前】选项表示在条形图之前显示，并在连续非工作日之间不显示间隔条；而【不显示】选项表示不在时间刻度中显示非工作时间。

▶ 颜色：用于设置非工作时间刻度的显示颜色。

▶ 图案：用于设置非工作时间刻度的显示图案，包含 11 种图案样式。

▶ 日历：用于设置非工作时间的日历类型，包括内置的夜班、24 小时、标准和当前项目中以资源名称表示的日历类型。

7.2 插入图形与组件

为了能让 Project 传递的信息更加直观，用户可以使用 Project 的【插入】功能在项目文档中插入备注信息与形状，进行说明性描述，如代表一定意义的图形、图像等，以增强计划文件的显示效果。

7.2.1 插入绘图

Project 为用户提供了文本框、箭头、矩形、椭圆和多边形等多种形状，便于描述与显示任务的条形图。

1. 绘制图形

在【甘特图】视图中要插入绘图，首先打开【甘特图工具】|【甘特图格式】选项卡，在【绘图】组中单击【绘图】下拉按钮，从弹出的下拉菜单中选择要绘制的图形，如图 7-36 所示，然后在图表区中拖动鼠标进行绘制即可。

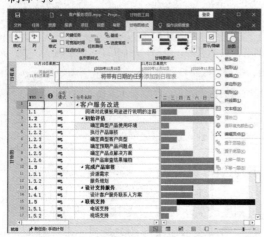

图 7-36

2. 设置绘图格式

为了使绘制的图形更加美观，用户还需要设置绘图的格式，如填充颜色、线条样式、绘图大小等。选中绘制的图形，在【格式】|【绘图】组中单击【绘图】下拉按钮，从打开的下拉菜单中选择【属性】选项。

打开【设置绘图对象格式】对话框，如图 7-37 所示。在【线条与填充】选项卡中可以设置绘图的线条样式及填充颜色。

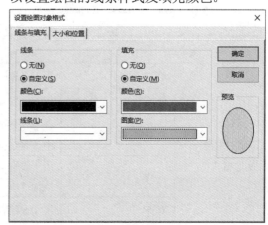

图 7-37

在【设置绘图对象格式】对话框中选择【大小和位置】选项卡，用户还可以设置绘图的显示位置、高度与宽度，如图 7-38 所示。

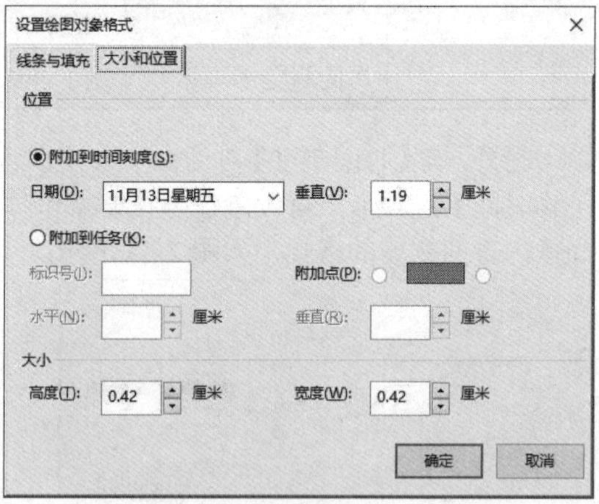

图 7-38

在【线条与填充】选项卡中，主要包括表 7-4 中的选项。

表 7-4

选项		说明
线条	无	选中该单选按钮，表示不为绘图的边框线条设置任何颜色
	自定义	选中该单选按钮，可以对绘图的边框线条设置颜色与粗细样式
	颜色	用来设置绘图边框线条的显示颜色
	线条	用来设置绘图边框线条的显示样式(粗细)，包括 5 种选项
填充	无	选中该单选按钮，表示不为绘图设置任何颜色
	自定义	选中该单选按钮，可以对绘图设置颜色与粗细样式
	颜色	用来设置绘图的显示颜色
	图案	用来设置绘图的显示图案，包括 11 种选项
预览		用来显示自定义绘图线条与填充颜色的最终样式

在图 7-38 所示的【大小和位置】选项卡中，主要包括下列选项。

▶ 附加到时间刻度：选中该单选按钮，绘图将以指定的时间日期与垂直高度进行显示。其中，单击【日期】下拉按钮，可以设置绘图的附加日期；单击【垂直】微调按钮，可以设置绘图距离时间刻度的垂直高度。

▶ 附加到任务：选中该单选按钮，可将绘图链接到任务上。其中，通过【标识号】选项设置绘图链接到哪个任务，通过【附加点】选项设置绘图是链接到条形图的前面还是后面，通过【水平】与【垂直】选项设置绘图距离条形图的位置。

▶ 大小：用于设置绘图形状的高度与宽度。

【例 7-8】绘制文本框，在其中输入"10 月 23 日开始进行任务"并设置格式。

视频+素材　(素材文件\第 07 章\例 7-8)

step 1 选择【甘特图工具】|【甘特图格式】选项卡，单击【绘图】|【绘图】下拉按钮，从打开的下拉菜单中选择【文本框】命令，在适当位置拖动鼠标绘制文本框。

step 2 在文本框中输入文本"10 月 23 日开始进行任务"。

step 3 右击文本框，在打开的快捷菜单中选择【属性】命令，如图 7-39 所示。

图 7-39

step 4 在打开的【设置绘图对象格式】对话框中打开【大小和位置】选项卡，在【位置】选项区域中选中【附加到时间刻度】单选按钮，在【垂直】微调框中输入 2 厘米，并设置高度和宽度，如图 7-40 所示。

图 7-40

step 5 选择【线条与填充】选项卡，在【线条】|【颜色】下拉列表中选择【蓝色】色块，在【填充】|【颜色】下拉列表中选择【黄色】色块，在【图案】下拉列表框中选择一种图案样式，如图 7-41 所示。

图 7-41

step 6 在对话框中单击【确定】按钮，调整后的文本框效果如图 7-42 所示。

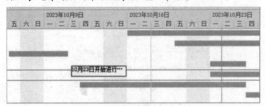

图 7-42

step 7 右击文本框，在打开的快捷菜单中选择【字体】命令，打开【字体】对话框，在【字体】列表框中选择【微软雅黑】选项，在【字形】列表框中选择【粗体】选项，在【字号】列表框中选择【小五】选项，在【颜色】下拉列表中选择【紫色】色块，如图 7-43 所示。

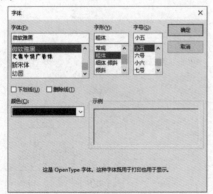

图 7-43

step 8 单击【字体】对话框中的【确定】按钮，完成文本框中字体格式的设置，效果如图 7-44 所示。

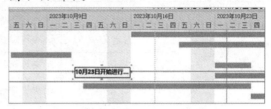

图 7-44

3. 设置绘图的显示层次

当用户在视图中绘制多个图形时，需要根据图形的具体内容，调整图形的显示层次。选择需要调整层次的绘图，选择【格式】|【绘图】|【置于顶层】选项，即可将所选图形放置于所有绘图的上方。

7.2.2 插入对象

在 Project 中，可以将 Excel 工作表、PowerPoint 幻灯片和 Word 文档等对象插入任务的备注信息中。此外，还可以在项目文档的页眉、页脚等位置插入图片对象。

1. 插入 Excel 工作表

Excel 具有强大的数据组织、计算、分析和统计功能，可以将数据通过图表、图形等形象地表现出来。在 Project 中，可以直接使用已有的 Excel 文件，以提高工作效率。

【例 7-9】在项目文档中插入"服务明细表"Excel 工作表。

视频+素材 （素材文件\第 07 章\例 7-9）

step 1 选中标识号为 6 的任务，打开【任务】选项卡，单击【属性】|【备注】按钮，如图 7-45 所示，打开【任务信息】对话框。

图 7-45

第 7 章 美化项目文档

step 2 在【任务信息】对话框中单击【插入对象】按钮，如图 7-46 所示。

图 7-46

step 3 打开【插入对象】对话框，选中【由文件创建】单选按钮，单击【浏览】按钮，如图 7-47 所示。

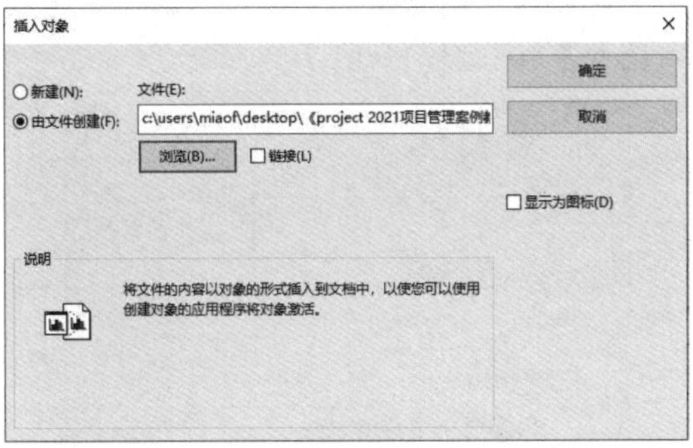

图 7-47

step 4 打开【浏览】对话框，在其中选择【服务明细表.xlsx】文件，如图 7-48 所示，然后单击【插入】按钮，返回【任务信息】对话框。

图 7-48

step 5 将鼠标指针移至对象四周的控制点上，待鼠标指针变成双向箭头时，拖动鼠标调整 Excel 对象的大小，使其最终效果如

图 7-49 所示，然后单击【确定】按钮。

图 7-49

step 6 此时即可将 Excel 对象插入任务的备注信息中，并显示标记，如图 7-50 所示。要查看对象，只需双击该标记，打开【任务信息】对话框，就可在其中进行查看。

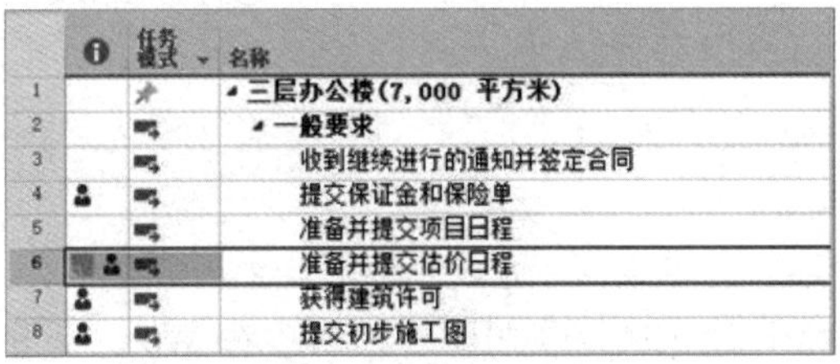

图 7-50

> **知识点滴**
>
> 在【插入对象】对话框中选中【显示为图标】复选框，即可在【任务信息】对话框中显示对象的图表，而非显示对象的内容。

【插入对象】对话框中主要包括下列选项。

▶ 浏览：单击该按钮，可在打开的【浏览】对话框中选择需要插入的对象文件。

▶ 链接：选中该复选框，可将文件内容以图片的形式插入文档中，其图片将被链接到文件，以使文件更改可反映到 Project 文档中。

▶ 显示为图标：选中该复选框，可将文件的图标插入文档中。

2. 插入 Word 图片

在 Project 中，不仅可以插入 Word 文档，还可以插入 Word 图片，以进一步描述和说明特殊任务。

【例7-10】在项目文档中插入 Word 图片。

视频+素材　（素材文件\第 07 章\例 7-10）

step 01 选中标识号为 1 的摘要任务，打开【任务】选项卡，单击【属性】|【备注】按钮，打开【摘要任务信息】对话框，单击【插入对象】按钮，打开【插入对象】对话框。

step 02 选中【新建】单选按钮，在【对象类型】列表框中选择 Microsoft Word Document 选项，单击【确定】按钮，如图 7-51 所示。

图 7-51

step 03 启动 Word 应用程序，打开图片，按 Ctrl+C 快捷键复制图片，然后在 Word 应用程序窗口中按 Ctrl+V 快捷键粘贴图片。

step 04 关闭 Word 应用程序，返回【摘要任务信息】对话框，在其中显示图片的效果，然后单击【确定】按钮。

step 05 此时，即可将 Word 图片插入任务的备注信息中并显示标记。

3. 在页眉、页脚和图例处插入图片

在 Project 中，可以在项目文档的页眉、页脚等位置插入对象。如果要将图片对象插入页眉、页脚或图例上，可以使用【页面设置】对话框来实现。

【例7-11】在项目文档中的页眉处插入图片。

视频+素材　（素材文件\第 07 章\例 7-11）

step 01 单击【文件】按钮，在打开的【文件】菜单中选择【打印】选项，在打开的窗格中单击【页面设置】按钮，如图 7-52 所示。

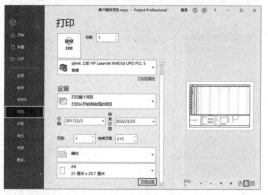

图 7-52

step 02 打开【页面设置】对话框，选择【页眉】选项卡中的【居中】选项卡，单击【插入图片】按钮，如图 7-53 所示。

图 7-53

step 03 打开【插入图片】对话框，选择一张图片，单击【插入】按钮。

step 04 返回【页眉】选项卡，在【预览】区域中查看图片效果，然后单击【确定】按钮。

step 05 返回打印预览窗格，查看插入图片后的项目文档。

7.3 格式化视图

在 Project 中，除了最常用的【甘特图】视图，还包括以图形化显示项目任务与资源信息的网络图、日历、资源图表等图表型视图。为了突出项目任务与资源，也为了增加视图的美观性，用户还需要设置图表型视图的格式。

7.3.1 格式化【网络图】视图

Project 的【网络图】视图是以流程图的格式显示任务与任务相关性的。选择【任务】|【视图】|【甘特图】|【网络图】选项，即可切换到【网络图】视图中。

1. 设置方框格式

在【网络图】视图中，选择【网络关系图格式】|【格式】|【方框】选项，如图 7-54 所示。

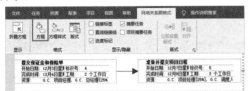

图 7-54

在打开的【设置方框格式】对话框中可设置方框的数据模板、边框样式与背景颜色，如图 7-55 所示。

图 7-55

【设置方框格式】对话框中主要包括表 7-5 中的选项。

表 7-5

选项		说明
数据模板		用于设置方框内所显示的数据类型，包括标准、摘要等 10 种选项。另外，单击【其他模板】按钮，可在打开的对话框中选择更多的数据类型
边框	形状	用于设置网络图边框的形状样式，包括 10 种不同的形状样式
	颜色	用于设置方框的边框线条与内部水平、垂直网格线的颜色
	宽度	用于设置方框边框线条的宽度(粗细)，包括 4 种不同宽度的选项
	显示水平网格线	选中该复选框，可以显示方框内的水平网格线
	显示垂直网格线	选中该复选框，可以显示方框内的垂直网格线
背景	颜色	用于设置方框的背景颜色
	图案	用于设置方框的背景图案样式，包括 14 种不同的图案样式
重置		单击该按钮，可以清除方框格式

2. 设置方框样式

在【网络图】视图中，选择【网络关系图格式】|【格式】|【方框样式】选项，在打开的【方框样式】对话框中可设置方框的类型，以及数据模板、边框样式与背景颜色，如图 7-56 所示。

在【方框样式】对话框中，主要包括下列选项。

▶ 请选择方框类型：用来选择需要设置方框样式的任务类型，可按住 Ctrl 或 Shift 键选择多个任务类型。

▶ 预览：用来显示方框样式的最终效果。

▶ 设置突出显示筛选样式：选中该复选框，表示将突出显示所选类型的方框样式。

➤ 从此任务标识号开始显示数据：用来输入或调整开始显示方框样式的任务标识号。例如，输入数字"4"表示从标识号为4的任务开始显示所设置的方框样式。

➤ 帮助：单击该按钮，可打开【Project帮助】窗口。

3. 设置版式

在【网络图】视图中，选择【网络关系图格式】|【格式】|【版式】选项，打开如图 7-57 所示的【版式】对话框，在该对话框中用户可以设置版式效果(如选择【在链接线上显示标签】复选框后单击【确定】按钮)。

在【版式】对话框中，主要包括表 7-6 所示的选项。

图 7-56

➤ 数据模板：用于设置方框内所显示的数据类型。

➤ 边框：用于设置方框边框与内部网格线的颜色，以及边框线条的形状样式与宽度。

➤ 背景：用于设置方框的背景颜色与背景图案样式。

图 7-57

表 7-6

选项		说明
放置方式	自动放置所有方框	选中该单选按钮，表示系统将按默认位置显示项目中的所有方框
	允许手动调整方框的位置	选中该单选按钮，表示可以手动设置任务方框的显示位置
链接样式	折线链接线	选中该单选按钮，表示不在同一水平上的方框之间用折线进行链接
	直线链接线	选中该单选按钮，表示不在同一水平上的方框之间用直线进行链接
	在链接线上显示标签	选中该复选框，表示在方框之间的链接线上方，将显示代表人物相关性的标签

(续表)

选 项		说 明
方框版式	排列方式	用于设置方框的排列方向与顺序
	行	用于设置方框行的对齐方式，以及间距与高度值。其中，【高度】选项包括"最佳"与"固定"两种选项，而【间距】值介于 0 和 200 之间
	列	用于设置方框列的对齐方式，以及间距与宽度值。其中，【宽度】选项包括"最佳"与"固定"两种选项，而【间距】值介于 0 和 200 之间
	显示摘要任务	选中该复选框，可以显示摘要任务的方框
	分页调整	选中该复选框，可按整页且分页的格式显示与调整任务方框，否则任务方框会位于分页线上
	将任务与其摘要任务一起显示	选中该复选框，可以同时显示摘要任务与任务
链接颜色	非关键链接	选中该单选按钮，可以设置非关键链接线的颜色
	关键链接	用于设置关键链接线的颜色
	与前置任务的边框一致	选中该单选按钮，表示非关键链接线的颜色与前置任务的边框颜色一致
图表选项	背景色	用来设置整个网络图的背景颜色
	背景图案	用来设置整个网络图的背景图案
	显示分页符	选中该复选框，可以在网络图中显示分页符
	隐藏除标识号以外的所有域	选中该复选框，网络图中的方框将以标识号的样式进行显示
	标记正在进行和已经完成的任务	选中该复选框，将在网络图中标记已完成和正在进行的任务

7.3.2 格式化【日历】视图

Project 中的【日历】视图用来查看某一特定周的任务与工期，以及使用日历格式查看周的范围。首先选择【任务】|【视图】|【甘特图】|【日历】选项，切换到【日历】视图中，然后选择【日历格式】|【格式】|【条形图样式】选项，如图 7-58 所示。

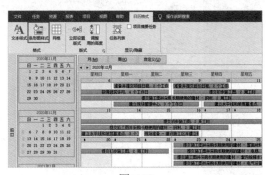

图 7-58

在打开的【条形图样式】对话框中可设置不同任务类型的条形图样式，如图 7-59 所示。

在【条形图样式】对话框中，主要包括下列选项组。

➢ 任务类型：用于选择需要设置条形图形状的任务类型。

➢ 条形图形状：用于设置条形图的类型、图案、颜色、拆分模式等条形图形状的样式。

➢ 文本：用来设置显示在条形图中的文本名称、对齐与自动换行等格式。

图 7-59

7.4 打印视图

为了详细分析项目的日常与成本信息，也为了详细研究项目在实施中可能遇到的问题与解决方法，以及保留项目相关信息，需要将项目信息输出到纸张中，在保存项目信息的同时为项目备案提供现实依据。

7.4.1 设置打印范围

项目管理人员可以根据项目的进度，有选择性地打印项目的已完成信息。首先，选择【文件】|【打印】选项，单击【打印整个项目】下拉按钮，在其下拉列表中选择打印范围，如图 7-60 所示。

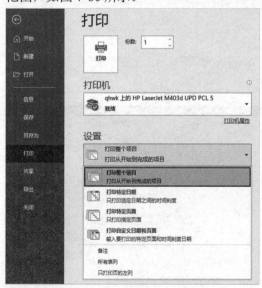

图 7-60

在 Project 中主要包括下列打印范围。

➢ 打印整个项目：选择该选项，可打印从开始到完成的整个项目。

➢ 打印特定日期：选择该选项，表示只打印选定日期之间的时间刻度。

➢ 打印特定页面：选择该选项，表示只打印指定的页面。

➢ 打印自定义日期和页面：选择该选项，表示只打印输入的特定页面和时间刻度日期内的项目。

➢ 备注：选择该选项，将在打印项目视图时，将备注信息一起打印。

➢ 所有表列：选择该选项，表示打印视图中的所有表列。

➢ 只打印页的左列：选择该选项，只打印视图页的左列部分。

7.4.2 设置打印页面

在【打印】界面中，选择【页面设置】选项，如图 7-61 所示，可在打开的【页面设置】对话框中设置打印页面的样式。

第 7 章 美化项目文档

图 7-61

选项卡，设置打印方向、缩放比例与纸张大小等信息，如图 7-62 所示。

在【页面】选项卡中，主要包括表 7-7 所示的选项。

图 7-62

1. 设置页面

在【页面设置】对话框中选择【页面】

表 7-7

选	项	说　　明
打印方向	纵向	表示按照纵向方向打印项目信息
	横向	表示按照横向方向打印项目信息
缩放	缩放比例	可在微调框中设置视图的打印比例，即视图的打印大小
	调整为	可在【页宽】与【页高】微调框中，以页面为基准调整打印视图的大小
其他	纸张大小	用于设置打印纸张的大小，包括 A4、A3、A5 等选项
	首页页码	可在文本框中输入开始打印视图的页码。例如，从第 2 页开始打印时，则需要在文本框中输入数字 2

2. 设置页边距

在【页面设置】对话框中选择【页边距】选项卡，分别设置页面上部、下部、左侧和右侧的边距值，如图 7-63 所示。

在【页边距】选项卡中，还包括【绘制边框于】选项组。

▶ 每页：选中该单选按钮，表示在每页中都显示页面边框。

▶ 页面之外：选中该单选按钮，表示将页面边框设置在页面之外的区域。

▶ 无：选中该单选按钮，表示不显示页面边框。

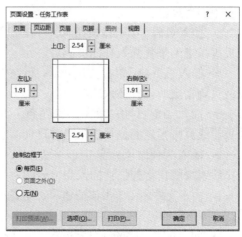

图 7-63

177

3. 设置页眉与页脚

在【页面设置】对话框中选择【页眉】或【页脚】选项卡，可以在页眉或页脚中设置所要显示的内容，图 7-64 所示为【页眉】选项卡。

图 7-64

在【页眉】与【页脚】选项卡中，主要包括下列选项。

➢ 预览：用于预览页眉或页脚中的内容与样式。

➢ 左：选择该选项卡，可在文本框中设置显示在页眉或页脚左侧的内容。

➢ 右：选择该选项卡，可在文本框中设置显示在页眉或页脚右侧的内容。

➢ 设置字体格式：单击该按钮，可在打开的【字体】对话框中设置页眉或页脚中文本的字体格式。

➢ 插入页码：单击该按钮，可在页眉或页脚指定的位置插入视图页码。

➢ 插入总页数：单击该按钮，可在页眉或页脚指定的位置插入总页数。

➢ 插入当前日期：单击该按钮，可在页眉或页脚指定的位置插入当前日期。

➢ 插入当前时间：单击该按钮，可在页眉或页脚指定的位置插入当前时间。

➢ 插入文件名：单击该按钮，可在页眉或页脚指定的位置插入当前文档的文件名。

➢ 插入图片：单击该按钮，可在打开的【插入图片】对话框中，选择所要插入的图片文件。

➢ 常规：单击该下拉按钮，在弹出的下拉列表中选择所需插入的内容(在其下拉列表中，主要包括项目标题、页码、总页数等 21 种内容)，单击【添加】按钮，即可将所选内容添加到页眉或页脚中。

➢ 项目域：用于添加项目中的域。要添加项目中的域，可单击下拉按钮，在其下拉列表中选择所需插入的域名称，单击【添加】按钮。

4. 设置图例

在【页面设置】对话框中，选择【图例】选项卡，可以设置图例的显示位置与图例中所需显示的内容，如图 7-65 所示。

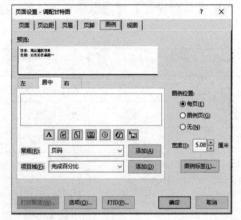

图 7-65

在【图例】选项卡中除了包括【页眉】选项卡中的选项，还包括下列选项。

➢ 图例位置：用于设置图例的显示位置。选中【每页】单选按钮，表示在每个页面中都显示图例；选中【图例页】单选按钮，表示只在图例页面中显示图例；选中【无】单选按钮，表示不在打印视图中显示图例。

➢ 宽度：用于设置图例的显示宽度。

➢ 图例标签：单击该按钮，可在打开的【字体】对话框中设置图例的字体格式。

5. 设置视图选项

在【页面设置】对话框中选择【视图】选项卡，可以设置视图打印的具体内容与范围，如图 7-66 所示。

图 7-66

在【视图】选项卡中主要包括下列选项。

▶ 打印所有表列：选中该复选框，可打印视图中的所有表列。

▶ 打印所有页的前__列数据：选中该复选框，并在微调框中输入或设置数字，即可只打印所有页中指定的列数据。

▶ 打印备注：选中该复选框，可打印视图中的备注信息。

▶ 打印空白页：选中该复选框，可打印视图中指定页面范围的空白页。

▶ 调整时间刻度使其适合页宽：选中该复选框，可在打印视图中自动调整实际刻度的大小，使其适应整个页面。

▶ 打印列总数：选中该复选框，可打印列的总数。默认情况下，该选项为不可用状态。

▶ 打印在打印日期范围内值的行总数：选中该复选框，可打印指定打印日期范围内的行的总数。默认情况下，该选项为不可用状态。

▶ 打印预览：单击该按钮，可预览打印内容。

▶ 选项：单击该按钮，可在打开的对话框中设置打印页面、打印方向等。

▶ 打印：单击该按钮，可打印视图。

▶ 确定：单击该按钮，将保存所有的页面设置，并返回【打印】列表中。

▶ 取消：单击该按钮，将取消所有的页面设置，并返回【打印】列表中。

7.4.3 设置打印属性

在设置打印属性之前，为保证打印质量，还需要预览打印页面的整体情况。选择【文件】|【打印】选项，单击预览页面右下角的【实际尺寸】按钮 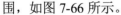，还原视图的实际大小，如图 7-67 所示。

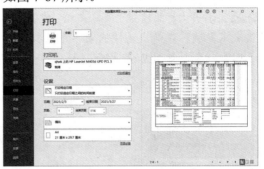

图 7-67

在图 7-68 所示的预览页面中，主要包括下列选项。

图 7-68

▶ 翻页按钮：可通过单击翻页按钮，向上、下、左、右翻页，以查看视图的其他打印页面。

▶ 实际尺寸：单击该按钮，可以用绘图页的实际尺寸进行显示。

▶ 单页：单击该按钮，只显示当前的打印页面。

▶ 多页：单击该按钮，可显示视图中所有的打印页面。

7.5 案例演练

本章的案例演练将主要介绍在"商业建筑"项目文档中练习设置项目文档的各组件、整体格式和插入对象等操作。

【例7-12】在"商业建筑"项目文档中练习设置项目文档。

视频+素材 （素材文件\第07章\例7-12）

step 1 打开"商业建筑"项目文档。右击【基线成本】域，在弹出的快捷菜单中选择【隐藏列】命令，如图7-69所示，隐藏该列。

图7-69

step 2 选中大纲级别为1的任务名称所在的单元格，选择【任务】选项卡，在【字体】组中单击对话框启动器按钮，如图7-70所示。

图7-70

step 3 打开【字体】对话框，在【字体】列表框中选择【黑体】选项，在【字形】列表框中选择【粗体】选项，在【字号】列表框

中选择【小二】选项，在【颜色】下拉列表中选择【红】色块，在【背景色】下拉列表中选择【白色，深色25%】色块，在【背景图案】下拉列表中选择一种背景图案样式，如图7-71所示，单击【确定】按钮。

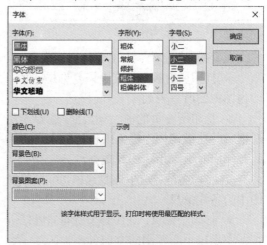

图7-71

step 4 完成摘要任务文本的字体设置，效果如图7-72所示。

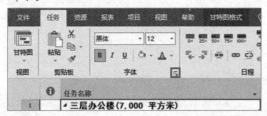

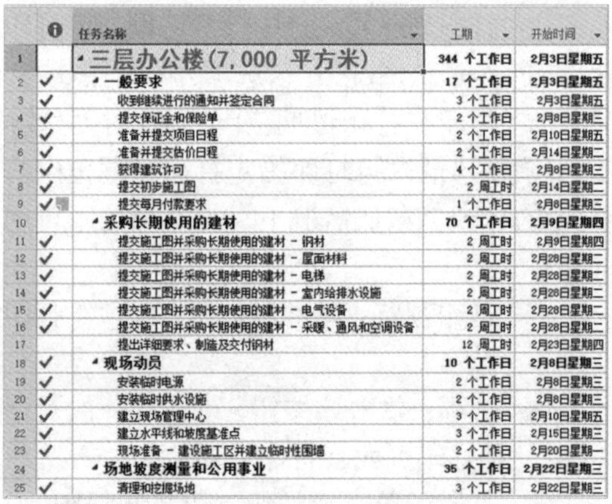

图7-72

step 5 使用同样的方法，设置大纲级别为2的任务文本的字体，效果如图7-73所示。

第 7 章 美化项目文档

图 7-73

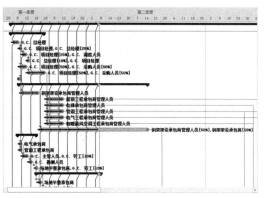

图 7-75

step 6 选择【甘特图格式】选项卡，在【条形图样式】组中单击【格式】按钮，从弹出的菜单中选择【条形图样式】命令。

step 7 打开【条形图样式】对话框，在列表框中选择【任务】选项，在【条形图】选项卡的【头部】【中部】和【尾部】选项区域的【颜色】下拉列表中均选择【绿色】选项，在【头部】和【尾部】的【形状】下拉列表中各选择一种形状，在【中部】的【图案】下拉列表中选择一种图案，如图 7-74 所示，然后单击【确定】按钮。

step 9 选择【视图】选项卡，在【资源视图】组中单击【资源工作表】按钮，切换至【资源工作表】视图。

step 10 选择【资源表格式】选项卡，在【格式】组中单击【网格】按钮，如图 7-76 所示。

图 7-76

step 11 打开【网格】对话框，在【要更改的线条】列表框中选择【工作表行】选项，在【标准】选项区域的【颜色】下拉列表中选择【橙色】色块，然后单击【确定】按钮，如图 7-77 所示。

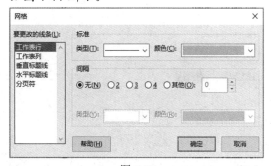

图 7-77

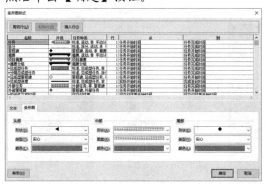

图 7-74

step 8 完成任务条形图样式的设置，返回项目文档查看条形图样式，条形图的效果将如图 7-75 所示。

step 12 使用同样的方法，设置工作表列的线条颜色，效果如图 7-78 所示。

181

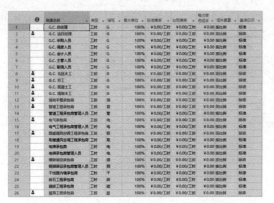

图 7-78

step ⑬ 选择【资源名称】列,在【资源工作表工具】|【格式】选项卡的【格式】组中单击【文本样式】按钮,打开【文本样式】对话框,在【字体】列表框中选择【黑体】选项,在【背景色】下拉列表中选择【金色,淡色 60%】色块,在【字号】列表框中选择12,如图 7-79 所示,然后单击【确定】按钮。

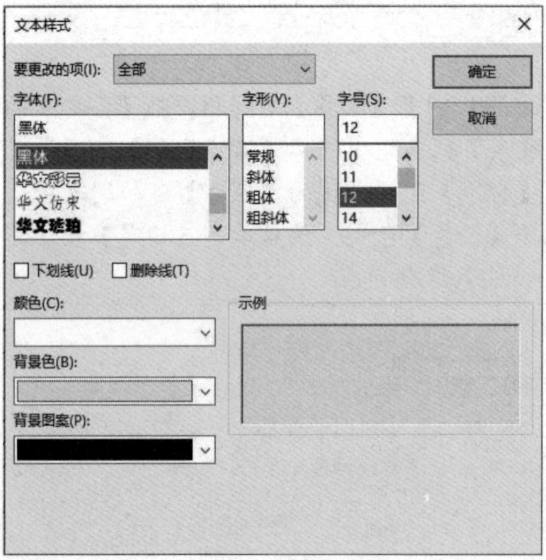

图 7-79

step ⑭ 切换至【甘特图】视图,单击【文件】按钮,从弹出的【文件】菜单中选择【打印】命令,在打开的预览窗格中选择【页面设置】选项。

step ⑮ 打开【页面设置】对话框,选择【页眉】选项卡,单击【居中】标签,单击【插入图片】按钮,,如图 7-80 所示。

图 7-80

step ⑯ 打开【插入图片】对话框,选择一张图片,单击【插入】按钮。

step ⑰ 返回【页眉】选项卡,单击【确定】按钮,返回打印预览窗格中,查看插入图片后的项目文档,如图 7-81 所示。

图 7-81

第 8 章

分析财务进度

在项目管理中，单独查看进度或成本差异很难发现项目的绩效趋势，另外，这种趋势可能会在项目的剩余工期中继续进行。此时，项目管理人员可以使用 Project 中的挣值分析，了解项目在时间和成本方面的绩效趋势。

在本章中，将通过使用挣值视图、挣值成本标记表、挣值日程标记表、可视图表等方式，测量项目的进度，以及根据累计成本进度进行项目的盈余分析。

本章对应视频

例 8-1 查看进度指数　　　　　　例 8-5 使用 Excel 分析项目数据
例 8-2 查看成本指数　　　　　　例 8-6 导出数据为 Excel 97~2003 文件
例 8-3 使用盈余分析可视报表　　例 8-7 创建任务数据透视表
例 8-4 从项目文档中导出数据　　例 8-8 使用挣值分析方法分析财务进度

8.1 认识挣值

Project 为用户提供了挣值功能，主要根据项目状态日期，通过选择工时成本来评估项目进度，并自动评估项目是否超过预算，从而达到分析项目财务进度的目的。

在 Project 中，可以通过挣值功能全面了解项目的整体绩效。其中，挣值又称为盈余分析与盈余值管理，主要用于衡量项目进度并帮助项目管理人员预测项目结果。挣值包括将项目进度与日程某一点的预期目标对比，或与项目计划的预算对比，并预测项目的未来绩效。

通过挣值，不仅可以确定到目前为止项目结果的真实成本，而且在项目的剩余部分可持续预测其绩效趋势。由于挣值有助于预测项目的未来绩效，因此挣值分析是项目中使用的重要的项目状态报告工具。

在使用挣值分析财务进度之前，还需要了解挣值的分析域。其具体情况如下所述。

➤ BCWS：表示计划工时的预算成本。
➤ BCWP：表示已完成工时的预算成本。
➤ ACWP：表示已完成工时的实际成本。
➤ SV：表示预算成本与按精度预算成本的差异。
➤ CV：表示预算成本与实际成本的差异。
➤ EAC：表示估计完成成本。
➤ BAC：表示已完成工时的总计划成本。
➤ VAC：表示完成差异。

其中，BCWS、BCWP 与 ACWP 这 3 个分析域是挣值分析的核心。在使用挣值分析财务进度之前，必须进行下列操作。

➤ 为便于在开始跟踪实际工作前计算预算成本，还需要设置基线计划。
➤ 记录任务或工作分配的实际工时。

另外，为了能及时计算项目的实际状态，还需要设置项目的状态日期，否则系统会自动使用当前日期。在使用挣值分析表时，需要注意下列问题。

➤ 在进行盈余分析之前，需要设置项目中的固定成本、工时等信息。
➤ 为了计算预算成本，需要为项目设置基线。
➤ 记录任务或工作分配的实际工时。
➤ 为了计算某时间段内的实际绩效，需要设置指定状态日期。

8.2 使用分析表

项目管理人员可以通过不同的计算方式和【挣值】表来查看与分析项目的进度与成本。

8.2.1 设置挣值的计算方法

在使用挣值分析与查看项目的进度与成本情况之前，还需要设置整个项目或单个任务挣值的计算方法。

1. 通过【Project 选项】对话框进行设置

选择【文件】|【选项】选项，在打开的【Project 选项】对话框中，选择【高级】选项卡，设置挣值的计算方法，如图 8-1 所示。

➤ 默认的任务挣值方法：用于指定该项目新任务的挣值计算方法，包括完成百分比与实际完成百分比两种计算方法。在输入新任务时，该任务的挣值计算方法将自动显示为所设置的计算方法。

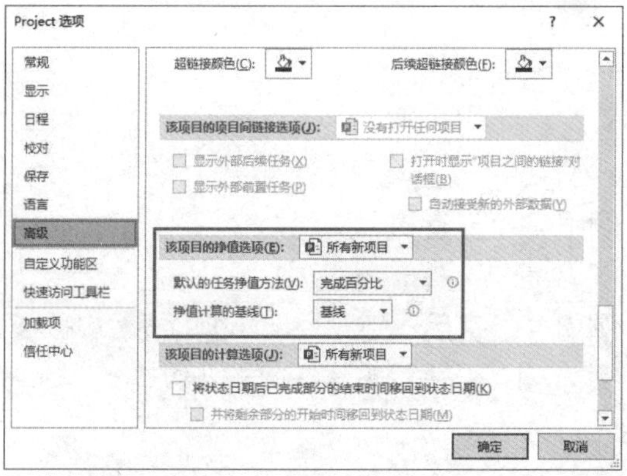

图 8-1

➤ 挣值计算的基线：用来指定该项目挣

值计算方法所使用的基线，包括基线、基线 10 等 11 种选项。

2. 通过【任务信息】对话框进行设置

要设置项目挣值的计算方法，在【甘特图】视图中选择任务名称，选择【任务】|【属性】|【信息】选项，打开【任务信息】对话框，在【高级】选项卡中单击【挣值方法】下拉按钮，在其下拉列表中选择相应的方法，如图 8-2 所示。

图 8-2

8.2.2 使用【挣值】表

在【甘特图】视图中，选择【视图】|【数据】|【表格】|【更多表格】选项，在打开的【其他表】对话框中选择【挣值】选项，如图 8-3 所示。

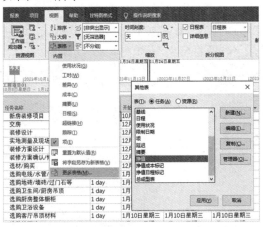

图 8-3

在【其他表】对话框中单击【应用】按钮，即可切换到【挣值】表，如图 8-4 所示。

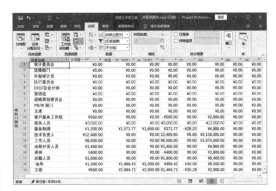

图 8-4

在【挣值】表中，主要包括下列 8 种分析域。

➤ 计划值-PV(BCWS)：表示计划工时的预算成本，包含到状态日期或当前日期为止，时间分段的基线成本的累计值。

➤ 挣值-EV(BCWP)：表示已完成工时的预算成本，包含任务、资源或工作分配的完成百分比与按时间分段的基线成本的乘积的累计值，EV 的计算到状态日期或当前日期为止。

➤ AC(ACWP)：表示已完成工时的实际成本，包含到状态日期或当前日期为止的工时的累算成本。

➤ SV：表示挣值日程差异，显示到状态日期或当前日期为止，为任务、资源的所有已分配任务或工作分配的当前进度和基线计划之间在成本方面的差异，其计算方式表现为 SV=BCWP-BCWS。

➤ CV：表示挣值成本差异，包含到状态日期或当前日期为止，为达到当前完成比例应该花费的成本与实际花费的成本之间的差异。其计算方式表现为 CV=BCWP-ACWP。

➤ EAC：表示估计完成成本，包含某任务基于到状态日期为止时业绩的预计总成本。其计算方式表现为 EAC=ACWP+(基线成本×BCWP)/CPI。

➤ BAC：表示预算完成成本，显示某一任务、所有已分配的任务的某一资源或任务上某一资源已完成的工时的总计划成本。该值与保存基线时的【成本】域的内容相同。

▶ VAC：表示完成差异，显示某一任务、资源或任务上的工作分配的 BAC(预算完成成本)或基线成本和 EAC(估计完成成本)之间的差异，其计算方式表现为 VAC=BAC−EAC。

> **知识点滴**
> 在资源类视图中，选择【视图】|【数据】|【表格】|【更多表格】选项，在弹出的【其他表】对话框中选择【挣值】选项，单击【应用】按钮，即可将视图切换到【挣值】表中。

8.3 衡量绩效

挣值分析用来了解项目时间与成本方面的整体绩效，是衡量项目进度的有力工具，不仅可以查看项目进度与成本指数，还可以生成可视报表。

8.3.1 查看进度指数

在【甘特图】视图中，可以通过下面介绍的方法查看进度指数。

【例 8-1】在项目文档中查看进度指数。

（素材文件\第 08 章\例 8-1）

step 1 在【甘特图】视图中，选择【视图】|【数据】|【表格】|【更多表格】选项。在打开的【其他表】对话框中，选择【挣值日程标记】选项，单击【应用】按钮，如图 8-5 所示。

图 8-5

step 2 选择【项目】|【属性】|【项目信息】选项，如图 8-6 所示。

图 8-6

step 3 在打开的对话框中设置项目的状态日期，如图 8-7 所示。单击【确定】按钮，便可以在视图中查看挣值分析进度指数。

图 8-7

> **知识点滴**
> 【挣值日程标记】表只能显示在任务类视图中，无法显示在资源类视图中。

在【挣值日程标记】表中，除了包括 PV(BCWS)、EV(BCWP)与 SV 分析域，还包括下列两种分析域(如图 8-8 所示)。

图 8-8

▶ SV%：表示日程差异百分比，显示日程差异(SV)与计划工时的预算成本(BCWS)之间的比值，以百分比表示，其计算方式表现为 SV%＝(SV/BCWS)×100%。

▶ SPI：表示日程业绩指数，显示已完成工时的预算成本与计划工时的预算成本的比值。其计算方式表现为 SPI=BCWP/BCWS。

8.3.2 查看成本指数

项目成本指数是指用于衡量项目实施期间成本控制情况的一个指标。它通常通过将实际成本与预算成本进行比较来计算。

在【甘特图】视图中，可以通过下面介绍的方法查看成本指数。

【例 8-2】在项目文档中查看成本指数。

（素材文件\第 08 章\例 8-2）

step 1 在【甘特图】视图中，选择【视图】|【数据】|【表格】|【更多表格】选项。在打开的【其他表】对话框中选择【挣值成本标记】选项，单击【应用】按钮，如图 8-9 所示。

图 8-9

step 2 此时系统会自动切换到【挣值成本标记】表中，用户可在视图中查看挣值分析成本指数，如图 8-10 所示。

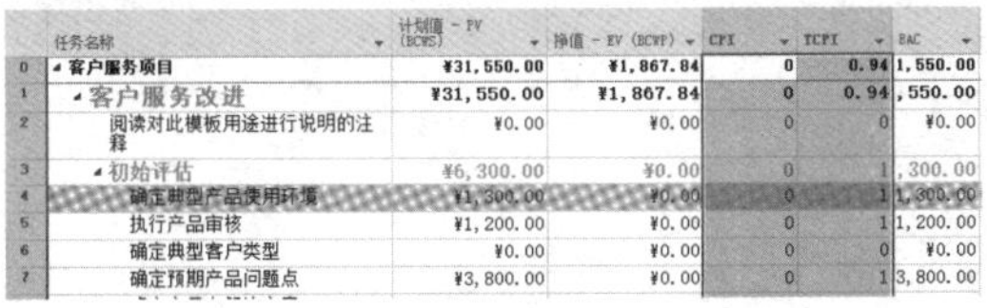

图 8-10

在【挣值成本标记】表中，除了包含【挣值】表与【挣值日程标记】表中的分析域，还包含下列两种分析域。

▶ CPI：表示成本业绩指数，包含到项目状态日期或当前日期为止时已完成工作量的基线成本(BCWP)与已完成工作量的时间成本(ACWP)之间的比值，其计算方式表现为 CPI=BCWP/ACWP。

▶ TCPI：表示待完成业绩指数，显示到状态日期为止时待完成工作量与可花费资金之间的比值。其计算方式表现为 TCPI=(BAC－BCWP)/(BAC－ACWP)。

> **知识点滴**
>
> 【挣值成本标记】表只能显示在任务类视图中，无法显示在资源类视图中。

8.3.3 使用盈余分析可视报表

项目盈余分析可视报表是一种以图表或其他视觉方式呈现项目盈余分析数据的报表。它用于展示项目的收入、成本和盈余等财务指标，并通过可视化的形式帮助用户更好地理解和分析项目的盈余情况。

在 Project 中，可以使用盈余分析可视报表查看按时间显示的 AC、计划值与盈余值的图表。

【例 8-3】在项目文档中使用盈余分析可视报表。

（素材文件\第 08 章\例 8-3）

step 1 选择【报表】|【导出】|【可视报表】选项，如图 8-11 所示。

图 8-11

step 2 在打开的【可视报表-创建报表】对话框中选择【工作分配使用状况】选项卡，选择【随时间变化的盈余分析报表】选项，单击【查看】按钮，如图 8-12 所示。

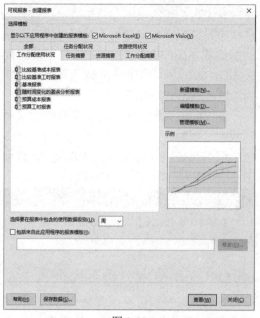

图 8-12

Step 3 此时,系统会自动打开 Excel 组件,并显示盈余分析可视报表,如图 8-13 所示。

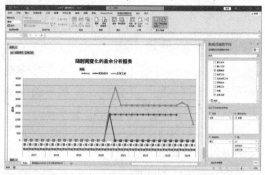

图 8-13

> **知识点滴**
>
> 生成盈余分析可视报表之后,可通过在【数据透视表字段】窗格中添加或删除数据透视表来显示字段。

8.4 记录项目的成本信息

在 Project 中,用户可以通过计算分配给任务的资源成本的方法,来分析除固定成本以外的任务成本。

8.4.1 记录任务成本表

在使用任务成本表记录项目的成本信息之前,首先需要选择【文件】|【选项】选项,在打开的【Project 选项】对话框的【日程】选项卡中确定已经选中了【Project 自动计算实际成本】复选框,如图 8-14 所示。

图 8-14

然后在【甘特图】视图中,选择【视图】|【数据】|【表格】|【成本】选项,切换到【成本】表中,查看任务的总成本、基线成本、成本差异、实际成本与剩余成本等成本信息,如图 8-15 所示。

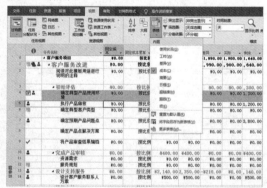

图 8-15

当为项目设置基线之后,系统会根据项目实际完成情况,对比计划任务成本,以突出显示基准成本与实际成本之间的差异情况。另外，当为任务分配了固定成本时，系统会自动将固定成本添加到已计算的成本中，并显示基线与实际成本的差异值。

8.4.2　记录资源成本表

资源成本表与任务成本表大致相同，主要显示了资源的成本、基线、差异、实际成本与剩余成本信息。一般情况下，用户可在【资源工作表】视图的【成本】表中查看资源的成本信息，如图 8-16 所示。

	资源名称	成本	基线成本	差异	实际成本	剩余成本
1	审计委员会	¥0.00	¥0.00	¥0.00	¥0.00	¥0.00
2	法律部门	¥0.00	¥0.00	¥0.00	¥0.00	¥0.00
3	外部审计员	¥0.00	¥0.00	¥0.00	¥0.00	¥0.00
4	执行委员会	¥0.00	¥0.00	¥0.00	¥0.00	¥0.00
5	CFO/总会计师	¥0.00	¥0.00	¥0.00	¥0.00	¥0.00
6	营销组	¥0.00	¥0.00	¥0.00	¥0.00	¥0.00
7	战略规划委员会	¥0.00	¥0.00	¥0.00	¥0.00	¥0.00
8	PR/IR 部门	¥0.00	¥0.00	¥0.00	¥0.00	¥0.00
9	主席	¥0.00	¥0.00	¥0.00	¥0.00	¥0.00
10	客户服务工作组	¥3,500.00	¥0.00	¥3,500.00	¥0.00	¥3,500.00
11	服务人员	¥21,000.00	¥0.00	¥21,000.00	¥0.00	¥21,000.00
12	服务助理	¥8,400.00	¥0.00	¥8,400.00	¥2,800.00	¥5,600.00
13	技术负责人	5,457,200.00	¥0.00	¥5,457,200.00	¥0.00	5,457,200.00
14	工作人员	2,754,500.00	¥0.00	¥2,754,500.00	¥0.00	2,754,500.00
15	内部开发人员	¥8,680.00	¥0.00	¥8,680.00	¥0.00	¥8,680.00
16	讲师	¥2,800.00	¥0.00	¥2,800.00	¥0.00	¥2,800.00
17	后勤人员	¥11,200.00	¥0.00	¥11,200.00	¥0.00	¥11,200.00
18	张伟	¥11,000.00	¥0.00	¥11,000.00	¥3,500.00	¥7,500.00
19	王艳	¥3,500.00	¥0.00	¥3,500.00	¥3,500.00	¥0.00
20	孙浩	¥3,500.00	¥0.00	¥3,500.00	¥3,500.00	¥0.00

资源工作表

图 8-16

8.4.3　重新设置资源成本

虽然在 Project 中可以设置自动更新成本，但是 Project 更新资源成本时，需要依靠用户设置的累算方式进行更新。另外，为了实现为资源分配实际成本，或跟踪任务实际工时中的实际成本，还需要重新设置系统已计算的成本。

1. 重设计算方式

选择【文件】|【选项】选项，在打开的【Project 选项】对话框的【日程】选项卡(如图 8-14 所示)中取消选中【Project 自动计算实际成本】复选框，禁止系统自动计算实际成本。

2. 重设资源成本

在【任务分配状况】视图的【跟踪】表中，选择需要重设成本的资源名称，在【实际成本】域中输入成本值。此时，系统会自动将资源的实际成本累加到任务的时间成本中。

另外，选择需要重设成本的任务名称，在【实际成本】域中输入成本值。此时，系统会将新增加的实际成本平分到该任务下的所有资源中。

8.5　分析项目信息

在 Project 中，还可以通过将挣值分析数据导入 Excel 工作表中的方法，以图表与数据透视表的方式分析项目的成本或进度信息。

8.5.1　图表分析

用户可以运用 Project 中的导出项目功能，将挣值分析数据导入 Excel 工作表中，并以图表的方式分析项目数据。

1. 导出数据

在 Project 中，可以通过下面介绍的方法导出数据。

【例 8-4】从项目文档中导出数据。

视频+素材　(素材文件\第 08 章\例 8-4)

step 1　在【甘特图】视图的【挣值】表中，选择【文件】|【另存为】选项，单击【浏览】按钮，如图 8-17 所示。

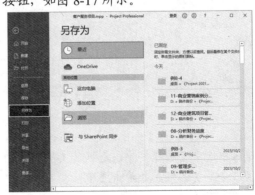

图 8-17

step 2 在打开的【另存为】对话框中将【保存类型】设置为【Excel 工作簿】，然后单击【保存】按钮。

step 3 在打开的【导出向导】对话框中，单击【下一步】按钮，如图 8-18 所示。

图 8-18

step 4 在打开的【导出向导-数据】对话框中保持默认设置，继续单击【下一步】按钮，如图 8-19 所示。

图 8-19

step 5 在打开的【导出向导-映射选项】对话框中选中【选择要导出数据的类型】中的【任务】复选框，并单击【下一步】按钮，如图 8-20 所示。

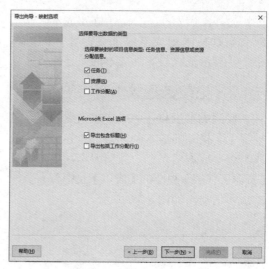

图 8-20

step 6 打开【导出向导-任务映射】对话框，单击【根据表】按钮，如图 8-21 所示。

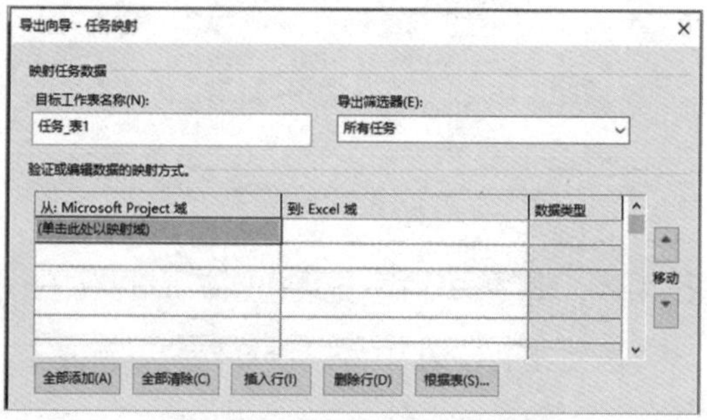

图 8-21

step 7 在打开的【选定域映射基准表】对话框中选择【挣值】选项，单击【确定】按钮，如图 8-22 所示。

图 8-22

step 8 返回【导出向导-任务映射】对话框，单击【完成】按钮，如图 8-23 所示。

图 8-23

在【导出向导-任务映射】对话框中，主要包括下列选项。

➢ 目标工作表名称：表示系统自动分配给工作表的名称，用户可以修改目标工作表的名称。

➢ 导出筛选器：用于设置所需导出的数据，默认筛选器为【所有任务】。

➢ 从：用于显示所导出的域，单击单元格，可从下拉列表中选择域。

➢ 到：用来显示【从】单元格中域的标题，用户可以手动输入新的标题。

➢ 数据类型：用来显示域的数据类型，为默认值，不可以更改。

➢ 全部添加：单击该按钮，可以快速添加所有的域。

➢ 全部清除：单击该按钮，可以删除所有已添加的域。

➢ 插入行：单击该按钮，可以在两个现有的域中间插入一个空行。

➢ 删除行：单击该按钮，可以删除包括域的行。

➢ 根据表：单击该按钮，可以在打开的对话框中，添加特定的映射基准表。

➢ 移动：单击【移动】按钮，可以上下移动域。

2. 分析数据

将 Project 中的数据导出为 Excel 文件后，用户可以通过 Excel 软件分析数据。

【例 8-5】使用 Excel 软件分析 Project 导出的数据。

视频+素材 （素材文件\第 08 章\例 8-5）

step 1 打开 Excel 工作簿，可将其中的数据格式转换为"数字"，如图 8-24 所示。

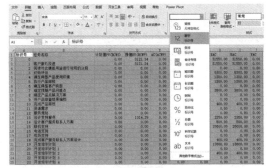

图 8-24

step 2 更改列标题名称，使其简化，选择相应的单元格区域，选择【插入】|【图表】|【插入柱形图或条形图】|【簇状柱形图】选项，如图 8-25 所示。

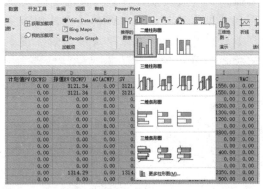

图 8-25

step 3 选择【图表设计】|【数据】|【选择数据】选项，如图 8-26 所示。

图 8-26

step 4 打开【选择数据源】对话框，单击【隐藏的单元格和空单元格】按钮，如图 8-27 所示。

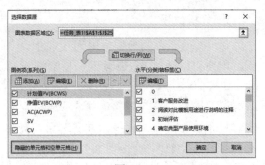

图 8-27

step 5 在打开的【隐藏和空单元格设置】对话框中选中【空距】单选按钮，单击【确定】按钮，如图 8-28 所示。

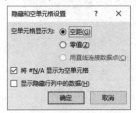

图 8-28

step 6 返回【选择数据源】对话框，单击【确定】按钮。

step 7 选择【图表设计】|【类型】|【更改图表类型】选项，在打开的【更改图表类型】对话框中选择【带平滑线的散点图】选项，如图 8-29 所示。

图 8-29

step 8 在该对话框中单击【确定】按钮，Excel 将自动更改图表的类型。此时，用户可通过

表中的数据查看任务的挣值分析数据，如图 8-30 所示。

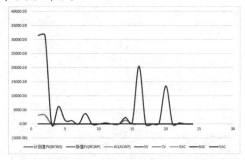

图 8-30

> **知识点滴**
>
> 由于导入工作表中的数据是以默认的文本格式存储的，因此在分析数据之前，还需要将所有的项目数据格式转换为数字格式。

8.5.2 数据透视表分析

数据透视表是一种可汇总或交叉排列大量数据的交互式表格，可通过选中列或行来查看源数据的不同汇总结果，并可以多方位地筛选与显示数据信息。

1. 允许系统保存旧版本文件

默认情况下，Project 2021 不允许用户保存版本比较低的文件。如果要解决这个问题，可以使用以下方法。

(1) 选中【文件】|【选项】选项，在弹出的【Project 选项】对话框中选择【信任中心】选项卡，单击【信任中心设置】按钮，如图 8-31 所示。

图 8-31

(2) 在打开的【信任中心】对话框中选择【旧式格式】选项卡，选中【允许加载使用旧

式文件格式或非默认文件格式的文件。】单选按钮,单击【确定】按钮,如图8-32所示。

图 8-32

2. 导出数据

在 Project 中,可以通过下面介绍的方法将数据导出为 Excel 97~2003 工作簿。

【例 8-6】在项目文档中,将数据导出为 Excel 97~2003 工作簿。

(素材文件\第 08 章\例 8-6)

step 1 选择【文件】|【另存为】选项,并单击【浏览】按钮。然后,在打开的【另存为】对话框中,将【保存类型】设置为【Excel 97~2003 工作簿】,单击【保存】按钮,如图 8-33 所示。

图 8-33

step 2 在打开的【导出向导】对话框中,单击【下一步】按钮。然后保持默认选项,继续单击【下一步】按钮,并选中【使用现有映射】单选按钮,如图 8-34 所示。

step 3 单击【下一步】按钮,在打开的【导出向导-映射选定内容】对话框中,选择【任务与资源数据透视表报表】选项,如图 8-35 所示,单击【完成】按钮。

图 8-34

图 8-35

3. 分析数据

在导出的项目数据工作表中,可以通过下面介绍的方法分析数据。

【例 8-7】在导出的项目数据工作表中分析数据,创建任务数据透视表。

(素材文件\第 08 章\例 8-7)

step 1 使用 Excel 打开【例 8-6】导出的项目数据工作表,选择【插入】选项卡,选择【表格】|【数据透视表】选项,如图 8-36 所示。

step 3 此时，系统会自动打开所创建的数据透视表，将【数据透视表字段】窗格中的字段分别拖到数据透视表中，详细查看与分析项目资源信息，如图 8-38 所示。

图 8-36

step 2 在打开的【创建数据透视表】对话框中设置创建选项，在新工作表创建资源类数据透视表，如图 8-37 所示，单击【确定】按钮。

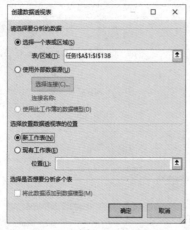

图 8-37

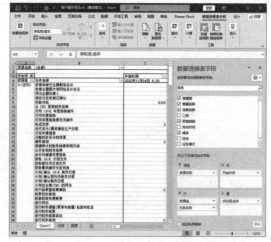

图 8-38

8.6 案例演练

本章主要介绍了使用 Project 分析财务进度的相关知识和具体操作，下面的案例演练部分将主要练习在项目文档中，运用 Project 中的挣值分析方法分析项目的财务进度。

【例 8-8】在 Project 中使用挣值分析方法分析项目的财务进度。

视频+素材 （素材文件\第 08 章\例 8-8）

step 1 打开项目文档后，选择【甘特图】视图中的【项】表，如图 8-39 所示。

step 2 选择所有任务，选择【任务】|【属性】|【信息】选项，如图 8-40 所示。

图 8-39

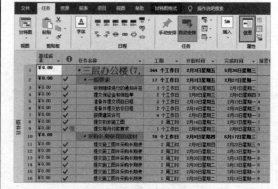

图 8-40

step 3 在打开的【多任务信息】对话框中设置【挣值方法】选项,然后单击【确定】按钮,如图8-41所示。

图8-41

step 4 选择【视图】|【数据】|【表格】|【更多表格】选项,如图8-42所示。

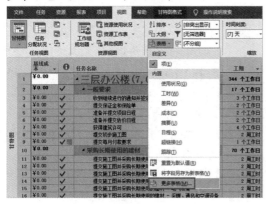

图8-42

step 5 在打开的【其他表】对话框中选择【挣值】选项,单击【应用】按钮,如图8-43所示,切换至【挣值】表查看项目信息。

图8-43

step 6 选择【视图】|【数据】|【表格】|【更多表格】选项,在打开的【其他表】对话框中选择【挣值日程标记】选项,并单击【应用】按钮查看挣值分析进度指数。

step 7 选择【项目】|【属性】|【项目信息】选项,在打开的对话框中设置项目的状态日期,单击【确定】按钮,如图8-44所示。

图8-44

step 8 选择【报表】|【导出】|【可视报表】选项,在打开的对话框中选择【随时间变化的盈余分析报表】选项,单击【查看】按钮。在Excel工作表中以图表的形式查看盈余分析可视报表,如图8-45所示。

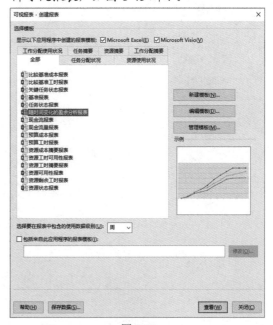

图8-45

step ⑨ 将视图切换到【甘特图】视图中的【挣值】表中，选择【文件】|【另存为】选项，并单击【浏览】按钮。在打开的【另存为】对话框中，将【保存类型】设置为【Excel 工作簿】，单击【保存】按钮，如图 8-46 所示。

图 8-46

step ⑩ 打开【导出向导】对话框，连续单击【下一步】按钮，选中【选择要导出数据的类型】选项区域中的【任务】复选框，如图 8-47 所示，单击【下一步】按钮。

图 8-47

step ⑪ 在打开的对话框中单击【根据表】按钮，打开【选定域映射基准表】对话框，选择【挣值】选项，单击【确定】按钮，并单击【完成】按钮，如图 8-48 所示。

图 8-48

step ⑫ 打开 Excel 工作簿，将数据格式转换为数字。

step ⑬ 单击数据的列标题，在编辑栏中更改数据的列标题名称。最后，在 Excel 中选中表格中的数据单元格区域，选择【插入】|【图表】|【插入柱形图或条形图】|【簇状柱形图】选项，在表格中插入图表。

第 9 章

管理多重项目

在实际工作中，用户所接触的项目往往既庞大又复杂，而且执行的过程分为不同的阶段，由公司的各个部门来管理不同的项目内容。因此，为了使部门内部或部门之间能够更好地交流项目信息，Project 提供了多项目管理功能，不仅可以将多个项目计划间的资源进行合并及更新，还可以将多个单独的项目计划组合为一个合并项目计划，并为新项目计划创建项目间的依赖关系，从技术上大大减轻了多项目管理工作的难度。

本章对应视频

例 9-1 在项目文档中插入子项目
例 9-2 移动项目文档中的子项目
例 9-3 在项目文档中计算多条关键路径
例 9-4 创建合并项目中任务的相关性
例 9-5 创建不同项目中任务的相关性

例 9-6 创建共享资源池
例 9-7 停止共享来自资源池的资源
例 9-8 在项目文档中更新工作分配
例 9-9 汇总多项目信息
例 9-10 练习将项目合并到共享资源

9.1 合并项目文档

Project 提供了项目合并功能，尤其在制订大型而复杂的计划时，通过将一个项目插入另一个项目中创建合并项目，可以简单而有效地组织一系列相关的大型项目。

9.1.1 主/子项目与合并项目

合并项目是指将多个项目组合成一个总项目，也就是将其中一个项目作为主项目，另外几个项目作为子项目插入主项目中。其中，主项目是指包含其他项目(插入项目或子项目)的项目，也称为合并项目。子项目是指插入其他项目中的项目，子项目可作为一种复杂项目分解为更多可管理部分的部分，子项目也称为插入项目。

每个子项目都可以被保存为一个单独的项目文档，可以为每个子项目分配资源，建立链接和约束。当需要从宏观的角度跟踪整个项目时，就可以把分离的多个子项目合并成为一个大型项目。子项目在合并项目中显示为摘要任务，可以隐藏任何一个与子项目相关的任务。在合并项目文档时，可以只对所关心的部分进行操作，可以查看、打印和修改任何一个子项目的信息。

9.1.2 插入项目文档

在插入项目文档之前首先需要确定主项目，然后将其他的项目文档作为子项目插入主文档中。

【例9-1】在项目文档中，插入"年度报表准备"子项目。

（素材文件\第 09 章\例 9-1）

step 1 打开创建好的"客户服务"项目文档，如图 9-1 所示。

图 9-1

step 2 打开创建好的"年度报表准备"项目文档，如图 9-2 所示。

图 9-2

step 3 在"客户服务"项目文档中选择空白任务栏，单击【项目】|【插入】|【子项目】按钮，打开【插入项目】对话框，选择"年度报表准备"项目文件，如图 9-3 所示，然后单击【插入】按钮。

图 9-3

step 4 此时，"年度报表准备"项目文档被插入指定位置，也就是在"客户服务"项目文档中插入子项目，如图 9-4 所示。

图 9-4

> **知识点滴**
>
> 在【插入项目】对话框中，单击【插入】按钮的下拉按钮，在其下拉列表中选择【插入只读】选项，即可在主项目中插入只读文档。在【插入项目】对话框中，取消选中【链接到项目】复选框，如果插入的子项目与主项目中有同名的资源，同名的第一资源信息将覆盖其后所有的同名资源信息。
>
> 新插入的项目文件前有一个图标，表示插入项目作为相对独立的文件存在于合并项目中。新项目刚插入时是看不到子任务的，需要通过单击子任务的大纲符号，即子项目名前的加号，来显示子项目的隐藏任务。所有插入的项目任务在甘特图中是以灰色的甘特条形图显示的，其形状和摘要任务的甘特条形图形状一致，只是用颜色加以区分。

9.1.3 查看子项目信息

选择子项目总摘要任务，选择【任务】|【属性】|【信息】选项，在打开的【插入项目信息】对话框中选择【高级】选项卡，即可查看子项目的名称、链接地址等信息，如图 9-5 所示。

图 9-5

在图 9-5 所示的【高级】选项卡中主要包括下列选项。

▶ 名称：用于显示子项目的名称。

▶ 工期：用于显示子项目的总工期。

▶ 链接到项目：取消选中该复选框，可断开子项目与主项目的链接关系。此时，子项目将作为主项目的部分，而非嵌入形式。

▶ 只读：选中该复选框，子项目将以只读的格式嵌入主项目中。

▶ 项目信息：单击该按钮，可在打开的【项目信息】对话框中查看子项目的信息。

9.1.4 编辑项目文档

将子项目插入主项目后，为了满足主项目文档的需要，还需对插入的项目做进一步的编辑。例如，可以对子项目进行类似摘要任务的处理，在大纲中通过升级或降级的方法来更改任务层次中子项目的次序。

1. 移动插入的项目

Project 允许对插入的项目进行移动，从而适应不同情况下项目管理的需要。要移动所插入的项目，在选择该任务的全部子任务后，在【任务】选项卡的【剪贴板】组中单击【剪切】按钮，然后选择目标下方任务所在的单元格，单击【粘贴】按钮，就可以完成子项目的移动。

【例 9-2】将插入的"年度报表准备"子项目移到"联机支持"任务之前。

视频+素材 （素材文件\第 09 章\例 9-2）

step 1 选择"年度报表准备"子项目，选择【任务】选项卡，在【剪贴板】组中单击【剪切】按钮。打开【规划向导】对话框，保持默认设置，单击【确定】按钮，如图 9-6 所示。

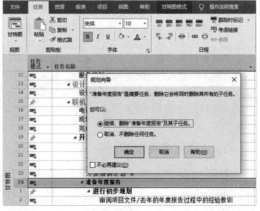

图 9-6

step 2 选择"联机支持"任务所在的单元格。在【任务】选项卡的【剪贴板】组中单击【粘贴】按钮，就可以将子项目移到"联机支持"任务之前，效果如图 9-7 所示。

图 9-7

> **知识点滴**
> 在项目文档中选中子项目,按住鼠标左键不放向上或向下移动鼠标,在目标位置释放鼠标,同样可以实现移动项目的操作。

2. 升级或降级插入的项目

默认状态下,插入的子项目与上一行单元格中任务的大纲级别相同,在插入一个项目之后,可以通过将其移到大纲中的某个级别上来创建分层结构。如果其前面的任务也是一个插入项目,则不能升级或降级该插入项目。

要升级或降级插入的项目,只需切换至【甘特图】视图,在【任务名称】栏中选择要升级或降级的插入项目,然后打开【任务】选项卡,在【日程】组中单击【升级任务】按钮或【降级任务】按钮即可。

> **知识点滴**
> Project 将插入的项目作为自成一体的独立项目看待。如果将一个项目插入或粘贴到另一个只显示了项目摘要任务的项目之下,则插入或粘贴的项目将会与其上的插入项目有相同的级别。如果将项目插入或粘贴到一个显示了所有子任务的项目之下,则插入或粘贴的项目将成为其上的那个项目的一个子任务。

3. 计算多条关键路径

默认情况下,Project 仅显示一条关键路径,即影响计划完成日期的路径。对于合并的项目,通常会有很多插入的子项目,而这些子项目都有属于自己的一条关键路径。要想查看每个插入项目的关键路径,使用计算多条关键路径的方法就可以很方便地达到目的。

在计算多条关键路径时,任何没有后续任务的最迟完成时间将设置为其最早完成时间,这样该任务的可宽限时间为零,从而成为关键任务。相反,对于只显示一个关键路径的项目中没有后续任务的任务,其最迟完成时间为项目的完成日期,该任务因而拥有了可宽限时间。

要显示合并项目中的多条关键路径,可单击【文件】按钮,从打开的【文件】菜单中选择【选项】命令,打开【Project 选项】对话框,切换至【高级】选项卡,在【该项目的计算选项】选项区域中选中【计算多条关键路径】复选框,然后再用查看关键路径的方法查看关键路径及关键任务。

【例 9-3】在项目文档中计算多条关键路径。
（素材文件\第 09 章\例 9-3）

step 1 单击【文件】按钮,从打开的【文件】菜单中选择【选项】命令,打开【Project 选项】对话框。

step 2 打开【高级】选项卡,在【该项目的计算选项】选项区域中选中【计算多条关键路径】复选框,如图 9-8 所示,然后单击【确定】按钮。

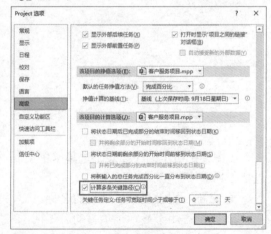

图 9-8

step 3 返回项目文档,选择【视图】选项卡,在【数据】组中单击【筛选器】下拉按钮,从打开的下拉菜单中选择【关键】命令,在工作区和图形区将显示关键任务和关键路径。

9.2 建立项目间的相关性

在实际工作中,只有两个项目的任务目的相同,并且两者之间存在相互制约的关系才会进行合并。因此,合并项目后,既可以链接合并项目中各项目之间的任务,也可以链接几个独立的相关项目之间的任务。链接任务时,Project 显示任务相关性的同时会在每个项目中显示外部任务。需要注意的是,不能对外部任务进行编辑。

9.2.1 创建合并项目中任务的相关性

创建合并项目中任务的相关性是指创建子项目的任务与主项目的任务之间的相关性。项目之间的相关性可以是 Project 提供的 4 种链接关系中的任意一种,也可以设置重叠时间。创建合并项目中任务的相关性与创建同一项目内各任务之间的相关性的方法相同。

【例9-4】创建"资源需求"任务与"准备年度报告"子项目中的任务的相关性。
(视频+素材) (素材文件\第 09 章\例 9-4)

step 1 选择"资源需求"任务,按住 Ctrl 键,选择"准备年度报告"子项目中的"结束初步规划"任务,如图 9-9 所示。

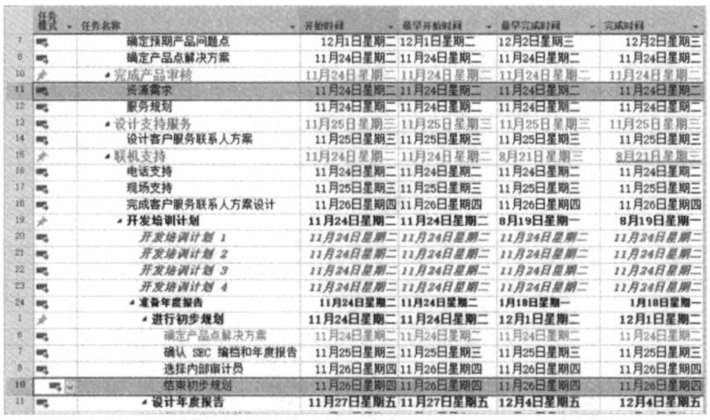

图 9-9

step 2 选择【任务】选项卡,在【日程】组中单击【链接选定的任务】按钮,自动建立两个任务之间为【完成-开始】类型的链接关系,如图 9-10 所示。

图 9-10

step 3 使用同样的方法,创建其他任务间的相关性。

> **知识点滴**
> 创建合并项目中任务之间的相关性后,双击两任务之间的链接线,打开【任务相关性】对话框,在【类型】下拉列表中选择所需要的链接类型,即可更改为其他类型的链接关系。

9.2.2 创建不同项目中任务的相关性

创建不同项目中任务的相关性是指在未建立合并关系的不同项目任务之间建立链接。

【例 9-5】在 Project 中创建两个不同项目中任务的相关性。
(视频+素材) (素材文件\第 09 章\例 9-5)

step 1 打开"客户服务项目"项目文档和"年度报表准备"项目文档后,选择【视图】选项卡,在【窗口】组中单击【全部重排】按钮,将两个项目以左、右窗格的形式进行排列,如图 9-11 所示。

图 9-11

step 2 在"年度报表准备"项目文档中选择"确认 SEC 编档和年度报告检查点"任务,选择【任务】选项卡,在【属性】组中单击【信息】按钮,如图 9-12 所示。

step 3 打开【任务信息】对话框,选择【前置任务】选项卡,在【标识号】栏中输入前置任务所属项目的路径和任务标识号(中间用\号隔开),单击【确定】按钮,如图 9-13 所示。

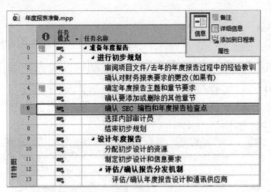

图 9-12

图 9-13

step 4 此时，可以建立任务相关性，并且项目中的外部链接任务以灰色显示在任务列表中，如图 9-14 所示。

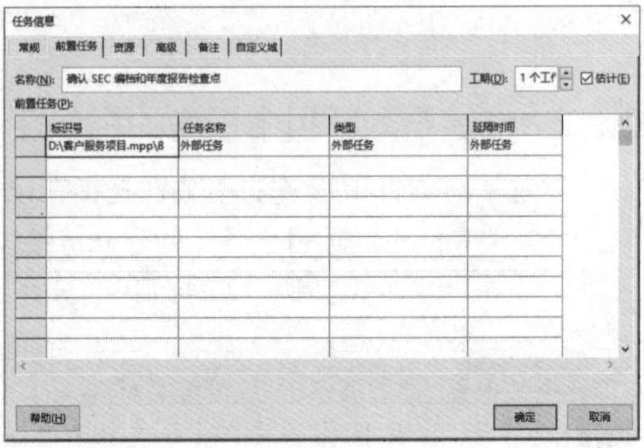

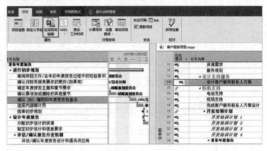

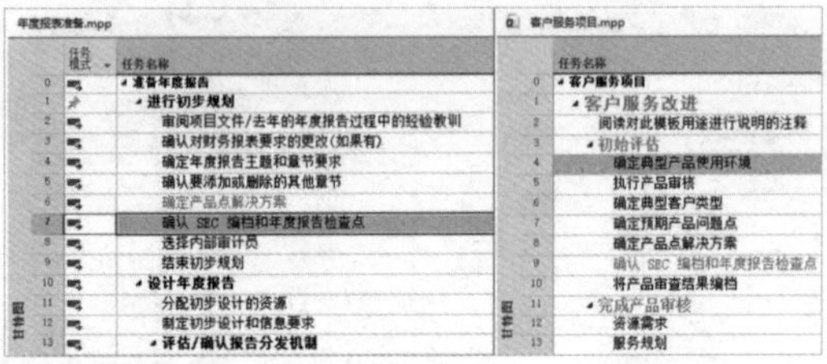

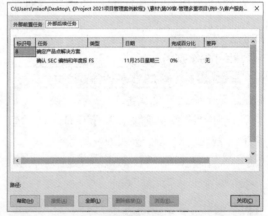

图 9-14

step 5 在“客户服务”项目文档中选择“设计客户服务联系人方案”任务，选择【项目】选项卡，在【属性】组中单击【在项目间链接】按钮，如图 9-15 所示。

图 9-15

step 6 打开如图 9-16 所示的对话框，在【外部前置任务】或【外部后续任务】选项卡中可查看项目中的外部链接任务。

图 9-16

知识点滴

单击【文件】按钮，从打开的【文件】菜单中选择【选项】命令，打开【Project 选项】对话框，切换至【高级】选项卡，在【该项目的项目间链接选项】选项区域中取消选中【显示外部后续任务(X)】和【显示外部前置任务(P)】复选框，单击【确定】按钮，就可以在原文档中取消显示外部链接任务。

9.3 在项目间共享资源

在同时对多个项目进行处理时，各个项目会经常使用相同的资源，而这些项目都各自调用自身的资源池，从而造成了一定程度的浪费。尤其是面对一些庞大的项目管理时，资源池的修改和维护是非常耗费人力的。Project 提供了共享资源池功能，可以有效地解决多个项目间共享资源的管理问题。

资源共享是指在多个文件中使用同一资源。当一个项目从其他项目中借用资源时，正在借用该资源的文件是共享文件,正在贡献该资源的文件是资源库。资源库是可以分配给项目中任务的一组资源,它可以由一个项目单独使用,也可以由多个项目共同使用。

9.3.1 资源池简介

资源池是一个项目计划,其他项目计划从中提取资源信息,有助于查看多资源在多个项目中的使用情况。资源池中包括链接到资源池的所有项目计划中的资源的任务分配信息,用户可以在资源池中修改资源的最大值、成本费率、非工作时间等资源信息。另外,所有链接的项目计划会使用更新后的信息,并且链接到资源池的项目计划会成为共享计划。

在创建资源池之前,每个项目包含自己单独的资源信息。当将该项目的资源信息分配给两个项目中的任务时,可能会导致资源的过度分配与重复的现象。

在创建资源池之后,项目计划链接到资源池,资源信息合并到资源池中,并在共享计划中更新。此时,共享计划中的工作分配信息与详细信息也更新到资源池,这样可以解决资源过度分配的问题。

另外,在管理多个项目时,设置资源池后会具有下列优势。

▶ 单独的资源信息,可在多个项目计划中使用,减少资源重复输入的操作。

▶ 可同时查看多个项目中的工作分配细节。

▶ 可以查看每个资源在多个项目中的工作分配成本。

▶ 可以查看材料资源在多个项目中的累计消耗值。

▶ 可以查看在多个项目中被过度分配或过低分配的资源。

▶ 在任意共享计划或资源池中输入资源信息时,其他共享计划也可使用该信息。

当用户需要与网络上的 Project 用户共享资源时,资源池尤其有用。此时,资源池存储在中央位置,而共享计划的所有者则可以共同使用公共的资源池。

9.3.2 建立共享资源池

若在多个项目中分配了相同的资源,或者在多个项目中具有共享的资源,可将所有资源信息合并到一个资源池中,然后在分配资源时让所有的项目都使用这个公共资源池。

【例9-6】将两个项目文档中的资源添加到名为"共享资源池"的项目文档中。

🎬 视频+素材 (素材文件\第09章\例9-6)

step 1 打开"客户服务项目"项目文档和"年度报表准备"项目文档,并切换至【资源工作表】视图。

step 2 选择【视图】选项卡,在【窗口】组中单击【全部重排】按钮,重排文件,如图 9-17 所示。

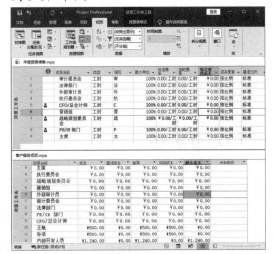

图 9-17

step 3 单击【文件】按钮,从打开的【文件】菜单中选择【新建】命令,选择【空白项目】选项,如图 9-18 所示。

step 4 此时即可创建一个空白项目文档,将其以"共享资源池"为名保存,并切换至【资源工作表】视图,如图 9-19 所示。

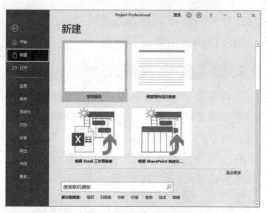

图 9-18

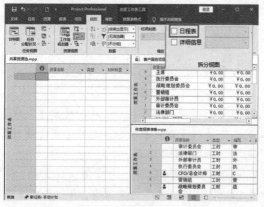

图 9-19

step 5 参照步骤 2 的操作，重新排列窗口，并在【视图】选项卡的【拆分视图】组中取消选中【日程表】复选框，如图 9-20 所示。

图 9-20

step 6 激活"年度报表准备"项目文档，选择【资源】选项卡，在【工作分配】组中单击【资源池】按钮，从弹出的下拉列表中选择【共享资源】命令，如图 9-21 所示。

图 9-21

step 7 打开【共享资源】对话框，选中【使用资源】单选按钮，在【来自】下拉列表中选择【共享资源池】选项，选中【本项目优先】单选按钮，然后单击【确定】按钮，如图 9-22 所示。

图 9-22

step 8 此时，"年度报表准备"项目文档中的资源就添加到了"共享资源池"项目文档中，如图 9-23 所示。

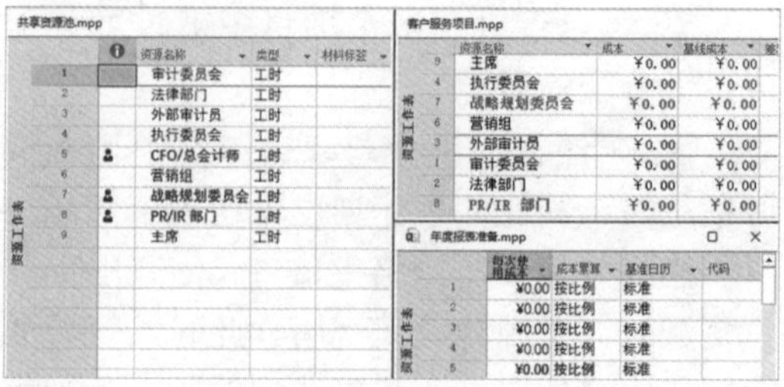

图 9-23

step 9 使用同样的方法，添加"客户服务项目"项目文档的资源信息，如图 9-24 所示。

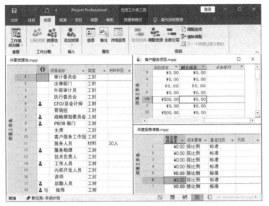

图 9-24

9.3.3 打开共享资源池

创建共享资源池后，打开资源池或共享资源文件时，Project 将给出各种提示，可以使用不同的方式打开这些文件。

1. 打开共享资源文件

打开与资源池建立了共享关系的共享文件时，将打开【打开资源池信息】对话框，如图 9-25 所示，可在其中选择打开的方式。

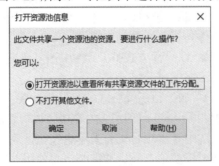

图 9-25

在【打开资源池信息】对话框中，主要有以下两种文件打开方式。

▶ 打开资源池以查看所有共享资源文件的工作分配：Project 将打开该文件，并以"只读"方式打开资源池文件。

▶ 不打开其他文件：Project 将只打开此文件，不打开资源池文件。

2. 打开共享资源池

当资源池文件与其他项目文档建立了共享关系时，在打开资源池文件时将打开【打开资源池】对话框，如图 9-26 所示，提示用户按使用需求选择打开方式。

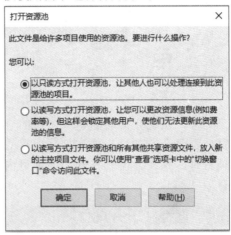

图 9-26

在【打开资源池】对话框中，主要有以下 3 种打开资源池的方式。

▶ 以只读方式打开资源池……：Project 将以"只读"方式打开资源池文件，其他用户可以连接到此资源池，并可以在共享文件中更新资源池。

▶ 以读写方式打开资源池……：Project 将以"可读写"方式打开资源池文件，可以对资源信息进行更改，其他用户无法更新资源池。

▶ 以读写方式打开资源池和所有其他共享资源文件……：Project 将以"可读写"方式打开资源池文件和其他所有与该资源池相关的项目文件，用户可对资源信息进行更改、添加等操作。

3. 合并打开的所有项目文档

打开所有需要合并的项目，选择【视图】|【窗口】|【新建窗口】选项，弹出【新建窗口】对话框，按 Ctrl 键选择需要合并的项目，单击【确定】按钮，如图 9-27 所示。

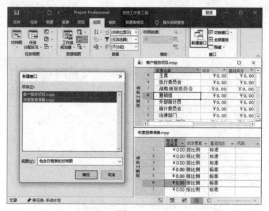

图 9-27

此时，系统会自动创建一个新的合并项目，保存合并项目。再次打开保存的合并项目时，系统会自动打开合并项目内的所有项目。

9.3.4 查看共享资源池

在项目管理过程中，常常需要管理多个项目，同时这些项目的资源又存在一定的相关性。这时，就可以查看创建了资源共享的项目以及发生冲突的资源。

1. 查看资源共享的项目

通过查看资源共享的项目可以清楚地了解资源是否已将资源信息添加到了共享资源池中，确保检查资源冲突的正确性。

要查看资源共享的项目，只需打开共享资源池，打开【资源】选项卡，在【工作分配】组中单击【资源池】按钮，从弹出的列表中选择【共享资源】命令，如图 9-28 所示。

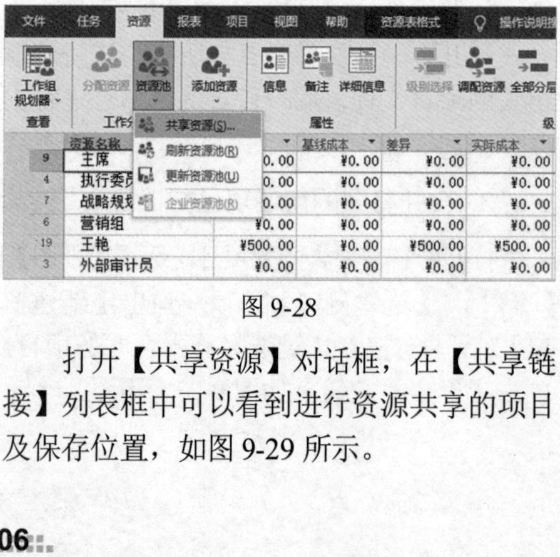

图 9-28

打开【共享资源】对话框，在【共享链接】列表框中可以看到进行资源共享的项目及保存位置，如图 9-29 所示。

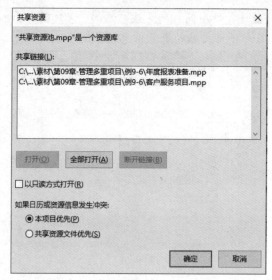

图 9-29

在【共享资源】对话框中，主要包括下列选项。

▶ 共享链接：主要用来显示链接共享资源池的文件的链接地址。

▶ 打开：单击该按钮，可打开【共享链接】列表框中选中的链接文件。

▶ 全部打开：单击该按钮，可打开【共享链接】列表框中显示的所有链接文件。

▶ 断开链接：单击该按钮，可断开选中的文件与资源池之间的链接。

▶ 以只读方式打开：选中该复选框，将以只读方式打开链接文件。

▶ 如果日历或资源信息发生冲突：用来设置日历与资源信息发生冲突时的优先方式。选中【本项目优先】单选按钮，表示当日历或资源信息发生冲突时，将使用共享计划中的资源信息；选中【共享资源文件优先】单选按钮，表示当日历或资源信息发生冲突时，将使用资源池中的资源信息。

2. 查看资源冲突

创建共享资源的目的是防止发生资源冲突，因此，将多个项目中的资源添加到资源池后，就需要查看资源是否发生冲突。

要查看资源是否发生冲突，打开共享资源池，切换至【资源使用状况】视图，在【视图】选项卡的【数据】组中单击【筛选器】右侧的下拉按钮,从打开的下拉菜单中选择【过度分配的资源】选项,在工作区的右侧显示发生资源冲突的资源信息(显示为红色),如图 9-30 所示。

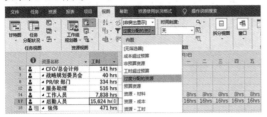

图 9-30

9.3.5 中断资源共享

如果用户需要独自对所属项目文件进行操作,可以断开项目文件与共享资源池或其他文件的链接。断开链接后,项目文件中自有的资源将保留,而资源池及其他文件所拥有的资源将无法调用。中断资源共享有如下两种方法。

▶ 停止共享来自资源池的资源。
▶ 断开资源池与被共享资源文件的链接。

如果一些任务已经独立出来,与其他任务不具有相关性,并且不允许其他用户来调用资源,这时就可以停止共享来自资源池的资源。

【例 9-7】在项目文档中停止共享来自资源池的资源。

(素材文件\第 09 章\例 9-7)

step 1 打开"客户服务项目"项目文档,此时将打开【打开资源池信息】对话框,选中【不打开其他文件】单选按钮,单击【确定】按钮,如图 9-31 所示。

step 2 选择【资源】选项卡,在【工作分配】组中单击【资源池】按钮,从弹出的下拉列表中选择【共享资源】命令,打开【共享资源】

对话框,选中【使用本项目专用资源】单选按钮,如图 9-32 所示,单击【确定】按钮。

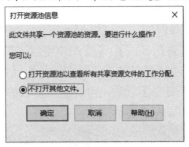

图 9-31

图 9-32

step 3 在打开的提示对话框中单击【是】按钮,如图 9-33 所示。

图 9-33

step 4 返回【共享资源】对话框,选中【共享资源文件优先】单选按钮,单击【确定】按钮,就可以停止共享来自资源池的资源。

step 5 使用同样的方法,打开"年度报表准备"项目文档,参照步骤 1~4,停止共享来自资源池的资源。

> 知识点滴
>
> 停止共享来自资源库的资源后,共享资源库中与该项目有关的资源将会被自动删除。

9.4 更新资源池

为了便于管理资源池中的资源信息,也为了更好地协调各项目间的工作分配与工作时间等问题,项目管理人员需要运用【资源使用状况】视图、【更改工作时间】对话框等来更新资源池。

9.4.1 更新资源信息

更新资源信息是指更新资源池中的成本率及工作时间。打开资源池窗口，选择【视图】|【资源视图】|【资源使用状况】选项，然后选中资源名称，选择【任务】|【编辑】|【滚动到任务】选项，可查看该资源的工作信息，如图9-34所示。

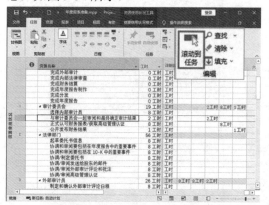

图9-34

切换到【资源工作表】视图，选择【资源】|【属性】|【信息】选项，打开【资源信息】对话框，如图9-35所示，单击【更改工作时间】按钮。

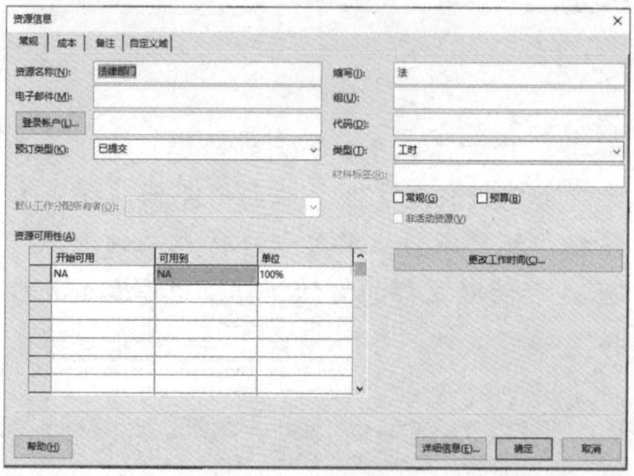

图9-35

打开【更改工作时间】对话框，在【例外日期】选项卡中，可以更改资源的工作时间，如图9-36所示。

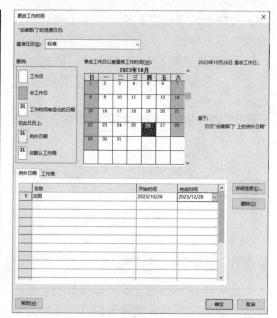

图9-36

知识点滴

打开所有的资源共享文件，选择一个工作资源窗口，切换至【资源使用状况】视图，查看资源的【工时】值。如果该值为零，表示未分配资源，然后选择另一个共享资源文件窗口，选择某任务名称，打开【资源】选项卡，在【工作分配】组中单击【分配资源】按钮，打开【分配资源】对话框，为指定的任务分配相应的资源，更新工作分配，此时在【资源使用状况】视图中会看到该资源的【工时】值有所改变。

9.4.2 更新工作分配

在Project中，可以通过下面介绍的方法更新工作分配。

【例9-8】在项目文档中更新工作分配。

视频+素材 （素材文件\第09章\例9-8）

step 1 打开所有的资源共享文件，选择一个共享资源窗口，切换到【资源使用状况】视图中，此时，资源【工时】值为零的资源表示未分配资源，如图9-37所示。

第9章 管理多重项目

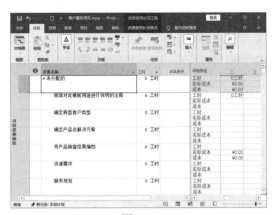

图9-37

图9-39

step 2 选择另一个共享资源文件窗口，切换到【甘特图】视图并选择任务名称，选择【资源】|【工作分配】|【分配资源】选项，在打开的【分配资源】对话框中，选择未分配的资源，如图9-38所示，单击【分配】按钮，为指定的任务分配相应的资源。

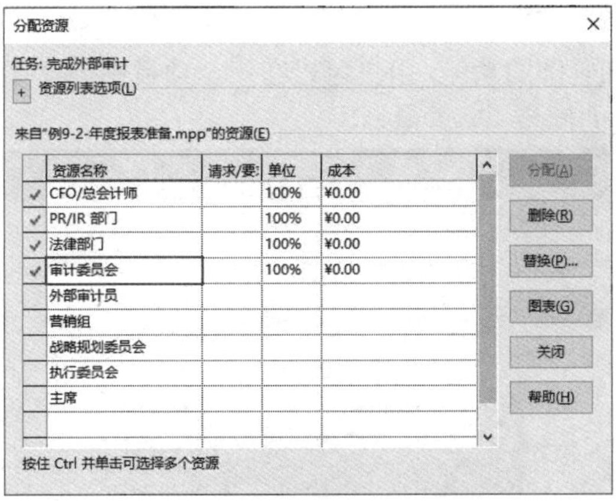

![图9-38]

图9-38

step 3 返回【资源使用状况】视图中，所选资源的工时值将发生更改，表示该资源已被分配。

9.4.3 更新所有计划的工作时间

首先选择资源池项目文档，将视图切换到【甘特图】视图中，选择【项目】|【属性】|【更改工作时间】选项，如图9-39所示。

然后在打开的【更改工作时间】对话框中，设置所有计划任务的日历类型与例外日期，如图9-40所示。

图9-40

最后在【甘特图】视图中，选择资源共享文件，选择【项目】|【属性】|【更改工作时间】选项，打开【更改工作时间】对话框，设置所有计划任务的日历类型与例外日期，在资源池文件中将显示所更改的工作时间。

9.4.4 更新资源池

当资源发生冲突时，就需要对资源进行调整。调整资源之前，先要权衡发生冲突的任务的重要性，再选择对应的项目文件进行调整。

要更新共享资源池，首先打开需要更新的共享资源文件，在打开的【打开资源池信

209

息】对话框中选中【打开资源池以查看所有共享资源文件的工作分配。】单选按钮，然后单击【确定】按钮，如图 9-41 所示。

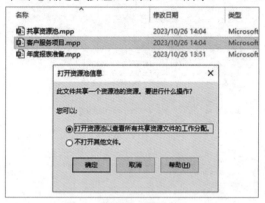

图 9-41

在项目文档中对资源进行调整后，打开【资源】选项卡，在【工作分配】组中单击【资源池】按钮，从弹出的列表中选择【更新资源池】选项即可，如图 9-42 所示。

图 9-42

9.5 管理多项目

在 Project 中提供了对多项目信息进行汇总和管理的功能，用户可以在一个项目中创建报表、视图等信息，并且还能保证子项目与主项目的同步。

9.5.1 汇总多项目信息

当多个子项目合并到主项目中，子项目的信息将汇总到主项目中，此时，Project 可以将项目信息自动生成一张报表，来反映多个项目信息。

【例 9-9】将两个项目文档合并到一个项目文档中，生成一张工作日汇总报表。

视频+素材 （素材文件\第 09 章\例 9-9）

step 1 打开 "客户服务项目" 和 "年度报表准备" 项目文档，选择【视图】|【窗口】|【新建窗口】选项，弹出【新建窗口】对话框，按 Ctrl 键选择需要合并的项目，单击【确定】按钮，合并项目文档。

step 2 打开合并后的项目文档，选择【报表】|【查看报表】|【成本】|【现金流量】选项，查看更多项目信息，如图 9-43 所示。

图 9-43

9.5.2 创建多项目信息同步

在管理多项目信息时，需要保持子项目

与主项目之间的同步性。也就是说，在更改子项目信息时，主项目信息也会自动同步更改。而在更改主项目信息时，子项目信息也会同步更改。

1. 主项目与子项目同步

同时打开主项目与子项目项目文档，选择【视图】|【窗口】|【全部重排】选项。然后，更改主项目文档中的子项目任务的工期。按 Enter 键后，打开子项目文档，此时，用户会发现子项目文档中该任务的工期自动进行了更改。

2. 子项目与主项目同步

子项目与主项目同步和主项目与子项目同步的操作方法一致。打开子项目文档，选择任务，并更改该任务的工期。然后，选择【文件】|【保存】选项，保存子项目。打开主项目文档，在子项目中所更改的任务工期，在主项目文档中也已更改。

9.6 案例演练

本章主要介绍在 Project 中管理多重项目的相关操作，下面的案例演练将练习把"商业建筑"和"开办新公司"项目合并到共享资源的操作。

【例9-10】 练习将"商业建筑"和"开办新公司"项目文档合并到共享资源。

视频+素材 （素材文件\第09章\例9-10）

step 1 打开"商业建筑"和"开办新公司"项目文档，再选择【空白项目】选项，新建一个空白项目文档。

step 2 选择【视图】|【资源视图】|【资源工作表】选项，然后选择【文件】|【保存】选项，在弹出的对话框中输入文件名"共享资源"，单击【保存】按钮。

step 3 选择【视图】|【窗口】|【全部重排】选项，将所有的项目文档排列在一个窗口中。

step 4 选择"商业建筑"窗口，选择【资源】|【工作分配】|【资源池】|【共享资源】选项，打开【共享资源】对话框，设置共享资源，然后单击【确定】按钮，如图9-44所示。

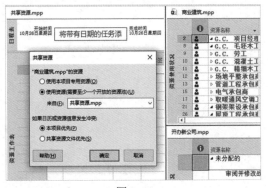

图9-44

step 5 选择"开办新公司"窗口，选择【资源】|【工作分配】|【资源池】|【共享资源】选项，在弹出的【共享资源】对话框中设置共享资源，然后单击【确定】按钮。

step 6 在资源池项目文档中选择【资源】|【工作分配】|【资源池】|【共享资源】选项，在打开的【共享资源】对话框中查看链接信息，单击【确定】按钮，如图9-45所示。

图9-45

step 7 选择【视图】|【资源视图】|【资源使用状况】选项，选择资源名称，选择【任务】|【编辑】|【滚动到任务】选项，查看工作信息，如图9-46所示。

图 9-46

step 8 选择"商业建筑"窗口,在【资源使用状况】视图中,查看资源的【工时】,如图 9-47 所示。

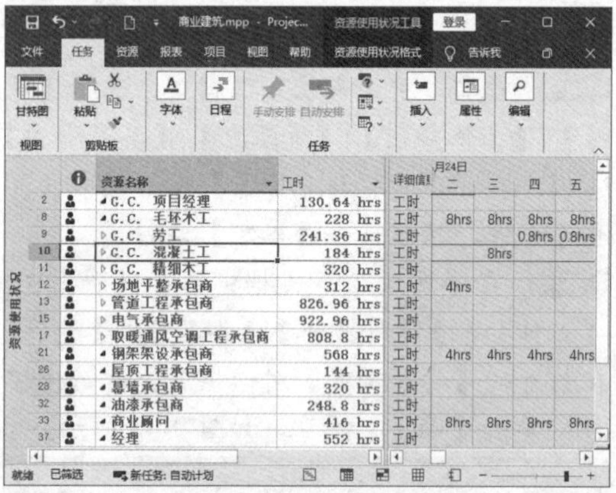

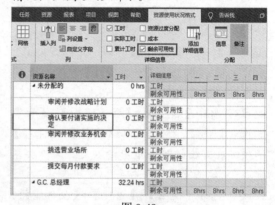

图 9-47

step 9 选择"开办新公司"窗口,选择任务 3,选择【资源】|【工作分配】|【分配资源】选项,打开【分配资源】对话框,选择资源名称,单击【分配】按钮,如图 9-48 所示。

图 9-48

step 10 切换到【资源使用状况】视图中,选择【资源使用状况格式】|【详细信息】|【剩余可用性】复选框,查看资源的剩余可用性情况,如图 9-49 所示。

图 9-49

step 11 单击快速访问工具栏中的【保存】按钮,保存项目文档。

第 10 章

管理项目报表

在 Project 中，通过项目报表管理，不仅可以快速汇总及组织详细的项目信息，将项目数据以丰富的形式进行显示，而且还可以了解项目在时间与成本上的整体绩效。另外，使用 Project 提供的报表功能可以选定一种格式来打印项目的各种信息。本章主要介绍管理项目报表的方法和技巧，以及打印报表的方法等。

本章对应视频

例 10-1 创建预定义报表　　　　　例 10-3 在项目文档中管理项目报表
例 10-2 美化报表中的文本框

10.1 报表概述

报表用于将项目计划中与特定部分相关的项目信息或汇总数据以定义的表格格式显示出来，方便用户进行查阅。在使用各类项目报表分析与管理项目信息前，用户需要先了解项目报表的基础表格类型与含义。

10.1.1 认识预定义报表

预定义报表以表格的形式将项目中的数据以汇总性、详细性与组织性的方式进行显示。Project 提供了许多预定义报表，如仪表板类报表、资源类报表、成本类报表、进行中类报表等 20 多种预定义报表。几种主要的预定义报表的具体功能如下。

1. 仪表板类报表

Project 中仪表板类报表主要用于显示项目的整体情况，如图 10-1 所示，包括即将开始的任务、工时概述、成本概述、进度、项目概述这 5 种报表。

图 10-1

以上 5 种报表的功能与内容如下。

➢ 即将开始的任务：主要显示了项目中指定时间段内的任务信息，包括本周已完成的工时、本已到期的任何未完成任务的状态、下一周将开始的任务等内容。

➢ 工时概述：主要显示了项目的工时进度和所有顶级任务的工时状态，包括实际工时、剩余工时、基线工时、剩余累计工时等内容。

➢ 成本概述：主要显示了项目及其顶级任务的当前成本状态，可以帮助用户判断项目是否保持在预算成本内，包括计划成本、剩余成本、实际成本、累计成本等内容。

➢ 进度：主要显示已完成多少工时和任务，还有多少工时和任务待完成，包括剩余实际任务、剩余累计工时、基线剩余任务等内容。

➢ 项目概述：主要显示项目已完成多少部分、即将来临的里程碑和延迟的任务。

2. 资源类报表

Project 中资源类报表主要用于显示项目中当前任务的资源使用情况，如图 10-2 所示，主要包括资源概述和过度分配的资源两种报表。

图 10-2

以上两种报表的功能与内容如下。

➢ 资源概述：主要显示项目中所有工时资源的工作状态，包括实际工时、剩余工时、工时的完成百分比等内容。

➢ 过度分配的资源：主要显示项目中所有过度分配资源的工作状态，显示剩余工时和实际工时。

3. 成本类报表

Project 中成本类报表主要用于显示项目的成本使用情况，如图 10-3 所示，主要包括任务成本概述、成本超支、挣值报告、现金流量、资源成本概述这 5 种报表。其具体功能与内容如下。

➢ 任务成本概述：显示顶级任务成本状态、成本详细信息表格和成本分布数据图表。

▶ 成本超支：显示顶级任务和工时资源的成本差异，并显示实际成本超过基线成本的位置。

▶ 挣值报告：显示项目中的挣值、差异和性能指标，对照基线来比较成本和日程，以判断项目是否在正常进行。

▶ 现金流量：显示所有顶级任务的成本和累计成本，包括成本、累计成本等内容。

▶ 资源成本概述：显示工时资源成本状态、成本详细信息表格和成本分布数据图表。

图 10-3

4. 进行中类报表

Project 进行中类报表又称为进度报告，用于显示项目任务的具体实施情况，如图 10-4 所示，主要包括关键任务、延迟的任务、进度落后的任务和里程碑报告 4 种报表。

图 10-4

以上 4 种报表的功能与内容如下。

▶ 关键任务：显示项目的关键路径中被列为关键任务的所有时间安排紧凑的任务。如果被显示的任务出现任何延迟，将导致项目的日程安排进度落后。

▶ 延迟的任务：显示项目中开始日期或完成日期晚于计划的开始日期或完成日期的所有任务，以及未按计划进度进行的任务。

▶ 进度落后的任务：显示项目中完成任务所用的时间大于预算时间且完成日期晚于基线完成日期的所有任务。

▶ 里程碑报告：显示项目中延迟、到期或已完成的里程碑任务。

10.1.2 可视报表概述

可视报表是一种具有灵活性的报表，可以将项目以图表、数据透视表与组织图的方式进行显示。通过可视报表，用户可以在 Excel 与 Visio 中以图表的方式查看项目数据。在 Project 中，主要为用户提供了任务分配状况、资源使用状况、工作分配使用状况等 6 类可视报表。

1. 任务分配状况可视报表

任务分配状况可视报表是一种按时间分段显示任务数据的报表，主要包括现金流量报表一种可视报表。该报表可以查看按时间显示的成本与累计成本金额的条形图，并以 Excel 方式进行显示。

2. 资源使用状况可视报表

资源使用状况可视报表是一种可以按时间分段查看项目中的资源数据的报表，包括现金流量报表、资源可用性报表、资源成本摘要报表、资源工时可用性报表、资源工时摘要报表 5 种可视报表。具体功能如下所述。

▶ 现金流量报表：可以查看按时间显示的计划成本与实际成本的图表，并以 Visio 方式进行显示。

▶ 资源可用性报表：可以查看按资源类型显示的资源工时与剩余可用性的图表，并以 Visio 方式进行显示。

▶ 资源成本摘要报表：可以查看显示成本、材料与工时资源成本划分的饼图，并以 Excel 方式进行显示。

▶ 资源工时可用性报表：可以查看按时间显示的总工时量、工时与剩余工时资源可用性的条形图，并以 Excel 方式进行显示。

▶ 资源工时摘要报表：可以查看按工时

单位显示的总工时量、工时与剩余工时资源可用性的条形图,并以 Excel 方式进行显示。

3. 工作分配使用状况可视报表

工作分配使用状况可视报表是一种可以按时间段来查看项目数据的报表,主要包括比较基准成本报表、基准报表、比较基准工时报表、预算成本报表、预算工时报表与随时间变化的盈余分析报表 6 种可视报表。具体功能如下。

▶ 比较基准成本报表:显示比较基准成本、计划成本与实际成本的条形图,并以 Excel 方式进行显示。

▶ 基准报表:显示按时间与按任务划分的图表,显示计划工时、成本与比较基准工时、成本的差异情况,并以 Visio 方式进行显示。

▶ 比较基准工时报表:显示比较基准工时、计划工时与实际工时的条形图,并以 Excel 方式进行显示。

▶ 预算成本报表:可以查看按时间显示的预算成本、比较基准成本、计划成本与实际成本的条形图,并以 Excel 方式进行显示。

▶ 预算工时报表:可以查看按时间显示的预算工时、比较基准工时、计划工时与实际工时的条形图,并以 Excel 方式进行显示。

▶ 随时间变化的盈余分析报表:可以查看按时间显示的 AC、计划值与盈余值的图表,并以 Excel 方式进行显示。

4. 任务摘要可视报表

任务摘要可视报表是一种可以查看项目的任务状态的报表,包括关键任务状态报表一种报表。该报表可以查看项目中的关键与非关键任务的工时及剩余工时的图表,并以 Visio 方式显示。

5. 资源摘要可视报表

资源摘要可视报表只包含资源剩余工时报表一种可视报表。该报表可以查看按工时单位显示的工时资源的剩余工时与实际工时的条形图,并以 Excel 方式进行显示。

6. 工作分配摘要可视报表

工作分配摘要可视报表是一种用于显示项目工时资源与任务工时、成本值域百分比数据的报表,主要包括资源状态报表与任务状态报表两种可视报表。具体功能如下。

▶ 资源状态报表:可以查看每个项目的工时与成本值的图表,并以 Visio 方式进行显示。

▶ 任务状态报表:可以查看项目中任务的工时与工时完成百分比的图表,并以 Visio 方式进行显示。

10.2 创建项目报表

了解了预定义报表与可视报表的种类、功能及内容后,用户便可以创建项目报表了。创建项目报表,是指将项目数据以预定义报表的形式输出,或将项目数据生成 Excel 图表、数据透视表或 Visio 图表进行灵活性分析。

10.2.1 创建预定义报表

选择【报表】|【查看报表】|【成本】|【挣值报告】选项,即可在项目文档中生成成本类型中的【挣值报告】预定义报表。选择【报表】|【查看报表】|【成本】|【更多报表】选项,可在打开的【报表】对话框中选择报表类型,单击【选择】按钮,可创建预定义报表。

【例 10-1】在项目文档中生成【关键任务】报表。

视频+素材 (素材文件\第 10 章\例 10-1)

step 1 打开项目文档后,选择【报表】|【查看报表】|【成本】|【更多报表】选项,打开【报表】对话框,选择【进行中】选项后,选择【关键任务】选项,单击【选择】按钮,如图 10-5 所示。

第10章 管理项目报表

图 10-5

step 2 此时Project将自动打开打印预览窗格，显示生成的项目文档相应的【关键任务】报表，如图10-6所示。

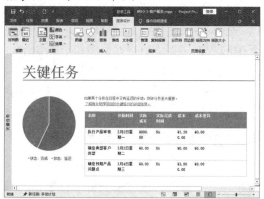

图 10-6

step 3 右击报表中的表格，在弹出的快捷菜单中选择【显示字段列表】命令，如图10-7所示。

图 10-7

step 4 在显示的【字段列表】窗格中可以设置显示的字段列表，如图10-8所示。

图 10-8

> **知识点滴**
>
> 创建报表之后，切换到其他视图或表后，所创建的报表将自动消失，无法像其他视图或表格那样保存在项目文档中。

10.2.2 创建可视报表

在Project中，可以使用可视报表功能生成基于Project数据的数据透视表视图、图表、图形和图示。在视图中查看报表时可以选择要显示的域(包括自定义域)，可快速修改报表的显示方式，而无须从Project中生成报表。凭借这种灵活性，可视报表提供了一种比基本报表更加灵活的报表解决方案。Project提供了十几种预定义格式的可视报表模板，用户可以很方便地使用这些模板来创建可视报表。

step 1 选择【报表】|【导出】|【可视报表】选项，打开【可视报表-创建报表】对话框。

step 2 选择【资源摘要】选项卡，在列表框中选择【资源剩余工时报表】选项，在【选择要在报表中包含的使用数据级别】下拉列表中选择【月】选项，如图10-9所示。

217

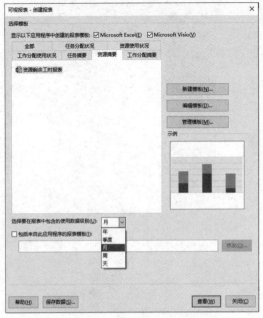

图 10-9

step 3 单击【查看】按钮，即可自动生成资源剩余工时报表，如图 10-10 所示。

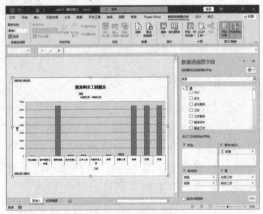

图 10-10

> **知识点滴**
>
> 在【可视报表-创建报表】对话框的【全部】选项卡中，选择要生成的可视报表的类型，单击【查看】按钮，即可自动生成 Excel 表格报表，如现金流报表、预算成本报表、资源成本摘要报表等。
>
> 在【可视报表-创建报表】对话框中，包括下列选项。

➤ 显示以下应用程序中创建的报表模板：用于选中在列表框中显示的报表模板的应用程序，包括 Excel 与 Visio 程序。

➤ 新建模板：单击该按钮，可在打开的【可视报表-新建模板】对话框中重新创建一个报表模板。

➤ 编辑模板：单击该按钮，可在打开的【可视报表-域选取器】对话框中编辑当前所选的报表模板。

➤ 管理模板：单击该按钮，可在打开的对话框中删除或添加新的报表模板。

➤ 选择要在报表中包含的使用数据级别：用来设置报表中显示数据的范围级别，包括天、周、月、季度与年 5 种选项。

➤ 包括来自此应用程序的报表模板：选中该复选框，并单击【修改】按钮，可指定包含其他应用程序的文件夹路径。

➤ 保存数据：单击该按钮，可在打开的【可视报表-保存数据】对话框中，将可视图表中的数据保存到数据库或多维数据集中。

➤ 查看：单击该按钮，可生成可视报表。

➤ 帮助：单击该按钮，可打开【Project 帮助】窗口。

10.2.3　自定义可视报表

如果 Project 提供的可视报表仍然无法满足项目管理任务多方位分析项目数据的需求，此时，可以根据 Project 提供的自定义报表功能来编辑或者新建符合分析需求的可视报表。

1. 编辑现有可视报表模板

在项目文档中，选择【报表】|【导出】|【可视报表】选项，打开【可视报表-创建报表】对话框的【全部】选项卡，单击【编辑模板】按钮，打开【可视报表-域选取器】对话框，如图 10-11 所示。

第 10 章 管理项目报表

图 10-11

选择要在报表中所包含的域，单击【编辑模板】按钮，就可以创建带有修改过的域列表的报表，如图 10-12 所示。

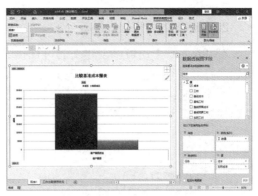

图 10-12

> **知识点滴**
>
> 在【可视报表-域选取器】对话框中，【选择域】中的【可用域】列表框用来显示可用于报表显示数据的各类域；【选择自定义域】中的【可用自定义域】列表框用来显示可用于报表显示数据的各类自定义域。需要注意的是，有些域被标识为维度(Project 域，表示 OLAP 分析中的主要类别，可根据这些类别查看和分析项目数据)。报表应选择 6 个以下的维度，这一点很重要。如果选择的维度大于 6 个，会大大降低报表性能。

在【可视报表-域选取器】对话框中，主要包括表 10-1 中的选项。

表 10-1

选	项	功 能
选择域	可用域	用来显示可用于报表显示数据的各类域
	选择的域	用来显示报表当前所显示的域
	添加	单击该按钮，可选择【可用域】列表框中的域
	删除	单击该按钮，可删除【选择的域】列表框中的域
	全部删除	单击该按钮，可删除【选择的域】列表框中所有的域
选择自定义域	可用自定义域	用来显示可用报表所显示数据的各类自定义域
	选择的自定义域	用来显示当前报表所显示的自定义域
	添加	选择【可用自定义域】列表框中的域，单击该按钮，即可将所选域添加到当前报表中，即添加到【选择的自定义域】列表中
	删除	单击该按钮，可删除【选择的自定义域】列表框中的域
	全部删除	单击该按钮，可删除【选择的自定义域】列表框中所有的域
编辑模板		单击该按钮，可生成编辑后的可视报表
帮助		单击该按钮，可打开【Project 帮助】窗口

2. 创建新的可视报表模板

在 Project 中还可以创建新的可视报表模板。打开【可视报表-创建报表】对话框，单击【新建模板】按钮，打开【可视报表-新建模板】对话框，如图 10-13 所示。

图 10-13

在【可视报表-新建模板】对话框中，主要包括下列选项。

▶ 选择应用程序：用于设置新建可视报表中的应用程序，包括 Excel 与 Visio。

▶ 选择数据类型：用于选择在新建可视报表中要显示的数据类型，包括任务分配状况、资源使用状况、工作分配使用状况、任务摘要、资源摘要与工作分配摘要 6 种数据类型。

▶ 选择域：用于选择要包含在报表中的域，单击【域选取器】按钮，可在打开的【可视报表-域选取器】对话框中添加新域。

▶ 确定：单击该按钮，可生成新建报表。

3. 导出报表数据

选择【报表】|【导出】|【可视报表】选项，在打开的【可视报表-创建报表】对话框中单击【保存数据】按钮。在打开的【可视报表-保存报表数据】对话框中设置保存类型，保存数据即可，如图 10-14 所示。

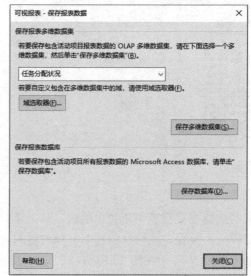

图 10-14

在【可视报表-保存报表数据】对话框中，主要包括下列选项。

▶ 保存报表多维数据集：包含用于将报表数据保存为多维数据集的 3 种选项。首先，在下拉列表中选择任务分配状况、任务摘要等 6 种数据类型中的一种类型。然后，单击【域选取器】按钮，设置报表中的域。最后，单击【保存多维数据集】按钮，在打开的【另存为】对话框中保存数据类型即可。

▶ 保存报表数据库：单击【保存数据库】按钮，在打开的【另存为】对话框中保存数据，即可将报表数据保存在 Microsoft Access 数据库中。

10.3 自定义预定义报表

Project 还为用户提供了自定义预定义报表的功能,用来满足预定义报表所不能提供的分析功能。自定义项目报表主要包括空白、表格、图表和比较 4 种类型。

10.3.1 自定义空白报表

Project 为用户提供了自定义空白报表功能。该功能是新建一个空白画布,使用户可以根据实际情况在画布中插入表格或图表。

1. 设置报表名称

选择【报表】|【查看报表】|【新建报表】|【空白】选项,如图 10-15 所示。

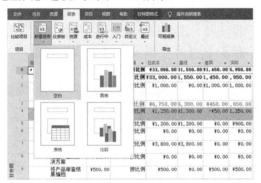

图 10-15

在打开的【报表名称】对话框中设置自定义报表的名称,单击【确定】按钮,如图 10-16 所示。

图 10-16

2. 插入表格

为表格定义标题之后,系统会自动生成一个只包含标题的空白报表。选择【报表工具】|【报表设计】|【插入】|【表格】选项,如图 10-17 所示。

图 10-17

此时,系统会自动显示一个表格,如图 10-18 所示。

图 10-18

在窗口右侧的【字段列表】窗格中,选择【资源】选项卡,同时在列表中启用相应的字段即可。

3. 插入图表

选择【报表工具】|【报表设计】|【插入】|【图表】选项,在打开的【插入图表】对话框中选择图表类型,然后单击【确定】按钮,如图 10-19 所示,插入图表。

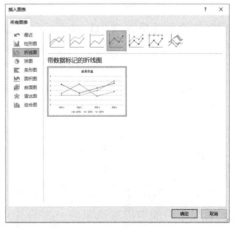

图 10-19

在窗口右侧的【字段列表】窗格中,选

择【资源】选项卡，在列表中启用或禁用相应的字段即可，如图10-20所示。

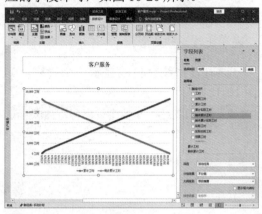

图 10-20

10.3.2 自定义表格报表

选择【报表】|【查看报表】|【新建报表】|【表格】选项，如图10-21所示。

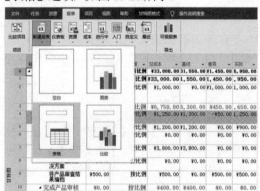

图 10-21

在打开的【报表名称】对话框中设置自定义报表名称，单击【确定】按钮，如图10-22所示。

图 10-22

在窗口右侧的【字段列表】窗格中，启用或禁用相应的字段选项即可，如图10-23所示。

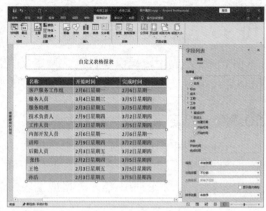

图 10-23

10.3.3 自定义图表报表

自定义图表报表是Project中内置的一种自动带有图表的报表。选择【报表】|【查看报表】|【新建报表】|【图表】选项，如图10-24所示。

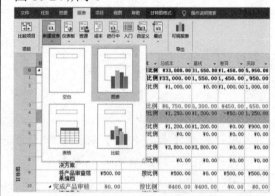

图 10-24

在打开的【报表名称】对话框中设置自定义报表名称，单击【确定】按钮，如图10-25所示。

图 10-25

在窗口右侧的【字段列表】窗格中，启用或禁用相应的字段选项即可，如图10-26所示。

第 10 章　管理项目报表

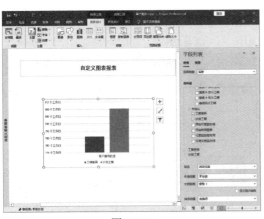

图 10-26

图 10-27

选择图表，在【字段列表】窗格中，启用或禁用相应的字段选项即可，如图 10-28 所示。

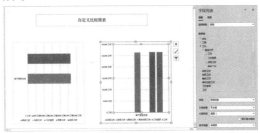

图 10-28

10.3.4　自定义比较报表

选择【报表】|【查看报表】|【新建报表】|【比较】选项，在打开的【报表名称】对话框中设置自定义报表的名称，单击【确定】按钮，如图 10-27 所示。

10.4　美化预定义报表

当前 Project 中的预定义报表不同于旧版本的预定义报表。它以新型的图表和表格样式进行显示。其图表和表格样式类似于 Office 组件中的 Excel 图表和 Word 表格。用户可以采用设置 Excel 中图表和 Word 表格样式的方法，来美化预定义报表。

10.4.1　美化图表

选择【报表】|【查看报表】|【成本】|【任务成本概述】选项，创建预定义报表。然后，在【图表工具】的【图表设计】(如图 10-29 所示)和【格式】选项卡中，可以设置图表的样式、颜色的布局样式等。

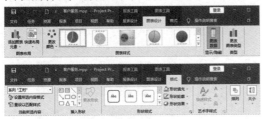

图 10-29

1. 设置图表布局

选择图表，选择【图表设计】|【图表布局】|【快速布局】选项，在展开的列表中选择一种布局样式，如图 10-30 所示。

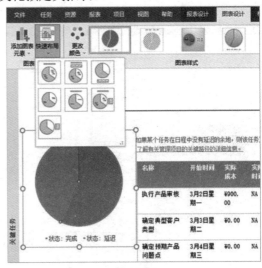

图 10-30

选择【图表设计】|【图表布局】|【添加图表元素】|【数据标签】选项，可以为图表添加数据标签元素，如图 10-31 所示。

223

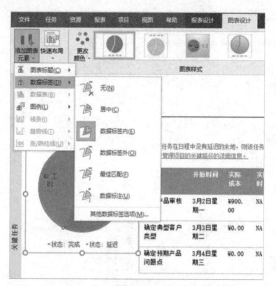

图 10-31

> **知识点滴**
>
> 选择【图表布局】|【添加图表元素】|【数据标签】|【其他数据标签选项】选项,可在打开的【设置数据标签格式】窗格中,设置数据标签的格式。

2. 设置图表样式

选择图表,选择【图表设计】|【图表样式】|【快速样式】选项,可以设置图表的样式,如图 10-32 所示。

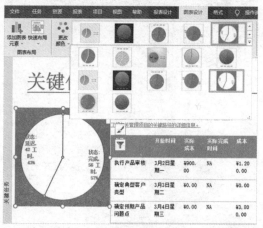

图 10-32

选择图表,选择【图表设计】|【图表样式】|【更改颜色】选项,在展开的列表中选择一种色卡,可以设置数据系列的显示颜色,如图 10-33 所示。

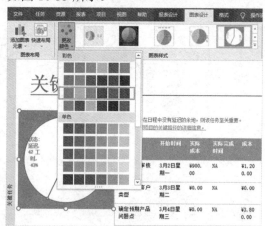

图 10-33

3. 设置形状样式

选择图表,选择【格式】|【形状样式】选项,在其列表中选择一种样式即可,如图 10-34 所示。

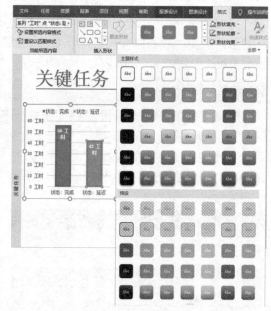

图 10-34

另外,选择|【格式】|【形状样式】|【形状效果】选项,在打开的下拉列表中可设置图表的形状效果,如图 10-35 所示。

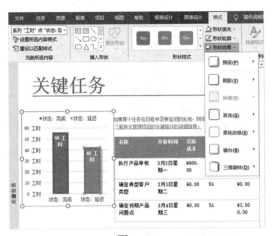

图 10-35

> **知识点滴**
>
> 用户可通过选择【格式】|【形状样式】|【形状填充】和【形状轮廓】选项,自定义图表形状的填充颜色和轮廓效果。

10.4.2 美化表格

创建一个包含表格的报表,如创建成本类型中的"关键任务"报表。选择报表中的表格,选择【表设计】|【表格样式】选项,在其列表中选择一种样式,如图10-36所示。

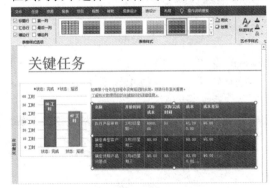

图 10-36

同时,选择【表设计】|【表格样式】|【效果】|【阴影】选项,在其列表中选择一种样式,即可设置表格的阴影效果,如图10-37所示。

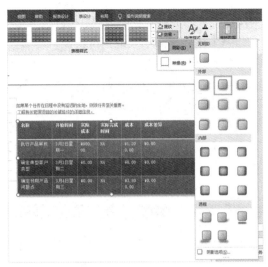

图 10-37

另外,选择【表设计】|【表格样式选项】|【镶边列】选项,可设置表格的样式选项,如图10-38所示。

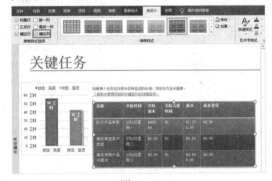

图 10-38

选择表格后,选择【表设计】|【表格样式】|【底纹】选项,可设置表格的底纹效果,如图10-39所示。

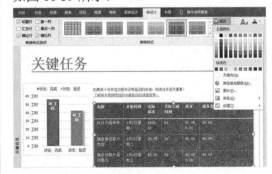

图 10-39

10.4.3 美化文本框

对于创建好的文本框，可以通过设置对其进行美化。

【例10-2】在报表中美化文本框。

视频+素材 （素材文件\第10章\例10-2）

step 1 选择【报表】|【查看报表】|【新建报表】|【空白】选项，在打开的【报表名称】对话框中单击【确定】按钮，创建空白报表，如图10-40所示。

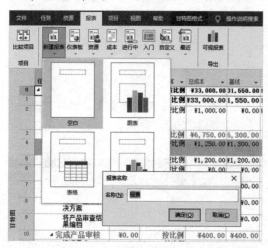

图10-40

step 2 选择【报表设计】|【插入】|【文本框】|【绘制横排文本框】选项，在报表中插入一个文本框，如图10-41所示。

图10-41

step 3 选择文本框，选择【形状格式】|【形状样式】|【其他】|【细微效果-蓝色，强调颜色1】选项，设置文本框的形状样式，如图10-42所示。

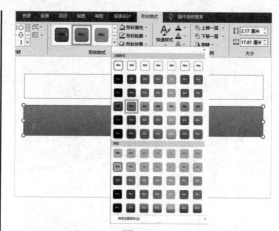

图10-42

step 4 选择【形状格式】|【艺术字样式】|【快速样式】选项，选择一种艺术字样式，即可设置文本框中文本的艺术字效果，如图10-43所示。

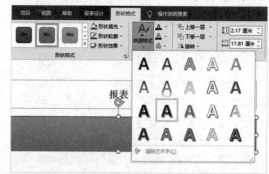

图10-43

step 5 在文本框中输入文本，并在【任务】选项卡的【字体】组中设置文本格式，如图10-44所示。

图10-44

知识点滴

选择文本框，单击【艺术字样式】组中的【对话框启动器】按钮，可在打开的【设置形状格式】对话框中自定义艺术字的格式。

10.5 案例演练

本节的案例演练将练习在"商业建筑"项目文档中管理项目报表。

【例10-3】练习在"商业建筑"项目文档中管理项目报表。

视频+素材 (素材文件\第10章\例10-3)

step 1 打开"商业建筑"项目文档后，选择【报表】|【查看报表】|【成本】|【现金流量】选项，创建现金流量报表，如图10-45所示。

图10-45

step 2 选择图表，在【字段列表】|【选择域】列表框中禁用与启用相应的字段，如图10-46所示。

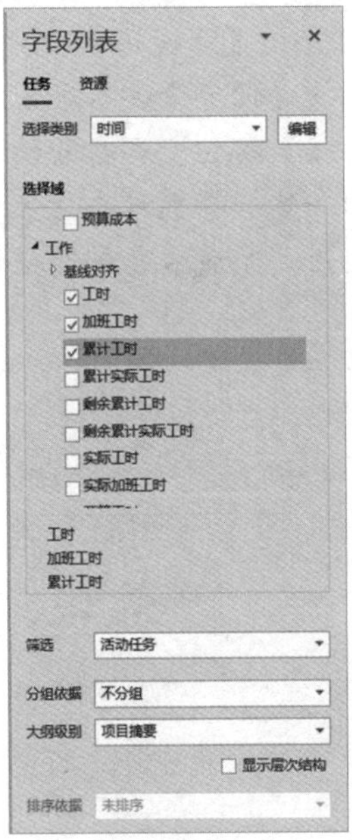

图10-46

step 3 选择【报表】|【查看报表】|【进行中】|【关键任务】选项，创建关键任务报表，如图10-47所示。

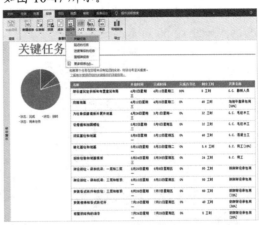

图10-47

step 4 选择【报表】|【查看报表】|【新建报表】|【比较】选项，自定义比较报表，如图10-48所示。

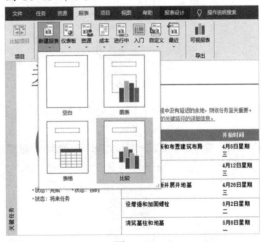

图10-48

step 5 在打开的【报表名称】对话框中自定义报表名称(如"报表-工时")，单击【确定】按钮，如图10-49所示。

图 10-49

step 6 选择窗口左侧的图表,在【字段列表】窗格中,依次选中【工作】列表中的【工时】【工时差异】【加班工时】和【剩余工时】复选框,如图 10-50 所示。

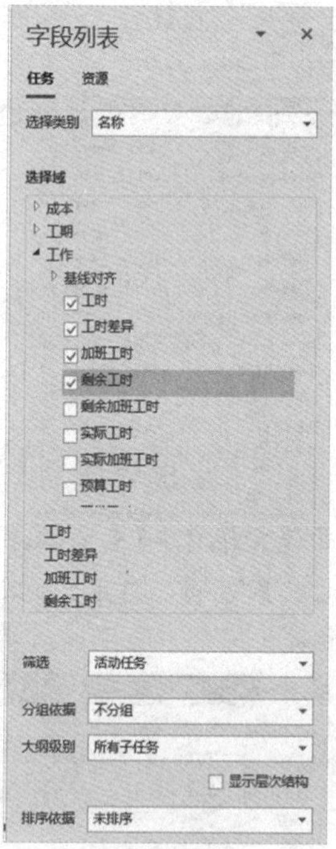

图 10-50

step 7 选择【报表】|【导出】|【可视报表】选项,如图 10-51 所示。

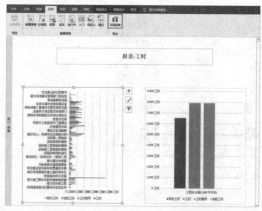

图 10-51

step 8 在打开的【可视报表-创建报表】对话框中选择【任务分配状况】选项卡,选择【现金流报表】选项,单击【查看】按钮,生成可视报表,如图 10-52 所示。

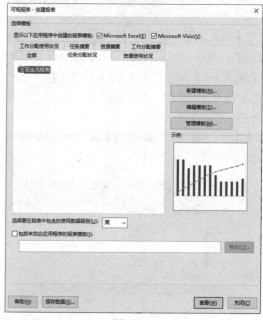

图 10-52

step 9 返回【可视报表-创建报表】对话框,选择【任务分配状况】选项卡,选择【现金流报表】选项,单击【保存数据】按钮。

step 10 在打开的【可视报表-保存报表数据】对话框中选择【任务分配状况】选项,单击【保存数据库】按钮,在打开的对话框中设置保存名称,然后分别单击【保存】按钮和【关闭】按钮,完成本案例的操作。

第 11 章

商业营销项目管理

随着市场经济的发展，市场营销竞争更加激烈，为了使企业产品在市场上占据更多的份额，企业需要对其内部和市场方面有深入的了解，并借助科学的方法和创新的思维，对企业进行深刻的分析与管理，制定出一套完整的企业营销方案。本章将通过讲解商业营销项目计划案例，详细介绍运用 Project 2021 管理项目的方法，包括任务分解、创建项目、管理项目资源、管理项目成本、跟踪项目进度、多重项目管理等。通过本章的学习，用户将能够进一步掌握运用 Project 2021 制作项目规划的方法与技巧。

本章对应视频

例 11-1 在 Project 中管理任务　　　例 11-4 在 Project 中跟踪项目进度
例 11-2 在 Project 中管理资源　　　例 11-5 在 Project 中调整项目
例 11-3 在 Project 中管理成本

11.1 营销项目概况

在开始创建项目之前，我们需要进行案例分析，案例分析是依据一定的理论知识，或做出决策，或给出评价，或提出解决问题的办法、意见，这不仅能检验工作人员对项目情况的了解程度，还能够检验工作人员理解、运用知识的能力，更重要的是它能够考查工作人员综合分析、评价项目的实际水平。

在公司产品进入市场前，公司通常需要对市场进行考察，并根据考察结果制定营销方案。通过营销方案，确定在何时、何地做营销推广。常见的营销方案主要包括以下两个方面。

▶ 线上方面：例如，网络平台推广。
▶ 线下方面：例如，地毯式搜索营销对象。

在利用 Project 管理"商业营销"项目之前，用户需要确定项目实施的大体步骤，并根据项目实施的实际情况制定项目主要及次要任务，也就是进一步的任务分析。在本案例中，主要任务包括制定活动概念、创建本地化策略、客户关系管理等。为了便于了解任务，我们制作了本项目任务分解的具体情况图，如图 11-1 所示。

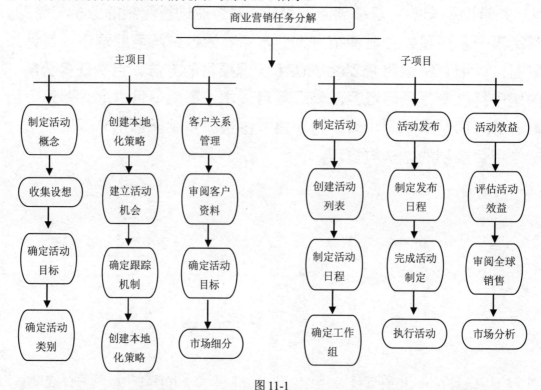

图 11-1

11.2 制订项目计划

制订项目计划，有助于项目的实施。项目计划的开始，就是创建一个新的项目。

step 1 启动 Project 后单击【空白项目】按钮新建项目，然后选择【项目】|【属性】|【项目信息】选项，在打开的【项目信息】对话框中设置项目的信息，如图 11-2 所示。

第 11 章 商业营销项目管理

图 11-2

step 2 选择【文件】|【选项】选项,打开【Project 选项】对话框,选择【日程】选项,将【新任务创建于】设置为【自动计划】,并修改默认开始时间、每日工时等信息,如图 11-3 所示。

图 11-3

step 3 选择【视图】|【任务视图】|【甘特图】|【其他视图】选项,打开【其他视图】对话框,选择【任务工作表】选项后,单击【应用】按钮,如图 11-4 所示。

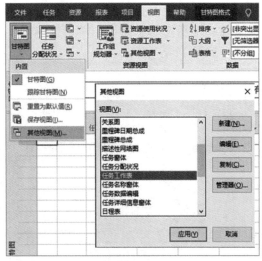

图 11-4

step 4 切换至【任务工作表】视图后,输入图 11-5 所示的任务信息。

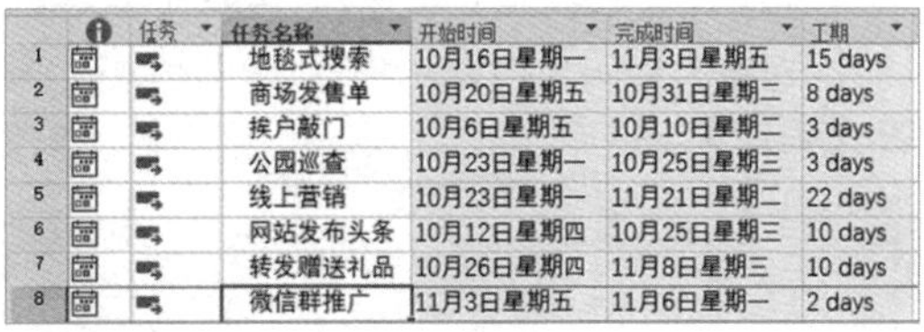

	❶	任务	任务名称	开始时间	完成时间	工期
1			地毯式搜索	10月16日星期一	11月3日星期五	15 days
2			商场发售单	10月20日星期五	10月31日星期二	8 days
3			挨户敲门	10月6日星期五	10月10日星期二	3 days
4			公园巡查	10月23日星期一	10月25日星期三	3 days
5			线上营销	10月23日星期一	11月21日星期二	22 days
6			网站发布头条	10月12日星期四	11月8日星期三	10 days
7			转发赠送礼品	10月26日星期四	11月8日星期三	10 days
8			微信群推广	11月3日星期五	11月6日星期一	2 days

图 11-5

step 5 选择【文件】|【另存为】选项,将创建的项目文件以"营销计划"为名进行保存。

11.3 任务管理

为了高效管理项目,通常我们需要将任务设置为总分状态,使其既能一目了然,又能详细地显示更多资料。

【例 11-1】在 Project 中管理任务。 ◉视频

step 1 打开"营销计划"项目文件后,选择【任务】选项卡,单击【日程】组中的【升级任务】按钮 和【降级任务】按钮 ,对各任务进行调整,如图 11-6 所示。

图 11-6

step 2 单击状态栏中的【甘特图】按钮,切换至【甘特图】视图,选择【甘特图工具】|【甘特图格式】|【条形图样式】|【格式】选项,在弹出的列表中选择【条形图】选项,打开【设置条形图格式】对话框,设置【条形图形状】格式,单击【确定】按钮,如图 11-7 所示。

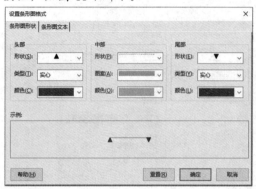

图 11-7

step 3 双击编号为 4 的任务,打开【任务信息】对话框,选择【高级】选项卡,选中【标记为里程碑】复选框,将已存在的非里程碑任务转换为里程碑任务,如图 11-8 所示,单击【确定】按钮。

图 11-8

step 4 选中编号为 2、4、6、8 的任务,选择【任务】|【日程】|【链接选定的任务】选项，如图 11-9 所示。

图 11-9

step 5 双击编号为 7 的任务,打开【任务信息】对话框,选择【前置任务】选项卡,选择【网站发布头条】任务,设置其【类型】为【开始-开始(SS)】,然后单击【确定】按钮,如图 11-10 所示。

图 11-10

step 6 双击编号为 4 的任务,打开【任务信息】对话框,在【备注】选项卡中输入备注信息,如图 11-11 所示。单击【确定】按钮,将在【标记】域显示标记图标。

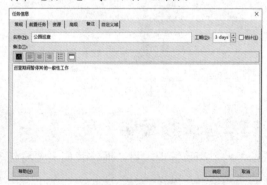

图 11-11

11.4 资源管理

在制作营销方案时,我们需要将产品的所有优势都表现出来,并且让受众认可并接受。因此方案先要有合适的资源,有了合适的资源,还需要对资源进行管理。

第 11 章　商业营销项目管理

【例 11-2】在 Project 中管理资源。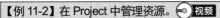视频

step 1 选择【任务】|【视图】|【甘特图】|【资源工作表】选项,切换至【资源工作表】视图,并输入图 11-12 所示的资源信息。

step 3 在【资源信息】对话框中单击【确定】按钮,在【标准费率】列中输入资源的费率,如图 11-14 所示。

图 11-12

图 11-14

step 2 选择编号为 2 的资源,选择【资源】|【属性】|【信息】选项,打开【资源信息】对话框,在【常规】选项卡的【资源可用性】列表框中输入资源的【开始可用】和【可用到】时间,如图 11-13 所示。

step 4 切换至【甘特图】视图,选择编号为 3 的任务,选择【资源】|【工作分配】|【分配资源】选项,打开【分配资源】对话框,选择【营销领导组】选项,如图 11-15 所示,然后依次单击【分配】按钮和【关闭】按钮。

图 11-13

图 11-15

11.5　成本管理

为了控制项目所需要的实际成本,也为了掌握项目的使用情况,需要设置项目的固定成本、实际成本,以及检测资源成本,以便更好地预测和控制项目成本,确保项目在预算的约束条件下完成。

【例 11-3】在 Project 中管理成本。视频

step 1 切换至【甘特图】视图,选择【视图】|【数据】|【表格】|【成本】选项,在显示的【固定成本】域中输入固定成本数据。

step 2 选中编号为 3 的任务,单击该任务对应的【固定成本累算】下拉按钮,在弹出的下拉列表中选择【开始时间】选项,如图 11-16 所示。

图 11-16

step 3 选择【视图】|【数据】|【表格】|【跟踪】选项,输入任务 3 的完成百分比值,如

233

图 11-17 所示，并更改项目的实际成本值。

	任务名称	实际开始时间	实际完成时间	完成百分比	实际完成百分比	实际工期	剩余工期
1	◢ 地毯式搜索	6日星期五	NA	38%	0%	6.84 days	11.16 days
2	商场发售单	:0日星期五	NA	32%	0%	2.56 days	5.44 days
3	挨户敲门	6日星期五	NA	80%	0%	2.4 days	0.6 days
4	公园巡查	:3日星期一	NA	12%	0%	0.36 days	2.64 days
5	◢ 线上营销	2日星期四	NA	20%	0%	3.93 days	16.07 days
6	网站发布头条	2日星期四	NA	32%	0%	3.2 days	6.8 days
7	转发赠送礼品	:6日星期四	NA	3%	0%	0.3 days	9.7 days
8	微信群推广	3日星期五	NA	41%	0%	0.82 days	1.18 days

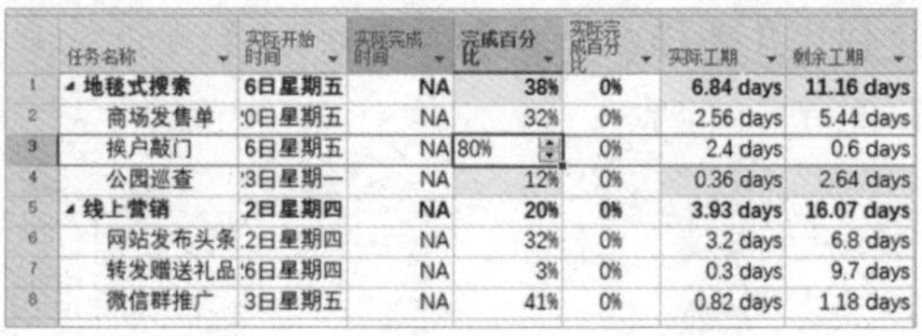

图 11-17

step 4 选中所有任务，在【任务】选项卡中将字体颜色改为红色。

step 5 选择【甘特图格式】|【条形图样式】|【格式】|【条形图】选项，打开【设置条形图格式】对话框，选择【条形图文本】选项卡，将【上方】设置为【名称】，将【下方】设置为【成本】，单击【确定】按钮，如图 11-18 所示。

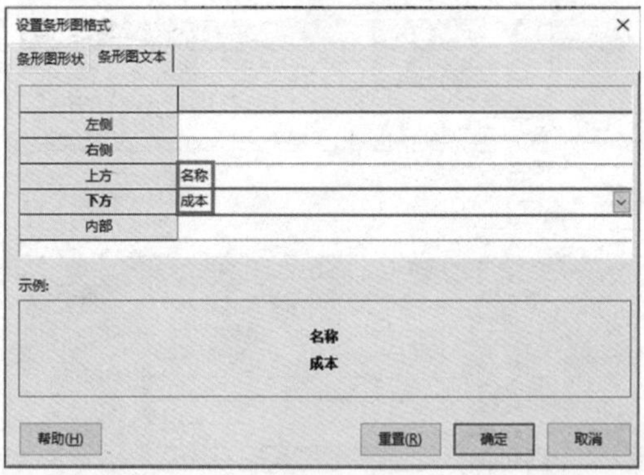

图 11-18

step 6 选择【视图】|【资源视图】|【资源工作表】选项，在成本表中查看资源成本信息。

step 7 单击任务栏中的▦按钮，切换至【任务分配状况】视图，选择【任务使用情况格式】|【详细信息】|【成本】选项，在成本表中查看任务的成本信息，如图 11-19 所示。

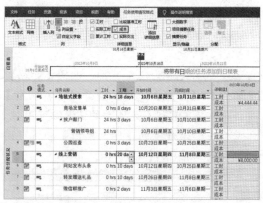

图 11-19

step 8 选择【任务】|【甘特图】|【资源图表】选项，切换至【资源图表】视图，然后选择【资源图表格式】|【数据】|【图表】|【成本】选项，查看成本图表。

11.6 跟踪项目进度

在项目执行过程中，我们需要掌握项目的工期、成本、进度等信息。因此，定期跟踪项目非常必要，这样能降低风险和减少事故的发生，保证项目的顺利实施。

【例 11-4】在 Project 中跟踪项目进度。视频

step 1 继续【例 11-3】的操作，单击状态栏中的▤按钮，切换至【甘特图】视图，选择【项目】|【日程安排】|【设置基线】|【设置基线】选项。

step 2 打开【设置基线】对话框，选中【设置基线】单选按钮，单击【确定】按钮，如图 11-20 所示。

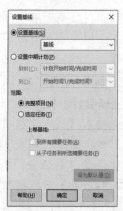

图 11-20

step 3 进入【甘特图】视图的【项】表中，选择编号为 3 的任务，选择【日程】|【跟踪时标记】|【更新任务】选项，打开【更新任务】对话框，设置【完成百分比】值，如图 11-21 所示，单击【确定】按钮。

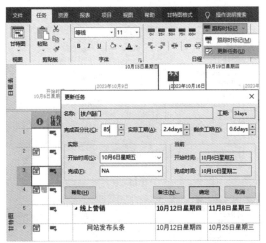

图 11-21

step 4 选择【任务】|【视图】|【甘特图】|【跟踪甘特图】选项，切换至【跟踪甘特图】视图，查看项目的进展状态，如图 11-22 所示。

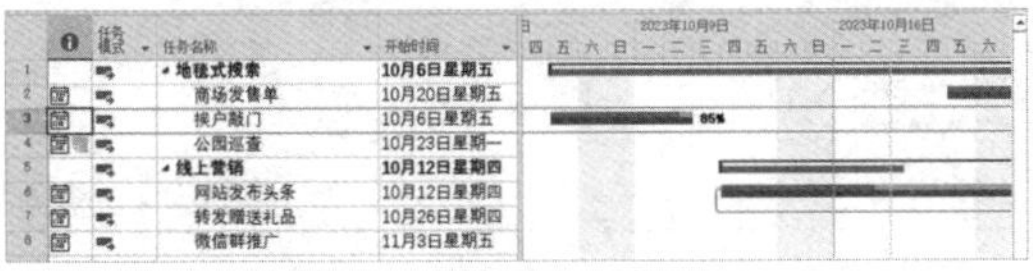

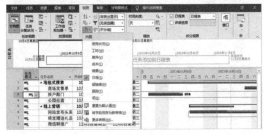

图 11-22

step 5 切换至【甘特图】视图，选择【视图】|【数据】|【表格】|【日程】选项，在日程表中查看日程的具体信息，如图 11-23 所示。

图 11-23

step 6 选择【视图】|【任务视图】|【任务分配状况】选项，切换至【任务分配状况】视图，然后选择【任务使用情况格式】选项卡，在【详细信息】组中选中【工时】【比较基准工时】【实际工时】和【累计工时】复选框，在视图中查看项目的工时信息，如图 11-24 所示。

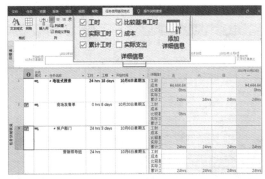

图 11-24

step 7 切换至【甘特图】视图，选择【视图】|【数据】|【表格】|【成本】选项，查看项目的固定成本、实际与剩余等信息，如图 11-25 所示。

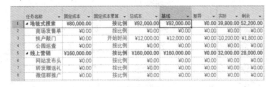

	任务名称	固定成本	固定成本累算	总成本	基线	差异	实际	剩余
1	◢ 地毯式搜索	¥80,000.00	按比例	¥92,000.00	¥92,000.00	¥0.00	39,800.00	52,200.00
2	商场发售单	¥0.00	按比例	¥0.00	¥0.00	¥0.00	¥0.00	¥0.00
3	挨户敲门	¥0.00	开始时间	¥12,000.00	¥12,000.00	¥0.00	10,200.00	¥1,800.00
4	公园巡查	¥0.00	按比例	¥0.00	¥0.00	¥0.00	¥0.00	¥0.00
5	◢ 线上营销	¥160,000.00	按比例	¥160,000.00	¥160,000.00	¥0.00	32,000.00	28,000.00
6	网站发布头	¥0.00	按比例	¥0.00	¥0.00	¥0.00	¥0.00	¥0.00
7	转发赠送礼	¥0.00	按比例	¥0.00	¥0.00	¥0.00	¥0.00	¥0.00
8	微信群推广	¥0.00	按比例	¥0.00	¥0.00	¥0.00	¥0.00	¥0.00

图 11-25

step 8 选择【项目】|【属性】|【项目信息】选项，在打开的对话框中调整项目的状态信息，如图 11-26 所示。

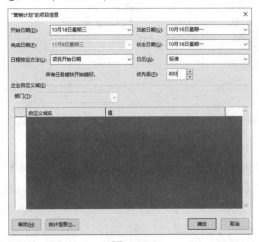

图 11-26

step 9 选择【甘特图格式】|【格式】|【网格线】|【进度线】选项，在打开的【进度线】对话框中选择【日期与间隔】选项卡，选中【当前进度线】选项区域中的【显示】复选框，如图 11-27 所示。

图 11-27

step 10 选择【线条样式】选项卡，选择进度线的类型，单击【进度点形状】下拉按钮，从弹出的下拉列表中选择一种进度点形状，如图 11-28 所示，然后单击【确定】按钮。

图 11-28

step 11 选择【视图】|【数据】|【分组依据】|【其他组】选项，在打开的【其他组】对话框中选择【状态】选项，然后单击【复制】按钮，如图 11-29 所示。

step 12 打开【分组定义】对话框，设置分组的名称与依据，以及分组状态等参数，然后单击【保存】按钮，应用创建多条件分组依据，如图 11-30 所示。

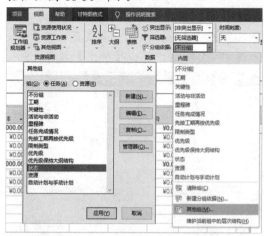

图 11-29

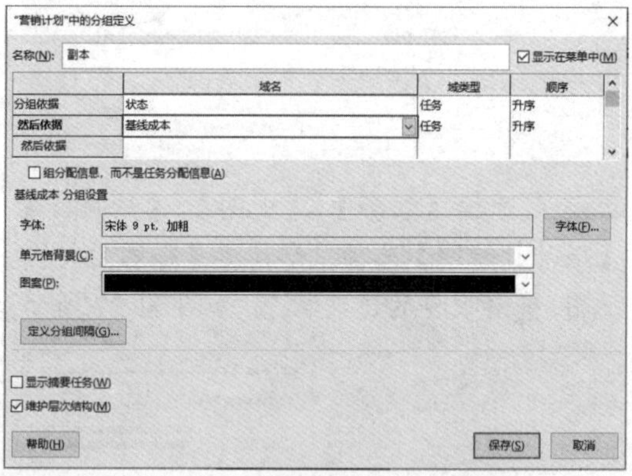

图 11-30

step 13 选择【视图】|【数据】|【筛选器】|【其他筛选器】选项，如图 11-31 所示。

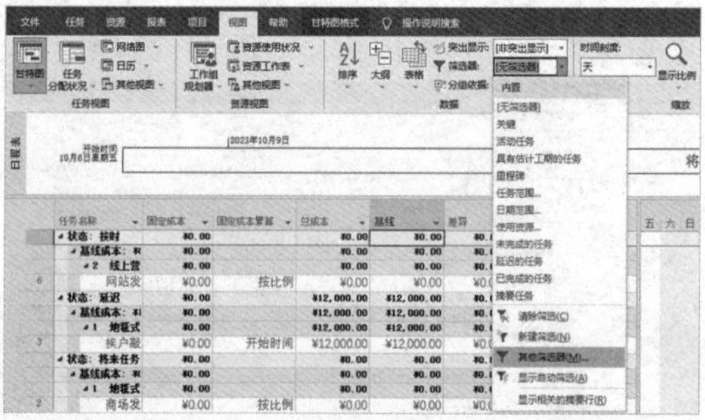

图 11-31

step 14 在打开的【其他筛选器】对话框中选中【已完成的任务】选项，然后单击【复制】按钮，如图 11-32 所示。

第 11 章　商业营销项目管理

图 11-32

step ⑮ 打开【筛选器定义】对话框，设置筛选器的名称并在对话框下方的列表中添加新域，然后单击【保存】按钮，如图 11-33 所示。

图 11-33

11.7　调整项目

调整项目就是在项目执行过程中遇到问题时，为了确保项目能够按计划准确完工而对项目进行调整。

【例 11-5】在 Project 中调整项目。 ▶视频

step ❶ 切换至【甘特图】视图，选择【视图】|【任务视图】|【任务分配状况】选项，查看包含资源过度分配的任务与被过度分配的资源，如图 11-34 所示。

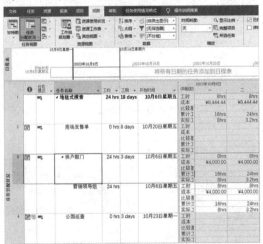

图 11-34

step ❷ 单击【视图】选项卡【资源视图】组中的【资源工作表】按钮，切换至【资源工作表】视图，查看被过度分配的资源信息，如图 11-35 所示。

step ❸ 选择【资源】|【级别】|【调配资源】选项，打开【调配资源】对话框，选择资源名

称后单击【开始调配】按钮，如图 11-36 所示。

图 11-35

图 11-36

step ❹ 切换至【任务分配状况】视图，选中编号为 3 的任务下的【营销领导组】，选择【任务使用情况格式】|【分配】|【信息】选项，

打开【工作分配信息】对话框，调整任务分配信息，如图 11-37 所示，单击【确定】按钮。

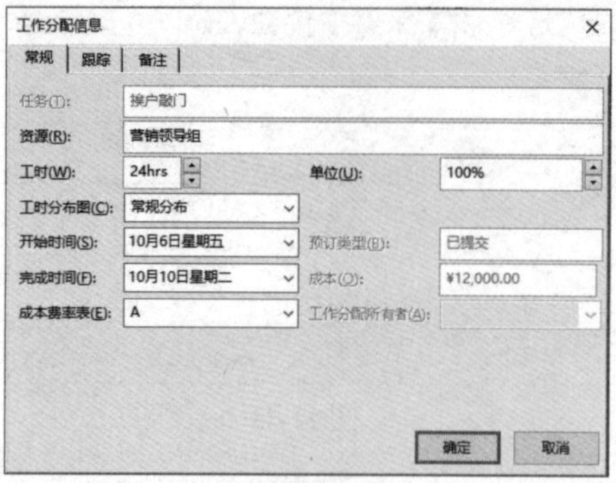

图 11-37

step 5 选择【视图】|【任务视图】|【甘特图】|【其他视图】选项，在打开的【其他视图】对话框中选择【资源分配】选项，然后单击【应用】按钮，如图 11-38 所示，查看【资源分配】视图。

图 11-38

step 6 选择【视图】|【资源视图】|【资源使用状况】选项，切换至【资源使用状况】视图，选择"公园巡查"资源，在【调配甘特图】视图中选择"公园巡查"任务，如图 11-39 所示。

图 11-39

step 7 选择【任务】|【属性】|【信息】选项，打开【任务信息】对话框，选择【高级】选项卡，设置任务的工期和日历，然后单击【确定】按钮，如图 11-40 所示。

图 11-40

step 8 选择【视图】|【任务视图】|【甘特图】|【其他视图】选项，打开【其他视图】对话框，选择【任务数据编辑】选项后，单击【应用】按钮，切换至如图 11-41 所示的【任务数据编辑】视图，选择【任务窗体】视图，选择【任务窗体格式】|【详细信息】|【工时】选项，如图 11-41 所示。

图 11-41

step 9 在【甘特图】视图中选中编号为 3 的任务，在【任务窗体】视图中选中【区域负责人】资源，在其对应的工时单元格中输入【工时】和【基线工时】，然后单击【确定】按钮，如图 11-42 所示。

第11章 商业营销项目管理

图 11-42

step 10 切换至【甘特图】视图，选择【项目】|【属性】|【项目信息】选项，在打开的对话框中单击【统计信息】按钮，如图 11-43 所示。

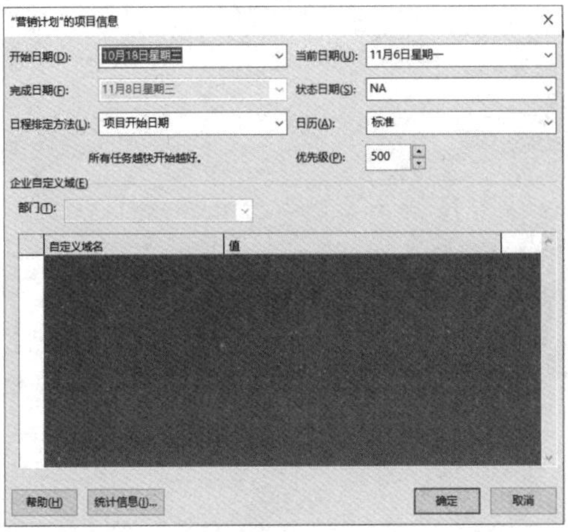

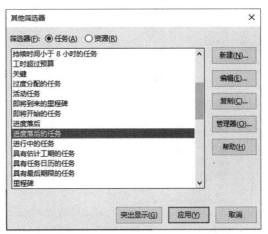

图 11-45

step 13 单击【应用】按钮，查看进度落后的任务，如图 11-46 所示。

图 11-46

step 14 选择编号为 6 的任务，选择【资源】|【工作分配】|【分配资源】选项，如图 11-47 所示。

图 11-43

step 11 在打开的对话框中查看项目的进度情况，如图 11-44 所示。

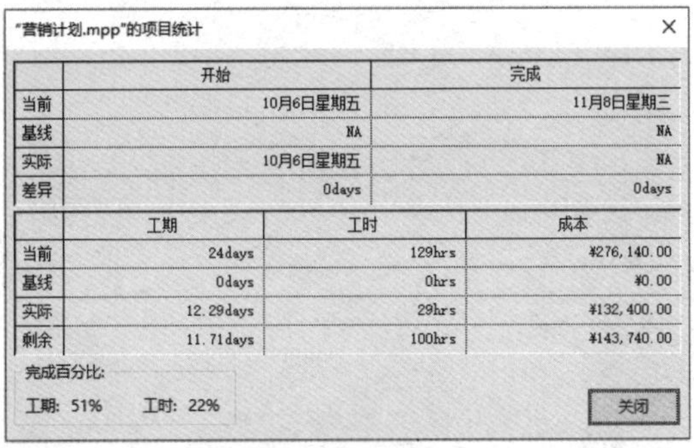

图 11-47

图 11-44

step 12 选择【视图】|【数据】|【筛选器】|【其他筛选器】选项，在打开的【其他筛选器】对话框中选择【进度落后的任务】选项，如图 11-45 所示。

step 15 在打开的【分配资源】对话框中为该任务添加资源，如图 11-48 所示，然后先单击【分配】按钮，再单击【关闭】按钮。

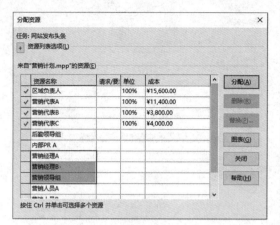

图 11-48

step 16 切换至【资源工作表】视图,查看任务资源,如图 11-49 所示。最后,选择【文件】|【保存】选项,将项目文件保存。

图 11-49

第 12 章

工程建筑项目管理

工程项目管理指在特定的时间范围内，以有限的资源达到特定的目标和要求的过程。它包括对项目进行规划、组织、协调和控制等一系列活动，以确保项目能够按照预期的时间、成本和质量完成。本章将通过讲解"工程建筑"项目管理的相关知识，帮助用户进一步了解项目管理并掌握使用 Project 解决工程项目管理中各种问题的方法。

本章对应视频

例 12-1 管理工程项目范围
例 12-2 编制无资源约束进度计划
例 12-3 编制依次施工项目
例 12-4 编制平行施工项目
例 12-5 编制流水施工项目
例 12-6 设置平衡项目资源
例 12-7 设置工程项目人工费率
本章其他视频参见视频二维码列表

12.1 工程项目概述

自从人类社会存在以来，人们就开始进行各种有组织的活动。工程项目活动的历史可以追溯到很久以前，中国古代的万里长城、都江堰、京杭大运河等工程，以及埃及的金字塔等被公认为早期成功工程项目的典范。

12.1.1 工程项目的特征

工程项目具有以下特征。

▶ 整体性：项目是为了完成目标而开展的工作的集合，不是一项独立的活动，而是一系列活动的有机组合，形成一个完整的过程。强调项目的整体性就是强调工程项目的过程性和系统性。工程项目是有组织进行的，项目的结果可能是某种产品或服务，在生产实践中，工程项目的定义不但依赖于该工程项目的产品范围，同时还依赖于为完成该项目所需的管理过程。

▶ 独特性：每个工程项目都是独特的，拥有自己的目标、需求和约束条件。

▶ 目标导向：工程项目有明确的目标和预期成果，所有的活动都是为了实现这些目标而展开的。

▶ 有限性：工程项目受到时间、成本和资源等方面的限制，需要在规定的时间内完成，并注意控制成本和资源的使用。

▶ 多学科和综合性：工程项目涉及多个学科和领域的知识和技术，需要协调和整合不同专业的资源和人员。

▶ 不确定性与风险：工程项目在实施过程中会面临不确定性和风险，需要及时识别、评估和管理，以保证项目的成功实施。

12.1.2 工程项目的分类

根据项目的性质和规模，工程项目可以分为以下几个不同的类。

▶ 大型项目：大型项目是指统一管理的一组相互联系的工程项目，以获得按单个工程项目管理无法获得的效益。大型项目常常设置有大型项目经理，其不仅负责单个项目的管理，还负责多个项目在不同时间的协调

工作。例如，建设医院，作为项目经理不仅负责医院主楼的建设，同时还负责门诊楼、住院楼、办公楼，以及医院内其他设施和道路等多个项目的协调工作。

▶ 项目：工程项目是指为创造独特的产品或服务而进行的一次性努力，其一般有独立完整的生命周期，有能交付的独立产品。在建筑工程项目中，一般指单项工程项目，由承包单位项目经理负责实施。

▶ 子项目：工程项目一般分为几个更容易管理的部分或子项目。子项目经常被发包给外部单位或实施组织内部的其他职能部门。在生产实践中的子项目，一般指工程项目的某一阶段。

▶ 活动或任务：活动是工程项目工程中的工作单元，一个活动通常具有预计的时间、预计成本和预计资源需求。活动通常细分成单个任务。活动或任务是构成工程项目的大量工作。

▶ 工作包：活动或任务由工作包组成，工作包是组成活动或任务的组成部分。

▶ 工作单元：工作单元是工作包的组成部分，也是项目最基础的组成单元。

12.1.3 工程项目三要素

任何项目都会受到质量、时间和费用 3 个方面的约束，即项目管理的三要素，它们中的任何一个发生变化都会影响其他两个。项目的"质量"指的是产品的质量，广义的还包括工作的质量。产品质量是指产品的使用价值及其属性；而工作质量则是产品质量的保证，它反映了与产品质量直接有关的工作对产品质量的保证程度。项目的"时间"指的是反映在项目日常中的完成项目所需的时间。项目的"费用"即项目的预算，取决

于资源的成本,这些资源包括完成任务所需的人员、设备和材料等。

虽然工程项目的三要素都很重要,但通常会有一个要素对项目起决定性作用。它们之间的关系根据每个项目而异,它们决定了用户会遇到的问题种类,以及可以实现的解决方案。

12.1.4 工程项目成功的因素

工程项目想要成功,需要有大量的因素共同推动,主要如下。

▶ 高层领导的支持:任何项目都会遇到这样或那样的困难,尤其在这些困难阻拦项目进展时,特别需要高层领导的大力支持。

▶ 明确的目标和需求:项目团队需要清晰地定义和理解项目的目标和需求,确保所有的工作都能够对此进行衡量。

▶ 健全的项目管理:良好的项目管理实践是确保项目成功的基础。这包括项目规划、任务分配、进度控制、资源管理、风险管理等各个方面。

▶ 强有力的项目团队:拥有高素质、合作能力强的项目团队是项目成功的关键。团队成员应具备专业知识和技能,并且能够有效地协作和沟通。

▶ 充分的资源支持:项目需要足够的人力、物力、财力等资源的支持,以确保项目能够顺利进行和完成。

▶ 持续的沟通和合作:项目中的各个利益相关方需要保持持续的沟通和密切的合作,以保证信息流动、畅通和问题能够及时解决。

▶ 风险管理与应对:项目团队需要识别、评估和管理项目中的各种风险,并制定相应的风险应对策略,以降低风险对项目成功的影响。

▶ 客户的全程参与:在工程项目实施过程中,客户应全过程参与,现代工程项目管理更加强调客户的参与,使得项目团队能够不断了解客户需求和意图,客户参与是确保工程项目顺利实施的有效手段。

▶ 有效的变更管理:在项目执行过程中,难免会面临一些变更和调整。有效的变更管理能够使项目团队有能力评估和控制变更的影响,以确保项目的成功实施。

▶ 主动的监控和调整:项目团队需要持续监控项目的进展和绩效,并根据需要进行及时的调整和优化,以确保项目按计划顺利前进。

▶ 分包商的良好沟通与合作:总承包商除了对合同进行管理外,与分包商的良好沟通有利于将问题尽早发现,从而确保工程质量和合同工期。

▶ 适宜的项目管理技术。目前运用于工程管理的技术有很多,但只有采用一些合适的、先进的项目技术,才能够帮助项目合理运营。

12.1.5 工程项目管理的要素

工程项目的要素除了前面介绍的质量、时间(进度)和费用(成本)三要素,还发展到包含质量、进度、成本和范围在内的四要素,在此基础上再增加项目组织,成为项目管理的五要素,但成功的项目一半还需要考虑客户的满意程度,合起来成为成功项目管理的六要素,如图12-1所示。

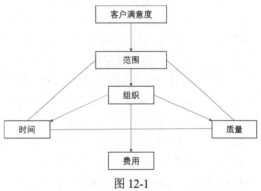

图 12-1

1. 工程项目管理的三要素

项目的三要素也就是工程项目管理三要素,通常进度、质量和成本三者是有机统一的整体,它们既互相制约,又互相促进,其关系图如图12-2所示。

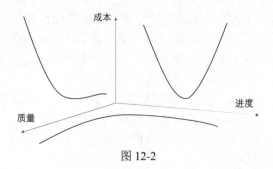

图 12-2

工程项目管理的目的就是追求进度快、质量好、节约成本的有机统一。对于一个确定的工程项目，项目管理就是如何处理好质量、进度和成本之间的关系。

2. 工程项目管理的第 4 要素

工程管理的要素除了上面介绍的进度、质量、成本，还涉及项目的范围因素。范围指的是项目的目标和任务，以及完成这些目标和任务所需的工作。因此，工程项目管理的第 4 个目标就是范围管理，即项目的质量、范围可以与成本、进度相互折中，如工程范围的增减、进度的变化，会引起费用和质量的改变。

3. 工程项目管理的第 5 要素

除了满足工程项目预期的需求，工程项目可以看作由以下 5 个要素构成，工程项目的质量、项目的成本、项目的进度、项目的范围和项目的组织。它们形成了项目管理的基本对象和内容，其相互之间的关系如图 12-1 所示。在这 5 种项目要素中，范围与组织是必不可少的，没有范围就没有项目，没有项目则组织项目就无法实施，其他 3 个要素则是软约束，是可以变通的。工程项目一般都要满足一定的质量要求，并且都要花费一定的费用和时间。这些约束都可与范围进行折中权衡。

4. 工程项目管理的第 6 要素

在工程实践中，工程项目管理的核心就是通过工程项目使业主或客户满意。因此，客户满意度是工程项目管理的一个核心。因而工程项目管理涉及 6 个要素：进度、成本、质量、工作范围、组织和客户满意度。

项目管理团队为了提高客户满意度水平，在项目计划过程中首先需要对客户的需求进行分析，以便准确陈述工程项目。需求分析就是明确市场对项目的需求和业主对项目的要求。工程项目的需求是多种多样的，通常可以分为两类：必须满足的基本需求和附加需求。

基本需求包括项目的进度、质量、成本、范围及必须满足的法规要求。项目质量、项目成本、项目进度三者是互相制约的，当进度要求不变时，质量要求越高，则成本越高；当项目成本不变时，质量要求越高，则进度越慢；当质量标准不变时，进度过快或过慢都会导致项目成本的增加。工程项目管理的目标就是追求多、快、好、省的统一。

附加需求一般是对开辟市场、争取支持方面的要求。如一个工程项目，除了基本要求外，建设和生产是否有利于环境保护等，也应该列入需求分析中。

对于同一个工程项目，不同的项目关系人的需求可能是各不相同的，有的需求甚至会相互抵触。这就要求项目管理者在进行需求分析的过程中对这些不同的需求加以协调，以便折中，尽可能使得工程项目的相关方均满意。

12.1.6 工程项目管理的特点

工程项目管理的特点如图 12-3 所示。

图 12-3

工程项目管理与传统的部门管理相比，最大的特点是注重综合性管理，并且工程项目管理工作有严格的时间界限。工程项目管理必须通过不完全确定的过程，在确定的期限内生产出不完全确定的产品，日常安排和进度控制常对工程项目管理产生很大的压力。

1. 工程项目管理是一项复杂的工作

工程项目一般由多个主要任务组成，工作跨越多个行业、多个组织和多个学科，项目通常没有或很少有供参考的经验，不确定因素太多，需要将不同经历、不同组织和不同特长的人组织成一个临时性的组织，在资源、成本和工期的约束下完成项目目标，这些都决定了项目管理工作的复杂性。

2. 工程项目管理具有创造性

工程项目的一次性特点，决定了工程项目管理既要承担项目风险又要进行创造性管理。创造总是带有探索性，并常常可能会导致失败。因此，创造性必须依赖于科学技术的发展和支持，通过对前人经验的继承和累积，综合多种学科成熟的知识和最新的研究成果，将多种技术结合起来，创造性地完成项目预期目标。

3. 工程项目需要集权领导的专项组织

项目的复杂性随着项目范围的不同而有较大的变化，项目越大就越复杂，包含的学科、技术种类也越多，工程项目过程可能出现各种问题贯穿于各组织部门，要求不同部门做出迅速有效且相互关联的反应，需要项目管理者建立围绕专一任务进行决策的机制和相应的专门组织。

4. 项目经理起着非常重要的作用

工程项目管理中起着非常重要作用的人是项目经理。项目经理受业主委托在时间限制、资源限制的条件下完成项目目标，有权独立进行计划、资源调配和协调控制，必须使项目管理团队发挥作用(默契配合、具有积极性和责任心)。

12.1.7 工程项目管理的精髓

1. 对工程项目管理系统的认识

工程项目管理系统内每一位团队成员对工程项目目标应该都有共同的了解，然而在工程项目实践中，由于项目管理人员所处的岗位不同和具体承担的工作性质的差异，对工程项目管理目标的理解也可能不同。如负责工程项目进度管理的人员认为进度是主要的，并且总是感觉其他人在拖延进度；主管技术的人员可能对某一个技术细节精益求精，花费大量时间。这种情况在工程项目管理实践中是很常见的。工程项目管理者常常会因为一个决策、一个方案，因其承担的任务的不同，导致观点对立，而他们的出发点都是为了顺利地完成项目目标。出现这种情况的主要原因是他们缺乏对工程项目目标的整体和系统的认识。

工程项目是个系统，项目目标也是个系统。工程项目中，项目质量、项目进度和项目成本是工程项目的三大基本目标，项目管理目标就是要使这三大基本目标顺利实现。然而，在工程项目管理实践中，三大基本目标是相互对立又统一的。如项目成本与进度，项目进度快常常会增加项目成本，反过来，加快项目进度就能提早结束工程，并增加盈利。加快项目进度有可能影响项目质量，而项目质量控制严格，返工减少，项目进度则会加快。如投资与项目质量的关系，项目质量好可能增加项目投资，但是工程项目质量控制严格，则可以减少维护费用，提高经济效益。因此，工程项目管理团队成员在目标控制的时候要注意采取系统的思考方法，以平衡项目的各大目标。

对项目目标系统的理解是项目团队工作的基础。项目目标决定了项目团队的形式以及组织内的各种流程，如果项目团队内成员对于项目目标的理解不一致，团队成员的行为有可能与组织设计中他们的定位不同，造成工程项目管理团队运行的障碍。比如，团队中一个技术管理者，他的主要职责是保证项目技术系统的先进性和项目质量，而没有系统考虑任何一个方案都具有经济性和技术性，那么他可能在某些细节上耗时很长，从而影响项目进度的安排，或者为追求项目质量的完美没有考虑项目资金的约束。

2. 项目监控

工程项目管理的知识并不深奥，只要我们认真阅读有关工程项目管理的书籍，就能对工程项目管理的思想和技术有一个大致的了解。工程项目管理的精髓是对工程项目管理的执行情况进行监控，确保工程项目大体上按计划执行。客观地说，监控比不监控要好，监控得多比监控得少要好，早监控比晚监控要好。总之，监控是确保项目目标实现的有力保障。

12.2 工程项目的过程管理

工程项目的过程管理主要涉及项目生命期、项目过程、项目计划和项目控制4个方面。

12.2.1 项目生命期及其4个阶段

1. 工程项目的生命期

当业主明确提出需求时，项目就产生了。工程项目是一次性的任务，所以项目是有起点和终点的。任何工程项目都会经历启动阶段、计划阶段、实施阶段和收尾阶段。通常将其先后连接的各个阶段的集合称为项目的"生命期"，如图12-4所示。

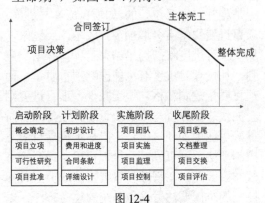

图12-4

2. 工程项目生命期的4个阶段

▶ 项目启动阶段。工程项目启动阶段包括如何分析机会、对需求问题的识别等工作。业主向个人、项目管理团队征询需求建议，提出满足需求或解决问题的要求，项目管理团队根据业主需求提出需求建议，包括项目立项、可行性分析、项目评估等。

▶ 项目计划阶段。项目计划阶段是建立解决需求或问题的方案，导致一个或多个个体或组织向业主提交申请，包括工程项目背景描述、目标确定、范围定义、工作分解及排序、进度安排、资源计划、费用估计与预算、工程质量保证体系等。

▶ 项目实施阶段。工程项目实施阶段是具体实施项目方案，使整个工作范围高质量地按时在预算内完成，达到各方面满意，最终实现项目的目标的阶段，包括采购计划、招标采购、合同管理、履行与收尾、实施计划、进度控制、费用控制、质量控制、范围变更控制、现场管理、环境管理等。

▶ 项目收尾阶段。工程项目收尾阶段包括范围确认、质量验收、费用决算与审计、项目资料验收、项目交接与清算、项目审计、项目评估等。

工程项目管理包括首先建立一个计划，然后实施计划，以便实现项目目标。花费一定时间来建立一个考虑周全的计划，这样对任何一个项目成果完成都是十分重要的。一旦工程项目开始实施，工程项目过程就涉及监控整个项目进度，确保一切相关活动按计划进行。有效的项目控制，关键在于测量实际数据，与计划数据定期进行比较，如果存在偏差，应立即采取纠偏措施。

12.2.2 项目管理的5个过程

工程项目管理是由很多过程组成的，过程是指产生某种结果的行动集合。对于组成工程项目的每个阶段的管理过程，如果将这些过程分组，有5个基本的管理过程，包括启动过程、计划过程、执行过程、控制过程和收尾过程，如图 12-5 所示。

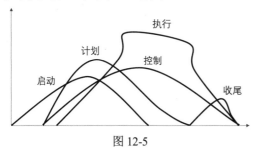

图 12-5

每一个阶段可能有多个管理过程。

(1) 启动过程。批准一个项目或阶段。

(2) 计划过程。界定并改进项目目标，从各种备选方案中选择最佳方案。

(3) 执行过程。协调项目组成员和其他资源执行计划。

(4) 控制过程。通过定期监控和测量进展，确定实际状况与计划存在的偏差，以便在必要时采取纠偏措施，从而确保项目目标的实现。

(5) 收尾过程。对项目或项目阶段的正式接收，最终使项目达到有序收尾。

工程项目的每一个阶段都包括一个或几个"启动—计划—执行—控制—收尾"过程。在工程项目实践中，过程组相互作用并跨越阶段。一个阶段的收尾为下阶段的启动提供了条件。

管理过程不是独立的一次性事件，而是贯穿项目的各个阶段，按照一定的顺序发生，工作程度有些变化，并相互重叠。

工程项目生命期的各个阶段也可以看作大的管理过程。启动过程接收上一个阶段的交付成果，经研究确认下阶段可以开始，并提出对下阶段要求的说明，计划过程根据启动提出的要求，制订计划作为执行过程的依据，执行过程要定期编制执行进展报告，并指出执行结果与计划的偏差，控制过程根据执行报告制定控制措施，为重新计划过程提供依据。所以"计划—执行—控制"这 3

个过程常常要循环多次，直到实现该阶段发起过程提出的要求，使收尾过程顺利完成，为下个阶段准备好可交付的成果。这样的机制将各个子过程和工程项目各个阶段结合为整体。

工程项目管理生命期的每个阶段中的各个过程间的关系还可以用图 12-6 来表示。

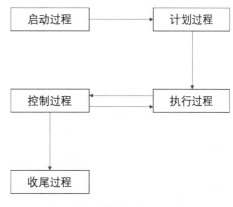

图 12-6

12.2.3 工程管理项目计划

工程项目生命期的 4 个阶段中并不包含控制阶段，但是控制是管理的重要手段，是项目管理的核心之一。

工程项目生命期是由项目启动阶段、项目计划阶段、项目实施阶段和项目收尾阶段这 4 个阶段组成的。控制阶段不是项目生命期的阶段之一，但项目管理中控制却是无处不在的，项目管理的控制贯穿于项目的整个生命期，使得项目生命期的各个阶段能按预定的计划进行。由于阶段应体现为时间上的前后顺序，因此一般不将控制阶段放入项目生命期的阶段中。

工程项目生命期中的任何一个阶段，都是由启动过程、计划编制过程、实施过程、控制过程和收尾过程构成的，从而使得项目管理的任何一个阶段不再单独进行组织管理，而是由以上 5 个过程组成了有机整体，从而将项目管理的每一个阶段都合理地融合在一起。由 5

个过程组成的各个阶段，前后有机地融合，就组成了一个项目生命期的全过程。

工程项目生命期的 4 个阶段与每个阶段的 5 个过程是按上述逻辑融合的，从而使得项目管理更加合理，也更易于管理。工程项目管理的 4 个阶段与 5 个过程的关系如图 12-7 所示。

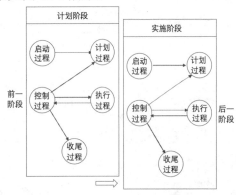

图 12-7

12.2.4　工程管理项目计划和控制

由于项目本身的缘故，几乎所有的项目都需要制订详细的计划。在一个项目中，制订计划工作就是在一个预备好的环境内确定一个预定的活动的过程。制订计划是项目管理的重要内容，是一个综合处理各方面相互作用的复杂过程。

制订项目计划的目的之一是完整而详细地说明全部需要的工作，使每个参与者都能清楚认识，这在任何项目中都是必要的。项目计划和控制系统方块图(如图 12-8 所示)详细说明了项目计划的类型，要求建立一种有效的监控系统。图 12-8 上部的项目目标或公司目标、工作说明、项目网络进度、项目主要进度等代表项目计划工作的行为，图 12-8 下部的时间和成本跟踪、系统报告、单位制定决议等方块图说明项目系统控制，也是对计划工作活动的监督。

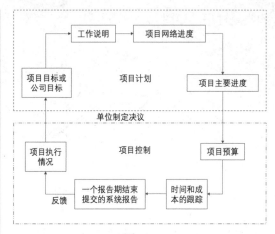

图 12-8

项目计划和项目控制是项目管理的两个重要工作环节，它们密切联系而又相互区别。有人把项目计划当成项目控制，把项目控制又当成项目计划，这虽然不准确，但从侧面反映了计划和控制的密切程度。没有项目计划，则谈不上项目控制。

项目计划规定了项目控制的基本范围，是项目控制实施的基础和控制依据。比如，在实施进度控制时，怎么样才是进度失控？失控范围有多大？对于项目进度的影响程度如何？

虽然项目计划的目的是使一切工作按照计划的步骤稳妥进行并顺利地实现项目目标，然而控制不是消极地维护计划的完整性，而是不断产生对原计划的反馈。通过控制对计划的反馈，使得项目又成为调整后续活动计划的依据。

虽然项目计划与项目控制联系密切，但它们在项目管理中分别具有不同的职能和作用。项目计划面向未来、计划未来，通过科学的逻辑确定项目建设的目标。项目控制则针对现实、反映现实，通过对正在发生事情的跟踪、监督、对比和评判，将获得的信息经过处理、加工，成为项目负责人科学决策的依据。

观察工程项目建设的全过程，可以发现项目计划工作集中在项目的前期，而项目的控制工作则主要集中于计划付诸实施后。但在工程事件中，在制订计划阶段也存在控制问题，项目计划实施后，还要经常调整和变更计划，形成后续活动的中间计划，对于项目比较基准也是在不断地变化，直到整个项目结束。因此，可以说项目计划和控制交织在一起，贯穿于项目建设的全过程，构成项目管理工作的主流。

12.3 工程项目的范围管理

项目组织想要成功地完成某个项目，在明确了项目的预定目标后，必须开展一系列的工作或活动，这些必须开展的工作构成了项目的工作范围。项目管理的首要工作就是进行项目范围管理。

12.3.1 工程项目范围管理概述

工程项目范围管理是指在项目实施过程中，对项目的范围进行识别、定义、规划、控制和确认的管理过程。

1．项目范围和项目范围管理

项目范围是指为了成功实现项目目标所必须完成的全部且最少的工作。在这个定义中有如下两层含义。

(1) 全部的。全部的工作是指实现该项目目标所进行的"所有工作"，任何工作都不能遗漏，否则将会导致项目范围"萎缩"。

(2) 最少的。最少的工作是指实现该项目目标所规定的"必需的、最少量"的工作，不进行此项工作就无法最终完成项目，工作范围不包括那些超出项目可交付成果需求的多余工作，否则将导致项目范围"蔓延"。

例如，某项目的目标是"用1200万元在6个月内修建一栋2层别墅"，这个目标是一个比较笼统的概念，项目组织还需要根据项目目标来确定项目的具体工作，即界定项目的范围。该项目的范围可能包括以下内容。

▶ 建筑面积为 600 平方米，别墅共有 6 间卧室、3 个客厅、4 个卫生间、一个健身房和一个地下停车场。

▶ 庭院面积为 1000 平方米，包括一个 300 平方米的露天泳池，一个 500 平方米的花园和一个 80 平方米的车库。

通过对项目范围的界定，项目组织就能够明确项目所要完成的各项工作了。

此时，项目管理者还要注意区分产品范围和项目范围的概念，产品范围是指客户对项目最终产品或服务所期望包含的特征和功能的总和；项目范围是为了交付满足产品范围要求的产品或服务所必须完成的全部工作的总和。项目范围最终是以产品范围为基础确定的，产品范围对产品要求的深度和广度决定了项目范围的深度和广度。产品范围的完成情况是参照客户的要求来衡量的，而项目范围的完成情况则是参照计划来衡量的。

项目范围管理实际上是一种功能管理，它是对项目所要完成的工作范围进行管理和控制的过程，如启动一个新项目、编制项目范围计划、界定项目范围、由项目干系人确认项目范围、对项目范围变更进行控制，即项目范围管理的内容构成。

项目范围管理主要通过以下步骤完成。

(1) 将客户的需求转变为对项目产品的定义。

(2) 根据项目目标与产品分解结构，将项目产品的定义转化为对项目工作范围的说明。

(3) 通过工作分解结构，定义项目工作范围。

(4) 项目干系人认可并接受项目范围。

(5) 授权与执行项目工作，并对项目进展进行控制。

图 12-9 所示说明了项目范围管理的工作过程。

图 12-9

2. 项目范围管理的作用

项目范围管理在项目管理中具有非常重要的作用，具体如下。

➤ 为项目实施提供工作范围框架。项目范围管理最重要的作用就是为项目实施提供了项目工作范围的边界和框架，并通过该边界和框架去规范项目组织的行动，在明确了项目工作范围和条件后，就可以让人们放弃不必要的工作和各种不切实际的想法。

➤ 提高资金、时间、人力和其他资源估算的准确性。项目的具体工作明确后，项目组织就可以根据具体工作来规划其所需的资金、时间、人力和其他资源，这样对整体和各项工作的需求估计就准确多了。

➤ 确定进度测量和控制的基准，便于对项目的实施进行有效的控制。项目范围是项目计划的基础，项目范围确定了，就为项目进度计划的执行和控制确定了基准，从而可以采取相应的纠偏行动。

➤ 有助于清楚地分派任务。项目范围一旦界定了，也就确定了项目的具体工作任务，为进一步分派任务奠定了基础。

12.3.2 项目启动

项目范围管理中的启动具有两层含义：一是正式启动一个新项目；二是确定一个既存项目是否可以进入下一个项目阶段。项目的启动可以是正式的，也可以是非正式的。正式的项目启动要进行一系列正规的可行性研究；非正式的项目启动工作相对简单，在项目的构思初步成形之后，几乎不需要进行任何正式的可行性研究就可以直接进入项目的规划和设计阶段。非正式启动通常适合于一些小项目和开发性、科研性的项目。

工程项目启动的主要工作如表 12-1 所示。

表 12-1

依 据	工具和方法	结 果
项目目标	项目方案选择的方法	项目章程
成果说明	专家判断法	项目说明书
企业战略目标		项目经理选派
项目选择标准		项目制约因素的确定
历史资料		项目假设条件的确定

1. 项目启动的依据

(1) 项目目的。

项目目的是指项目的客户期望项目结束时所能实现的项目结果，明确项目的目的是项目成果的重要保证。项目团队应该根据自身条件及资源获取能力，对能否实现项目目的、满足客户需求做出客观、合理的判断。

(2) 成果说明。

成果说明是对项目所要完成的成果特征和功能进行说明的文件。成果说明的主要内容包括：产品的特点、产品与项目目的之间的关系及为什么要实施该项目、获得该产品等。成果说明并非一成不变，随着项目的进行，项目成果的轮廓及各项目功能的定位日趋明确，成果说明需要逐步细化，甚至会随项目环境和实施情况的变化而相应变更，但是这种变更要经过客户和项目管理团队的一致认可。启动阶段的成果说明对项目计划的编制起重要作用，也是下一步工作的基础文件。

(3) 企业战略目标。

所有项目都要服从企业的整体战略目标，项目选择要以公司的战略目标作为决策标准。项目从事的一切活动都要以实现其战略目标为中心。

(4) 项目选择标准。

项目的备选方案可能不止一个，这就需要建立一套评价体系作为选择方案的标准。项目选择的标准一般根据项目最终成果的性质和客户的要求来决定，同时还要考虑经济效益、社会效益以及项目环境等。

(5) 历史资料。

项目团队在启动一个项目时，应该充分借鉴以前项目选择和决策的历史资料，以及项目以前执行情况的资料，为其项目的选择和决策做参考。

2. 项目启动的方法

项目启动的方法主要有以下两种。

(1) 项目方案选择的方法，如净现值法、内部收益率法、投资回收期法、收益分析法和要素加权分析法等。

(2) 专家判断法，如专家评分法和德尔菲法等。

3. 项目启动的结果

(1) 项目章程。

项目章程就是正式承认项目存在的文件，它可以是一个专门的文件，也可以是企业需求说明书、成果说明书、签订的合同等替代文件。项目章程赋予了项目经理利用企业资源从事其有关活动的权利。项目章程由项目的客户或项目团队所属的上级领导组织的决策者签发。

(2) 项目说明书。

项目说明书是说明项目总体情况的文件，主要包括项目的实施动机、项目目的、项目总体情况的相关描述、项目经理的责任和权利等。

(3) 选派项目经理。

项目应该尽早选定项目经理并在计划开始前指派到位。优秀的项目经理是项目成果的关键因素。项目经理既可以来自企业内部，也可以来自职业项目经理人，还可以由咨询公司推荐。在选派项目经理的同时，还要明确项目经理的责、权、利，并建立适当的激励和约束机制。

(4) 项目制约因素的确定。

制约因素就是限制项目团队行动的因素，如项目的预算将会限制项目团队的人员配备、进度安排等。

(5) 项目假设条件的确定。

编制项目计划时一般会假设某些因素是真实和符合现实的，这些因素就是假设条件。做项目计划时，一般假定项目所需的资源都会及时到位，但实际情况可能不会非常理想，因此假设条件通常包含一定风险。

12.3.3 项目范围计划

一般认为，项目范围计划就是以项目的实施动机为基础，确定项目范围并编制项目范围说明书的过程。项目范围说明书说明了进行该项目的目的、项目的基本内容和结构，规定了项目文件的标准格式、其形成的项目结果核对清单既可以作为评价项目各个阶段成果的依据，也可以作为项目计划的基础。项目范围说明书是项目团队和项目客户对项目的工作内容达成共识的结果。

项目范围计划的主要工作如表 12-2 所示。

表 12-2

依 据	工具和方法	结 果
项目章程	成果分析	项目范围说明书
项目说明书	项目方案识别技术	项目范围管理计划
项目经理选派	专家判断法	

(续表)

依 据	工具和方法	结 果
项目制约因素的确定		
项目假设条件的确定		

1. 项目范围计划的依据

制订项目范围计划的依据就是项目启动的结果，即项目章程、项目说明书和项目假设条件的确定等。

2. 项目范围计划的工具和方法

(1) 成果分析。

成果分析可以加深对项目成果的理解，它从项目产品的功能和特性着手分析，反向推导项目的工作范围，目的是使项目团队开发出一个更好、更明确的项目产品。对项目成果进行分析时，可以综合运用不同的分析方法，如系统工程、价值工程、功能分析等技术，达到指导项目范围计划制订的目的。

(2) 项目方案识别技术。

项目方案识别技术一般是指用于提出项目目标方案的所有技术，如头脑风暴法，目的针对项目的每个问题提出尽可能多的备选方案，在此注重的是方案数量而不是方案质量。将所有备选方案都记录下来后，再运用各种经济评价方法，找出最佳方案，从而根据该方案制订项目的范围计划。

(3) 专家判断法。

专家判断法即利用各个领域的专家来帮助项目团队制订范围计划。专家可以是来自各个领域的具有专业知识和技能的人员，也可以来自咨询公司、行业协会等。

3. 项目范围计划的结果

(1) 项目范围说明书。

项目范围说明书是未来项目实施的基础，它有助于项目干系人之间达成共识。项目范围说明书一般包括以下内容。

▶ 项目的合理性说明，即说明为什么要进行该项目。

▶ 项目的可交付成果，形成项目产品清单。

▶ 项目成果的定量标准，包括成本、进度、技术性能和质量标准。

▶ 项目目标的实现程度。因为项目是一个创新性的活动，因此这个程度不是一成不变的，而是随着项目的实施和外界环境的变化会发生相应的变动。

▶ 辅助说明，包括已经识别的假设条件和制约因素等。

(2) 项目范围管理计划。

项目范围管理计划描述了对项目范围如何进行管理、项目范围怎样变更才能与项目要求相一致等问题。计划文件包括以下内容。

▶ 说明如何控制项目的范围，以及项目范围的变更。

▶ 说明如何控制项目范围，变更并对其进行分类。

▶ 对项目范围的稳定性进行评价，即项目范围变化的可能性、频率和幅度。

项目在策划时，项目团队和客户就应该对项目范围变更的显著性水平做出概念上的界定。例如，项目团队和客户约定项目成本计划只允许有20%的偏差，那么如果实际成本已经超过计划的30%，并且没有任何挽救的可能，这时项目的计划就应该做出调整，项目的范围也就要随之变更。

12.3.4 项目范围定义

项目范围定义就是将项目的主要可交付成果划分为更小的、更加容易管理的组成部分。为了达到项目目标，首先要确定为此达到目标所要完成的具体任务。在项目范围计划中，对这些任务进行了概括性的说明；而在项目范围定义中，则要将这些任务再逐步细化，直至落实到完成它的每一个人或每一个小组。项目范围定义不但要力求准确、细致，而且要有利于项目资源的合理调配和成本估算。

范围定义是通过任务分解实现的，任务分解就是把笼统的、不能具体操作的任务细化成较小的且易于执行和控制的、包括具体细节的可操作任务。任务分解有助于提高项目成本估算、进度和资源估算的准确性，有利于对项目的执行情况进行评价，便于明确项目管理团队的职责和进行资源分配。

项目范围定义的主要工作如表12-3所示。

表 12-3

依　据	工具和方法	结　果
项目范围说明书	工作分解结构	项目工作分解结构图
项目范围管理计划		项目工作分解结构词典
历史资料		

1．项目范围定义的依据

项目范围定义的依据包括项目范围说明书、项目范围管理计划和可供参考的历史资料等。项目范围定义的依据也就是项目范围计划的结果。

2．项目范围定义的工具

工作分解结构(WBS)是一种为了便于管理和控制而将项目工作分解的技术，是项目范围定义中最有价值的工具。工作分解结构将项目逐层分解成子项目，子项目再分解成更小的、更易于管理的工作单元，直至具体的活动。工作分解结构可以将整个项目联系起来，将项目目标逐步细化为许多可行的并且是相对短期的任务。

3．项目范围定义的结果

(1) 项目工作分解结构图。

项目工作分解结构图是通过分解技术，将项目任务按照其内在性质和内在结构逐层细化而成的示意图，呈现分级树状结构。该图涵盖项目的所有工作任务，即确定了项目的整个范围，直观地说明了每个独立的工作任务在项目中的地位。

(2) 项目工作分解结构词典。

项目工作分解结构词典是对项目工作分解结构进行说明的文件，它详细说明了工作分解结构中所有工作包的重要情况。一般来说，项目工作分解结构词典应该包括如下基本的工作信息：工作细节、前期工作投入、工作产出、人员联系、持续时间、需要的资源、紧前和紧后工作等。

12.3.5　项目范围确认

工程项目范围确认是指项目干系人最终认可和接受项目范围的过程。在范围确认工作中，要对范围定义的工作结果进行审查，确保项目范围包含了所有的工作任务。项目范围确认既可以针对一个项目的整体范围进行确认，也可以针对某个项目阶段的范围进行确认。项目范围确认要审核项目范围界定工作的结果，确保所有的、必需的工作都包括在项目工作分解结构中，而与实现目标无关的工作均不包括在项目范围中，以保证项目范围的准确。

项目范围确认的主要工作如表12-4所示。

表 12-4

依　据	工具和方法	结　果
工作成果	项目范围的核检表	对项目范围定义工作的接受
成果说明	项目工作分解结构核检表	
项目范围说明书		
项目范围管理计划		
项目工作分解结构图		

1．项目范围确认的依据

项目范围确认的依据主要有以下几点。

(1) 工作成果，即项目可交付成果的情况，反映了项目按计划执行的实际情况。

(2) 成果说明，即项目成果的全面描述，如项目规划书、项目技术文件或项目图纸等。

(3) 项目范围说明书。
(4) 项目范围管理计划。
(5) 项目工作分解结构图。

2. 项目范围确认的工具

项目范围确认的常见工具有表 12-5 所示的两张核检表，即项目范围核检表和项目工作分解结构核检表，实践证明它们在项目范围管理中是十分有效的。

表 12-5

	项目范围核检表
1	项目目标是否完整和准确
2	项目目标的衡量标准是否科学、合理、有效
3	项目的约束条件、限制条件是否真实
4	项目的假设前提是否合理，不确定性的程度是否较小
5	项目的风险是否可以接受
6	项目成功的把握是否很大
7	项目的范围界定是否能够保证上述目标的顺利实现
8	项目范围所能产生的收益是否大于成本
9	项目范围界定是否需要进一步开展辅助研究
	项目工作分解结构核验表
1	项目目标描述是否清楚明确
2	项目产出物的各项成果描述是否清楚
3	项目产出物的所有成果是否都是为实现项目目标服务的
4	项目的各项成果是否以工作分解结构为基础
5	项目工作分解结构中的工作包是否都是为形成项目某项成果服务的
6	项目目标层次的描述是否清楚
7	项目工作分解结构层次的划分是否与项目目标层次的划分和描述相统一
8	项目工作、项目成果、项目分目标和项目总目标之间的逻辑关系是否一致
9	项目工作、项目成果、项目分目标和项目总目标之间的逻辑关系是否正确、合理

（续表）

	项目工作分解结构核验表
10	项目目标的衡量标准是否有可度量的数量、质量或时间指标
11	项目工作分解结构中的工作是否有合理的数量、质量和时间度量指标
12	项目目标的指标与项目工作绩效的度量标准是否匹配
13	项目工作分解结构的层次是否合理
14	项目工作分解结构中各个工作包的工作内容是否合理
15	项目工作分解结构中各个工作包的相互关系是否合理
16	项目工作分解结构中各项工作所需的资源是否明确、合理
17	项目工作分解结构的总体协调是否合理

3. 项目范围确认的结果

项目范围确认的结果即对项目范围定义工作的接受，同时还要编制经过项目干系人确认并已经接受的项目范围定义的项目阶段性工作成果的正式文件。这些文件应该分发给有关的项目干系人。如果项目范围没有被项目干系人确认，则项目宣告终止。

12.3.6　项目范围变更控制

在项目执行时，进度、费用、质量，以及客户需求等各种原因的变化都会导致项目范围的变化。同时，项目范围的变化又会要求上述各方面做出相应的变化。因此，必须进行整体的控制和管理。项目变更控制是对项目存在的或潜在的变化，采用相应的策略和方法予以处理。

项目范围变更控制是指项目范围发生变化时对其采取纠正措施的过程，以及为使项目朝着目标方向发展而对某些因素进行调整所引起的项目范围变化的过程。

项目范围变更控制的主要工作如表 12-6 所示。

表 12-6

依 据	工具和方法	结 果
项目工作分解结构	项目范围变更控制系统	范围变更文件
项目执行情况报告	绩效测量	纠正措施文档
项目范围的变更申请	范围计划调整	经验教训文档
项目范围管理计划		调整后的基准计划

1. 项目范围变更的原因

项目干系人常常由于各种原因要求对项目范围进行修正,造成范围变更的原因很多,主要有以下几个。

- 项目的外部环境发生变化。
- 在项目范围计划或定义时出现错误或遗漏。
- 项目团队提出了新的技术、手段或方案。
- 项目实施的组织本身发生变化。
- 客户对项目或项目产品的要求发生变化。

2. 项目范围变更控制的依据

(1) 项目工作分解结构。

项目工作分解结构是确定项目范围的基准,它定义了完成项目所需的工作任务,如果实际工作超出或者没有达到工作分解结构的要求,就认为项目的范围发生了变化。这时,就要对工作分解结构进行修改和调整。

(2) 项目执行情况报告。

项目执行情况报告包括两部分:一是项目的实际完成情况;二是有关项目范围、进度、成本和资源变化的情况。执行情况报告还能使项目团队注意到一些可能在未来会导致项目范围发生变化的因素。

(3) 项目范围的变更申请。

项目范围的变更申请指的是对可能扩大或缩小项目的范围所提出的要求。项目范围的变更申请可以采取很多形式,如口头申请或书面申请、直接申请或间接申请、从内部开始的申请或从外部开始的申请等。

(4) 项目范围管理计划。

项目范围管理计划对如何控制范围的变化做出了规定,它可以是正式计划或非正式计划,也可以是详细性描述或基于项目需要的一个大致的约定。

3. 项目范围变更控制的工具和方法

(1) 项目范围变更控制系统。

项目范围变更控制系统规定了项目范围变更的基本控制程序、控制方法和控制责任等,它包括范围文件系统、项目执行跟踪系统、偏差系统、项目范围变更申请和审批系统等。在项目执行过程中,要对项目的进展情况进行监控,对实际与计划之间的偏差进行分析,如果偏差不利于项目目标的完成,就要及时采取纠偏措施。项目范围的变更会引起成本、进度、质量等项2目目标的变化。因此,项目范围变更控制系统应该与项目的其他变更控制系统相结合,从而对项目进行整体管理。

(2) 绩效测量。

绩效测量技术可以帮助项目管理团队评估发生偏差的程度,分析导致偏差的原因,并且做出对应的处理,一般包括偏差分析、绩效审查、趋势分析等技术。

(3) 项目范围计划调整。

很少有项目能按初始计划运作,项目的范围随时都可能发生变化,因此就要根据范围的变动来随时调整、补充原有的工作分解结构图,并以此为基础,调整、确定新的项目计划,并根据新的项目计划要求对项目范围的变更进行控制。

4. 项目范围变更控制的结果

(1) 范围变更文件。

范围变更经常会涉及成本、进度、质量和其他项目目标的调整。项目范围变更一旦确定,就要对有关的项目文件进行更新,并将项目范围变更的信息和相应文件及时通过或发送给相关的项目干系人。

(2) 纠正措施文档。

为了完成预定的项目目标，项目团队要对执行过程中的偏差采取有效的纠正措施，并形成文档。纠正措施有两种：一种是根据项目的实际执行情况，采取措施消除偏差影响，使项目的进展情况与计划相一致；另一种是根据经过审批后的项目范围变更要求而采取一些纠正措施。

(3) 经验教训文档。

项目范围变更后，项目管理团队要将各种变更的原因、选择纠正措施的理由，以及从范围变更控制中得出的经验教训等用书面的形式记录下来，将其作为历史资料的一部分，并为项目团队继续执行该项目及今后执行其他项目提供参考。

(4) 调整后的基准计划。

项目范围变更后，必须根据范围变更文件相应地修改项目的基准计划，从而反映已经批准的变更，并作为未来变更控制的新基准。

12.3.7 使用 Project 管理项目范围

下面以图 12-10 所示的工程建筑项目 WBS 结构为例，介绍项目范围管理。

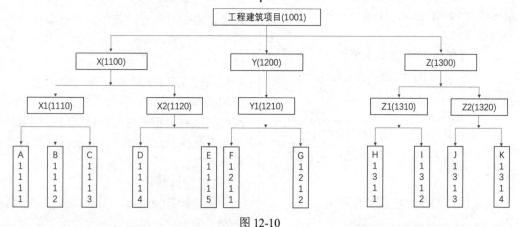

图 12-10

项目范围管理的具体操作如下。

【例 12-1】使用 Project 管理项目范围。 视频

step 1 启动 Project 软件后在打开的界面中单击【空白】按钮创建一个新的项目文件，然后选择【文件】|【信息】选项，选择【项目信息】下拉列表中的【高级属性】选项。

step 2 在打开的对话框中选择【摘要】选项卡，在【标题】文本框中输入文本"工程建筑项目"，然后单击【确定】按钮，如图 12-11 所示。

step 3 参考图 12-10 所示结构图在【甘特图】视图中输入任务名称，如图 12-12 所示。

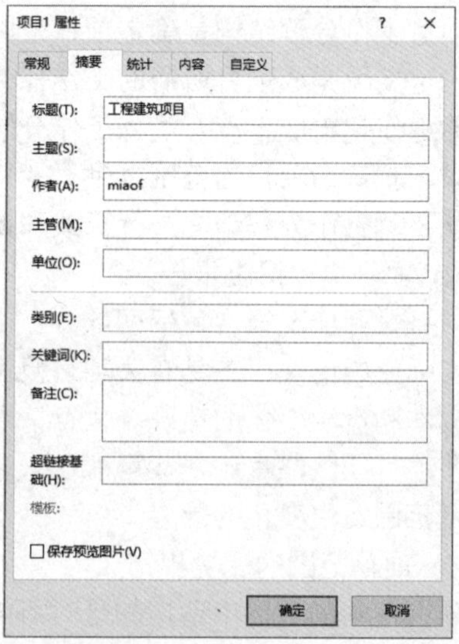

图 12-11

第 12 章　工程建筑项目管理

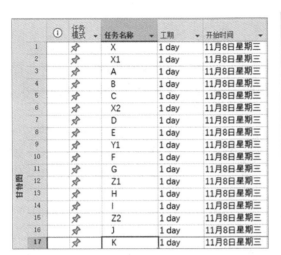

图 12-12

step ④ 对任务进行【升级】或【降级】设置，如图 12-13 所示。

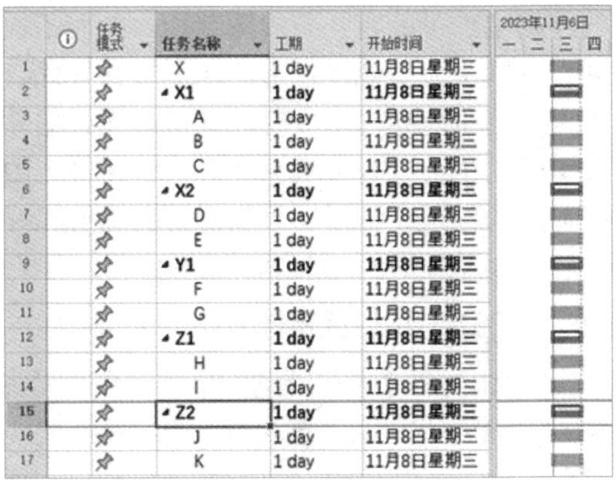

图 12-13

step ⑤ 打开【Project 选项】对话框，选中【高级】选项卡中的【显示项目摘要任务】复选框后，单击【确定】按钮，如图 12-14 所示。

图 12-14

step ⑥ 将项目文件以"工程建筑项目"为名

保存，在工作表区域选中并右击【任务名称】列，在弹出的快捷菜单中选择【插入列】命令，如图 12-15 所示。

图 12-15

step ⑦ 在弹出的列表中选择【WBS】选项，如图 12-16 所示。

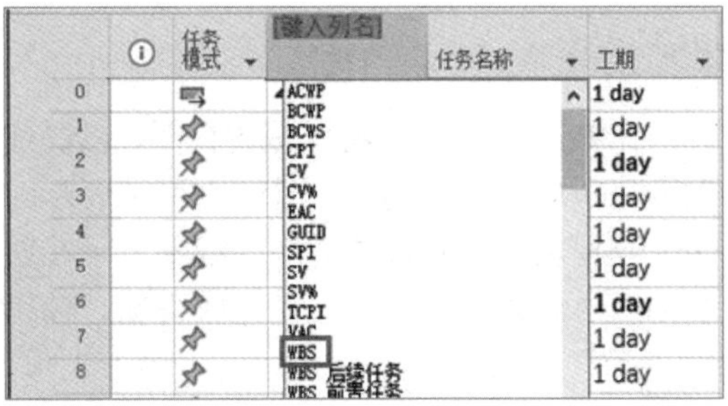

图 12-16

step ⑧ 此时，将在工作表区域插入图 12-17 所示的 WBS 列。

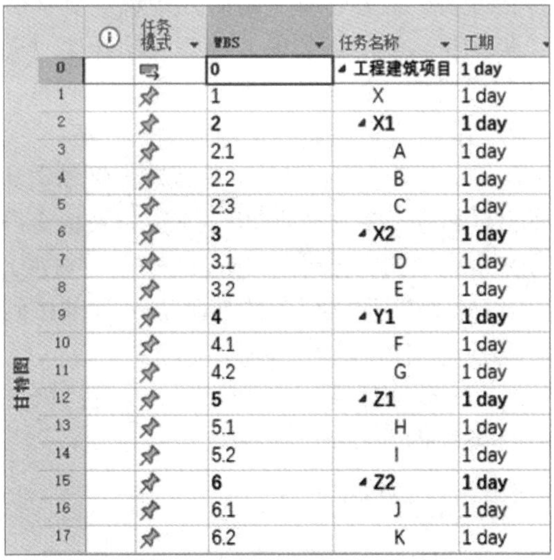

图 12-17

257

12.4 工程项目进度计划

编制工程项目进度计划，用户需要掌握工程项目工作分解结构(WBS)的编制，这是工程项目计划编制的基础，同时，用户还需要学会用 Project 编制工作分解结构，实现任务结构化，并掌握用甘特图编制进度计划。

12.4.1 编制工程项目工作分解结构

工作分解结构(WBS)可以将工程项目分解到相对独立、内容单一、易于成本核算与检查的工作单元。WBS 图是实施项目、创造最终产品或服务所必须要完成任务的一张清单，也是项目进度管理、资源管理和成本管理的基础，如图 12-10 所示。

12.4.2 使用甘特图

在 Project 中，甘特图是主视图，以横线表示每个项目活动的起止时间。横轴表示时间，纵轴表示要安排的活动，线条表示在整个期间内计划和实际的活动完成情况。使用"甘特图"在工程项目中可以完成以下工作。

(1) 通过输入任务和完成每项任务所用的时间来创建一个项目。

(2) 通过链接任务，在任务之间建立顺序的相关性。在链接任务时，可以看到任务工期的更改是如何影响其他任务的开始日期和完成日期，以及整个项目的完成周期的。

(3) 将人员和其他资源分配给任务。

(4) 查看任务的进度，可以对计划和实际的开始日期、完成日期进行比较，以及检查每项任务完成的百分比，从而跟踪任务的进度。

(5) 在图形化任务的同时仍然可以访问任务的详细信息。

(6) 拆分任务以中断任务，以后再恢复该任务的拆分。

12.4.3 CPM/PERT

1. CPM(关键路径法)

CPM(关键路径法)是一种项目管理技术，用于识别项目中所有任务的最短完成时间。在一个确定性的模型中，通常按照浮动时间小于或等于某个指定的数值，一般这个值为 0 的活动确定关键活动和关键路径，如浮动时间为负值，那么绝对值最大的一系列活动构成关键路径。

关键路径具有以下特点：关键路径是工程项目整个过程中最长的路径；关键路径上的任何活动延迟，都会导致整个工程项目完成时间的延迟；代表可以完成工程项目最短的时间，通常称其为计算工期。

关键路径不一定只有一条，在一个特定的网络中，可能有几条关键路径。随着工程项目进展中对关键路径上的活动进行管理，关键活动可能会发生改变，有可能原先的非关键活动也会成为关键活动，关键路径上的任何活动都是关键活动，都需要加强管理并进行重点监控。

2. PERT(项目评审技术)

PERT 对每个项目活动都采用 3 个时间估算值。一个工程项目可能包括只有很少经验或没有经验的活动，但大多数计划工程师可能拥有一些相关的经验。因此，在大多数情况下，得出这项活动最可能时间的预测是可能的。同时，也预测出比可能情况好和差的情况下的期望平均历时。该方法确切定义为：a，乐观时间；b，悲观时间；m，最可能时间。为了结合这 3 种估算，计算活动的期望平均历时，项目评审技术开发者根据统计学原理推导出一个公式，用于计算活动的期望平均历时，即

$$t_a = (a + 4m + b)/6$$

公式中，t_a 表示活动的期望历时。给定了这些历时，其网络计算就与 CPM 网络的计算相同了。要注意的是，活动期望历时估算中，乐观工期(a)、最可能工期(m)、悲观工期(b)的权重之和始终为 6。

3. 能定量化工程项目活动历时的确定

对于有确定的活动范围和工程量，又可以确定劳动效率的工程活动，可以比较精确地计算历时，计算过程如下。

(1) 活动范围的确定和工程量的计算。
(2) 劳动力资源投入量的确定。
(3) 劳动效率的确定。
(4) 计算活动历时。

简单的活动历时比较容易确定，计算公式为

活动历时(天)＝工程量/(总投入人数×每天班次×8 小时×劳动效率)

例如，某工程项目基础混凝土400立方米，投入 4 个混凝土小组，每天 8 人，估计人均劳动效率为 0.35 立方米。活动历时计算如下：

每班次(8 小时)可浇混凝土＝0.35×8×8＝22.4(立方米)

则混凝土浇捣的活动历时为 t＝400 立方米/(22.4 立方米/班次×4 班次/天)≈4.5(天)。

有些工作还包括很多工序，要将其进一步分解，一般要考虑如下因素：工作的过程性；不同的专业特点和工作内容；工作任务的不同负责人；建筑物层次和不同的施工段。例如，基础混凝土施工可以分解为垫层、支模板、扎钢筋、浇捣混凝土、拆模板、回填土等工作，其思路是：安排并确定工序间的相关性，构成子网络；根据活动所需资源，估计各项活动历时；分析网络的计算工期。

例如，某工程项目基础混凝土工程情况如下：混凝土模板总工时为 3000 小时；扎钢筋总工时为 3500 小时；浇捣混凝土总工时为 2500 小时；拆模板总工时为 1200 小时；回填土总工时为 3200 小时。因为各工序间的相关性为 FS(完成—开始)关系，该工程的总工时为 13400 小时，假定该组 40 人，采用一班制。则工程历时为 13400/(40×8)≈42(天)。

4. 工程活动逻辑关系描述

在工程活动间存在着相关性，通常称为逻辑关系。只有工程活动间建立了逻辑关系，才能得到网络结构，然后在此基础上安排工程项目和工程活动的进度。

(1) FS 关系，即"完成—开始"关系。这是常用的一种逻辑关系，即一项工程活动结束，后续工程活动才能开始。如浇捣混凝土成型后，需要养护 7 天才能够拆模板，如图 12-18 所示。

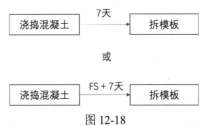

图 12-18

在图 12-18 中，"FS＋7 天"表示浇捣混凝土工作结束后推迟 7 天，拆模板工作开始。在 Project 软件中表示为图 12-19 所示。

图 12-19

(2) SS 关系，即"开始—开始"关系。紧前活动开始一段时间后，后续活动才能开始。如某基础工程，规定抽水安装完成就可以开始基坑排水工作，基坑排水开始 2 天后，即可开挖基坑，在开挖过程中排水不间断进行，如图 12-20 所示。

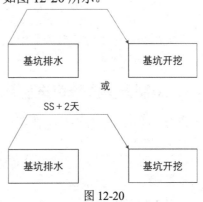

图 12-20

在图 12-20 中，"SS＋2 天"表示基坑排水开始 2 天后，基坑开挖开始。在 Project 软件中表示为图 12-21 所示。

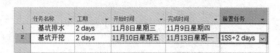

图 12-21

(3) FF 关系，即"结束—结束"关系。只有紧前活动结束后一段时间，后续活动才能结束。比如基础回填结束后基坑排水才能停止，如图 12-22 所示。

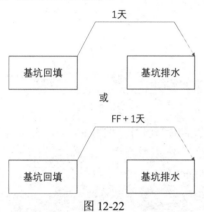

图 12-22

在图 12-22 中，"FF+1 天"表示基坑回填结束后，基坑排水推迟 1 天结束。在 Project 中表示为图 12-23 所示。

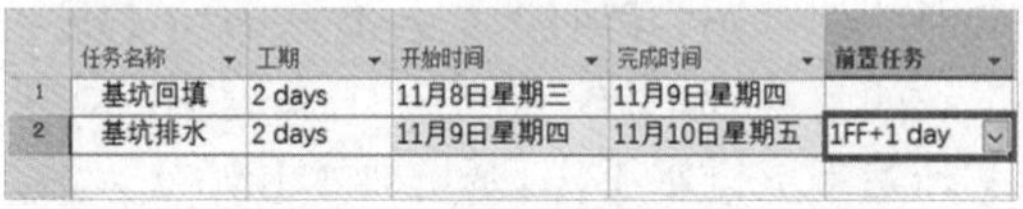

图 12-23

(4) SF 关系，即"开始—结束"关系。紧前活动开始一段时间后，后续活动才能结束，这种关系在实际工程建筑项目中比较少见，这里不再详细阐述。

12.4.4 编制无资源约束进度计划

无资源约束的进度计划是指在不考虑资源的情况下编制的项目进度计划。

【例 12-2】使用 Project 编制无资源约束下的进度计划。 视频

step 1 在甘特图中输入图 12-24 所示的任务。

step 2 建立项目逻辑关系，如图 12-25 所示。

图 12-24

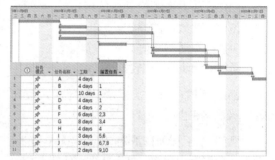

图 12-25

step 3 显示工程项目计算工期。选中任务 A 后右击鼠标，在弹出的快捷菜单中选择【插入任务】命令，在任务 A 上方插入摘要任务"工程建筑项目"，然后选取摘要任务下面的所有任务，单击【任务】选项卡【日程】组中的【降级】按钮，如图 12-26 所示。

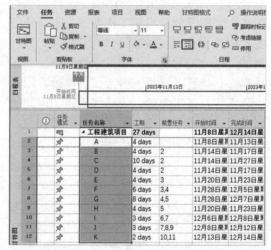

图 12-26

step 4 显示关键路径。选择【甘特图格式】选项卡，选中【条形图样式】组中的【关键任务】复选框，如图 12-27 所示。

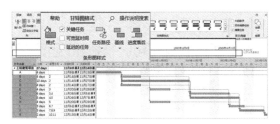

图 12-27

step 5 在工作表视图中单击【添加新列】下拉按钮，添加【最晚开始时间】【最晚完成时间】【可用可宽延时间】【可宽延的总时间】等列，如图 12-28 所示。

任务名称	开始时间	完成时间	最晚开始时间	最晚完成时间	可用可宽延时间	可宽延的总时间
工程建筑项目	**11月8日星期三**	**12月14日星期四**	**11月8日星期三**	**12月14日星期四**	**0 days**	**0 days**
A	11月8日星期三	11月13日星期一	11月8日星期三	11月14日星期二	0 days	0 days
B	11月14日星期二	11月17日星期五	11月24日星期五	11月30日星期四	0 days	8 days
C	11月14日星期二	11月27日星期一	11月14日星期二	11月28日星期二	0 days	0 days
D	11月14日星期二	11月17日星期五	11月22日星期三	11月28日星期二	0 days	6 days
E	11月20日星期一	11月23日星期四	12月4日星期一	12月8日星期五	8 days	10 days
F	11月28日星期二	12月5日星期二	11月30日星期四	12月8日星期五	0 days	2 days
G	11月28日星期二	12月7日星期四	11月28日星期二	12月8日星期五	0 days	0 days
H	11月20日星期一	11月23日星期四	12月4日星期一	12月8日星期五	10 days	10 days
I	12月6日星期三	12月8日星期五	12月8日星期五	12月13日星期三	2 days	2 days
J	12月8日星期五	12月12日星期二	12月8日星期五	12月13日星期三	0 days	0 days
K	12月13日星期三	12月14日星期四	12月13日星期三	12月14日星期四	0 days	0 days

图 12-28

step 6 在甘特图视图中右击一条任务相关线，在弹出的快捷菜单中选择【显示/隐藏条形图样式】|【可宽延时间】命令，如图 12-29 所示，显示可宽延时间。

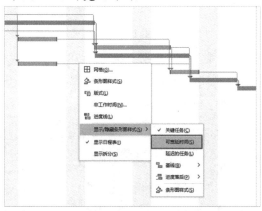

图 12-29

12.4.5 解决施工组织中的问题

相同的建筑物 A、B、C 的基础工程量相等，均由挖土方、垫层、砌基础、回填土 4 个施工过程组成，每个过程施工时间分别为 8 天、6 天、14 天、5 天。其中，挖土方时，工作队由 10 人组成；做垫层时，工作队由 12 人组成；砌基础时，工作队由 28 人组成；回填土时，工作队由 7 人组成。在组织使用时，可以使用 Project 编制不同的施工方案，解决施工组织中的问题。

1. 依次施工

【例 12-3】使用 Project 将整个拟建工程分解成若干施工过程，按照施工顺序，前一个施工过程完成后，后一个施工过程才开始施工。视频

step 1 在【任务名称】和【工期】列中输入工程建筑任务的名称和工期，如图 12-30 所示。

图 12-30

step 2 建立任务之间的逻辑关系，该项目任务之间的逻辑关系为 FS 关系(即"完成—开始"关系)，如图 12-31 所示。

	任务名称	工期	开始时间	完成时间	前置任务
1	挖土方1	6 days	11月8日星期三	11月15日星	
2	垫层1	8 days	11月16日星期四	11月27日星	1
3	砌基础1	12 days	11月28日星期二	12月13日星	2
4	回填土1	5 days	12月14日星期四	12月20日星	3
5	挖土方2	8 days	12月21日星期四	1月1日星期	4
6	垫层2	6 days	1月2日星期二	1月9日星期	5
7	砌基础2	15 days	1月10日星期三	1月30日星	6
8	回填土2	5 days	1月31日星期三	2月6日星期	7
9	挖土方3	8 days	2月7日星期三	2月16日星	8
10	垫层3	10 days	2月19日星期一	3月1日星期	9
11	砌基础3	5 days	3月4日星期一	3月8日星期	10
12	回填土3	8 days	3月11日星期一	3月20日星	11

图 12-31

step 3 打开【Project 选项】对话框，选中【高级】|【显示项目摘要任务】复选框后，单击【确定】按钮，在工作表视图中显示如图 12-32 所示的项目工期。

	任务名称	工期	开始时间	完成时间	前置任务
0	**工程建筑项目**	**96 days**	**11月8日星期三**	**3月20日星期三**	
1	挖土方1	6 days	11月8日星期三	11月15日星期三	
2	垫层1	8 days	11月16日星期四	11月27日星期一	1
3	砌基础1	12 days	11月28日星期二	12月13日星期三	2
4	回填土1	5 days	12月14日星期四	12月20日星期三	3
5	挖土方2	8 days	12月21日星期四	1月1日星期一	4

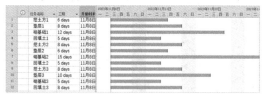

图 12-32

step 4 切换到资源工作表视图，将资源输入其中，如图 12-33 所示。

	资源名称	类型	缩写	最大单位	标准费率	加班费率	每次使用成本	成本累算	基准日历
1	工人	工时	工	5,700%	¥0.00/hr	¥0.00/hr	¥0.00	按比例	标准

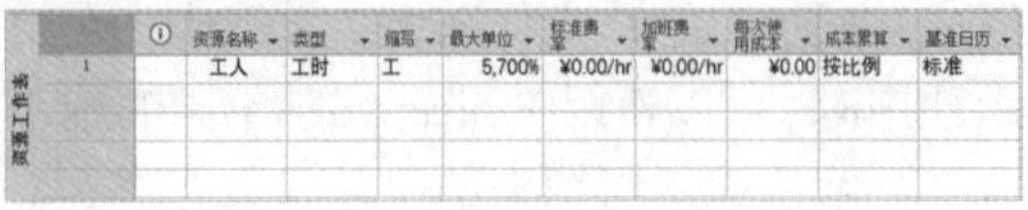

图 12-33

step 5 切换回甘特图视图，将资源分配给各项工程任务，如图 12-34 所示。

	任务名称	工期	开始时间	完成时间	前置任务	资源名称
0	工程建筑项目	96 days	11月8日星期三	3月20日星期三		
1	挖土方1	6 days	11月8日星期三	11月15日星期三		工人[1,000%]
2	垫层1	8 days	11月16日星期四	11月27日星期一	1	工人[1,200%]
3	砌基础1	12 days	11月28日星期二	12月13日星期三	2	工人[2,800%]
4	回填土1	5 days	12月14日星期四	12月20日星期三	3	工人[700%]
5	挖土方2	8 days	12月21日星期四	1月1日星期一	4	工人[1,000%]
6	垫层2	6 days	1月2日星期二	1月9日星期二	5	工人[1,200%]
7	砌基础2	15 days	1月10日星期三	1月30日星期二	6	工人[2,800%]
8	回填土2	5 days	1月31日星期三	2月6日星期二	7	工人[700%]
9	挖土方3	8 days	2月7日星期三	2月16日星期五	8	工人[1,000%]
10	垫层3	10 days	2月19日星期一	3月1日星期五	9	工人[1,200%]
11	砌基础3	5 days	3月4日星期一	3月8日星期五	10	工人[2,800%]
12	回填土3	8 days	3月11日星期一	3月20日星期三	11	工人[700%]

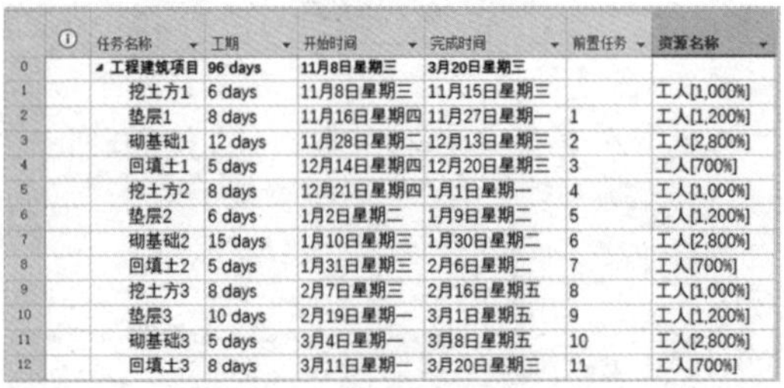

图 12-34

step 6 在【视图】选项卡中选中【详细信息】复选框，在 Project 工作界面中同时显示【甘特图】和【资源图表】，如图 12-35 所示。

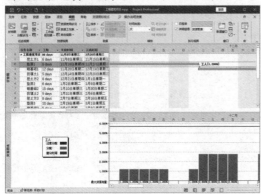

图 12-35

依次施工的特点如下。

- 不能充分利用工作面，工期较长。
- 不适合专业化施工，不利于改进施工工艺、提高施工质量、提高工人操作技术水平和劳动生产率。
- 如果采用专业施工队则不能连续施工，窝工严重或调动频繁。
- 单位时间内投入的资源较少。
- 施工现场组织、管理简单。

2. 平行施工

【例 12-4】使用 Project 对几个相同的施工过程，分别组织几个相同的工作队，在同一时间、不同的空间上平行进行施工。视频

step 1 将工程名称和工期输入【任务名称】和【工期】列中，如图 12-36 所示。

	任务名称	工期
1	挖土方	8 days
2	垫层	6 days
3	砌基础	14 days
4	回填土	5 days
5	挖土方	8 days
6	垫层	6 days
7	砌基础	14 days
8	回填土	5 days
9	挖土方	8 days
10	垫层	6 days
11	砌基础	14 days
12	回填土	5 days

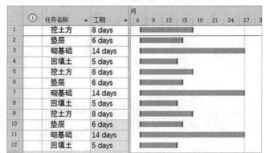

图 12-36

step 2 建立任务之间的逻辑关系，如图 12-37 所示。

	任务名称	工期	前置任务
1	挖土方	8 days	
2	垫层	6 days	1
3	砌基础	14 days	2
4	回填土	5 days	3
5	挖土方	8 days	
6	垫层	6 days	5
7	砌基础	14 days	6
8	回填土	5 days	7
9	挖土方	8 days	
10	垫层	6 days	9
11	砌基础	14 days	10
12	回填土	5 days	11

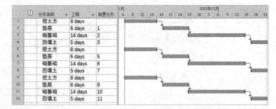

图 12-37

step 3 显示项目工期，如图 12-38 所示。

	任务名称	工期	前置任务
0	工程建筑项目	33 days	
1	挖土方	8 days	
2	垫层	6 days	1
3	砌基础	14 days	2
4	回填土	5 days	3
5	挖土方	8 days	
6	垫层	6 days	5
7	砌基础	14 days	6
8	回填土	5 days	7
9	挖土方	8 days	
10	垫层	6 days	9
11	砌基础	14 days	10
12	回填土	5 days	11

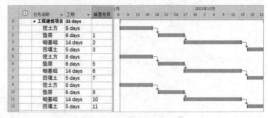

图 12-38

step 4 切换到资源工作表视图，输入资源，如图 12-39 所示。

	资源名称	类型	缩写	最大单位	标准费率	加班费率	每次使用成本	成本累算	基准日历
1	工人	工时	工	5,700%	¥0.00/hr	¥0.00/hr	¥0.00	按比例	标准

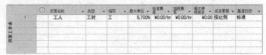

图 12-39

step 5 切换回甘特图视图，将资源分配给各项工程任务，如图 12-40 所示。

第 12 章 工程建筑项目管理

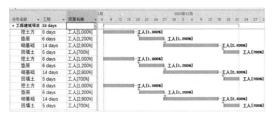

图 12-40

step 6 在 Project 工作界面中同时显示【甘特图】和【资源图表】，显示项目劳动力安排情况，如图 12-41 所示。

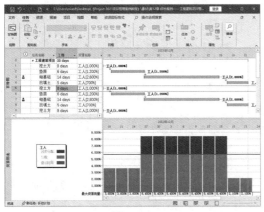

图 12-41

从图 12-41 所示的视图中可以看出，平行施工计划，砌基础任务资源不足。该项目最大资源量为 57 人，而砌基础需要 84 人，应该追加资源 27 人才能保证项目顺利进行。

平行施工的特点如下：

▶ 充分利用了工作面，缩短了工期。

▶ 适用于综合施工队施工，不利于提高工程质量和劳动生产率。

▶ 如果采用专业施工队则不能连续施工。

▶ 单位时间内投入的资源成倍增加，现场临时设施也相应增加。

▶ 现场施工组织、管理、协调、调度复杂。

3. 流水施工

【例 12-5】使用 Project 将拟建工程项目的整个建造过程分解成若干个施工过程，同时将拟建工程项目在平面上划分成若干个劳动量大致相等的施工段。在竖向上划分成若干个施工层，按照施工过程分别建立相应的专业工作队，各专业工作队按照一定的施工顺序投入施工，完成第一个施工段上的施工任务后，在专业工作队的人数、施工机具和材料不变的情况下，依次、连续投入第 2、第 3……一直到最后一个施工段的施工，在规定时间内，完成同样的施工任务。 视频

step 1 在甘特图中输入图 12-42 所示的工作任务名称和工期。

图 12-42

step 2 建立任务之间的逻辑关系，如图 12-43 所示。

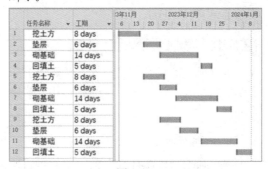

图 12-43

step 3 切换到资源工作表视图，然后输入资源。

step 4 切换回甘特图视图，将资源分配给工程任务，如图 12-44 所示。

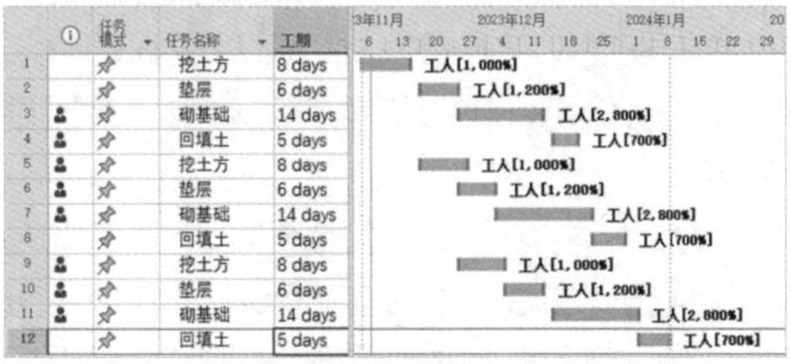

图 12-44

step 5 在 Project 工作界面中同时显示【甘特图】和【资源图表】，显示劳动力曲线，如图 12-45 所示。

263

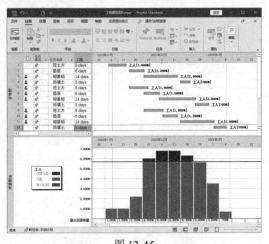

图 12-45

从图 12-45 所示劳动力曲线可以看出，资源存在不足的问题，该项目最大资源单位为 57 人，但该计划有的时间段需要 68 人，还需要追加 11 人才能解决资源不足问题。

流水施工的特点如下。

▶ 既充分利用工作面，又缩短工期。
▶ 各专业工作队能连续作业，不产生窝工。
▶ 实现专业化生产，有利于提高工人的操作技术水平、工程质量和劳动生产率。
▶ 资源使用均衡，有利于资源供应的组织和管理。
▶ 有利于现场文明施工和科学管理。

12.5　工程项目资源计划

资源是工程项目管理中的重要组成部分，关系到项目能否顺利开展，是决定项目成本的关键因素。

12.5.1　编制项目资源计划

工程项目的资源计划与项目实施方案、工期计划、成本计划是相互制约、相互影响的关系。

1. 资源分类

在编制项目资源计划之前，要对项目中所需的资源进行分类。资源分类的方法有很多种，以按照项目所需资源的特点分类，可以将资源分为以下两类。

(1) 可以无限使用的资源。此类资源供给充足，并且价格很低，在项目执行过程中对成本来说没有数量限制，可以根据项目的需要任意使用，比如简单的劳动力、普通设备等。

(2) 只能有限使用的资源。此类资源是指价格比较昂贵，在项目的实施过程中不可能完全得到的资源或使用数量有明显标准的资源，比如一些大型的设备。

在编制项目资源计划时，对不同种类的资源进行不同的管理。对于可以无限制使用的资源，由于其使用数量几乎不受任何限制，因此我们对此类资源不必专门进行严格的、全面的跟踪，以免导致过高的管理成本。对于只能有限使用的资源，由于其来之不易，使用数量受到限制，这类资源对项目成本有较大影响，因此要对它进行全面的跟踪管理。

2. 项目资源计划的定义

项目资源计划就是要确定完成项目活动所需资源的种类，以及每种资源的需要量，从而为项目成本估算提供信息。也就是说，项目资源计划就是回答项目的活动在特定的时间内，需要投入何种资源，以及每种资源的需要数量。项目资源计划的主要工作如表 12-7 所示。

表 12-7

依　据	工具和方法	结　果
工作分解结构	资源计划矩阵	资源计划说明书
项目进度计划	资源数据表	
历史资源	资源需求甘特图	
项目范围说明书	专家判断法	
项目资源说明书	资源统计法	
项目组织的管理政策和有关原则	资源平衡法	

3. 项目资源计划的依据

(1) 工作分解结构。

工作分解结构确定了项目团队为完成项目目标所要进行的所有活动,是资源计划编制的主要依据。项目工作分解结构是自上而下按层分解的,而各类资源的需要量则是自下而上累计的。

(2) 项目进度计划。

项目进度计划是项目计划中最主要的计划,资源计划必须服从于进度计划,因此何时需要何种资源必须围绕进度计划制订。

(3) 历史资源。

过去完成的项目中相似工作的资源使用情况对项目团队的确定资源需求具有重要的参考价值。

(4) 项目范围说明书。

项目范围说明书确定了项目的目标,以及项目团队应该做和不应该做的工作,在资源计划编制过程中,应该认真考虑资源需求是否可以保证项目目标的实现。

(5) 项目资源说明书。

项目资源说明书描述的是项目所需资源的类型、数量、质量,何时需要何种资源,每种资源的特性要求等。这些信息都是在编制资源计划时必须考虑的重要信息。

(6) 项目组织的管理政策和有关原则。

在资源计划编制的过程中,必须考虑到项目组织的企业文化、组织结构、相关人员聘用、设备租赁或购置,以及资源消耗量的计算等原则。

4. 编制资源计划的工具

编辑资源计划的工具主要是一些资源统计和说明的图表。

▶ 资源计划矩阵:项目工作分解结构的直接产品。

▶ 资源数据表。资源数据表与资源计划矩阵的区别在于它所表示的是在项目进展各个阶段的资源使用和安排情况,而不是对项目所需要资源的统计汇总说明。

▶ 资源需求甘特图。资源需求甘特图直观地显示了资源在各个阶段的耗用情况,它比资源数据表更为直观、简洁。该图的缺点是无法显示资源配置效率方面的信息。

5. 项目资源计划的方法

项目资源计划的方法很多,这里主要介绍专家判断法、资源统计法和资源平衡法。

(1) 专家判断法。

专家判断法是指由项目成本管理专家根据经验进行判断,最终确定和编制项目资源计划的方法。其优点是,不需要历史信息资料,适合于创造性强的项目。其缺点是,由于专家的专业水平和对项目理解程度的差异,使项目资源计划的某些部分不是很合理,会有瑕疵。

(2) 资源统计法。

资料统计法是指参考以往类似项目的历史统计数据和相关资料,计算和确定项目资源计划的一种方法。其优点是,利用这种方法能够得出比较准确、合理和可行的项目资源计划。其缺点是,所采用的历史统计数据不但要同本项目有足够的可比性,并且要求足够详细。显然,资源统计法对于创造性很强的项目不适用,仅可作为编制项目资源计划的辅助手段。

(3) 资源平衡法。

资源平衡法是指通过确定出项目所需资源的确切投入时间,并尽可能均衡使用各种资源来满足项目进度计划的一种方法。该方法也是均衡各种资源在项目各阶段投入的一种常见方法。

在前面的进度管理中,我们假设各种资源具有无限的功能,资源在需要的时间可以随处获得,但是在实际工作中,几乎所有的项目都不可能达到前面假设的条件。因此我们时常要考虑以下问题:资源的可获得性、资源的功能,以及它们与项目进度之间的关系。也就是说,项目团队不得不考虑成本、时间和员工的熟悉程度等相关因素对项目的制约,即资源的约束问题。因此,资源平衡法的首要工作就是进行资源约束分析。

▶ **活动之间的技术限制分析**。我们可以通过网络图表示出各个活动之间的逻辑关系，从而来配置资源，从技术角度看，这些活动应该是按照顺序进行的。图 12-46 所示表示了必须按顺序进行的制造设备的 3 种活动——购买材料、加工零件和组装设备。在技术上，这三种活动必须按先后顺序进行，组装设备不可能在购买材料和加工零件之前进行。

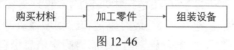

图 12-46

▶ **资源限制分析**。项目网络图除了表明活动之间的技术限制外，也必须考虑资源限制的问题。例如，图 12-47 所示表示了在无资源约束的情况下可以同时进行的 3 种活动——装修房间、装修厨房和装修花园，即这些活动的开始不是依赖于其他活动完成的。但是如果该装修项目只由一个施工队来实施，并假设这个施工队不可能同时进行 3 种装修活动，那么这 3 种装修活动就不能同时开始，必须有先后次序(图 12-48 表示其中一种可能性)，因此就出现了资源约束问题。

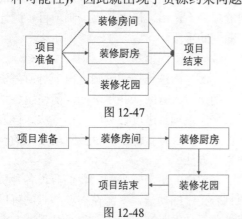

图 12-47

图 12-48

以上介绍的用于资源约束分析的思路，对于仅需要几种资源的小项目十分有效。对于需要很多种资源的大中型项目而言，因其过于复杂而不宜采用。

在资源约束的分析完成后，就可以进行资源平衡法的第二步工作，即绘制资源需求甘特图。资源需求甘特图是反映某个特定项目所需人工、材料等各种资源在项目生命期的每个时间段的需求或占用情况的一种图形，该图中表示的每一类资源都可以表示为时间的函数。

资源需求甘特图的表现形式有两种：一种形式如图 12-49 所示，它可以用一张图同时表示两种以上的资源随着时间推进的需求情况；另一种形式如图 12-50 所示，在该种表示方式中，对应着每一种类型的资源，均需要绘制出一幅独立的资源需求甘特图，虽然该形式的图比较容易理解，但绘图的工作量比较大，它不适用于资源需求种类很多的项目。

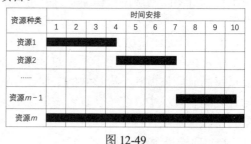

图 12-49

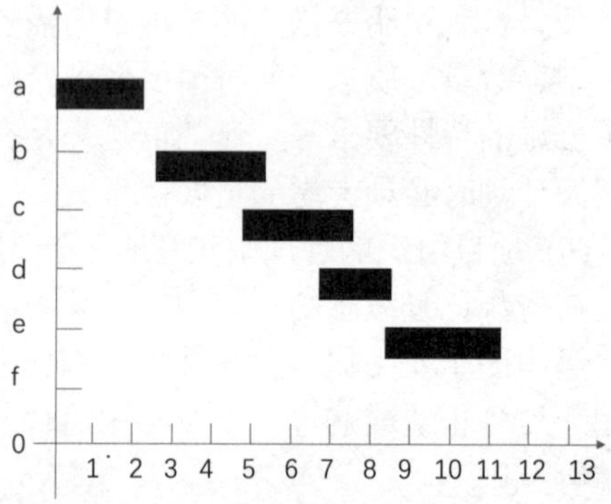

图 12-50

6. 项目资源计划的结果

资源计划编制后输出的结果是资源计划说明书，它将对项目所需资源的需求情况和使用计划进行说明。资源计划说明书主要由项目资源计划和项目资源计划的补充说明两部分组成。项目资源计划包括了项目的资源需求计划和对各种资源需求的描述，主要采用各种形式的表格予以反映。

12.5.2 项目资源计划方法

1. 资源计划过程

资源计划应纳入工程项目的整体计划和组织系统中,资源计划包括以下工作。

(1) 在最早工程技术和施工方案的基础上确定资源的种类、质量和用量。这可以由工程量和单位工程量资源消耗标准得到,然后逐步汇总得到整个工程项目的各种资源的总用量表。

(2) 资源供应量情况调查和询价。也就是调查如何从何处得到资源;供应量是提供工程项目所需资源的能力;确定各种资源的价格,进而确定各种资源的费用。

(3) 确定各种资源使用的约束条件,其中包括总量限制、单位时间用量限制、供应条件和过程限制。在编制计划时就必须考虑到可用资源的限制。这些约束条件由项目的环境条件,或企业的资源总量和资源的分配政策来决定。

(4) 在工期计划的基础上,确定资源使用计划,也就是"资源投入量-时间"关系直方图,确定各种资源使用的地点和时间。

(5) 确定各个资源供应方案、各个供应环节,并确定它们的安排时间和顺序,如材料设备的订购、人员的调整、培训等。这些供应活动组成供应的网络计划,在工程项目的实施中,它与工期网络计划相对应,互相影响。工程项目管理者依据此对各种资源供应过程进行全方位的动态控制。

(6) 确定工程项目的后期保障体系,如按上述计划确定现场的仓库、办公室、宿舍、工棚及平面布置,确定现场的水电管网及布置等。

2. 劳动力使用计划

劳动力使用计划确定劳动力的需求量,是劳动力计划最主要的部分,它不仅决定了劳动力招聘、培训计划,而且影响其他资源计划。

(1) 确定各个工作的生产效率。

在一个工程项目中,分项工程量一般来说是确定的,它可以通过施工图和规范的计算得到,而生产效率的确定非常复杂。生产效率一般可以用"产量/单位时间"或"工时消耗/单位工程量"来表示。在建筑工程中,生产效率可以在"劳动定额"中查到。它代表社会平均先进的劳动效率。

劳动力投入总工时=工作量/(产量/单位时间)=工作量×工时消耗/单位工作量

(2) 确定各个活动劳动力的投入量。

在确定每日班次及每班次劳动时间的情况下:活动劳动力投入量=(劳动力投入总工时)/(班次/日×工时/班次×活动持续时间=工程量×工时消耗/单位工作量)/(班次/日×工时/班次×活动持续时间)。

假定在持续时间内,劳动力投入强度是相等的,而产生效率也是相等的。有以下几个问题值得注意。

问题 1:在上述公式中,工程量、劳动力投入量、持续时间、班次、生产效率、每班工作时间之间存在一定的变量关系,在计划中它们经常互相调节。

问题 2:在工程实践中经常安排混合班组承担工程任务,要考虑整体的生产效率。既要考虑到设备能力和材料供应能力,又要考虑到与其他班组的工作协调。

问题 3:混合班组在承担部分工程时劳动力投入并非均值。

(3) 确定整个工程项目劳动力投入曲线。

以图 12-51 所示工程项目情况为例,左图是甘特图,表示了任务的安排、任务间的逻辑关系、各个活动所需的资源数量,资源单位"500%"代表该任务上分配 5 个人;右图表示各个时间段资源的数量,即劳动力曲线,空白部分表示人员在星期六和星期天两天没有工作。

	任务模式	任务名称	工期	前置任务
1		A	4 days	
2		B	4 days	1
3		C	10 days	1
4		D	4 days	1
5		E	4 days	2
6		F	6 days	2,3
7		G	8 days	3,4
8		H	4 days	4
9		I	3 days	5,6
10		J	3 days	6,7,8
11		K	2 days	9,10

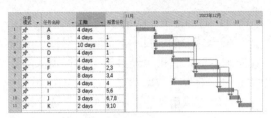

图 12-51

(4) 现场其他人员的使用计划。

这些人员包括为劳动力服务的人员、工地警卫、勤杂人员、工地管理人员，可以根据劳动力投入量计划按比例计划，或根据现场的需要安排。

3. 材料和设备供应计划

(1) 材料和设备的供应过程。

材料供应计划的基本目标是将使用的资源，按正确的数量在适当的时间内供应到适当的地点，确保工程的顺利实施。要实现该目标，需要在供应各个环节进行准确的计划和有力的控制。一般供应过程如下。

- 首先做资源需求计划，包括材料说明、数量、质量、规格，并制作需求曲线。
- 对主要的供应活动进行安排。在施工进度计划的基础上，建立供应活动网络。确定各供应活动时间，形成工期网络和供应子网络。
- 进行市场调查，了解市场供应能力、供应条件、价格，确定供应商地址、名称和联系人。
- 通过合同的形式委托供应任务，确保工程有正常的资源供应。
- 安排运输。
- 材料、设备进场及检验。
- 材料、设备的存储安排。

在 Project 的资源工作表中，用户可以将工程所需资源的种类、价格输入其中，再在甘特图视图中，在各个任务上分配资源的数量，从而清楚地看出各个时间段所需的资源的数量，事实上也就是资源的使用计划，如图 12-52 所示。

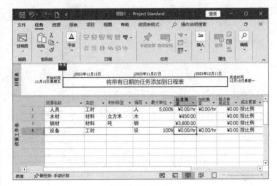

图 12-52

在图 12-52 所示的资源工作表中，“材料标签”表示材料的单位，“最大单位”表示工时资源的最大数量(如 5000%，表示人员数量为 50 人，100%表示“设备”只有 1 台)，事实上也就是设定资源的限制条件。

图 12-53 所示的甘特图视图中可以清楚地看出工程的承包范围、各项活动之间的逻辑关系，以及各个活动中所需要的各种资源和数量。该视图为工程承包单位制订工程材料设备采购计划和使用计划提供了依据。

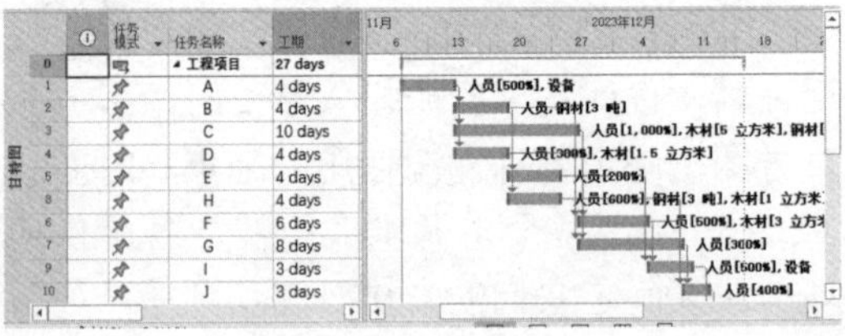

图 12-53

在 Project 的资源使用状况表中，用户可以对资源的使用情况进行描述，如图 12-54 所示。

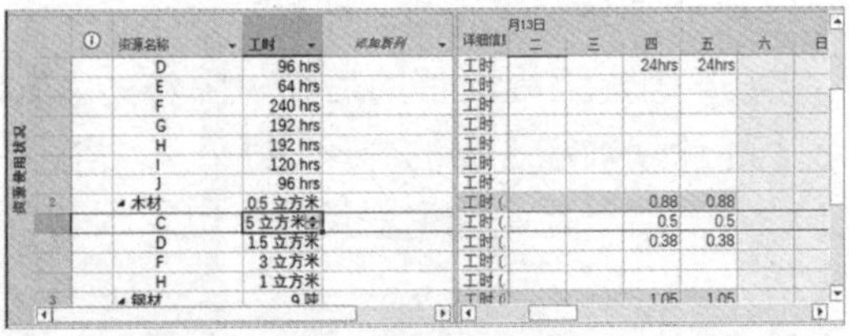

图 12-54

(2) 设备供应的复杂性。

设备供应比材料供应复杂，表现如下。

- 生产设备通常成套供应，不仅要求各部分质量过关，还需要保证系统运行效率，达到预定的生产能力。

▶ 对设备供应时要介入设备的生产过程，对生产过程质量进行监督和控制，而材料一般仅在现场做检验。

▶ 要求设备供应商派人指导设备安装，解决安装中出现的问题。

▶ 负责设备使用的培训。

▶ 设备供应商不仅提供设备系统，而且提供一定的零部件和辅助设备，包括操作文件、软件和规章制度。

▶ 设备在供应后必须有一个保修期，供应方必须对设备运行中出现的问题的解决提供指导。

(3) 项目需求计划是按照工程范围、工程技术要求、工期计划等确定的材料使用计划。该计划包括以下两个方面的问题。

问题1：各种材料需求量的确定。对每个分项工程，按照图纸、设计规范和实施方案可以确定它的工程量及具体材料的品种、规格和质量等要求。同时要对设计文件、招标文件、合同进行仔细阅读，否则会造成供应的失误，如工程项目中土建工程还没有完成，待后期安装的设备就已经到施工现场。根据过去的施工经验或材料消耗标准(如定额)，确定将该工程的单位工程的工程量和材料消耗作为材料消耗标准。我国建筑工程中的消耗定额，一般用单位工程量材料消耗表示。

分项工程每一种材料消耗总量计划公式：

分项工程某种材料消耗总量＝该分项工程量×(材料消耗量×单位工程量)

如果材料消耗量为净用量，在确定实际采购量时还需要考虑各种合理的消耗。

问题2：材料需求时间曲线。

▶ 将项目工程的各种材料消耗量分配到各个分项工程上，一般是平均分配。

▶ 将各个分项工程的各种材料消耗量按工程的工期要求求和，得到每一种材料在各个时间段上的使用量计划。

▶ 作"使用量—时间"曲线。

4. 项目市场调查

由于现代大型工程项目都采用国际采购，因此项目管理者常常需要关注整个国际市场，在项目中进行生产要求的国际优化组合。项目管理者需要从各个方面获得信息，建立广泛联系，以便及时准确地获得信息，并且在做市场调查时要考虑到不同采购方案的风险，如工资变化、汇率损失、国际关系的变化、国家政策的变化带来的影响。对于大型的工程项目和大型工程承包企业应建立全球化采购的信息库。

5. 采购

在国际工程中，采购有非常广泛的意义，工程招标，劳务、设备和材料的招标都称为采购。这里的采购是指材料和设备的采购。

(1) 材料、设备的采购安排。

采购一般应制订计划，这样才能进行有效的采购控制。进行采购前应确定所需采购的产品，分解采购活动，明确采购日程安排。在采购计划中应特别注意对项目的质量、工期、成本有重要作用的物品的采购过程。一般情况下，采购时间与货源有关。

▶ 对于稳定的货源、市场上可以随时采购的材料，可以随时供应。

▶ 间断性批量供应的材料，两次订货间可能会脱销。

▶ 按订货供应材料，常常要先集中提前订货，再按照需要分批到达。

(2) 采购者。

在我国，材料和设备的采购者可能是业主、总承包商或分包商，而材料、设备的提供者可能是供应商和生产厂家。有些材料、设备是由企业内部的部门提供的，如企业内部产品的提供，使用研究开发部门的成果，我国工程承包企业内部材料部门、设备部门向施工项目部供应材料、周转材料、租赁设备。

(3) 材料、设备的采购方式。

材料、设备一般采用如下方式进行采购。

▶ 直接采购。由项目公司派人直接向供应商购买，不签订书面合同。这种情况比较适用于临时性的、小批量的零星采购。当市场上货源充足，购买方便，则采购周期可以很短。

▶ 供求双方直接洽谈，签订合同。一般需方提出供应条件和要求，供方报价，最后当事人双方签订采购合同。

▶ 采用招标的方式。这与工程招标相似，由需方提出招标条件和合同条件，由供应商同时投标报价。通过招投标方式可以获得更为合理的价格、条件更优惠的供应，可以降低采购成本，并且保证供应的质量。大批量的采购和政府部门采购常采用这种方式。

(4) 采购合同。

一般采购方在合同签订前应提出完备的采购条件，让供应方得到尽可能多的信息，以便详细报价。

(5) 批量的确定。

任何工程对材料、设备的需求是不可用多少就采购多少的。供应时间和批量间存在重要联系。在采购计划中必须注明供应商何时供应何种材料，供应数量是多少。对每一种具体情况，从理论上存在经济采购批量，如图12-55所示。

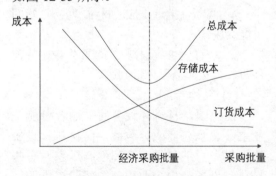

图 12-55

采购批量的影响因素如下。

▶ 大批量采购可以获得价格上的优惠。

▶ 早期大批量采购可以减少通货膨胀对材料费用的影响。

▶ 除了经济考虑外，还要综合考虑工程项目资金供应情况，现场存储条件、材料性质等因素。

▶ 要有足够的库存以保障施工的顺利进行，供应困难的材料一般要采用大批量采购。

6. 材料和设备的运输

一般按照不同的采购合同，有不同的运输责任人。

(1) 到工地上接收货物。
(2) 到生产厂家接收货物。
(3) 在出口国港口交货。
(4) 在进口国港口交货。

除了上述第一种情况，需方都有运输任务。在工程实践中，运输问题经常会造成工期的延误，从而引起工程索赔。

运输延误会造成停工待料，而到货时间太早则不仅使得材料价款早支付，加大资金占用，而且会加大库存面积，造成现场管理混乱。

7. 材料和设备的进场与工地储存

材料供应时间不可能与材料使用时间完全吻合，一般都存在储存问题。工地的现场储存场所通常较小，费用高，而且可能导致现场的二次搬运。

(1) 必须将材料使用计划、订货计划、运输计划、储存计划纳入工期计划体系中，用计算机能进行全方位管理，这样做可以减少仓储量。

(2) 在工程实践中应注意工程进度的调整和工程变更。如由于业主、承包商、供应商完不成任务造成工期延误，则整个材料供应计划需要调整，否则会造成仓储不足，或大量材料涌入现场，加大现场管理的难度。

(3) 仓储面积的确定及布置。仓储面积按照计划储存量和该类材料单位面积的仓储量计算。

(4) 材料进场应按照合同规定对包装、数量及材质做检查和检验。如进场时发现数量不足、质量不符合要求，应当及时通知相关部门调换或索赔,同时对由于涉及变更、工程量增加或减少等造成进货损失应及时向对方提出索赔,弥补损失。索赔在工程建设领域是大量发生的、合情合理的行为,通过索赔可以弥补自身的损失,提高项目总体收益。

(5) 保证有足够的库存,符合应用要求和防止风险,而且结束时剩余量比较少。

(6) 现场应设置仓储管理员,进行全面库存管理,采用计算机辅助管理是非常有效的、快捷的。在工程项目实施过程中材料常常不能准时到货,虽然精心计划,但影响因素太多,涉及的单位又多,所以要建立一套关于材料使用、供应、运输、库存情况的信息反馈和预警系统。

8. 进口材料和设备计划

进口材料经过出口国国内运输、出关、海运、入关、进口国国内运输等过程,有一整套非常复杂的手续和程序。

(1) 比如符合政府对进口地管理规定,不能计划使用不允许进口的物品。

(2) 办理进口许可证。

(3) 办理运输保险,就进口材料的运输进行投保。

(4) 清关。清关有一套程序和手续,特别是单据应齐全,否则会被没收或罚款。

12.5.3 使用 Project 平衡资源

图 12-56 是某工程建筑项目的网络图。

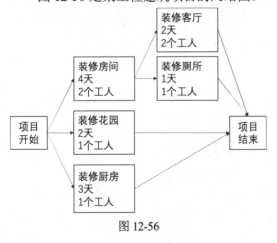

图 12-56

【例 12-6】使用 Project 平衡资源,要求:(1)编制资源需求甘特图;(2)当项目只有 3 个工人时,进行项目资源平衡。◎视频

step 1 编辑图 12-57 所示的项目进度计划。项目开始和项目结束两项任务工期为 0,视为里程碑事件,整个项目工期为 6 天。

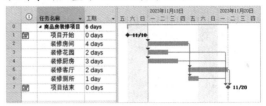

图 12-57

step 2 在资源工作表视图中输入资源名称和资源数量,如图 12-58 所示。其中,设置【最大单位】为 300%,表示该项目只有 3 个工人。

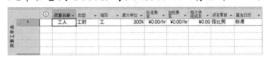

图 12-58

step 3 切换到甘特图视图,选择【资源】选项卡,单击【工作分配】组中的【分配资源】按钮,打开【分配资源】对话框分配项目资源,如图 12-59 所示。

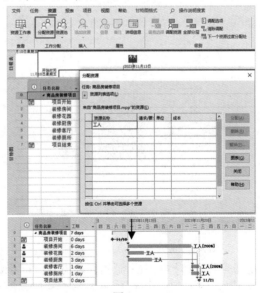

图 12-59

step 4 在项目只有 3 个工人的情况下,使用 Project 进行项目的资源平衡,单击【资源】选

项卡【级别】组中的【调配资源】按钮，在打开的【调配资源】对话框中选中【工人】选项后，单击【开始调配】按钮，如图12-60所示。

12.5.4 资源约束下进度计划优化

由于在工程价值中资源占主要部分，因此资源的合理组合、供应、使用，对工程项目的经济效益影响很大。

在工程项目计划中资源尤其是工时资源，对网络有较大的影响。当资源受到限制时，有时会出现资源过度分配，需要进行资源的调配，来解决资源的过度分配问题。这样原先网络结构必然发生变化，以满足项目资源的约束条件。

解决资源过度分配问题的方法有很多，但各个方法的使用和影响范围各不相同。

(1) 对一个确定的工期计划，最方便、影响较小的方法是通过非关键路径上活动开始和结束时间在时差范围内的合理调整来解决资源过度分配问题。

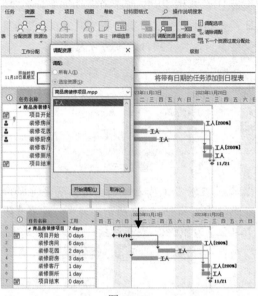

图 12-60

step 5 完成以上操作后，该工程项目的资源图表如图12-61所示。资源图表的联合视图就是该工程项目的问题解决方案。

(2) 如果经过非关键路径的活动的移动不能达到目的，或希望资源使用更加均衡，则可以考虑减少非关键路径活动的资源投入强度，这样相应延长它的持续时间，自然这个延长必须在它的时差范围内，否则非关键活动会变成关键活动，影响整个项目的工期。

(3) 如果非关键活动的调整仍不能满足要求，可以采用以下途径。

▶ 修改工程活动之间的逻辑关系，重新安排施工顺序，将资源投入强度高的活动错开。

▶ 改变方案采取劳动效率的措施，以减少资源投入，如将现场搅拌改为商品混凝土浇筑，从而减少人工。

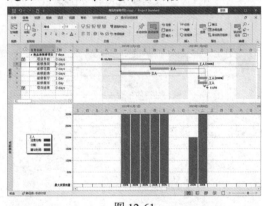

图 12-61

12.6 工程项目成本计划

工程项目成本管理是项目实施过程中的重要环节，不仅决定了项目任务所需的时间安排，还指导着项目控制中资源的使用方式。对于许多工程项目管理者来说，一个工程项目的成功与否取决于完成工程项目的最终成本是否和工程预算成本相符合。

12.6.1 工程项目成本管理概述

1. 项目成本管理的定义

在完成任何一个项目的过程中，必然要发生各种物化劳动和活劳动的耗费，这种耗费的货币表现就是项目成本。

项目成本管理是指为保证项目实际发生的成本不超过预算成本所进行的项目资源计划编制、项目成本估算、项目成本预算和项目成本控制方面的管理过程和活动。项目成本管理也可以理解为，它是为了确保完成项目目标，在批准的预算内，对项目实施所进行的按时、保质、高效的管理过程和活动。项目成本管理可以及时发现和处理项目执行中出现的成本方面的问题，达到有效节约项目成本的目的。

2. 项目成本管理应考虑的因素

项目成本管理一般应考虑以下因素。

(1) 项目成本管理首先考虑的是完成项目活动所需要的资源的成本，这也是项目成本管理的主要内容。

(2) 项目成本管理要考虑各种决策对项目最终产品成本的影响程度，如增加对每个构配件检查的次数会增加该过程的测试成本，但是这样会减少项目客户的运营成本。在决策时，要比较增加的测试成本和减少的运营成本的大小关系，如果增加的测试成本小于减少的运营成本，则应该增加对每个构配件检查的次数。

(3) 项目成本管理还要考虑到不同项目干系人对项目成本的不同需求，项目干系人会在不同的时间以不同的方式了解项目成本的信息。例如，在项目采购过程中，项目客户可能在物料的预订、发货和收货等环节上大概地了解成本信息。

3. 项目成本管理的过程

项目成本管理的过程如图 12-62 所示。

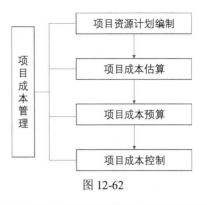

图 12-62

12.6.2 工程项目成本估算

1. 工程项目成本的构成

项目成本是指实现目标所耗用资源的成本费用综合，项目成本构成如图 12-63 所示。

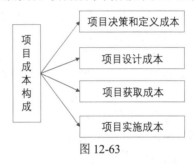

图 12-63

▶ 项目决策和定义成本。项目决策和定义成本是指在项目启动过程中，用于收集信息、可行性研究、项目选择，以及项目目标确定等一系列的决策分析活动所消耗的成本费用。

▶ 项目设计成本。项目设计成本是指用于项目设计工作所花费的成本费用，如项目施工图设计费用、新产品设计费用等。

▶ 项目获取成本。项目获取成本是指为了获取项目的各种资源所花费的成本费用，如对于项目所需物资设备的询价、供应商选择、合同谈判与合同履行的备份的管理所需发生的费用，但不包括所获资源的价格成本。

▶ 项目实施成本。项目实施成本是指为了完成项目的目标而耗用的各种资源所产生的费用，是项目总成本的主要构成部分。项目实施成本具体包括：人力资源成本、设备费用、物料成本、顾问费用、其他费用以及不可预见费用等。

2. 影响项目成本的因素

影响项目成本的因素有很多，其中最重要的影响因素包括以下几个方面。

(1) 项目工期。

项目成本与项目工期直接相关，成本随着工期的变化而相应地产生变化。一般来说，当项目工期缩短时，项目成本会随之增加；当项目工期被拖延时，项目成本也会增加。

(2) 项目的质量。

项目的质量是表示项目能够满足客户需求的特征和性能。显然，项目成本与项目的质量呈正比例关系。项目的质量要求越高，项目成本也就越高。

(3) 项目范围。

项目范围是影响项目成本的最根本因素，因为项目范围决定了项目需要完成的活动以及完成的程度。一般来说，项目需要完成的活动越多，则项目成本就越高；项目需要完成的活动越复杂，则项目成本也越高。

(4) 耗用资源的数量与单价。

项目成本与项目所耗资源的数量和单价成正比例关系。在这两个要素中，项目所耗资源的数量对项目成本的影响较大，因为资源的数量对项目来说，是内部因素，是相对可控的；而资源的单价则是外部因素，是相对不可控的。

3. 项目成本估算的定义

项目成本估算是指为了实现项目的目标，根据项目资源计划所确定的资源需求以及市场上各种资源的价格信息，对完成项目所需资源的成本所进行的估算。

由于工程项目的计划经常需要进行调整，而且还需要考虑到在整个项目生命期内人员工资结构是否变化、材料价格是否上涨、经营基础及管理费用是否变化等问题。因此，成本估算显然是在一个不确定性程度很高的环境下进行的。项目成本估算通常比较复杂，特别是对持续时间较长的项目，虽然项目成本的估算在项目开始前就已经完成，但是随着项目的进行可能会出现新的可以利用的资源，况且原来的资源价格也可能发生变化。因此，成本的估算应该随着项目的进展而不断进行适当的调整，以确保项目的实施能以项目的估算为依据。项目的估算既要成为项目执行的约束，也要成为项目执行的能力。

项目成本估算要考虑各种不同的成本替代方案对项目所产生的影响。例如，在设计阶段增加额外工作量会增加项目的设计成本，但是高质量的设计可能会减少项目的实施成本，所以在成本估算过程中必须考虑在设计阶段增加的设计成本能否被实施阶段所节约的成本所抵消，仔细分析这两种成本的此消彼长的关系对项目总成本的影响程度，在不影响项目质量和进度等因素的前提下，尽量使项目的总成本最小化。

项目成本估算同项目报价是两个既有区别又有联系的概念，成本估算所涉及的是对项目目标成本进行量化评估，是项目组织为了向外提供产品或服务的成本费用总和；而项目报价则是一个经营选择，即项目组织向客户收取它所提供的产品或服务的收入总和。项目报价中不仅包括项目成本，还包括从事项目的组织应获取的报酬，项目成本只是项目组织进行项目报价所需考虑的重要因素之一。

4. 项目成本估算的程序

项目成本的估算是项目成本管理的核心内容，它为项目成本预算及项目成本控制提供了基础。一般编制项目成本估算要进行以下3个环节。

环节 1：识别和分析项目成本的构成要素，即项目成本由哪些资源组成。

环节 2：估算每个项目成本构成要素的单价和数量。

环节 3：分析成本估算的结果，识别各种可以相互替代的成本，协调各种成本的比例关系。

项目成本估算主要工作如表 12-8 所示。

表 12-8

依　据	工具和方法	结　果
工作分解结构	自上而下估算法	项目成本估算文件
资源需求计划	参数模型估算法	成本估算的详细依据
资源的单价	自下而上估算法	成本管理计划
活动时间		
历史资料		
会计科目表		

5. 项目成本估算的依据

进行项目成本估算的依据实际上就是项目资源需求以及对这些资源预计价格产生影响的因素。具体来说，编制项目成本估算的依据如下。

▶ 工作分解结构。工作分解结构用来确定要估算项目成本的活动。

▶ 资源需求计划。资源需求计划确定了项目所需资源的种类、数量和质量，是项目成本估算的主要依据。

▶ 资源的单价。在估算项目成本时，只有掌握每种资源的单价才能做出恰当的成本估计。

▶ 活动时间。项目活动时间延长会导致项目活动资源的增加。因此在估计项目成本时，应充分考虑项目的活动时间。

▶ 历史资料。许多有关历史资料的信息可以从项目档案、商业性的成本估计、数据库和项目团队知识等一些来源获得。

▶ 会计科目表。会计科目表是对一个项目组织在总账系统中使用的用于报告该组织财务状况的一套代码，它有利于项目成本的估算与正确的会计科目相对应。

6. 项目成本估算的工具和方法

为了更准确合理地估算出项目的成本，人们开发出了不少成本估算方法。下面介绍3 种最常见的成本估算方法，即自上而下估算法、参数模型估算法、自下而上估算法。

(1) 自上而下估算法。

自上而下估算法又称为类比估算法，该方法的过程是由上到下一层层地进行的，它是一种最简单的成本估算法，实质上也是专家评定法。通常在项目的初期或信息不全时采用该方法，它是将以前类似项目的实际成本的历史数据作为估算依据，并以此估算项目成本的一种方法，如图 12-64 所示。

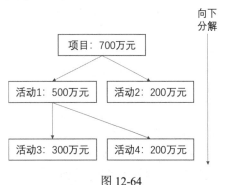

图 12-64

▶ 项目的中上层管理人员收集类似项目成本的相关历史数据。

▶ 由项目的中上层管理人员通过有关成本专家的帮助，对项目的总成本进行估算。

▶ 按照工作分解结构图的层次把项目总成本的估算结果自上而下传递给下一层的管理人员，在此基础上，下层管理人员对自己负责的子任务的成本进行估算。

▶ 继续向下逐层传递他们的估算，一般传递到工作分解结构图的最底层为止。

自上而下估算法的优点如下。

▶ 简单易行，花费少，尤其是当前项目的详细资料难以获取时，能在估算实践上获得优势。

▶ 在总成本估算上具有较强的准确性。

▶ 对各种活动的重要程度有清楚的认识，从而可以避免过分重视某些不重要的活动或忽视某些重要的活动。

自上而下法的缺点是：当估算的总成本按照工作分解结构图逐级向下分配时，可能会出现下层人员认为成本不足，难以完成相应任务的情况，然而碍于权力的威严，下层人员未必会立即表达自己对此估算的不同看法，从而更不可能就合理的预算分配方案与上一级管理人员进行沟通，这样就会使项目的进度拖延，造成成本的浪费，甚至导致项目失败。

(2) 参数模型估算法。

参数模型估算法是一种比较科学的、传统的估算方法，它是把项目的一些特征作为参数，通过建立一个数据模型来估算项目成本的方法。

参数模型估算法在估算成本时，只考虑那些对成本影响较大的因素，而对那些成本影响较小的因素则忽略不计，因而用此方法估算的成本精度不高。

采用参数模型估算法时，如果建立一个合适的模型，对于保证成本估算结果的准确性非常重要，为了保证参数模型估算法的实用性和可靠性，在建立模型时，必须注意以下几点。

▶ 用来建模所参考的历史数据的精确性程度。

▶ 用来建模的参数是否容易定量化处理。

▶ 模型是否具有通用性。通用性也就是说模型适用于大型项目，在经过适当的调整后也应适用于小型项目。

例如，工程项目的工艺设备已经选定，其他的活动还未涉及，采用参数模型估算法来估算该安装项目的成本。通过分析，设计该安装项目的成本估算模型如下。

$$Y = EW$$

其中

▶ Y：新项目所需要的投资额。

▶ E：参数(通过以前的历史成本数据分析得到)。

▶ W：已知项目的投资额。

假设已知与被估算设备相类似的 G 设备的投资额为 W；又已知 G 设备及其安装费用与设备投资额的关系为 $B=1.22W$；还已知 G 设备总建设费与设备及其安装费用的关系式为 $Y=1.54B$；则总建设费用 $Y=1.54B=1.54 \times 1.22W = 1.88W$。此刻的参数 E 为 1.88，当获知了 G 设备的投资额 W 后，就可以估算出新项目的总建设费了。

(3) 自下而上估算法。

自下而上估算法，也称为工料清单估算法。它是一种自下而上的估算形式，先估算各个活动的独立成本，然后将各个活动的估算自下而上地汇总，从而估算出项目的总成本。

采用自下而上估算法估算项目成本时，由于参加估算的部门较多，而且有必要将不同度量单位的资源转化成可以理解的单位形式，因此用于估算的时间和成本机会增加。自下而上估算法的最大缺陷在于：自下而上估算法存在一个独特的管理博弈过程，下层人员可能会夸大自己负责活动的估算，因为他们害怕以后的实际成本高于估算成本将受到惩罚，同时希望以后的实际成本低于估算成本而受到奖励，但是高层管理人员会按照一定的比例消减下层人员所做的成本估算，从而使得所有的参与者陷入一个博弈怪圈。

自下而上估算法的优点在于它是一种参与管理型的估算方法，相比那些没有亲身参与工作的上级管理人员而言，底层的管理人员往往会对资源的估算有着更为准确的认识。另外，底层的管理人员直接参与到估算工作中去，可以促使他们更愿意接受成本估算的最终结果，提高工作效率。

虽然自下而上估算法估算项目成本的结果比较准确，但是实际中自下而上估算法应用得却非常少，上层的管理人员一般都不会相信底层管理人员所汇报上来的成本估算，认为他们会夸大自己所负责的活动的资源需求，片面强调自己工作的重要性。另外，有些高层管理人员认为成本估算是组织控制项目的重要工具，他们不信任自己下属的工作能力和经验。

7. 项目成本估算的结果

项目成本估算的结果主要包括项目成本估算文件、成本估算的详细依据和项目成本管理计划3个方面的内容。

(1) 项目成本估算文件。

项目成本估算文件是项目管理文件中最重要的文件之一，它包括项目各活动所需资源及其成本的定量估算，这些估算可以用详细或简单的形式表示。成本通常以货币单位表示，但有时为了方便也可用人/天或人/小时这样的单位表示。在一些情况下，为了便于成本的管理控制，在成本估算时必须采用货币单位。

(2) 成本估算的详细依据。

成本估算的详细依据应包括以下内容。

▶ 项目工作范围的说明，通常从工作分解结构得到。

▶ 项目成本估算的基础，说明是怎样做出的估算。

▶ 项目成本估算所做的假设说明，如项目所需资源价格的估算。

(3) 项目成本管理计划。

项目成本管理计划是整个项目计划的一个辅助部分，说明了如何管理实际成本与计划成本之间产生的差异，差异程度不同则管理力度也不同。成本管理计划根据项目的需要，可以是高度详细的或粗略框架的，同时既可以是正规的，也可以是非正规的。

12.6.3 工程项目成本预算

1. 项目成本预算概述

项目成本预算是进行项目成本控制的基础，是项目成功的关键因素。它是在成本估算的基础上进行的。项目成本预算的中心任务是将成本预算分配到项目的各个活动上，估计项目各个活动的资源需要量。具体来说，项目成本预算是将项目成本估算的结果在各个具体的活动上进行分配的过程，其目的是确定项目各个活动的成本定额，并确定项目意外开支准备金的标准和使用规则，以及为测量项目实际绩效提供标准和依据。

项目成本预算的内容主要包括：直接人工费用预算、资讯服务费用预算、资源采购费用预算和意外开支准备金预算。

在项目成本预算的过程中我们必须关注的是意外开支准备金预算。意外开支准备金是指为项目在实施过程中发生意外情况而准备的保证金，提高意外开支准备金估计的准确性可以减轻项目中意外事件的影响程度。项目实际执行过程中，意外开支准备金的储备是非常必要的，特别是中、大型项目必须要准备充足的意外开支准备金。意外开支准备金有以下两种类型。

▶ 显性的意外开支准备金，通常在项目成本文件中明确标明。

▶ 潜在的意外开支准备金，通常在项目成本文件中没有标明。

由于我们将因成本预算中的不确定性所产生的风险作为确定意外开支准备金水平的基础，因此意外开支准备金也经常充当成本预算的底线，如果在每个项目条款中都能清楚地确定意外开支准备金的水平，那么确定项目实际的意外开支准备金的水平将会变得更容易些，其最终的结果是将所有条款中意外开支准备金的数量加以汇总，从而确定其占整个项目成本预算的比重。

项目成本预算的主要工作如表12-9所示。

表 12-9

依 据	工具和方法	结 果
项目成本估算文件	自上而下估算法	项目各项活动的成本预算
工作分解结构	参数模型估算法	成本基准计划
项目进度计划	自下而上估算法	

2. 项目成本预算的依据和方法

项目成本预算的依据包括以下几个方面。

▶ 项目成本估算文件。项目成本估算文件是确定项目成本预算的主要依据。

▶ 工作分解结构。项目成本预算将成本分配到各个活动中，而工作分解结构确认了需要分配成本的所有活动。

▶ 项目进度计划。为了将成本分配到项目各个时间段内，进度信息是不可缺少的，这些进度信息只能由项目进度计划来提供。

项目成本预算的方法与项目成本估算方法大同小异，所以在前面介绍的项目成本估算方法也可以用来编制项目成本预算。

3. 项目成本预算的步骤

无论采用何种方法来编制项目成本预算，一般都要经历以下步骤。

(1) 将项目的总预算成本分摊到各项活动中。根据项目成本估算确定项目的总预算成本之后，将总预算成本按照项目工作分解结构和每一项活动的工作范围，以一定的比例分摊到各项活动中，并为每一项活动建立总预算成本。

(2) 将活动总预算成本分摊到工作包。这是根据活动总预算成本，确定出每项活动中各个工作包具体预算的一项工作，其做法是将活动总预算成本按照构成这一活动的工作包和所消耗的资源数量进行成本预算分摊，如图 12-65 所示。

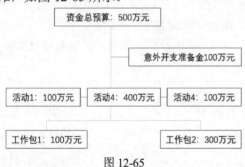

图 12-65

(3) 在整个项目的实施过程中，对每个工作包的预算进行分配，即确定各项成本预算支出的时间，以及每一个时点所发生的累计成本支出额，如图 12-66 所示。

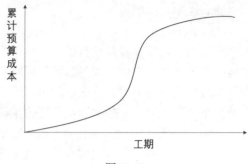

图 12-66

4. 项目成本预算的结果

项目成本预算的结果主要包括以下两个方面。

(1) 项目各项活动的成本预算。项目各项活动的成本预算提供了各项活动的成本定量，在项目的实施过程中，将以此作为项目各项活动实际资源消耗量的标准。

(2) 成本基准计划。成本基准计划说明项目的累计预算成本与项目进度之间的对应关系，它可以用来度量和监督项目的实际成本。

12.6.4　工程项目人工费成本计划

要确定工程项目的人工费，首先需要确定人工费率。人工费率是指在工程项目中，项目人员工作一个小时应得到的报酬，它是计算人工的基础，包括人工标准费率和人工加班费率两部分。人工标准费率是指在项目日历时间范围内，人工工作一小时应得到的报酬；人工加班费率是指在项目日历范围外，人工工作一小时应得到的报酬。在计算人工费用时，先要确定人工标准费率和人工加班费率，再将这些费率分配到相应的工作中。也就是说，承担不同性质的分项工程人工费率是存在差异的，比如安装模板工人的人工费率要比普通泥瓦工高很多。

【例12-7】在Project中设置项目人工费率。 视频

step 1 在资源工作表视图中输入图 12-67 所示的资源信息。

	①	资源名称	类型	材料标签	缩写	最大单位	标准费率	加班费率	每次使用成本	成本累算	基准日历
1		工人	工时		工	2,000%	¥100.00/hr	¥50.00/hr	¥0.00	按比例	标准
2		钢材	材料	吨	钢		¥5,000.00		¥0.00	按比例	

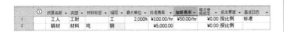

图 12-67

step 2 选择“工人”资源，在【资源】选项卡【属性】组中单击【信息】按钮，在打开的如图 12-68 所示的【资源信息】对话框中选择【成本】选项卡。

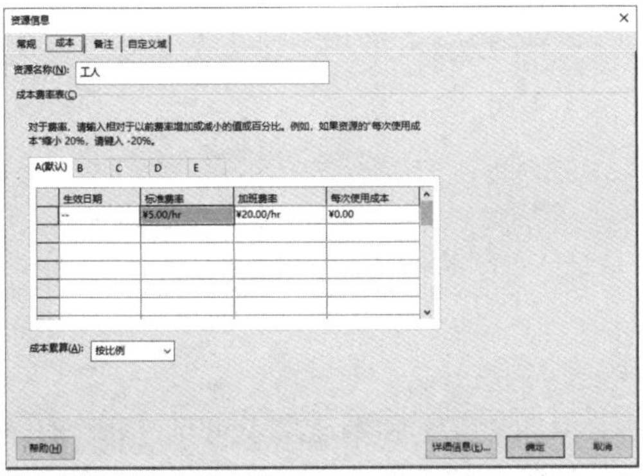

图 12-68

step 3 根据项目的需要，设置人工费率的档次(本例设置 5 个档次，即 A、B、C、D、E)，然后在每个档次内设置费率(标准费率和加班费率)。

step 4 切换到资源使用状况视图，在【资源使用状况格式】选项卡中单击【信息】按钮，打开【工作分配信息】对话框。

step 5 将人工费率分配给任务，在【任务名称】列中选中任务，在【工作分配信息】对话框的【成本费率表】下拉列表中选择一种人工费率档次，如图 12-69 所示(可以按住 Ctrl 键选择多个任务)。

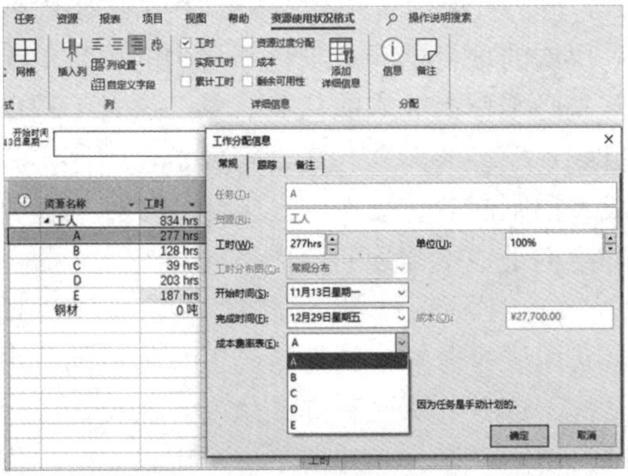

图 12-69

这样可以将某一个成本费率一次性分配给相应的所有任务而节省操作时间。

12.6.5 工程项目各类资源成本确定

工程项目成本是指在工程项目实施中产生的费用。在工程项目计划提出之前，常常需要对工程项目成本进行估算，以确保项目利益。在工程项目实施过程中，还需要对工程项目成本进行管理，以确保工程项目的实际成本限定在预算范围之内。因而，为了方便在工程项目实施中控制成本，在对工程成本管理前，需要建立成本管理体系。

1. 工程项目成本构成

一个工程项目的成本包括资源、任务或任务分配输入的所有基于资源费率成本、每次使用的资源成本和固定成本。该成本主要可分为资源成本和固定成本两类。

(1) 资源成本。

计算资源成本时以资源的基本费率为基础。在 Project 中，与资源费率有关的指标有标准费率、加班费率、每次使用成本和成本累算 4 种。

(2) 固定成本。

固定成本是一种不因任务工期或资源完成工时的变化而变化的成本。例如，职工每月的固定工资，必须一次性付清的设备购买费用和安装费用。这些费用可以在 Project 具体的任务上输入。

2. 各类资源成本的确定

(1) 资源种类。

在工程项目中所需要的资源种类有很多，包括工人、材料、机械等，具体需要哪些资源，要对工程进行分解后才知道。在确定了资源种类后，用户可以在 Project 的资源工作表视图中输入资源的名称，如图 12-70 所示。

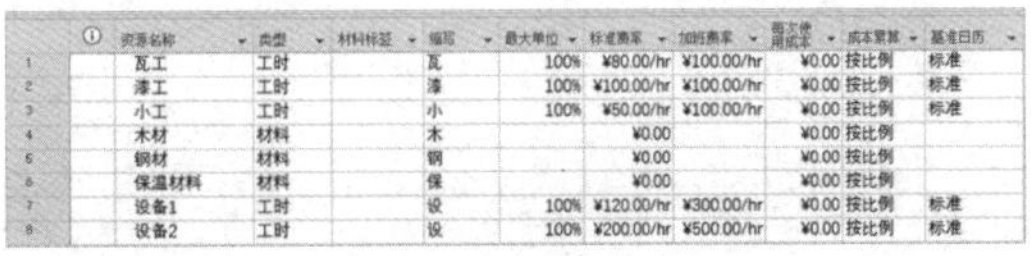

	①	资源名称	类型	材料标签	缩写	最大单位	标准费率	加班费率	每次使用成本	成本累算	基准日历
1		瓦工	工时		瓦	100%	¥80.00/hr	¥100.00/hr	¥0.00	按比例	标准
2		漆工	工时		漆	100%	¥100.00/hr	¥100.00/hr	¥0.00	按比例	标准
3		小工	工时		小	100%	¥50.00/hr	¥100.00/hr	¥0.00	按比例	标准
4		木材	材料		木		¥0.00		¥0.00	按比例	
5		钢材	材料		钢		¥0.00		¥0.00	按比例	
6		保温材料	材料		保		¥0.00		¥0.00	按比例	
7		设备1	工时		设	100%	¥120.00/hr	¥300.00/hr	¥0.00	按比例	标准
8		设备2	工时		设	100%	¥200.00/hr	¥500.00/hr	¥0.00	按比例	标准

图 12-70

在输入资源名称后，确定资源的类型，人工和机械一般称为工时资源，各种材料称为材料资源，然后在【材料标签】中，输入各种材料的单位，如吨、立方米、米等。

(2) 各类资源价格。

在工程建设领域，各类资源的价格，一般采用市场价格，因此需要进行市场询价，或者根据工程造价管理机构定期公布的各类资源的价格来确定各类资源的单价。机械设备购置费用，一般计入固定成本中，而机械的使用费，通常用"台班"或"工时"作为单位，各类材料一般采用单位。在确定了各类单价后，就可以在【资源工作表】中输入，如图 12-71 所示。

图 12-71

(3) 各类资源成本。

在工程项目所需的资源种类和价格确定后，就可以计算工程项目的资源成本。计算各个分项工程工程量后可查定额，得到各种资源的消耗数量，计算公式：某种资源数量＝Σ分项工程量×完成单位工程所需资源数量，然后将资源分配到工程项目各个活动上，如图 12-72 所示。

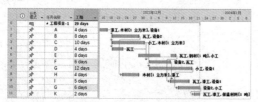

图 12-72

在将各种资源分配到工程项目任务上后，就可以切换至【资源使用状况】视图，插入列，如图 12-73 所示。

图 12-73

在弹出的列表中选择【成本】，显示成本列，如图 12-74 所示。

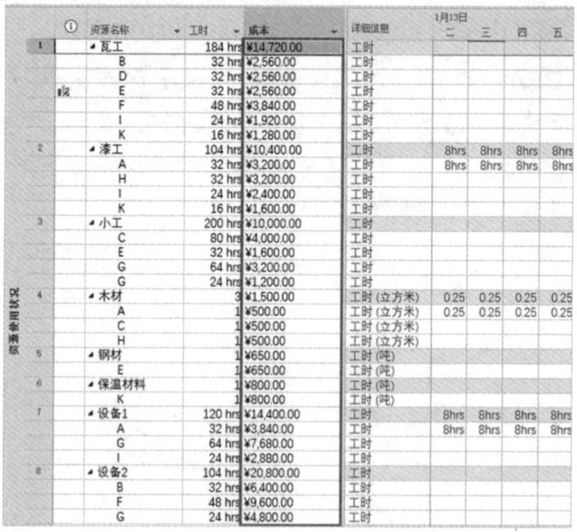

图 12-74

由图 12-73 和图 12-74 可见，每个任务上各种资源的种类、累计数量、资源任务价格和累计任务资源价格都可以显示出来。

另外，按照资源均衡消耗的原则，在【资源使用状况】视图中，各种资源的消耗以天为单位做了安排。

12.6.6 总成本的确定与预算审批

1. 工程成本计划的对象

成本计划是指具体成本的预期值，为了更好地从各个方面、各个角度对工程项目成本进行精确的计划和有效的控制，必然要多方位地划分成本项目，形成一个多维的成本构成体系。

(1) 工程项目工作分解结构(WBS)中各个层次的项目单元。工程项目中的项目单元首先必须作为成本的估算对象，这对工程项目成本模型的建立、成本管理责任的落实和成本控制起着重要作用。因此，工程项目分解结构是成本计划的前提条件。

(2) 工程项目费用分解结构。将工程项目费用进行分解，则能得到工程项目的费用结构，这种分解又有许多角度。在我国工程项目费用可以分为建筑工程费用、安装工程费用、设备购置费用、工具和家具购置费用及其他费用(如土地、建设单位管理费)等。一个工程可以按照估算、核算，并最终汇总出总成本。

(3) 建筑工程成本要素。一般来说，建筑工程成本可以分为人工费、材料费、机械费、其他直接费用、现场管理费、总部管理费等，每项都有一个具体的、统一的成本范围和内容。承包商的成本计划和核算通常以它作为基础。其重要作用体现为以下几点：

- 是我国预算定额及取费标准的划分；
- 是承包商报价中的成本分项；
- 是承包商会计成本核算的科目划分；
- 是承包商和业主之间涉及费用索赔的计算分项。

通常情况下，将工程按工程项目的工艺特点、工作内容、工程所处位置细分为分项工程，这在招标文件的工程量清单中列出，投标单位按此进行报价，并作为建设单位和承包商之间实际工程价款结算的对象。在工程项目管理中，这种结构分解是最基本的、也是最常用的方法。它是投资者投资管理系统和承包商成本管理系统的信息交汇点。

工程项目分解结构与工程成本分项的结构通常不一致，它们之间有复杂的关系。例如，工程量表中分别有 500 立方米混凝土、1000 立方米模板、5 吨钢筋，而在工程项目分解结构中它们分别属于不同的工作包，它们之间的关系如图 12-75 所示。

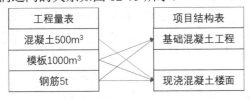

图 12-75

(4) 成本负责人。成本责任一般随合同、任务委托给具体的负责单位或人，如工程小组、承包商、职能部门或专业部门。它们是项目相关工作的承担者。

(5) 工程项目中的其他分解形式。例如，按照项目阶段分为可行性研究、设计和计划、实施等各个阶段的费用计划，形成不同阶段的成本结构。

2. 成本计划的估算方法

确定工程项目成本计划的具体工作属于工程估算或预算的内容，是专业性非常强的工作，必须由专业负责人承担。不同阶段及不同成本对象的成本计划估算方法也不同。

(1) 前期策划阶段的估算。

成本计划工作在工程项目中投入较早，在项目目标设计时就开始工作，为决策提供依据。该阶段仅有总体目标和总功能要求的描述，对工程项目的技术要求、实施方案还不明确，因此无法精确估算。一般只能针对要求的功能，按照以往工程的经验数据或概算指标进行估算。

(2) 项目设计和计划阶段的概算。

在工程项目审批后，进入了设计和计划阶段。虽然国内外该阶段的名目各不相同，但都有多步设计。例如，我国有初步设计、扩大初步设计和施工图设计阶段，国外有方案设计、技术设计和详细设计阶段。伴随着每步设计又有相应的实施计划，同样有相应的成本计划。在我国分为概算、修正总概算和施工图预算。这些文件必须与设计和计划文件一起经过批准。随着设计工作的不断深入和计划工作的细化，以及预算的不断细化，成本计划的作用就越来越大，对涉及和计划的任何变更反应越敏感。

3. 影响工程项目成本的因素

影响工程项目成本的因素有很多，但最为重要的影响因素有以下 4 个方面。

(1) 项目工期。

工程项目的成本与工期直接相关，而且是随着工期的变化而变化的。工程项目的工期和成本预算是否合理，将直接影响项目的顺利实施和经济效益的高低。"成本－工期"

抉择模型就是要解决项目工期和成本预算问题的模型。

工程项目建设的直接成本与工期之间存在一定的对应关系。周期越短，因突击施工而增加的直接成本越多；相反，周期延长，突击施工的程度就会降低，项目直接成本也越低。将这种关系表示在"成本－工期"图中，就可以得到一条直接成本曲线。构成工程项目总成本的除了直接成本还有间接成本，间接成本包括管理费、贷款利息及其他随项目工期成正比的支付款项。将间接成本与工期的关系展示于"成本－工期"图中，得到图12-76所示的直线。

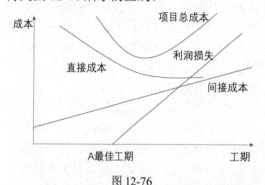

图 12-76

在权衡项目工期和项目成本时，有一个容易被忽视的因素，就是利润损失。建设项目的目标是盈利，提前建成则提前收益，工期推迟则造成利润损失。因此，利润损失并不是实际发生的支付款项增加，而是工期超过最短期限后造成的收入减少。在图12-76所示的"成本－工期"图中，利润损失也是一条直线。将直接成本、间接成本和利润损失相加在一起得到项目总成本随着时间变化的曲线。总成本曲线的最低点对应的是最低项目成本，对应的项目工期为经济意义上的最佳周期。

"成本－工期"抉择模型科学地展示了成本与项目工期之间的内在联系，可作为决策者在成本与工期之间做出正确抉择的手段。在工程项目建设期间可作为进度变更时重新配置资源的依据。从合理配置资源的角度看，

该模型最重要的意义在于指明了最优投资额和最优项目的工期。

(2) 耗用资源的数量和价格。

工程项目成本受两个因素的影响：一个是工程项目各个活动所消耗和占用的资源数量；另一个是工程项目各个活动消耗与占用资源的价格。这表明工程项目的成本管理必须要管理好整个项目消耗与占用资源的数量和所消耗与占用资源价格这两个因素。在这两个因素中，资源消耗与占用的数量是排第一位的，资源的价格是排第二位的。这是由于通常资源消耗与占用数量是一个内部因素，是相对可控的，而所消耗与占用资源价格是一个外部因素，主要是由外部条件决定的，因此是一个相对不可控因素。

(3) 工程项目质量。

▶ 单独审核。这种形式是建设单位、勘察单位、设计单位、施工单位等分别审核，各自提出修改工程预算的意见，重复协商定案。单独审核形式比较灵活。

▶ 联合会审。这种形式是建设单位、勘察单位、设计单位、施工单位等共同组成会审小组来审核。联合会审形式进度快、质量高。

▶ 专门机构审核。这种形式是建设单位委托工程造价咨询事务所、会计师事务所、工程监理公司进行审核。专门机构审核形式进度快、质量高。目前这种审核形式被普遍采用。

(4) 工程项目范围。

▶ 全面审核法。这种审核和计算的方法与编制预算的方法和过程一样。该方法全面、细致、审核质量高，但是工作量较大。

▶ 重点审核法。这种方法用于审核工程量大、造价高的定额项目，如钢筋、混凝土、砌墙等。该方法比较常用。

▶ 分析对比审核法。这种方法是选择同一地区内建筑标准、建筑结构及用途相近的完工建筑与待审核建筑进行对比审核。这是比较常用的一种方法。

(5) 施工图预算审核的内容。

▶ 工程量审核。工程量审核包括计算规则审核、计算单位审核和工程量数值的审核。

▶ 定额套用审核。定额套用审核包括是否漏项、是否重复套用定额、是否套用定额的审核。

▶ 取费标准审核。取费标准审核包括工程类别审核、费率审核、取费基数审核和材料差价和预算外费用的审核。

工程项目施工图预算审核后，报送建设行政主管部门批准，如是企业投资项目，可由企业负责人批准，批准后的施工图预算就成为该项目成本控制的基准。

12.7 工程项目进度计划的跟踪控制

跟踪进度是通过在计划完成时如实记录项目日程，并将项目中实际日程与估算日程进行比较的一种过程。

12.7.1 实际进度与进度计划的对比

1. 工程活动实际工期和进度的表达

工程项目进度控制的对象是各个层次的项目单元，而最低层次的工作包是主要对象，有时工程项目进度控制还要细化到绝缘体的网络计划中的工程活动。有效的进度控制能够准确地在项目参加者的工作岗位上反映信息。

(1) 工程项目正式开始后，必须监控工程项目的进度来确保每项活动按照计划进行，并且掌握各项的实际工期信息，如实际开始时间，记录并报告工期受到的影响与其中的原因。

(2) 各个工程活动所应当达到的实际状态，也就是项目完成程度和消耗各种资源的数量。在工程项目控制期末对各个工程活动的实施状态、项目完成情况和各项资源的消耗量进行统计。

例如，一个工程活动已经完成，则可以表达为：已经完成的进度为"100%"；没有开始的活动可以表示为"0"。这时必然有许多工程活动已经开始，但还没有完成，为了比较精确地进行进度控制和成本核算，一般按照实际工作量或成本消耗，统计劳动消耗所占的比例，如按照已经完成的工作量占总计划工作量的比例计算；按照已经消耗工期与计划工期的比例计算(适用于甘特图计划与实际工期对比)；按照工序分析，要分析该项工序的内容步骤，并定义各个步骤的进度份额。如表 12-10 所示的基础混凝土工程，将其定义为某项基础混凝土工程的工序。

表 12-10

步　　骤	时间/天	工时投入/小时	份　　额	累计进度
放样	1	32	3%	3%
支模	8	400	37%	40%
绑扎钢筋	6	240	22%	62%
隐蔽工程验收	1	0	0	62%
浇筑混凝土	5	350	33%	95%
养护＋拆模	6	48	5%	100%
合计	27	1070	100%	

由表 12-10 可见，按工时投入比例，如月底隐蔽工程验收刚结束，则分项工程完成比例为 62%，如混凝土完成 80%，则该分项工程完成比例为 88%。

按照供需分析定义的优点是可以排除工时投入消耗和初期的低效率等造成的影响，可以较好地反映工程项目进度。如上述某项基础混凝土基础工程，支模已完成，绑扎钢筋工程量仅完成 40%，如绑扎钢筋全部完成则该工程进度为 62%。绑扎钢筋还有 60% 未完成，则该工程进度为 40%+22%×40%=48.8%。

(3) 预期完成该工程活动需要的时间。在进度控制中，对已经开始但尚未结束的活动，预测完成其剩余工作尚需要的时间比分析其完成程度具有更大的实际意义，常常需要考虑剩余工程量，已经产生的工期延误，后续工期计划安排和后续工作效率等。

2. 工程项目的完成程度分析

在工程项目实施中，工程项目的完成程度是衡量项目执行情况的一个重要指标。这不仅对工程项目进度控制很重要，而且对工程项目成本控制也非常重要。如无法正确地表达工程项目进度，则不可能有准确的成本分析。

按照统一指标(如工期、劳动力)进行预算则可以得到各个工程活动的进度情况，最后可以计算工程项目总进度，也就是到前锋线时已经完成的百分比。例如，按照劳动力投入比例，则项目完成程度为：已经投入劳动力工时÷项目计划总工时×100%；按照工期分析，则项目完成程度为：实际已完成工期÷计划总工期；按照已经完成的工程合同价格的比例：已完工程合同价格÷工程总价格×100%。

例如，合同价格为 500 万元，总工期为 28 周，按照原计划到前锋期第 10 周应完成 180 万元，而实际只完成 150 万元，则

工程项目进度=(10÷28)×100%=35.7%

项目计划完成程度=(180÷500)×100%=36%

实际完成程度=(150÷500)×100%=30%

到前锋期完成计划的程度=(150÷180)×100%=83%

3. 工程项目总工期预测

在分析每个工程活动进度的基础上，可以采用关键路径分析的方法确定各项拖延对总工期的影响。各项工程活动网络中所处的位置不同，因此，它们对整个工程拖延的影响也不太相同。

总工期预测属于工期目标偏离分析的工作，是项目进度控制的一个关键职能。通过预测工程项目完成日期，并与目标工期进行比较来发现偏差，并制定纠正措施。Project 软件可以自动预测项目完工的工期。例如，图 12-77 所示为工程项目计划。

图 12-77

如活动 A 推迟 2 天完成，活动 B 推迟 3 天完成，活动 C 推迟 1 天完成，活动 D 推迟 1 天完成，活动 E 推迟 0 天完成，则可以在 Project 中使用以下步骤预测项目完工的工期。

(1) 将以上数据输入活动中，如图 12-78 所示。

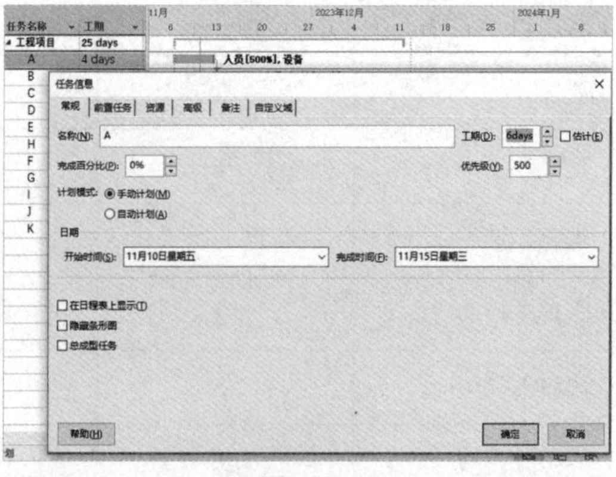

图 12-78

(2) 在图 12-78 所示【任务信息】对话框中将【完成百分比】设置为 100%，任务 A 的工期将由 4 天变为 6 天，如图 12-79 所示。

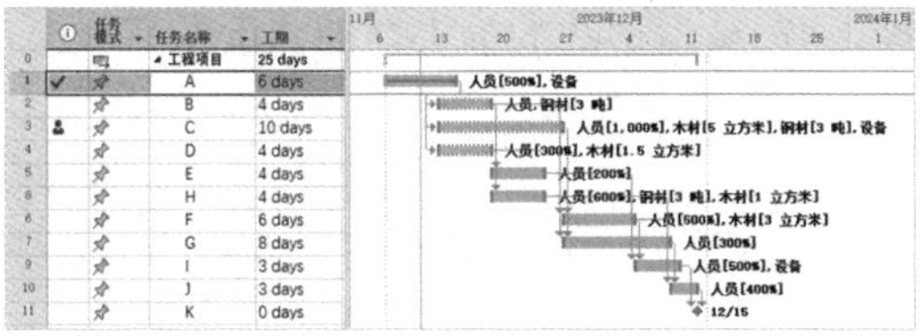

图 12-79

(3) 使用同样的方法，将任务 B、任务 C、任务 D、任务 E 的相关数据输入【任务信息】对话框中，完成后的结果如图 12-80 所示。

图 12-80

由图 12-80 可见，Project 软件能够自动计算项目的完工工期，原来的工期为 25 个工作日，随着项目实施预测到的完工工期为 27 个工作日。

12.7.2 中间计划的修改和优化

在一个工程项目中存在很多的中间计划。所谓中间计划就是在一个报告期的工程任务完成后，剩下没完成的工程任务。剩下没完成的工程任务就构成了中间计划，一般要对中间计划进行调整，如进度滞后，常常要对后续任务采取赶工措施，根据业主的要求对后续工作进行优化，以满足项目或业主的要求。中间计划的修改和优化与项目计划的调配和优化方法相同。

12.7.3 工程项目进度延误解决措施

1. 工程项目进度拖延原因分析

工程项目拖延是工程项目实施过程中经常发生的现象，各个层次的工程活动各个项目阶段都可能产生延误。工程项目管理者应该按照预定的项目计划定期评审实施进度情况，分析并确定项目进度拖延的根本原因。项目进度拖延的原因是多方面的，常见的有以下 3 个方面。

(1) 工期及相关计划的失误。
(2) 工程项目环境的变化。
(3) 项目实施管理过程中的失误。

2. 解决进度拖延问题的措施

(1) 基本策略。

对于已经产生的进度拖延，可以采取以下基本策略。

➤ 采取积极措施赶工，调整后期计划，用于弥补已经产生的拖延。

➤ 没有采取针对性措施，在目前项目进度的基础上，仍然按照原计划安排后续工作。通常情况下，拖延的影响会越来越大。有时刚开始仅是一两周的拖延，到最后会导致数月拖延。这是一种消极的办法，最终导致工期目标和经济效益受影响，如拖延工期罚款，因不能及时投产而无法实现预期收益。

(2) 项目工期压缩。

在工程项目实践中，项目工期压缩一般在以下情况发生。

➤ 在工程项目计划阶段，当项目计划总工期大于限定总工期，或计算机网络分析结果出现负时差的情况下，必须进行计划的调整，压缩关键路径的工期。

➤ 在项目实施阶段，出现项目工期拖延情况。按照拖延责任不同又分为：由于承包商责任造成的工期拖延(责任人有责任采用赶工措施，使得工程按照原计划竣工)；由于业主责任，或业主应该承担的风险，或不可抗力导致的工期延误(业主目标的变化，在工程项目实施过程中要求工程提前竣工，则必须采取措施压缩项目工期)。

➤ 工程按计划进行，但市场发生变化，或者业主目标发生变化，在项目实施过程中要求工程提前竣工，则必须采取措施压缩工期。

12.7.4 工期索赔

工期索赔是当事人在合同实施过程中，根据法律、合同规定及管理，对并非自己过错，而属于应由合同对方承担责任的情况造成，而且实际已经造成了损失，向对方提出给予补偿的要求。索赔事件的发生，可以由一定行为造成，也可以由不可抗力引起；可以是合同当事人一方引起，也可以是任何第三方行为引起。索赔的性质属于经济补偿行为，是合同一方的一种"权利"要求，而不是惩罚。

1. 工期索赔的目的

在工程施工中，常常会发生一些未能预见的干扰事件，使得施工不能顺利进行。工期延长意味着工程成本的增加，对合同双方都会造成损失。因此，承包商进行工期索赔的一个目的是弥补工期拖延造成的费用损失，另一个目的是免去自己对已经形成的工期延误的合同责任，使得自己不必支付或尽可能少地支付工期延长的违约金。

2. 工期索赔原因分析

造成工期索赔的原因主要有以下几个方面。

(1) 业主方面的原因。这里也包括工程师的原因造成的工期延误，如修改设计、工程变更、提前占用部分工程。

(2) 客观方面的原因。这些客观的原因无论是业主还是承包商都是无力改变的，如不可抗力事件。

▶ 可原谅的拖期。对于承包商来说，可原谅的拖期不是由于承包商的责任造成的工期拖延。对于可原谅的拖期，如果责任是业主或工程师的，则承包商不仅可以顺延工期，还可以得到相应的经济补偿，这种拖期被称为"可原谅可补偿的拖期"；如果拖期的责任不是业主或工程师的，而是由于客观原因造成的，则承包商可以得到工期延长，但不能得到经济补偿，这种拖期被称为"可原谅不补偿的拖期"。

▶ 不可原谅的拖期。如工期拖延是承包商的责任，而不是业主方面或客观的原因，则承包商不但不能得到工期的延长和经济补偿，这种延误造成的损失全部归承包商承担。承包商还要选择或采取赶工措施，增加施工力量，延长工作时间，把延误的工期抢回来；如果任其拖延，则需要承担延期赔偿。

3. 延误的有效期

在实际施工中，单一的原因造成的索赔是很少见的，经常是几种原因同时发生，交错影响，形成所谓的"共同延误"。这种情况下要确定延误的责任是比较复杂的，需要具体分析哪一种情况的延误是有效的，承包商可以得到工期顺延，或者还可以同时得到经济补偿。

(1) 确定初始延误。

确定初始延误就是在共同延误的情况下判断哪种原因是最先发生的，找出初始延误责任人，在初始延误发生作用期间，不考虑其他延误造成的影响。这时候主要按照初始延误确定导致延误的责任人。

(2) 初始延误者为业主。

如初始延误者是业主或工程师，在延误影响持续期内，如果这个延误在关键路径上，则承包商不仅可以得到相应的工期延长，还可以得到相应的经济补偿；如果不在关键路径上，而该线路又有足够的时差可以利用，则承包商不能得到工期延长；如果在非关键路径上，但是线路时差不够用，要经过重新计算，确定合理的工期延长的天数。

(3) 初期延误属于客观原因。

如果工期延误的原因既不是业主的，也不是承包商的，而是客观原因时，承包商可以得到工期的延长，但不能得到经济补偿。

Project 为工程项目进度控制和工期索赔提供了快捷、便利的工具。

【例12-8】业主与承包商订立了工程项目施工合同，施工过程中发生了以下事件：降水方案错误导致工作 D 的工期推迟2天，因涉及变更使工作E的工程量增加，工期需要推迟1天，得甲方指令增加一项临时工作K，需要1天时间。使用Project 来说明索赔。 📀 视频

step 1 工程项目进度计划的编制。根据工程项目活动间的逻辑关系和工程活动的持续时间，编制进度计划，如图 12-81 所示(由图可知，项目计算工期为 15 个工作日)。

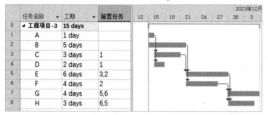

图 12-81

step 2 显示网络图六大参数。选择【视图】选项卡，单击【数据】组中的【表格】下拉按钮，在弹出的列表中选择【日程】选项，如图 12-82 所示。

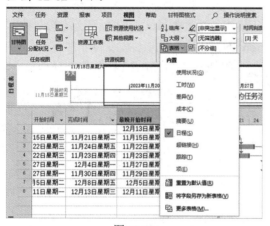

图 12-82

step 3 选择【任务】选项卡，在【任务】组中单击【自动安排】按钮，将【任务模式】设置为【自动安排】。此时将显示如图 12-83 所示的六大参数。

图 12-83

step 4 选择【视图】选项卡，单击【数据】组中的【表格】下拉按钮，在弹出的列表中选择【项】选项，返回甘特图视图。

step 5 显示关键路径。选择【甘特图格式】选项卡，选中【关键任务】复选框，如图 12-84 所示。由图可见，关键路径由 B-E-G 三个工程活动组成。

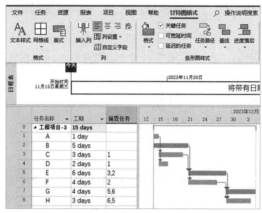

图 12-84

step 6 根据项目执行情况，活动 D 的持续时间由 2 天延长至 4 天，活动 E 的持续时间由 6 天延长至 7 天，增加的活动 K 的持续时间为 7 天。将实际工期输入相应任务的【工期】中，将增加的活动添加到网格中，如图 12-85 所示。

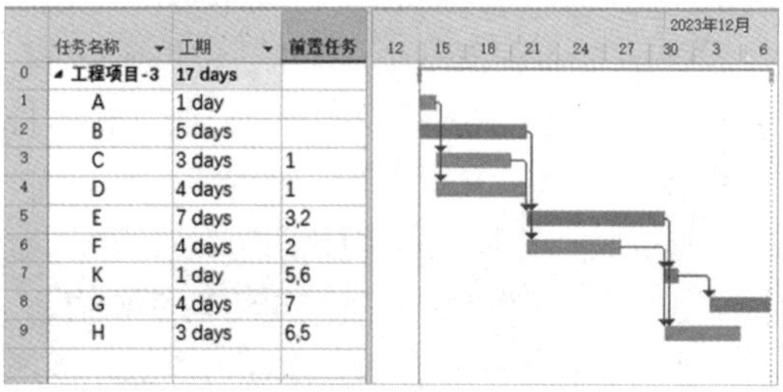

图 12-85

step 7 参考步骤 2 的操作显示网络图的六大参数，如图 12-86 所示。

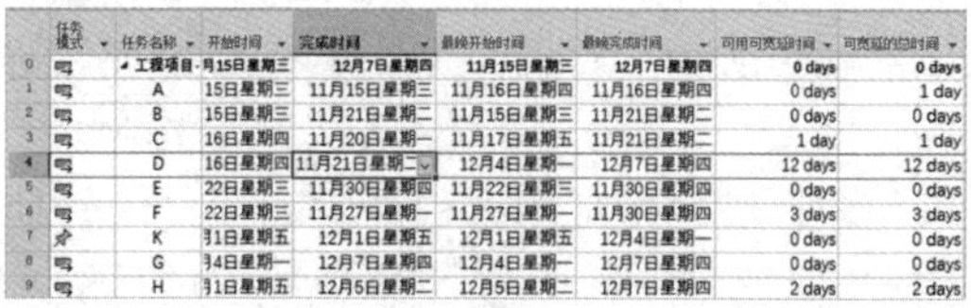

图 12-86

step 8 显示项目网络进度计划的关键路径可见活动 B、E、K、G 这 4 个活动组成该项目网络的关键路径，如图 12-87 所示。

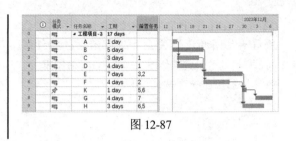

图 12-87

12.8 工程项目成本计划的跟踪控制

工程项目成本计划的跟踪控制是一个系统的过程，它基于事先设定的项目成本预算基准计划。通过运用多种合适的方法，对项目实施过程中实际发生的成本进行持续监控和管理。这样可以及时掌握成本支出情况，确保实际成本不会超出预算范围，从而实现有效的成本控制和项目经济目标。

12.8.1 项目成本控制概述

1. 项目成本控制定义

项目成本控制是按照事先确定的项目成本预算基准计划，通过运用多种恰当的方法，对项目实施过程中所消耗的成本费用的使用情况进行管理控制，以确保项目的实际成本限定在项目成本预算范围内的过程。

项目成本控制事实上是对项目成本的管理，其主要目的是对造成实际成本与成本基准计划发生偏差的因素施加影响，保证其向有利的方向发展，同时对与成本基准计划已经发生偏差和正在发生偏差的各项成本进行管理，以保证项目的顺利进行。项目成本控制主要包括以下几个方面的内容。

➤ 检查成本实际执行情况。
➤ 发现实际成本与计划成本的偏差。
➤ 确保所有正确的、合理的、已经核准的变更都包括在项目成本基准计划中，并将变更后的项目成本基准计划通知相关的项目干系人。
➤ 分析成本绩效从而确定需要采取纠正措施的活动，并且决定要采取哪些有效的纠正措施。

项目成本控制的过程必须和项目的其他控制过程紧密结合，防止单纯控制项目成本而出现项目范围、决定、质量等方面的问题。

有效的成本控制的关键是及时分析成本的绩效，尽早发现成本无效和出现偏差的原因，以便在项目成本失控之前能够及时采取纠正措施。项目成本一旦失控，要想在项目成本预算的范围内完成项目就变得非常困难。

项目成本控制的主要工作如表 12-11 所示。

表 12-11

依 据	工具和方法	结 果
成本基准计划	偏差分析法(挣值分析)	成本估算的修正
成本管理计划	费用变更控制法	成本预算的修改
执行情况报告	补充计划编制法	纠正措施
变更申请		完成项目所需成本估计
		经验教训

2. 项目成本控制的作用

项目成本控制的作用主要在于：
➤ 有助于提高项目的成本管理水平；
➤ 有助于项目团队发现更为有效的项目建设方法，从而降低项目的成本；
➤ 有助于项目管理人员加强紧急核算，提高经济效益。

3. 实际成本控制的依据

(1) 成本基准计划。项目成本基准计划将项目的成本预算与进度预算联系起来，可以用来测量和监督成本的实际情况，也是进行项目成本控制最基础的依据。

(2) 成本管理计划。项目成本管理计划提供了如何对项目成本进行事前控制的计划和安排，是确保在预算范围内实现项目目标的指导性文件。

(3) 执行情况报告。执行情况报告提供项目实施过程中有关成本方面的信息，它的主要内容反映了项目各个阶段和项目活动是超过了预算还是仍在预算范围内。另外，执行情况报告还可以提醒项目管理人员将来可能会发生问题的事项。

(4) 变更申请。变更申请时项目的相关干系人以不同的形式提出有关更改项目工作内容和成本的请求，也可能是要求增加预算或减少预算的请求。

12.8.2 实际成本与预算的对比

1. 工程项目成本计划控制的重要性

工程项目成本控制是指通过控制手段，在达到预定工程功能和工期目标的同时优化成本开支，将工程项目总成本控制在预算范围内。工程项目成本不仅在整个工程项目管理中，而且在整个企业管理中都有着重要的地位，人们追求企业和项目的经济效益，项目的经济效益一般通过盈利的最大化和项目成本的最小化来实现。尤其当承包单位通过投标竞争取得工程，签订承包合同，同时确定了合同价格，承包单位的工程经济目标完全通过成本控制来实现。在工程中，项目成本控制常常被忽视，使得成本处于失控状态，很多项目管理人员只有在工程项目结束后才知道实际开支和盈亏。

2. 成本控制时间区段的划分

要控制项目成本必须要有一个有效的控制系统，定期计算工程量和实际发生的成本，并按短期控制的结果诊断整个工程成本状况，预测工程完工成本。而在工程实践中，成本超支时常不能被及时发现，只有不断地对比分析才可以缩短预警时间。工程项目成本的对比分析，通常在控制的期末或阶段结束期末进行对比。按照工程项目控制要求可将项目控制时间分为三个区间，如图12-88所示。

图 12-88

由图 12-88 可知，进行项目成本控制需要计算 B 段(该阶段内实际成本)和 C 段(项目后续活动剩余成本预测信息)的成本。

3. 项目成本控制的主要工作

在工程实践中，人们对项目成本控制工作的界限划分是不同的。国外的很多工程项目设有成本工程师，由其承担具体的成本控制工作，成本工程师一般由一名经济师担任，该经济师基本都是精通预算和结算技术方面的专家，其主要工作如下。

(1) 项目成本计划工作。

通过将项目成本计划分解，提出设计、采购、施工方案等各种费用的限额，并按照限制控制资金的使用。

(2) 项目成本监督。

▶ 各项费用的审核，确定是否支付工程进度款，监督已经支付的项目是否已经完成，并确保每月按照工程状态定时定量支付工程款。

▶ 编写实际成本报告。

▶ 对各项工作进行成本控制。

▶ 开展审计活动。

(3) 项目成本的跟踪。

编写详细的项目成本分析报告。

(4) 超支量及原因分析。

▶ 分析超支量及其具体原因。

▶ 剩余工作所需成本预算和工程成本趋势分析。

【例 12-9】使用 Project 进行挣值管理，控制工程项目中的成本。

某项目由 4 项活动组成，各项活动的时间和成本如表 12-12 所示，总工时为 4 周，总成本为 10000 元。使用 Project 进行挣值管理，对项目进行诊断。

表 12-12

活动	预计时间和成本	1 周	2 周	3 周	第 3 周末状态
计划	1 周，2000 元				活动已完成，实际支付成本 2000 元
设计	1 周，2000 元				活动已完成，实际支付成本 2500 元
编程	1 周，3000 元				活动仅完成 50%，实际支付成本 2200 元
测试与实施	1 周，3000 元				没开始

step 1 将项目输入甘特图视图中的【任务】中，并建立任务间的逻辑关系，将【任务模式】设置为【自动安排】，效果如图 12-89 所示。

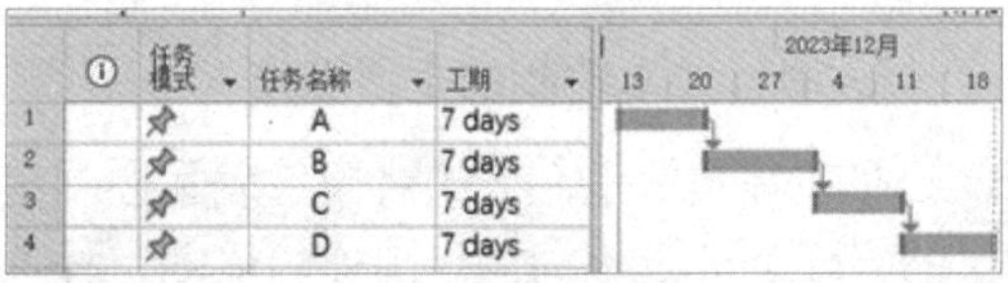

图 12-89

step 2 选择【视图】选项卡，单击【数据】组中的【表格】下拉按钮，在弹出的列表中选择【成本】选项，在【成本】中输入项目各个活动预算成本，输入后的结果如图 12-90 所示。

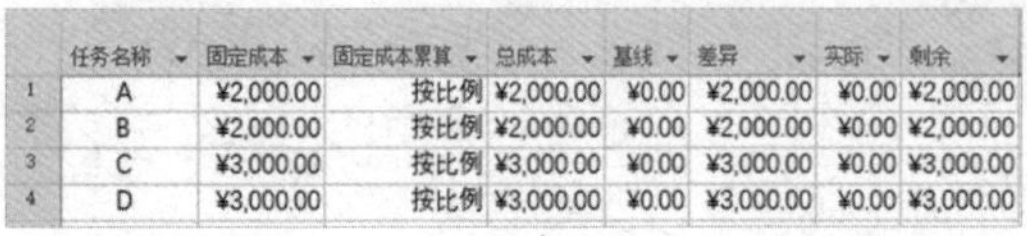

图 12-90

step 3 再次单击【数据】组中的【表格】下拉按钮，在弹出的列表中选择【项】选项。

step 4 选择【项目】选项卡，单击【日程安排】组中的【设置基线】按钮，在打开的【设置基线】对话框中将项目计划设置为比较基准，然后单击【确定】按钮。

step 5 参考步骤 2 的操作显示项目成本，如图 12-91 所示。从图中可以看出【基线】中显示了数据，即将【总成本】中的数据作为后面与实际成本比较的基准。

图 12-91

step 6 重复执行步骤 3 的操作，然后选择【任务】选项卡，单击【日程】组中的【跟踪时标记】下拉按钮，在弹出的下拉列表中选择【更新任务】选项。

step 7 在打开的【更新任务】对话框中单击【确定】按钮，逐步更新各个任务。

step 8 重复步骤 2 的操作显示项目成本。

step 9 打开【Project 选项】对话框，在【日程】选项卡中选中【Project 自动计算实际成本】复选框后，单击【确定】按钮。

step 10 选择【视图】选项卡，单击【数据】组中的【表格】下拉按钮，在弹出的列表中选择【更多表格】选项，在打开的【其他表】对话框中选择【挣值】选项，然后单击【应用】按钮，显示挣值参数表，如图 12-92 所示。

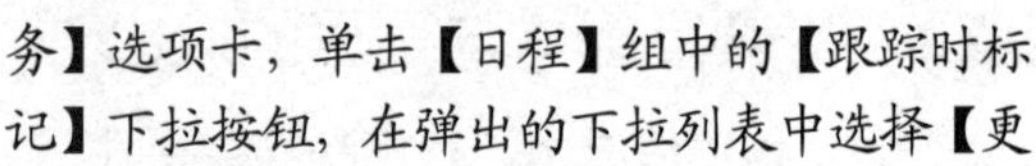

图 12-92

step 11 选择【项目】选项卡，单击【项目信息】按钮，在打开的对话框的【状态日期】中输入第 3 周末的时间，单击【确定】按钮，显示挣值分析结果。